KB194639

예수 복음

예수 복음

초판 발행일 2015년 9월 23일

역은이 임 동 훈
펴낸이 손 형 국
펴낸곳 (주)북랩
편집인 선일영 편집 서대종, 이소현, 권유선
디자인 이현수, 윤미리내, 임혜수 제작 박기성, 황동현, 구성우, 이탄석
마케팅 김회란, 박진관, 이희정, 김아름
출판등록 2004. 12. 1(제2012-000051호)
주소 서울시 금천구 가산디지털 1로 168, 우림라이온스밸리 B동 B113, 114호
홈페이지 www.book.co.kr
전화번호 (02)2026-5777 팩스 (02)2026-5747

ISBN 979-11-5585-753-3 03230(종이책) 979-11-5585-754-0 05230(전자책)

이 도서의 국립중앙도서관 출판예정도서목록(CIP)은 서지정보유통지원시스템 홈페이지(http://seoji.nl.go.kr)와 국가자료공동목록시스템(http://www.nl.go.kr/kolisnet)에서 이용하실 수 있습니다.
(CIP제어번호 : CIP2015025852)

예수 복음

4복음서를 통합하고
사도행전을 덧붙인 통합 복음서

임동훈 엮음

북랩 book Lab

서 문

2세기에 신학자 타티아누스(Tatianus, 주후 120-172)가 편집한 통합 복음서 '디아테사론(Diatessaron)'은 서기 5세기까지 근동 지방의 표준 복음서로써, 교회의 성서와 신학교의 교재로 널리 사용되었습니다. 하지만 고대 문헌에 그 인용문만 남아 있을 뿐, 내용은 전해지지 않습니다. 다만 1933년, 이라크에서 발견된 그리스어 파피루스 단편집에서, 4복음서를 조화롭게 편집하여 예수님의 이야기를 전개한 '디아테사론' 내용 일부가 드러났습니다.

타티아누스(Tatianus)는 그리스 철학자로서, 155년경 로마에서 유스티누스(Justinus)를 만나 기독교로 개종하여 신학자가 되었다.

'디아테사론'은 '4복음서를 통하여'라는 뜻으로, 가장 오래된 예수님의 전기로 여겨진다. 원본은 시리아어로 쓰였고, 나중에 그리스어, 라틴어, 아르메니아어, 페르시아어, 터키어, 아랍어로 번역되었다. 에프라임(Ephraem) 등의 저서를 통해 '디아테사론'의 흔적을 엿볼 수 있으며, 요한복음이 2세기 교회에서 사용되었다는 사실도 이 책으로 증명되었다.

'디아테사론'은 요한복음의 신학을 근간으로, 마태복음의 예수님 생애를 따라가며, 마가복음과 누가복음을 삽입하였다. 이렇게 편집된 통합 복음서 '디아테사론'은 시리아를 중심으로 5세기까지 공식적으로 사용되었다.

그런데 21세기에 이르기까지, 왜 '디아테사론' 복원에 아무도 손을 대지 않았을까요? 보다 읽기 쉽고, 이해하기 쉽고, 은혜롭게 편집된 통합 복음서가 있다면 얼마나 좋을까요? 이렇게 생각하며 기도하던 어느 날, 주님께서 믿을 만한 용기를 주셨습니다.

"내가 함께하겠다. 모두가 만족할 때까지."

이후 통합 복음서를 만드리라는 희망을 품게 되었습니다. 하지만 쉬운 일이 아니었습니다. 처음에는 4복음서를 서로 끼워 맞춘 뒤, 여러 번역서를 참조하여 조화롭게 편집하면 완성될 줄로 생각했습니다. 그런데 각 복음서를 따로 읽을 때는 별문제가 없어 보이던 글들이, 막상 하나로 통합하려고 보니, 정말 예삿일이 아니었습니다.

같은 사건이 복음서에 따라 시간이나 장소 등이 다르게 기록된 경우, 정말 난감했습니다. 기자의 관점에 따라서 기록된 '그때 그 사정'을 알아야 했습니다. 그러다 보니 한 문제에 부딪히면 더 이상 앞으로 나아갈 수 없었습니다. '그때 그 사정'을 찾기 위해 밤낮으로 골몰했습니다.

그러다가 놀라운 일이 일어나기 시작했습니다. 기도하다가, 잠을 자다가, TV를 보다가, 책을 읽다가, 어떤 때는 정말 우연찮은 기회에, '그때 그 사정'을 주님께서 환상이나 영감으로 보여 주신 것입니다. 물론 다는 아니었습니다. 더 이상 어찌할 수 없는 경우도 있었습니다. 그때는 시간상 합리적이고, 내용상 구체적이며, 문맥상 좀 더 자연스러운 편이, 사실에 가까울 것이라 추정했습니다. 하지만 섣부른 판단으로 주님께서 숨겨둔 진실이 훼손될지 모른다는 생각에 심히 두려웠습니다.

이 모양 저 모양으로 오랫동안 노심초사하다가, 다시 힘을 얻어 용기를 내곤 하였습니다. 필사와 번역 등의 과정에서 생긴 오류라든지, 저자의 착오나 편집자의 실수 등도 있다는 사실을 알았습니다. 축자영감설에 익숙한 고정 관념의 틀에서 조금씩 벗어나기 시작하면서, 어느 정도의 여유를 찾았습니다. 자세히 모르긴 하여도, 그런 이유 등으로, 2세기 타티아누스 이후 아무도 '디아테사론' 복원에 손을 대지 않은 것 같았습니다. 사실 4복음서는 1세기에 사신 예수님의 일대기도, 역사서도 아니었습니다.

복음서 기자가 각자의 관점에 따라서 그 내용을 조금씩 다르게 기록했을 수도 있고, 그와 비슷한 사건이 두 번 이상 있었을 수도 있고, 예수님이 가르치신 교훈 또한 딱 한 번만 하셨을 수도 있고, 어느 것은 여러 차례 반복하셨을 수도 있습니다. 기자가 어느 자료를 원전으로 삼아 기록하였는가에 따라서도 다를 수 있고, 당시의 시대적 상황도 어느 정도 영향을 미쳤을 것입니다. 예수님이 돌아가신 뒤 짧게는 30년, 길게는 60년이 지나서 복음서가 기록되었다는 사실과, 여러 시대에 걸쳐 숱한 사람에 의해 필사되고 번역되었다는 사정도 인정하지 않을 수 없었습니다. 그러나 여러 개의 퍼즐로 나뉜 말씀의 조각을 주님이 맞춰 주실 때의 기쁨은 이루 말할 수 없었습니다.

예컨대 수상도보 기적에서, 처음에는 예수님이 제자들에게 지시하신 내용이 마태와 요한의 기록이 사실이고, 마가의 기록은 착오일 것이라고 생각했습니다. 그래서 마가의 기록을 무시하기로 하였더니, 그것이 자꾸 마음에 걸렸습니다. 그러던 어느 날, '그때 그 사정'을 보게 되었습니다. 마가는 자기 관점에 따라서 올바르게 기록했던 것입니다. 당시 예수님은 벳새다 항구에서 조금 떨어진 광야에 계셨고, 그 사이에 작은 포구와 나지막한 산이 있었습니다. 그때 예수님은 이렇게 말씀하셨던 것입니다.

"내가 무리를 해산시킨 뒤, 산에 올라가 잠시 기도하고 걸어서 너희에게 갈 테니, 너희는 먼저 배를 타고, 벳새다 항구에 가서 기다리고 있어라."

또 주님의 부활을 전후하여 급박하게 일어난 대목에서, 막달라 마리아와 다른 여인들, 그리고 베드로와 요한 등의 제자들 간에 얽히고설킨 기록에 대해서도 상당한 시간이 지난 뒤, 주님께서 그 숨은 퍼즐을 보여 주셨습니다. 각 복음서의 기록이 서로 다른 것처럼 보이는 부분에서 '그때 그 사정'을 찾을 수 있었던 것입니다. 그 해답은 요한복음 20장 1절과 2절의 퍼즐에 있었습니다.

막달라 마리아가 무덤에 와서 돌이 옮겨진 것을 보고, 시몬 베드로와 다른 제자, 곧 예수님이 사랑하시던 제자에게 달려가 말했다. "누가 주님의 시신을 가져갔나 봐요? 어디 두었는지 모르겠어요!"

2010년부터 2013년까지 4년간 애벌 작업을 하고, 2014년부터 교정에 들어가 2015년까지 2년 가까이 걸렸습니다. 1956년 개역 한글판 성경을 50년 이상 접한 세대로서, 고정된 낱말과 문장의 틀을 깨기가 쉽지 않았습니다. 영어 번역본 2권을 포함하여 10권 정도의 번역서를 참조하여, 주제와 문단, 문장, 낱말 등을 여러 차례에 걸쳐 수정하고 교정했습니다. 그러나 히브리어와 그리스어 등의 원전을 대조하지 못한 한계가 있었습니다.

『예수 복음』은 4복음서를 통합하고 사도행전을 덧붙여서 제8편 336장으로 편집하였습니다. 그리고 부록으로 도마복음(어록)을 실었습니다. 도마복음의 114장 대부분이 4복음서와 관련이 있어 주제와 장을 공유하였습니다.

『예수 복음』은 예수 그리스도를 바로 알고, 제대로 믿어, 풍성히 누리게 하려는 취지에서 만들었습니다. 보다 읽기 쉽고, 이해하기 쉽고, 은혜롭게 편집하여, 세상에서 가장 아름다운 복음서를 편찬하려고 최선의 노력을 기울였습니다. 구약 성경도 중요하고 신약의 서신서도 소중하지만, 예수님과 성령님이 친히 사역하신 복음서가 더욱 귀하다고 봅니다.

"어리석은 사람은 그 마음속으로 하나님이 없다고 한다." (시편 14.1)

예수나라 청지기

목 차

제2편 초기 사역 (31세 전후)

제3편 중기 사역 (32세 전후)

제4편 후기 사역 (33세 전후)

제5편 고난 사역 (마지막 주간)

제6편 구원 사역 (죽음/부활/승천)

제7편 유대 사역 (45년까지)

제8편 이방 사역 (46년 이후)

부록

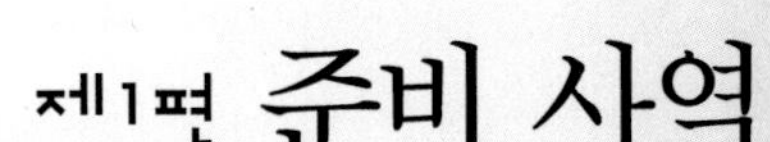

제1편 준비 사역

001

말씀의 성육신 (요한 1.1-18, 도마 1, 28, 77)

1 태초[1]에 말씀[2]이 있었다. 말씀이 하나님[3]과 함께하셨으니, 하나님
이셨다. **2** 말씀은 천지가 창조되기 전부터 하나님과 함께하셨다. **3** 만물
이 말씀을 통해 생겨났으니, 말씀 없이 나온 것은 하나도 없다. **4** 말씀
안에서 나온 생명이 있었으니, 생명은 만인의 빛이었다. **5** 빛이 어둠 속
에서 비치니, 어둠이 빛을 이기지 못하였다. **6** 하나님께서 보내신 사람
이 있었으니, 이름은 요한이었다. **7** 요한이 빛을 증언하러 왔으니, 만인
을 믿게 하려 함이었다. **8** 요한은 빛이 아니라, 빛을 증언하러 왔을 따름
이다. **9** 말씀이 참 빛이었다. 빛이 세상[4]에 와서 만인을 비추었다. **10** 말
씀이 세상에 계셨고, 세상은 말씀을 통해 지어졌으나, 세상이 말씀을 알
지 못했다. **11** 그분이 자기 땅에 오셨으나, 그분의 백성은 영접하지 않았
다. **12** 그러나 그분을 맞아들이는 사람들, 곧 그분의 이름을 믿는 자들
에게는, 하나님의 자녀가 되는 특권을 주셨다.(29) **13** 그들은 사람의 혈
통이나 육정이나 욕망이 아니라, 하나님의 뜻으로 난 것이다. **14** 말씀이
육신이 되어 우리 가운데 장막을 치고 거하셨다. 우리가 그분의 영광을
보니, 아버지께서 주신 독생자의 영광이요, 은혜와 진리가 충만하였다.
15 요한이 그분을 증언하여 외쳤다. "내가 전에 이르기를, 내 뒤에 오시

---

1) 요한복음의 태초(太初, Beginning)는 그리스어 아르케(Arche)로, 시간과 공간이 존재하기 이전의 영원을 의미하고, 창세기의 태초는 히브리어 레쉬트(Reshith)로, 시간과 공간의 시작, 곧 역사의 기원을 말한다.

2) 말씀(Word)은 그리스어 로고스(Logos)로, 하나님의 말씀, 절대자의 이성, 초월자의 계시, 우주의 원리, 만물의 근원, 생명의 법칙 등 다양한 의미가 들어있다. 여기서는 천지만물을 창조하시고, 인류의 구세주로 성육신(成肉身, Incarnation)하신 예수 그리스도를 가리킨다.

3) 하나님(God, Jehovah)은 유일신으로, 천지만물을 창조하시고, 통치하시며, 보존하시는 분이다.

4) 세상(世上, World)은 그리스어 코스모스(Kosmos)로, 하나님의 주권 하에 있는 모든 피조세계를 말한다.

는 분이 나보다 앞서신 것은, 나보다 먼저 계셨기 때문이라고 하였습니
다. 바로 이분을 두고 한 말입니다." **16** 우리가 모두 그분의 충만하신 데
서, 은혜 위에 은혜를 더하여 한없이 받았다. **17** 율법은 모세[1]를 통해 받
았고, 은혜와 진리는 예수 그리스도를 통해 받았다. **18** 일찍이 하나님을
본 사람은 없으나, 아버지 품속에 계시는 독생자가(독생자 하나님이) 하나님
을 나타내 보이셨다.

002
엘리사벳의 임신 (누가 1.5-25)

1 유대 왕 헤롯[2] 때, 아비야 조에 배속된 제사장 사가랴가 있었다. 그
의 아내 엘리사벳도 아론의 후손이었다. **2** 이들은 하나님의 계명과 규율
을 빈틈없이 지키며 의롭게 살았으나, 슬하에 자녀가 없었다. **3** 엘리사벳
은 원래 아기를 갖지 못하는 여성이었고, 이제는 내외가 모두 나이도 많
았다. **4** 하루는 사가랴가 자기 조의 차례가 되어, 하나님 앞에서 제사장
의 직무를 수행하게 되었다. **5** 제사장의 관례에 따라 제비를 뽑았더니, 사
가랴가 주님의 성소에 들어가 분향하는 일을 맡게 되었다. **6** 그리고 다른
사람은 모두 밖에서 기도하고 있었다. **7** 그때 주님의 천사가 사가랴에게
나타나, 분향하는 제단 오른쪽에 섰다. **8** 사가랴가 천사를 보고, 깜짝 놀
라 두려움에 휩싸였다. **9** 천사가 말했다. "사가랴여, 두려워하지 마라. 하

---

1) 모세(Moses, 물에서 건짐)는 주전 13세기(혹은 15세기) 지도자로, 이집트에서 노예생활을 하던 이스라엘 백성을 해방시키고, 시내산에서 십계명을 받았으며, 율법서 모세오경을 남겼다.

2) 헤롯(Herod, 영웅의 아들)은 주전 37년부터 주전 4년까지 33년간 유대를 통치한 헤롯 왕가의 창시자로, 아기 예수를 죽이려고 베들레헴과 그 부근의 2살 아래 유아를 살해하였다.

나님께서 네 기도를 들으셨다. 네 아내 엘리사벳이 아들을 낳을 터이니, 그 이름을 요한[1]이라 하라. **10** 그 아이는 네게도 기쁨과 즐거움이 되겠지만, 많은 사람이 그의 태어남을 기뻐할 것이다. **11** 그는 하나님 앞에서 큰 인물이 되어, 포도주나 독주를 입에 대지 않을 것이며, 모태로부터 성령으로 충만하여, 이스라엘 자손 가운데서 많은 사람을 그들의 주 하나님의 품으로 돌아오게 할 것이다. **12** 또 그는 엘리야[2]의 심령과 능력을 가지고 주님의 선구자로 와서, 아버지와 자식을 화해시키고, 거역하는 자들에게 올바른 생각을 심어 주어, 주님을 맞이할 백성이 되도록 준비할 것이다."(73, 117) 보라, 그 크고 두려운 주의 날이 이르기 전, 내가 예언자 엘리야를 보내겠다.(말라기 4.5) **13** 사가랴가 말했다. "제가 그 일을 어떻게 믿을 수 있겠습니까? 저는 이미 늙었고, 제 아내도 나이가 많으니 말입니다." **14** 천사가 대답했다. "나는 하나님을 섬기는 시종 가브리엘[3]이다. 하나님께서 이 기쁜 소식을 네게 전하라고 나를 보내셨다. 보라, 때가 되면 내 말이 그대로 이루어질 것이다. 하지만 네가 내 말을 믿지 않았으니, 이 일이 이루어지는 날까지, 너는 벙어리가 되어 말을 하지 못할 것이다." **15** 한편 사람들은 밖에서 사가랴가 나오기를 기다리고 있었다. 그가 성소 안에서 너무 오래 지체하므로 이상하게 여겼다. **16** 그러다가 막상 밖으로 나와서도 말을 하지 못하자, 사람들은 그가 성소 안에서 신비로운 환상을 본 줄 알았다. **17** 사가랴가 손짓과 몸짓으로 의사를 표시하며, 제사장의 직무를

1) 요한(John, 하나님이 사랑하시는 자)은 예수님보다 6개월 먼저 태어나, 유대광야에서 회개를 선포하고, 요단강에서 세례를 베풀었다. 율법시대를 마감하고, 은혜시대를 예비한 주님의 선구자였다.

2) 엘리야(Elijah, 하나님은 여호와)는 이스라엘 아합왕(주전 876-854 재위) 시대의 예언자로, 갈멜산에서 바알과 아세라의 예언자들과 대결해 승리하였고, 엘리사(Elisha)를 후계자로 두고 승천하였다.

3) 가브리엘(Gabriel, 하나님의 능력/사람)은 하나님의 메시지를 전달하는 천사로, 다니엘에게 2번 이상 나타났고, 사가랴에게 나타나 엘리사벳의 임신을 예고했으며, 마리아에게 나타나 예수님의 수태를 고지하였다.

모두 마치고 집으로 돌아갔다. **18** 그리고 얼마 뒤, 사가랴의 아내가 아기를 가졌다. 엘리사벳이 5개월 동안 집안에 숨어 지내다가, 비로소 입을 열었다. “주님께서 나를 어여삐 보시고, 내게 이런 은혜를 베풀어 주셨으니, 나도 이제 사람들 앞에서 부끄럽지 않게 되었다.”

003
마리아의 잉태 (누가 1.26-38)

1 엘리사벳이 임신한 지 6개월쯤 되었을 때, 하나님께서 가브리엘 천사를 갈릴리 나사렛[1] 마을로 보내셨다.(24, 132) **2** 가브리엘이 다윗 가문의 요셉이라는 사람과 정혼[2]한 처녀, 마리아[3]를 찾아갔다.(19) **3** 천사가 말했다. “은혜를 가득히 받은 처녀여, 기뻐하라. 주님께서 그대와 함께하신다.” **4** 마리아가 몹시 당황하며 곰곰이 생각하였다. “이 말이 대체 무슨 뜻일까?” **5** 천사가 말했다. “마리아여, 두려워하지 마라. 그대가 하나님의 은혜를 입었다. 보라, 그대가 잉태하여 아들을 낳을 터이니, 그 이름을 예수[4]라 하라. 그는 위대하신 분이라, 지극히 높으신 하나님의 아들이라 불릴 것이다. 주 하나님께서 그에게 다윗의 왕위를 주실 것이다. 그는 영원히 야곱의 집을 다스릴 것이며, 그 나라는 끝없이 이어질 것이다.” **6** 마

1) 나사렛(Nazareth, 감시)은 예수님이 자라나신 고향이다. 예수님은 30세쯤에 가버나움으로 이주하셨고, 몇 차례 고향을 방문하셨으나, 번번이 배척을 받으셨다.
2) 정혼(定婚, Betrothe)은 결혼하기 1년 전에 하였으며, 혼인의 구속력은 가지고 있었으나 부부관계는 용납되지 않았다. 정혼자가 부정을 저지를 경우 간음한 것으로 간주되었고, 상대방이 사망할 경우 홀아비나 과부로 등재되었다.
3) 마리아(Maria, 사랑받는 자)는 요셉의 정혼자로 예수님을 낳았으며, 결혼하여 야고보, 요셉, 유다, 시몬과 2명 이상의 딸을 더 낳은 것으로 보인다.
4) 예수(Jesus, 하나님이 구원하신다)는 완전한(Complete) 하나님의 아들이시자, 온전한(Perfect) 사람의 아들이셨다. 2세기 초까지 아주 흔하고 평범한 이름이었으며, 히브리어 여호수아 또는 호세아와 같은 말이다.

리아가 말했다. "저는 처녀입니다. 어찌 그런 일이 있을 수 있겠습니까?"
7 천사가 대답했다. "성령이 그대에게 임하시고, 지극히 높으신 하나님의
능력이 그대를 감싸 주시리니, 태어나실 아기는 거룩하신 분이라, 하나님
의 아들이라 불릴 것이다. 보라, 그대의 친척 엘리사벳도, 그 많은 나이에
아기를 가졌다. 원래 아이를 갖지 못하는 여성으로 알려졌으나, 임신한
지 벌써 6개월이나 되었다. 하나님께 불가능한 일은 없다." **8** 마리아가 말
했다. "보세요, 저는 주님의 여종입니다. 지금 하신 말씀대로 저에게 이루
어지기를 바랍니다." **9** 그러자 천사가 마리아에게서 떠나갔다.

004
엘리사벳의 노래 (누가 1.39-45)

1 며칠 뒤, 마리아가 유대 산골의 한 마을을 서둘러 찾아갔다. **2** 사가
랴의 집에 들어가, 엘리사벳에게 문안을 드렸다. **3** 엘리사벳이 문안 받
을 때, 그 배 속의 아기가 뛰놀았다. **4** 엘리사벳이 성령으로 충만하여,
큰 소리로 노래하였다. **5** "그대는 모든 여성 가운데 가장 복을 받았습니
다. **6** 그대의 태중에 있는 아기 또한 복을 받았습니다. **7** 내 주님의 어머
니께서 나를 찾아오시다니, 이게 어찌된 일입니까?(200) **8** 보세요, 그대
의 인사말이 내 귀에 들릴 때, 내 배 속의 아기도 기뻐서 뛰놀았습니다.
9 주님의 말씀이 정말 이루어지리라 믿으셨으니, 그대는 정녕 복되십니다."

005
마리아의 찬가 (누가 1.46-56)

1 마리아가 찬가[1]를 불렀다. **2** "내 영혼이 주님을 찬양합니다. **3** 내 마
음이 내 구주 하나님을 기뻐합니다. **4** 그분이 여종의 비천한 신세를 돌보
셨습니다. **5** 이제부터 모든 세대가 나를 복되다 할 것입니다. **6** 전능하신
그분이 내게 큰 은혜를 베푸신 덕분입니다. **7** 그분은 거룩하시며, 그 자
비는 그분을 경외하는 사람에게 대대로 있을 것입니다. **8** 그분이 강하신
팔로 권능을 행하시고, 마음이 교만한 자를 흩으셨습니다. **9** 권세를 부리
는 자를 그 자리에서 내치시고, 낮고 천한 사람을 높이셨습니다. **10** 주린
사람을 좋은 음식으로 배불리시고, 부한 자를 빈손으로 돌려보내셨습니
다. **11** 그분이 약속하신 자비를 기억하시고, 그분의 종 이스라엘을 도우
셨습니다. **12** 우리 조상에게 약속하신 자비는, 아브라함과 그 자손에게
영원히 있을 것입니다." **13** 마리아는 엘리사벳과 함께 3개월쯤 지내다가,
자기 집으로 돌아갔다.

006
세례 요한의 출생 (누가 1.57-66)

1 엘리사벳은 해산할 달이 차서 아들을 낳았다. **2** 이웃과 친척이 듣고,
엘리사벳과 함께 기뻐하였다. **3** 그들이 주님께서 베푸신 큰 은혜의 소식

1) 마리아의 찬가(讚歌, Magnificat)는 하나님을 찬양하고 기뻐하며, 그분의 거룩하심을 고백하며, 교만한 자를 낮추시고 미천한 자를 높이시며, 가난한 자와 부요한 자의 처지를 바꾸신다는, 곧 창세기, 사무엘상, 시편, 미가서 등의 말씀을 인용하고 있다.

을 들었기 때문이다. **4** 아기가 태어난 지 8일이 되어, 그들이 아기 할례
식[1]에 참석하였다. **5** 그들이 아버지의 이름을 따서, 아기 이름을 사가랴
로 지으려 하였다. **6** 그러자 아기 어머니가 나섰다. "안 됩니다. 요한이라
고 지어야 합니다." **7** 그들이 말했다. "이 가문에 그런 이름을 가진 사람
이 아무도 없지 않습니까?" **8** 그리고 아기 이름을 무엇으로 짓기 원하는
지, 사가랴에게 손짓하여 물어보았다. **9** 사가랴가 서판[2]을 달라고 하여,
'그 이름은 요한'이라고 썼다. 사람들이 다 놀랐다. **10** 그때 사가랴의 입이
열리고, 혀가 풀려서 말하게 되었다. 그가 하나님을 찬양하였다. **11** 이웃
사람이 모두 두려워하였고, 이 이야기가 온 유대 산골에 퍼지며 큰 화제
가 되었다. **12** 이 말을 듣는 사람마다 마음에 새기며 말했다. "그 아기가
장차 어떠한 인물이 될까?" **13** 주님의 손길이 아기를 보살피고 계심이 분
명하였기 때문이다.

007
사가랴의 예언 (누가 1.67-80)

1 아기 부친 사가랴가 성령이 충만하여 예언하였다. **2** "이스라엘의 주
하나님은 찬양을 받으실 분이시다. **3** 그분이 자기 백성을 돌보시고, 구원
을 베푸셨기 때문이다. **4** 그분의 종 다윗의 집에서, 우리를 위해 구세주
를 일으키셨다. **5** 거룩한 예언자들의 입을 빌려, 오래전부터 말씀하신 그
대로다. **6** 우리의 원수와 우리를 미워하는 모든 자의 손에서 건지시는 구

1) 할례(割禮, Circumcision)식은 사내아이 음경의 포피를 절개 또는 일부를 베어내는 의식으로, 생후 8일째 행하며 이름을 지었다. 하나님께서 아브라함과 맺은 선민언약이자, 이방인과 구별되는 표시였다.
2) 서판(書板, Tablet)은 글을 쓰기 위해 만든 작은 나무판자나 돌, 가죽 따위를 말한다.

원이다. **7** 그분이 우리 조상에게 자비를 베푸시고, 그분의 거룩한 언약을
기억하셨다. **8** 이는 그분이 우리에게 주시려고, 우리 조상 아브라함에게
맹세하신 그대로다. **9** 우리를 원수의 손에서 구해 내시고, 아무 두려움
없이 그분을 섬기게 하셨다. **10** 그리고 그분 앞에서, 한평생 거룩하고 의
롭게 살아가도록 하셨다. **11** 아가야, 너는 지극히 높으신 하나님의 예언
자라 불릴 것이다. **12** 주님의 선구자로 와서, 주님의 길을 닦고 예비할 것
이다. **13** 죄를 용서 받고 구원 얻는 길을, 백성에게 전할 것이다. **14** 이는
우리 하나님의 사랑과 자비에서 비롯된 것이다. **15** 하늘 높은 곳에서 구
원의 태양이 떠오르게 하실 것이다. **16** 어둠과 죽음의 그늘에 앉은 사람
에게 빛을 비추실 것이다. **17** 그리하여 우리의 발걸음을 평화의 길로 이
끌어 주실 것이다." **18** 아기는 무럭무럭 자라서 심령이 강해졌고, 이스라
엘 백성 앞에 나타날 때까지 광야에서 살았다.(17)

008
동정녀 출산 (마태 1.18-25)

1 예수 그리스도[1)]의 태어나심은 이러하다. **2** 예수의 어머니 마리아는
요셉과 정혼한 사이였고, 결혼하기 전에 잉태한 사실이 드러났다. 성령으
로 말미암은 일이었다. **3** 마리아의 남편 요셉은 의로운 사람이었다. 마리
아를 부끄럽지 않게 하려고, 아무도 모르게 가만히 파혼하려 하였다. **4** 요
셉이 그 일을 곰곰이 생각하고 있을 때, 주님의 천사가 꿈에 나타나 일러
주었다. "다윗의 자손 요셉아, 두려워하지 말고 마리아를 아내로 맞아들

1) 그리스도(Christ, 기름 부은 자)는 그리스어 크리스토스(Christos)의 음역으로, 구주 또는 구세주라는 뜻이다. 히브리어 마쉬아흐(Mashiach), 아람어 메시아(Messiah)와 같은 말이다.

여라. 마리아의 잉태는 성령으로 말미암은 일이다. 마리아가 아들을 낳
을 터이니, 그 이름을 예수라 하라. 그가 자기 백성을 그 죄에서 구원하
실 것이다." **5** 이리하여, 주님께서 예언자를 시켜 하신 말씀이 이루어졌
다. '보라! 처녀[1]가 잉태하여 아들을 낳으리니, 그 이름을 임마누엘[2]이라
하리라.' 임마누엘은 '하나님께서 우리와 함께 계시다'는 뜻이다.(257) 그러므
로 주께서 친히 다윗 왕실에 징조를 주실 것입니다. 보십시오, 처녀가 잉태하여 아들을 낳고, 그
를 임마누엘이라 부를 것입니다.(이사야 7.14) **6** 요셉이 잠에서 깨어나, 주님의 천사
가 일러 준 대로 마리아를 아내로 맞아들였다. **7** 그러나 마리아가 아들을
낳을 때까지 잠자리를 같이하지 않았다. 그리고 마리아가 아들을 낳자, 그
이름을 예수라 하였다.

009
예수의 탄생 (누가 2.1-7)

1 아우구스투스[3] 황제의 칙령에 따라, 온 로마가 호적을 등록하게 되
었다. **2** 이 호적은 구레뇨가 시리아 총독으로 있을 때, 처음으로 실시한
것이다. **3** 모든 사람이 호적을 등록하러, 저마다 자기 고향으로 돌아가

1) 처녀(處女, Virgin)는 결혼 적령기의 미혼 여성이나, 남성을 모르는 숫처녀, 곧 동정녀(童貞女)를 말한다. 당시 이스라엘에서는 처녀성이 중시되었던 바, 대체로 10대 중반에 결혼하였다.
2) 임마누엘(Immanuel, 하나님이 우리와 함께 계시다)은 메시아(그리스도)의 다른 이름이다.
3) 아우구스투스(Caesar Augustus, 본명 옥타비우스) 황제는 주전 27년부터 주후 14년까지, 41년간 로마 제국을 통치하였으며, 식민지 국가의 징세와 징병을 위해 14년마다 호구(인구)조사를 실시하였다.

게 되었다. **4** 요셉도 갈릴리[1] 나사렛을 떠나, 유대에 있는 베들레헴[2]으
로 올라갔다. **5** 베들레헴은 다윗의 고향이었고, 요셉은 다윗의 후손이었
기 때문이다. **6** 그때 요셉과 정혼한 마리아도 함께 올라갔으며, 이미 잉
태 중이었다. **7** 그들이 베들레헴에 머무는 동안, 마리아의 해산일이 되었
다. **8** 마리아가 마구간에서 첫아들을 낳아, 포대기에 싸서 구유에 눕혔다.
9 여관마다 사람들이 다 차서, 그들이 들어갈 방이 없었기 때문이다.

010
천사들의 합창 (누가 2.8-14)

1 베들레헴 부근의 들판에서, 목자[3]들이 밤을 지새우며 양 떼를 지키
고 있었다. **2** 주님의 천사가 그들 앞에 갑자기 나타나며, 주님의 영광이
그들을 환히 둘러 비췄다. 목자들은 몹시 두려워하였다. **3** 천사가 말했
다. "두려워하지 마라. 나는 모든 백성이 기뻐할 좋은 소식을 전하러 왔
다. 오늘 밤 다윗의 동네에, 너희를 위해 구세주가 태어나셨다. 바로 그
리스도 주님이시다. 너희가 가서, 포대기에 싸여 구유에 뉘어 있는 갓난
아기를 보리니, 이것이 너희에게 주는 표적[4]이다." **4** 그때 하늘의 군대가
큰 무리를 이루며 홀연히 나타나, 그 천사와 더불어 하나님을 찬양하였다.

1) 갈릴리(Galilee, 고리/주변)는 팔레스타인 북부 지방으로, 당시 200개 마을에 300만 명의 주민이 살았다.

2) 베들레헴(Bethlehem, 떡집)은 갈릴리 나사렛에서 남쪽으로 144㎞쯤 떨어진 유대의 마을로, 다윗의 고향이자 메시아가 태어나실 곳이었다. 주변에 감람나무가 많았으며, 해발 700m 고지에 있었다.

3) 목자(牧者, Shepherd)는 떠돌이 양치기로 소외된 계층이었다. 하지만 인류 최대의 기쁜 소식은 그들에게 가장 먼저 전해졌다.

4) 표적(表迹, Sign)은 단순한 기적(Miracle)이 아니라, 특별한 사건이나 예고가 깃든 계시적 현상이다.

“하늘 높은 곳에서는 하나님께 영광! 땅에서는 하나님의 은총을 입은 사
람들에게 평화!”

011
목자들의 찬양 (누가 2.15-20)

1 천사들이 하늘로 올라가자, 목자들이 서로 말했다. “어서 베들레헴
으로 가서, 주님께서 우리에게 알려 주신 일이 정말 일어났는지 봅시다!”
2 그리고 서둘러 달려가서, 마리아와 요셉과 구유에 있는 아기[1]를 찾아
냈다. **3** 목자들이 아기를 확인하고, 아기에 대하여 들은 이야기를 자세
히 전해 주었다. **4** 모두 이상히 여겼으나, 마리아는 그 일을 마음에 간직
하고 곰곰이 되새겼다. **5** 목자들이 하나님의 영광을 찬양하며 들판으로
돌아갔다. 그들이 듣고 본 모든 일이, 천사가 일러 준 바와 같았기 때문
이다.

012
예언자의 칭송 (누가 2.21-40)

1 8일째 되는 날, 아기에게 할례를 베풀고, 그 이름을 예수라 하였다.
아기가 잉태되기 전에 천사가 일러 준 이름이다. 8일째 되는 날, 아기의 포경을
잘라 할례를 베풀어야 한다.(레위기 12.3) **2** 그리고 모세의 율법에 따라서, 정결예

1) 아기(Baby)는 그리스어 브레포스(Brephos)로, 갓난아기(Newborn baby) 곧 젖먹이를 말한다.

식[1]을 치를 때가 되었다. 요셉과 마리아가 아기를 데리고 예루살렘에 올라갔다. 아들을 낳든지 딸을 낳든지 정결기간이 끝나면, 산모는 번제로 드릴 1년 된 양 1마리와, 속죄제로 드릴 집비둘기 새끼나 산비둘기 1마리를 회막문으로 가지고 가서, 제사장에게 드려야 한다.(레위기 12.6) **3** 주님의 율법에, '처음 태어난 아들은 거룩하게 구별하여 하나님께 드려라'고 기록되어 있었기 때문이다. 처음 난 것은 거룩하게 구별하여 내게 바쳐라. 사람이든 짐승이든, 이스라엘 자손 가운데 어미의 태를 처음 열고 나온 것은 다 내 것이다.(출애굽기 13.2) **4** 또 하나님의 율법에 따라서, 산비둘기 1쌍이나 집비둘기 새끼 2마리를 정결예식의 희생제물로 바치기 위함이었다. 여인이 어린양을 바칠 형편이 못 되면, 산비둘기 2마리나 집비둘기 새끼 2마리를 가져다가, 1마리는 번제물로, 다른 1마리는 속죄제물로 드려야 한다. 그것으로 제사장이 산모의 부정을 벗겨 주면, 그 여인은 정결하게 된다.(레위기 12.8) **5** 그때 시므온이라는 의롭고 경건한 사람이 예루살렘에 있었다. 그는 하나님께서 베푸실 이스라엘의 위로를 간절히 기다리고 있었다. **6** 그리고 그에게 항상 성령이 머물러 계셨으며, 주님의 그리스도를 보기 전에는 죽지 않을 것이라는 성령의 계시도 있었다. **7** 그가 성령에 이끌려 성전에 들어서자, 마침 예수의 부모가 첫아들에 대한 율법의 규정을 지키려고, 아기 예수를 데리고 들어왔다. **8** 시므온이 아기를 두 팔에 받아 안고, 하나님을 찬양하며 말했다. "주재[2]여, 주님의 말씀대로, 이제 이 종이 평안히 눈을 감게 되었습니다. 제 눈으로 주님의 구원을 보았습니다. 만민에게 베푸신 구원입니다. 이방인에게는 계시의 빛이요, 주님의 백성 이스라엘에게는 영광입니다." **9** 예수의 부모는 아기에 대한 시므온의 말을 듣고 무척 놀랐다. **10** 시므온이 그들을 축

1) 정결예식(淨潔禮式, Purification)은 산모의 부정을 씻는 의식이다. 아들을 낳으면 7일간 부정하여 총 40일이 지나야 깨끗하게 되었고, 딸을 낳으면 14일간 부정하여 총 80일이 지나야 깨끗하게 되었다. 그 기간이 지나면 속건제와 번제를 드렸다.

2) 주재(主宰, Most High/Creator)는 창조주로, 피조세계를 지배하고 다스리시는 하나님을 말한다.

복하고, 아기 어머니 마리아에게 말했다. "보세요, 이 아기는 하나님께서
세우신 분입니다. 이스라엘 백성을 많이 넘어지게도 하고, 일어서게도 할
것입니다. 또 비난의 표적이 되기도 하여, 마치 예리한 칼에 찔리듯, 당신
의 마음을 아프게도 할 것입니다. 그러나 그 일로, 많은 사람의 마음속
생각이 드러나게 될 것입니다." 그는 이스라엘 두 집안의 성소도 되시지만, 걸리는
돌과 부딪히는 바위도 되시며, 예루살렘 주민에게는 덫과 올가미도 되신다.(이사야 8.14) 이
는 성경에 기록된 바와 같습니다. "보라, 내가 시온에 걸리는 돌과 부딪히는 바위를 둔다. 그러
나 그를 믿는 사람은 수치를 당치 않을 것이다."(로마서 9.33) **11** 또 바누엘의 딸로서,
아셀 지파에 속한 나이 많은 여성 예언자도 성전에 있었다. **12** 안나는
결혼한 지 7년 만에 과부가 되어, 84세가 되기까지 성전을 떠나지 않고,
밤낮없이 금식과 기도로 하나님을 섬기고 있었다. **13** 바로 그때, 안나가
그 자리에 와서 하나님께 감사를 드렸으며, 예루살렘의 구원을 기다리는
모든 사람에게 아기에 대한 이야기를 들려주었다. **14** 아기의 부모는 주님
의 율법에 따라 모든 일을 마치고, 갈릴리에 있는 그들의 고향, 나사렛 마
을로 돌아갔다. **15** 아기는 날로 무럭무럭 자라나 몸이 튼튼해졌고, 지혜
도 풍부해졌으며, 하나님의 은총을 늘 받고 있었다.

013
박사들의 경배 (마태 2.1-12)

1 헤롯왕 때, 예수님은 유대 베들레헴에서 태어나셨다. **2** 동방의 박사[1)]

1) 동방박사(東方博士, Magi)는 메디아 왕국에서 종교의례를 주관하던 페르시아 제사장의 계급으로, 천문학자나 점성술사로 짐작된다. 백발과 흰 수염의 노인 멜키올(Melchior)이 황금을, 홍안의 청년 카스퍼(Casper)가 유향을, 검은 얼굴에 덥수룩한 수염의 중년 벨사살(Balthasar)이 몰약을 드렸으며, 그들은 고국으로 돌아가서, 예수님이 인류의 구세주라 증언하며 100세 이상 살았고, 그들의 유해는 터키 이스탄불의 소피아성당에 안치되었다가, 밀라노를 거쳐서, 지금은 독일 쾰른대성당에 안치되어 있다고 한다.

들이 예루살렘에 와서 말했다. "유대인의 왕으로 나신 분이 어디 계십니
까? 우리는 동방에서 그의 별을 보고, 그에게 경배하러 왔습니다." **3** 이 말
을 들은 헤롯왕이 몹시 당황하였고, 예루살렘이 온통 술렁거렸다. **4** 왕이
대제사장과 율법학자를 모두 불러 물었다. "그리스도가 어디서 난다고 하
였소?" **5** 그들이 대답했다. "유대 베들레헴입니다. 예언서에 '유대 땅 베들
레헴아, 너는 유대에서 결코 작은 마을이 아니다. 네게서 내 백성 이스라
엘을 다스릴 목자가 나올 것이다'라고 기록되어 있습니다."(9) 그러나 너 베들
레헴 에브라다야, 너는 유다 족속 가운데 작지만, 이스라엘을 다스릴 사람이 네게서 나올 것이
다. 그의 기원은 아득한 옛날, 태초까지 거슬러 올라간다.(미가 5.2) **6** 그때 헤롯이 박사들
을 가만히 불러서, 별이 나타난 때를 자세히 캐물어 보았다. **7** 그리고 그들
을 베들레헴으로 보내며 말했다. "어서 가서, 그 아기[1]를 샅샅이 찾아보시
오. 그리고 찾거든, 내게도 알려 주시오. 나도 가서, 그에게 경배할 생각이
오." **8** 왕의 말을 듣고, 박사들이 다시 길을 떠났다. 동방에서 본 별이 다시
나타나 그들을 인도하였다. **9** 그 별이 앞서 가다가, 아기가 있는 곳 위에서
멈추었다. 박사들이 보고 매우 기뻐하였다. **10** 그들이 집에 들어가, 아기
가 어머니 마리아와 함께 있는 것을 보고, 그 앞에 엎드려 경배하였다.
11 그리고 보물함을 열어, 황금과 유향과 몰약을 예물로 드렸다. **12** 박
사들은 꿈에 헤롯에게 돌아가지 말라는 하나님의 지시를 받고, 다른 길
로 자기 나라에 돌아갔다.

---

1) 아기(Child)는 그리스어 파이디온(Paidion)으로, 1살에서 2살쯤 된 어린아이(Young child)를 말한다.

014

이집트 피신 (마태 2.13-18)

1 박사들이 떠난 뒤, 주님의 천사가 요셉의 꿈에 나타나 일러 주었다.
"헤롯이 아기를 찾아 죽이려 한다. 어서 일어나, 아기와 그 어머니를 데리
고 이집트로 피신하라. 내가 다시 일러 줄 때까지, 거기 머물러 있어라!"
2 요셉이 일어나, 아기와 그 어머니를 데리고 한밤중에 이집트로 떠났다.
그리고 헤롯이 죽을 때까지 거기 있었다. **3** 이리하여, 주께서 예언자를
시켜 하신 말씀이 이루어졌다. '내가 이집트에서 내 아들을 불러내었다.'
내 아들 이스라엘이 어렸을 때, 내가 그를 사랑하여, 내 아들을 이집트에서 불러내었다.(호세
아 11.1) **4** 헤롯은 박사들에게 속은 것을 알고 매우 분노하였다. 그가 박사
들에게 알아본 때를 기준하여, 베들레헴과 그 부근에 사는 2살 이하 사
내아이를 모조리 죽이라고 명령했다. **5** 그리하여, 하나님께서 예언자 예
레미야를 시켜 하신 말씀이 이루어졌다. '라마에서 들려오는 소리, 크게
슬퍼하며 애통하는 소리, 자식을 잃고 우는 라헬[1]이 위로마저 마다는구
나!' 나 야훼가 말한다. 라마에서 통곡하는 소리가 들린다. 애절한 울음소리가 들린다. 라헬
이 자식을 잃고 울고 있구나. 눈앞에 있던 자식들이 없어져서, 위로마저 받기를 마다는구나.(예
레미야 31.15)

1) 라헬(Rachel, 암양)은 요셉과 베냐민의 어머니로, 야곱이 가장 아끼는 아내였으며, 이스라엘을 대표하는 여성이었다. 라마는 베냐민 지파의 성읍이었고, 그 부근에 라헬의 무덤이 있었다.

015
이스라엘 귀환 (마태 2.19-23)

1 헤롯이 죽은 뒤, 주님의 천사가 이집트에 있는 요셉의 꿈에 나타나 일
러 주었다. "일어나 아기와 그 어머니를 데리고, 이스라엘로 돌아가라. 아
기의 생명을 노리던 자들이 죽었다." **2** 요셉이 일어나, 아기와 그 어머니
를 데리고 이스라엘로 돌아왔다. **3** 그러나 아켈라오[1]가 그 아버지 헤롯
의 뒤를 이어 유대의 왕이 되었다는 소식을 듣고, 요셉은 유대로 가기를
두려워하였다. **4** 그러다가 꿈에 하나님의 지시를 받고, 방향을 바꾸어 갈
릴리 지방의 나사렛 마을로 들어가 살았다. **5** 이리하여, 예언자를 시켜
하신 말씀이 이루어졌다. '그는 나사렛 사람이라 불릴 것이다.'

016
소년 예수 (누가 2.41-52)

1 예수의 부모는, 해마다 유월절[2]을 지키러 예루살렘에 올라갔다. 너
희는 아빕월을 지켜서, 너희 하나님 야훼의 유월절을 기념하라. 너희 하나님께서 아빕월 어느
날 밤, 너희를 이집트에서 건져 내셨기 때문이다.(신명기 16.1) **2** 예수가 12살이 되던 해
에도, 그들은 관례에 따라 예루살렘으로 올라갔다. **3** 그런데 절기를 마

1) 아켈라오(Archelaus, 백성을 다스림)는 헤롯대왕과 사마리아 여인 말다케 사이에서 태어난 아들로, 유대와 이두매와 사마리아를 다스리는 분봉왕이 되었으나, 주후 6년 폐위되어 추방되었다.

2) 유월절(逾越節, Passover, 넘어가다)은 그리스어로 '파스카(Pascha)'라고 하며, 히브리어 '페사흐'의 음역이다. 이는 주전 13세기(혹은 15세기) 이스라엘 백성이 이집트를 탈출하기 전날 밤, 여호와께서 이집트인의 맏아들과 짐승의 맏배는 다 치셨으나, 어린양의 피를 문설주에 바른 이스라엘 백성의 집은 그냥 넘어가신 데서 비롯되었다.

치고 모두 집으로 돌아갈 때, 소년 예수는 예루살렘에 남아 있었다. **4** 예
수의 부모는 그런 줄도 모르고, 아들이 일행 중에 당연히 끼어 있으려니
생각하고, 하룻길을 갔다. **5** 그리고 친척과 친지 가운데서 찾기 시작했
으나 보이지 않아, 이리저리 찾아 헤매며 예루살렘까지 되돌아가게 되었
다. **6** 3일 뒤, 그들이 성전 뜰에 있는 예수를 찾았다. 예수가 학자들 사
이에 앉아 듣기도 하고, 묻기도 하며 있었다. **7** 그리고 예수의 말을 듣
는 사람마다 그 지혜와 대답에 경탄하였다. 예수의 부모도 그 예수를 보
고 놀랐다. **8** 예수의 어머니가 말했다. "얘야, 어찌하여 이리 하였느냐?
네 아버지와 내가 얼마나 애를 태우며 너를 찾았는지 아느냐?" **9** 예수
가 대답하였다. "어찌하여 저를 찾으셨습니까? 내가 내 아버지의 집에(일
에 관여하고) 있어야 할 줄을 모르셨습니까?"(41) **10** 그러나 예수의 부모는
그 말뜻을 이해하지 못했다. **11** 그리고 예수는 나사렛으로 돌아가, 부모
에게 순종하며 살았다. 마리아는 이 모든 일을 마음속 깊이 간직하였다.
12 예수는 지혜와 키가 날로 자라며, 하나님과 사람의 총애를 더욱 많이
받았다. 한편 소년 사무엘은 날로 무럭무럭 자라나, 하나님과 사람에게 더욱 귀염을 받았
다.(사무엘상 2.26)

017
세례 요한의 선포 (마태 3.1-12, 마가 1.1-8, 누가 3.1-17)

1 티베리우스[1] 황제가 로마 제국을 다스린 지 15년째 되던 해, 본디오

1) 티베리우스(Tiberius)는 아우구스투스의 양자로, 주후 14년부터 37년까지 23년간 로마 제국을 통치하였다.

빌라도[1]는 유대의 총독으로, 헤롯 안티파스[2]는 갈릴리 지방의 분봉왕으로, 그 동생 빌립[3]은 이두래와 드라고닛 지방의 분봉왕으로, 루사니아[4]는 아빌레네 지방의 분봉왕으로 있었다. 그리고 당시 대제사장은 안나스[5]와 가야바[6]였다. **2** 그즈음, 하나님의 말씀이 광야에 있는 사가랴의 아들 요한에게 임하였다. **3** 하나님의 아들, 예수 그리스도의 복음은 이렇게 시작되었다. '보라, 내가 내 사자를 네 앞에 보내겠다. 그가 네 길을 닦을 것이다.'(29) 보라, 이제 내 특사를 보내 나의 앞길을 닦을 것이다. 너희가 오랫동안 기다린 주가 문득 자기 궁궐에 이를 것이다. 너희가 애타게 바라는 그 언약의 특사가 올 것이다. 나 만군의 야훼가 말한다.(말라기 3.1) 보내심을 받지 않고 어떻게 선포하겠습니까? 성경에 '기쁜 소식을 전하는 이들의 발걸음이 얼마나 아름다운가!'라고 기록된 것과 같습니다.(로마서 10.15, 이사야 52.7) **4** 이 요한을 두고, 예언자 이사야가 말했다. '광야에서 외치는 자의 소리가 있다. 너희는 주님의 길을 예비하라. 그분의 길을 곧게 하라. 모든 골짜기가 메워지고, 모든 산과 언덕이 낮아질 것이다. 굽은 길이 곧게 펴지고, 거친 길이 평탄해질 것이다. 그리고 모든 사람이 하나님의 구원을 볼 것이다.' 외치는 자의 소리가 있다. '야훼께서 오신다. 사막에 길을 내어라. 우리 하나님께서 오신다. 벌판에 큰길을 곧게 닦아라. 모든 골짜기를 메우고, 모든 산과 언덕을 깎아 내려라. 비탈진 곳은 평지로 만들고, 거친 곳은 평탄하게 하라. 야훼의 영광이 나타나리니, 모

1) 본디오 빌라도(Pontius Pilate, 창을 가짐)는 주후 26년경 유대의 총독으로 부임하여, 예수님께 십자가형을 선고하고, 36년경 소환되어 실각하였다.
2) 헤롯 안티파스(Herod Antipas, 반대자)는 유대 분봉왕 아켈라오의 동생으로, 주전 4년부터 주후 39년까지 43년간 갈릴리와 베레아를 통치하였다.
3) 헤롯 빌립(Herod Philip, 말을 사랑하는 자)은 헤롯대왕과 클레오파트라 사이에서 태어난 아들이다. 대제사장 시몬의 딸 마리암네에서 태어난 빌립, 곧 헤로디아의 첫 남편과는 다른 사람이다.
4) 루사니아(Lysania, 비애)는 유대인이 아니었으며, 그가 다스린 곳은 다마스쿠스 북서쪽이다.
5) 안나스(Annas, 은사)는 가야바의 장인으로, 주후 7년부터 15년까지 대제사장으로 봉직하였다.
6) 가야바(Caiaphas, 오목하다/비어있다)는 안나스의 사위로, 장인과 처남에 이어서, 주후 18년부터 36년까지 18년간 대제사장으로 봉직하였다. 본래 이름은 요셉이다.

든 사람이 구원을 볼 것이다. 이는 야훼께서 친히 약속하신 말씀이다.'(이사야 40.3-5) **5** 요
한이 요단강[1] 부근의 여러 마을을 두루 다니며, 죄 사함을 얻게 하려고
회개의 세례를 선포하였다. "회개하십시오! 하나님의 나라가 가까이 왔
습니다!" **6** 요한은 낙타 털옷을 입고, 가죽띠를 띠고, 메뚜기와 들꿀
을 먹으며 광야에서 지냈다. **7** 그때 온 유대와 예루살렘과 요단강 주변
의 사람이 다 요한에게 와서, 자기 죄를 자백하고 요단강에서 세례를 받
았다. **8** 바리새인과 사두개인이 무리를 지어 오는 것을 보고, 요한이 말했
다. "독사의 자식들아, 누가 너희에게 임박한 하나님의 진노를 피하라고
일러 주더냐? 너희는 회개에 합당한 행실을 보이고, 속으로라도 아브라함
이 너희 조상이라 여기지 마라! 그러므로 여러분은, 믿음으로 사는 사람이 아브라
함의 자손임을 아십시오.(갈라디아서 3.7) **9** 내가 분명히 말합니다. 하나님께서는,
이 돌들을 가지고도 얼마든지 아브라함의 자손으로 만드실 수 있습니다.
도끼가 이미 나무뿌리에 놓였으니, 좋은 열매를 맺지 않는 나무는 다 찍
혀서 불속에 던져질 것입니다." 이 생명책에 기록되지 않은 사람은, 누구나 이 불바다
에 던져졌습니다.(요한계시록 20.15) **10** 그러자 사람들이 물었다. "그러면, 우리
가 어찌해야 합니까?" **11** "옷이 2벌 있는 사람은 없는 사람에게 나눠 주
고, 양식이 있는 사람도 그리하십시오." **12** 세리들도 세례를 받으러 와
서 물었다. "선생님, 우리는 어찌해야 합니까?" **13** "정해진 세금 외에는,
더 이상 거두지 마십시오." **14** 군인들도 와서 물었다. "우리는 어찌해야
합니까?" **15** "여러분이 받는 봉급으로 만족하고, 강제로 남의 물건을 빼
앗거나, 거짓으로 고발하지 마십시오." **16** 그때 모든 백성이 그리스도를
기다리고 있었다. 그들이 속으로 생각하였다. "이 사람이 혹시 그리스도
가 아닐까?" **17** 그래서 요한이 말했다. "나는 물로 회개의 세례를 주지

1) 요단(Jordan, 내려가다)강은 헤르몬산에서 발원하여 갈릴리호수를 지나, 사해에 이르는 팔레스타인 최대의 강이다. 직선거리는 217㎞쯤 되지만, 굴곡과 경사가 심해 전장 400㎞에 이른다.

만, 내 뒤에 오시는 분은 나보다 능력이 더 많으십니다. 나는 그분의 신발끈을 풀어 드릴 자격도 없습니다. 그분은 여러분에게 성령과 불로 세례를 주실 것입니다. 그분이 자기 타작마당을 깨끗이 하시려고 손에 키를 드셨으니, 알곡은 모아 곳간에 들이고, 쭉정이는 꺼지지 않는 불에 던져 태우실 것입니다."

018
예수님의 수세 (마태 3.13-17, 마가 1.9-11, 누가 3.21-22)

1 그즈음, 예수님이 세례(침례)를 받기 위해 갈릴리에서 요단강으로 요
한[1]을 찾아오셨다. **2** 모든 백성이 세례를 받을 때 예수님도 나아가시자, 요한이 극구 사양하며 말했다. "제가 오히려 선생님께 세례를 받아야 할 터인데, 어찌 선생님께서 제게 오셨습니까?" **3** 예수님이 대답하셨다. "지금은 내가 하자는 대로 하십시오. 그리하여 우리가 모든 의를 이루는 것이 옳습니다."(1) 육신이 연약하여 율법이 할 수 없는 일을 하나님께서 하셨습니다. 곧 하나님께서 죄를 속하여 주시려고, 자기 아들을 죄 있는 육신의 모습으로 보내어, 그 육신을 죽이심으로 죄를 심판하셨습니다.(로마서 8.3) 우리의 대제사장은 우리의 연약함을 알아주지 못하시는 분이 아니라, 우리와 같이 모든 일에서 시험을 받으셨습니다. 그러나 죄는 짓지 않으셨습니다.(히브리서 4.15)
4 그제야 요한이 예수님의 뜻에 따라서 세례를 베풀었다. **5** 예수님이 세례

1) 요한(John, 하나님이 사랑하시는 자)은 회개의 세례를 베푼 마지막 예언자였고, 예수님은 율법의 저주에서 비롯된 인간의 죗값을 속량하시고, 율법의 의를 온전히 이루시기 위해 스스로 요한을 찾아와 세례를 받으셨다.

를 받으시고,[1] 물에서 나오시며 기도하시자, 하늘이 홀연히 열리고, 성령[2]이 비둘기 같은 모습으로 예수님 위에 내려오셨다.(3) **6** 그때 하늘에서 소리가 들려왔다. "이는 내 사랑하는 아들이요, 기뻐하는 그 아들이다."

019
예수님의 족보 (마태 1.1-17, 누가 3.23-38, 도마 85)

1 아브라함과 다윗의 자손, 예수 그리스도의 족보[3]는 이러하다. **2** 예수님은 30세[4]쯤에 사역을 시작하셨고, 사람들이 알기로는 요셉의 아들이었다. **3** 요셉의 윗대는 엘리(헬리), 맛닷, 레위, 멜기, 얀나, 요셉, 맛다디아, 아모스, 나훔, 에슬리, 낙개, 마앗, 맛다디아, 세메인(서머인), 요섹, 요다, 요아난, 레사, 스룹바벨, 스알디엘(살라디엘), 네리, 멜기, 앗디, 고삼, 엘마담, 에르, 예수(여호수아), 엘리에제르(엘리에서), 요림, 맛닷, 레위, 시므온, 유다, 요셉, 요남, 엘리야김(엘리아김), 멜레아, 멘나, 맛다다, 나단, 다윗이다. **4** 다윗의 윗대는 이새, 오벳, 보아스, 살라(살몬), 나손, 아미나답, 아드민, 아르니(아니), 헤스론, 베레스, 유다, 야곱, 이삭, 아브라함이다. **5** 아브라함의 윗대는 데라, 나홀, 스룩, 르우, 벨렉, 에벨(헤버), 살라, 가이난, 아박삿, 셈, 노

1) 예수님의 수세(水洗, Baptism)는 물속에 완전히 잠겼다가 나온 침례로 보인다. 물속에 잠김은 죽음을 의미하고, 물속에서 나옴은 부활을 상징한다. 따라서 침례는, 예수 그리스도의 죽음과 부활에 동참하여, 옛사람은 죽고 새사람으로 다시 태어남을 의미한다.

2) 성령(聖靈, Spirit)은 하나님의 영으로, 불, 바람, 생수, 인(印), 기름, 비둘기 등으로 다양하게 나타난다. 불은 태워서 소멸시키는 능력을, 바람은 강력한 중생의 힘을, 생수는 신성한 생명의 원천을, 인은 완전한 소유를, 기름은 사역의 원동력을, 비둘기는 온유하고 평화로운 마음을 상징한다.

3) 예수님의 족보(族譜, Genealogy)는 2개가 있다. 어머니 마리아와 아버지 요셉의 족보로 보인다.

4) 30세(歲, Age)는 제사장이나 공회원 등의 직무를 수행할 수 있는 나이였다. 세례 요한은 30세에 사역을 시작했고, 야곱의 아들 요셉은 30세에 총리가 되었으며, 다윗은 30세에 왕위에 올랐다.

아다. **6** 노아의 윗대는 레멕, 므두셀라, 에녹, 야렛, 마할랄렐, 가이난, 에
노스, 셋, 아담이다. **7** 아담은 하나님의 아들이고, 그 위는 하나님이시
다. **8** 따라서 아브라함은 이삭을 낳았고, 이삭은 야곱을 낳았고, 야곱
은 유다와 그 형제를 낳았고, 유다는 다말[1]에게서 베레스와 세라를 낳
았고, 베레스는 헤스론을 낳았고, 헤스론은 람을 낳았고, 람은 아미나답
을 낳았고, 아미나답은 나손을 낳았고, 나손은 살몬(살라)을 낳았고, 살몬
은 라합에서 보아스를 낳았고, 보아스는 룻에서 오벳을 낳았고, 오벳은
이새를 낳았고, 이새는 다윗 왕을 낳았다. **9** 한편 다윗은 우리야의 아내
밧세바에서 솔로몬을 낳았고, 솔로몬의 아랫대는 르호보암, 아비야, 아삽
(아사), 여호사밧, 요람, 웃시야, 요담, 아하스, 히스기야, 므낫세, 아모스(아
몬), 요시야다. **10** 요시야는 예루살렘의 주민이 바빌론으로 끌려갈 즈음,
여고냐와 그 형제를 낳았다. **11** 여고냐는 바빌론으로 끌려가 스알디엘
을 낳았고, 스알디엘의 아랫대는 스룹바벨, 아비훗, 엘리야김(엘리아김), 아
소르, 사독, 아킴, 엘리웃, 엘르아살, 맛단, 야곱이다. **12** 야곱은 마리아의
남편 요셉을 낳았고, 요셉의 아내 마리아에게서 그리스도 예수가 태어나
셨다. **13** 그러므로 아브라함에서 다윗까지 14대요, 다윗부터 바빌론으로
끌려갈 때까지 14대요, 바빌론으로 끌려가 그리스도가 태어나실 때까지
14대다. **어리석은 논쟁을 피하고, 족보를 따지거나 말다툼을 하거나, 율법을 가지고 싸우지 마십시오. 이런 일은 헛되고 무익합니다.(디도서 3.9)**

1) 예수님의 족보에 든 여성(女性, Woman)은 유다의 며느리 다말, 여리고의 기생 라합, 모압의 여인 룻, 우리야의 아내 밧세바, 예수님의 어머니 마리아로 모두 5명이다. 이들 가운데 4명은 부정한 여인이었다. 다말은 근친상간의 죄를 범했고, 라합은 창녀였고, 룻은 과부였고, 밧세바는 간음죄를 범했다.

020
광야의 시험 (마태 4.1-11, 마가 1.12-13, 누가 4.1-13)

1 예수님이 성령을 가득히 받아, 요단강에서 돌아오셨다. **2** 그리고 성
령에 이끌려 광야로 나가, 마귀[1]에게 시험을 받으셨다. **3** 황량한 들판
에서 들짐승과 함께 지내시며, 밤낮 40일을 금식하며 기도하셨다. **4** 그
동안 아무것도 입에 대시지를 않아서, 40일이 지났을 때 매우 허기지고 지
치셨다. **5** 그때 시험하는 자가 다가와 예수님을 꾀었다. "당신이 하나님의
아들이라면, 이 돌들에게 떡이 되라고 말해 보시오." **6** 예수님이 대답하셨
다. "성경에 이르기를, 사람이 떡으로만 사는 것이 아니라, 하나님의 입에
서 나오는 말씀(레마)[2]으로 산다고 하였소." **하나님께서 너희를 낮추시고 굶기시다**
가, 너희도 모르고 너희 조상도 모르는 만나를 먹이신 것은, 사람이 떡으로만 살지 못하고, 야
훼의 입에서 나오는 말씀으로 산다는 사실을, 너희에게 가르쳐 주시기 위함이다.(신명기 8.3)
7 그러자 마귀가 예수님을 이끌고 거룩한 도성으로 가서, 성전 꼭대기에
세우고 부추겼다. "당신이 하나님의 아들이라면, 여기서 뛰어내려 보시
오. 성경에 이른 대로, 하나님께서 당신을 위해 천사들에게 명하실 것이
고, 천사들은 당신을 손으로 떠받쳐서, 당신의 발이 돌에 부딪히지 않게
하실 것이오." **하나님께서 천사들에게 명하여, 네가 가는 길마다 너를 지키게 하셨으니,**
네 발이 돌에 부딪히지 않도록 천사들이 손으로 너를 떠받쳐 줄 것이다.(시편 91.11-12) **8** 예
수님이 대답하셨다. "주 너의 하나님을 시험하지 말라는 말씀도 성경에 있

---

1) 마귀(魔鬼, Satan)는 참소하고 시험하는 자로, 악하고 더러운 영이다. 예수님의 허기짐을 이용하여 돌로 떡을 만들어 보라고 하였으며, 성경을 인용하여 하나님의 말씀을 시험하였고, 세상의 권세와 영광을 보여 주며 하나님을 배신하라고 부추겼다. 이는 모든 세대를 망라하여, 마귀가 가장 즐겨 사용하는 올가미다.

2) 말씀(Word)은 로고스(Logos)와 레마(Rhema)와 글로사(Glossa)가 있다. 로고스가 모든 사람에게 선포된 하나님의 말씀이라면, 레마는 특정인에게 주어진 말씀과 결부되어 있고, 글로사는 성취된 예언의 말씀과 관계가 있다.

소." 너희가 맛사에서 한 것처럼, 너희 하나님 야훼를 시험해서는 안 된다.(신명기 6.16) **9** 그
러자 마귀가 예수님을 이끌고 높은 산꼭대기로 가서, 순식간에 세상 모든
나라의 영광을 보여 주며 꼬드겼다. "당신이 내 앞에 엎드려 경배하면, 이
모든 나라의 권세와 영광을 당신에게 다 주겠소. 이는 나에게 넘어온 것
이니, 내가 원하는 사람에게 줄 수 있소." **10** 예수님이 말씀하셨다. "사
탄아, 썩 물러가라! 성경에, 오직 주 너의 하나님께 경배하고, 그분만 섬
기라고 하였다!" 너희 하나님 야훼만을 경외하고 섬기며, 야훼의 이름으로만 맹세하
라.(신명기 6.13) **11** 그러자 마귀는 떠나고, 천사들이 와서 예수님께 시중을
들었다. 모든 시험을 마친 마귀가, 다음 기회를 노리며 잠시 떠나갔던 것
이다.

021
세례 요한의 증언 (요한 1.19-28, 도마 67)

1 유대인이 예루살렘에서 제사장과 레위인을 보냈을 때, 요한이 증언
하였다. **2** 그들이 요한에게 와서 물었다. "당신은 누구요?" **3** 요한은 서슴
지 않고 분명히 대답했다. "나는 그리스도가 아닙니다." **4** "그러면 엘리야
요?" **5** "엘리야도 아닙니다." **6** "그러면 그 예언자요?" 너희 하나님 야훼께서, 나
와 같은 예언자를 너희 동족 가운데서 일으키실 것이다. 너희는 그에게 귀를 기울어야 한다.(신명
기 18.15) **7** "그 예언자도 아닙니다." **8** "그렇다면, 당신은 도대체 누구란 말이
오? 우리를 보낸 사람에게 가서, 보고할 대답을 좀 해 주시오. 당신은 자신
을 누구라 생각하시오?" **9** "나는 예언자 이사야의 말대로, 주의 길을 곧게
하라고 보내심을 받은 자, 곧 광야에서 외치는 자의 소리입니다." **10** 그들
가운데 바리새인이 보낸 사람이 있다가 물었다. "당신이 그리스도도 아니

고, 엘리야도 아니고, 그 예언자도 아니라면, 어찌하여 세례를 베푸는 거
요?" **11** 요한이 대답했다. "나는 물로 세례를 베풀 따름이나, 여러분이 알
지 못하는 분이 여러분 가운데 서 계십니다. 그분은 내 뒤에 오시지만,
나는 그분의 신발끈을 풀어 드릴 자격도 없는 사람입니다." **12** 이는 요한
이 세례를 베풀던 요단강 동편, 베다니[1]에서 있었던 일이다.

022
하나님의 어린양 (요한 1.29-34)

1 다음날 요한은, 예수님이 다가오시는 것을 보고 말했다. "보십시오,
세상 죄를 지고 가는 하나님의 어린양이십니다! **2** 내가 전에 말하기를,
내 뒤에 오시는 분이 나보다 앞선 것은, 그분이 나보다 먼저 계셨기 때문
이라고 하였습니다. 바로 이분을 두고 한 말입니다. **3** 처음에는 나도, 이
분을 알아보지 못했습니다. 그러나 내가 와서 물로 세례를 주는 것은, 이
분을 이스라엘에게 알리기 위함입니다." **4** 요한이 또 증언하였다. "하늘
에서 성령이 비둘기[2]처럼 내려와, 이분 위에 머무는 것을 보았습니다. 그
때까지 나는, 이분이 누구신지 몰랐습니다. **5** 그러나 물로 세례를 주라
고 나를 보내신 분이, 성령이 내려와 어떤 사람 위에 머무는 것을 보거
든, 그가 바로 성령으로 세례를 베푸실 분임을 알라고 일러 주셨습니다.
6 그리고 나는 그 광경을 보았습니다. 그래서 이분이 바로 하나님의 아들
이라고 증언하는 것입니다."

1) 베다니(Bethany, 가난한 자의 집)는 예수님이 세례를 받으신 곳으로, 요단강 동편에 있었다. 예루살렘에서 3㎞쯤 떨어진 감람산 기슭의 베다니는 다른 곳이다.
2) 비둘기(Dove/Pigeon)는 평화, 순결, 성령 등을 상징한다.

023
안드레와 베드로 (요한 1.35-42, 도마 24)

1 이튿날 요한은, 제자 2명과 함께 다시 그곳에 서 있다가, 예수님이 지
나가시는 것을 보고 말했다. "보라, 하나님의 어린양이시다!" **2** 이 말을
듣고, 요한의 제자[1] 2명이 예수님을 따라갔다. **3** 그들이 따라오는 것을
보고, 예수님이 뒤돌아서 물으셨다. "무엇을 원하느냐?" **4** 그들이 말했
다. "랍비님, 어디 머물고 계십니까?" 랍비는 '선생님'이라는 뜻이다. **5** 예
수님이 대답하셨다. "와서 보라." **6** 그들이 따라가 예수님이 계신 곳을 보
고, 그날 예수님과 함께 지냈다. 오후 4시쯤이었다. **7** 요한의 말을 듣고,
예수님을 따라간 제자 가운데 하나는 시몬[2] 베드로의 동생 안드레였다.
8 안드레가 먼저 자기 형 시몬을 찾아가 말했다. "우리가 찾던 메시아를 만
났소." 메시아는 '그리스도'라는 뜻이다. **9** 그리고 시몬을 예수님께 데려왔
다. 예수님이 시몬을 눈여겨보시고 말씀하셨다. "너는 요한의 아들 시몬이
구나. 이제부터 너를 게바라 부르겠다." 게바는 '베드로'라는 뜻이다.(115)

024
빌립과 나다나엘 (요한 1.43-51)

1 그 다음날, 예수님이 갈릴리로 가시려다가, 빌립을 만나 이르셨다. "나

---

1) 요한의 제자(弟子, Disciple) 2명은 베드로의 동생 안드레와, 야고보의 동생 요한으로 짐작된다.

2) 시몬(Simon, 갈대/모래/총/사막/?)은 베드로의 히브리어 본명이고, 예수님이 지어 주신 새 이름 게바(Cephas, 반석/바위)는 아람어이며, 게바를 그리스어로 번역하면 베드로(Peter, 돌/돌멩이)가 된다.

를 따라오너라." **2** 빌립도 안드레와 베드로처럼 벳새다 사람이었다. **3** 빌립
이 나다나엘[1]을 찾아가 말했다. "모세가 율법책에 기록하였고, 예언자들
도 기록한 그분을 우리가 만났소. 그분은 나사렛 출신으로, 요셉의 아들
예수입니다." **4** 나다나엘이 말했다. "나사렛에서 무슨 선한 것이 나올 수
있겠소?"(133) **5** 빌립이 대답했다. "와서 보시오." **6** 나다나엘이 가까이 오
는 것을 보시고, 예수님이 말씀하셨다. "보라, 여기 참 이스라엘 사람이
있다. 그에게는 거짓이 조금도 없다." **7** 나다나엘이 물었다. "나를 어떻게
아십니까?" **8** 예수님이 대답하셨다. "빌립이 너를 부르기 전, 네가 무화
과나무 아래 있는 것을 보았다." **9** 나다나엘이 말했다. "선생님! 선생님은
하나님의 아들이시요, 이스라엘의 왕이십니다." **10** 예수님이 말씀하셨
다. "네가 무화과나무 아래 있는 것을 보았다고 해서, 너는 나를 믿느냐?
앞으로 그보다 더 큰일을 볼 것이다." **11** 그리고 예수님이 덧붙여 말씀하
셨다. "내가 분명히 말한다. 하늘이 열리고, 하나님의 천사들이 인자 위
에 오르내리는 모습을 너희가 보게 될 것이다." 야곱이 브엘세바를 떠나 하란으로 가다가, 해가 저물어 어느 곳에서 하룻밤을 지내게 되었다. 그가 돌 하나를 주워 베개로 삼고, 거기 누워 자다가 꿈을 꾸었다. 땅에서 하늘에 닿은 층계가 보였고, 하나님의 천사들이 그 층계를 오르락내리락하고 있었다.(창세기 28.10-12)

1) 나다나엘(Nathanael, 하나님의 선물)은 예수님의 12제자 가운데 하나인 바돌로매로 추정된다.

025
가나의 결혼식 (요한 2.1-12)

1 3일째 되는 날, 갈릴리 지방의 가나에 결혼식[1]이 있었다. **2** 그 자리에 예수님의 어머니도 계셨고, 예수님과 제자들도 초대를 받았다. **3** 잔칫집에 포도주가 떨어지자, 예수님의 어머니가 예수님께 알렸다. "포도주가 다 떨어졌구나." **4** 예수님이 대답하셨다. "어머니(여자여), 그게 저와 무슨 상관이 있습니까? 아직 내 때가 되지 않았습니다." **5** 예수님의 어머니가 일꾼들에게 단단히 일러 주었다. "무엇이든지 그가 시키는 대로 하세요." **6** 거기 마침, 두세 동이[2]들이 돌항아리 6개가 놓여 있었다. 유대인의 정결예식에 사용하는 것이었다. **7** 예수님이 일꾼들에게 말씀하셨다. "저 항아리에 물을 채우십시오." **8** 일꾼들이 항아리마다 물을 가득가득 채웠다. **9** 예수님이 말씀하셨다. "이제 떠서, 연회장[3]에게 갖다 주십시오." **10** 그들이 그대로 하였더니, 어느새 물이 포도주로 변해 있었다. **11** 물을 떠간 일꾼들은 그 술이 어디서 났는지 알고 있었으나, 연회장은 아무것도 모른 채 술맛만 보고, 신랑을 불러 말했다. **12** "누구든지 좋은 포도주를 먼저 내놓고, 손님들이 취한 뒤에 덜 좋은 포도주를 내놓는 법이 아니오? 그런데 이 좋은 포도주가 아직까지 있었다니, 이게 어찌된 일이오?" **13** 예수님이 갈릴리 가나에서, 처음으로 이 표적을 행하여 자기 영광을 드러내시자, 제자들이 예수님을 믿게 되었다. **14** 이후 예수님은, 어머니와 동생들과 제자들과 함께 가버나움으로 내려가, 거기서 며칠 동안 머물러 계셨다.

---

1) 결혼식(結婚式, Wedding) 연회는 보통 2주간 정도 계속되었고, 포도주의 부족은 잔칫집의 수치이자, 큰 결례였다.

2) 동이(Bow)로 번역한 메트레테스(Metretes)의 용량은 39.4ℓ(9gallon)쯤 되었다.

3) 연회장(宴會長, Master of the banquet)은 결혼식 잔치를 맡은 책임자였다.

제2편 초기 사역

026
니고데모 방문 (요한 3.1-21, 도마 4, 97)

1 바리새인 가운데 니고데모[1]라는 사람이 있었다. 그는 산헤드린 공회
원으로, 유대인의 지도자였다. **2** 어느 날 밤, 그가 예수님을 찾아와 말했
다. "랍비님, 우리는 선생님을 하나님께서 보내신 분으로 알고 있습니다.
하나님께서 함께하시지 않고서야, 어떻게 그런 표적을 행하실 수 있겠습
니까?" **3** 예수님이 말씀하셨다. "내가 분명히 말합니다. 누구든지 다시
태어나지 않으면, 하나님의 나라를 볼 수 없습니다." **4** "나이가 들어 이미
늙은 사람이, 어떻게 다시 태어날 수 있겠습니까? 어머니 배 속에 다시 들
어갔다가 나올 수야 없지 않습니까?" **5** "내가 분명히 말합니다. 누구든지
물과 성령으로 다시 나지 않으면, 아무도 하나님의 나라에 들어갈 수 없습
니다. 육신에서 난 것은 육이요, 성령으로 난 것은 영입니다. 다시 나야 한
다는 내 말을 이상하게 여기지 마십시오. 바람은 자기가 불고 싶은 대로
불지만, 그 소리를 들어도 어디서 와서 어디로 가는지 모릅니다. 성령으로
난 사람도 다 이와 같습니다." 하나님의 구원은 우리의 의로운 행위가 아니라, 하나님
의 자비하심에 따라서, 중생의 씻음과 성령의 새롭게 하심으로 되었습니다.(디도서 3.5) **6** "어
찌 그런 일이 있을 수 있겠습니까?" **7** "당신은 이스라엘의 이름난 선생으
로, 이 일을 이해하지 못하십니까? 내가 분명히 말합니다. 우리는 아는 것
을 말하고, 본 것을 증언합니다. 그러나 여러분은 우리의 증언을 받아들이
지 않습니다. **8** 내가 땅의 일을 말해도 여러분이 믿지 않거든, 하물며 하
늘의 일을 말하면 어찌 믿겠습니까? 하늘에서 내려온 인자 외에는, 아무도

1) 니고데모(Nicodemus, 승리한 백성)는 바리새파에 속한 율법학자로, 산헤드린 공회원이었다. 인품이 고상하고 경제적으로 부유했으며, 공개 석상에서 예수님에 대한 정죄가 부당하다고 주장했으며, 아리마대 요셉과 함께 예수님의 장례를 치렀다.

하늘에 올라간 사람이 없습니다. **9** 모세가 광야에서 구리 뱀을 높이 들었
던 것처럼, 인자도 높이 들려야 합니다. 이는 그를 믿는 사람은 누구나 영
생을 얻게 하려는 것입니다. 모세는 구리로 뱀을 만들어 장대 위에 달았고, 뱀에 물린
사람은 그것을 쳐다보고 살아났다.(민수기 21.9) **10** 하나님께서 세상을 이처럼 사랑
하여 독생자를 주셨으니, 누구든지 그를 믿는 사람은 멸망치 않고, 영생을
얻게 하려는 것입니다.(29) **11** 하나님께서 아들을 세상에 보내신 것은, 세
상을 심판하시려는 게 아니라, 아들을 통해 세상을 구원하시려는 것입니
다. **12** 아들을 믿는 사람은 심판을 받지 않지만, 아들을 믿지 않는 사람
은 이미 심판을 받았습니다. 하나님의 외아들을 믿지 않았기 때문입니
다. **13** 이미 심판을 받았다는 것은, 빛이 세상에 왔으나 자기 행실이 악
하여, 사람들이 빛보다 어둠을 더 사랑했다는 말입니다. **14** 과연 악을
일삼는 사람은 누구나 빛을 미워하고 멀리합니다. 자기 죄상이 드러날까
싶어서 그렇습니다. **15** 그러나 진리를 따라 사는 사람은 빛으로 나옵니
다. 자기 행위가 하나님의 뜻에 따라 이루어지고 있음을 드러내려는 것
입니다."

027
세례 요한의 사역 (누가 3.18-20, 요한 3.22-36)

1 이후 예수님은 제자들과 함께 유대로 가셨다. 거기서 얼마 동안 머
무시며 세례를 주셨다. **2** 요한도 살렘 부근 애논에서 세례를 주었다. 거
기 물이 많았고, 사람들이 계속 나아왔기 때문이다. **3** 요한이 아직 감
옥에 갇히기 전이었다. **4** 그즈음, 요한의 제자들과 어떤 유대인 사이에
정결예식을 두고 논쟁이 벌어졌다. **5** 요한의 제자들이 와서 요한에게 말

했다. "선생님, 요단강 동편에서 선생님과 함께 계시던 분, 전에 선생님
이 증언하신 그분이 세례를 주시자, 사람들이 다 그분에게 몰려가고 있
습니다." **6** 요한이 대답했다. "하늘에서 주시지 않으면, 사람은 아무것
도 받을 수가 없다. **7** 나는 그리스도가 아니라, 그분 앞에 보내심을 받
은 자라고, 내가 전에 말하지 않았느냐? 너희가 바로 이 말을 증언할 사
람이다. **8** 신부를 맞을 사람은 신랑이나, 신랑의 친구도 옆에 서 있다가,
신랑의 소리가 들리면 크게 기뻐한다. 나도 이런 기쁨으로 가득 차 있다.
9 그분은 점점 흥하셔야 하고, 나는 점점 쇠하여야 한다. **10** 위에서 오신
분은 만물 위에 계시고, 땅에서 난 사람은 땅에 속하여 땅의 일을 말한
다. **11** 하늘에서 오신 분은 만물 위에 계시며, 직접 보고 들으신 것을 증
언하신다. 그러나 아무도 그분의 증언을 받아들이지 않는다. **12** 하지만
그분의 증언을 받아들이는 사람은, 하나님의 참되심을 인정한 것이다.
13 하나님께서 보내신 분은 하나님의 말씀을 전하신다. 하나님께서 그분
에게 성령을 한없이 주시기 때문이다. **14** 아버지께서 아들을 사랑하셔
서, 모든 것을 아들의 손에 맡기셨다. **15** 그러므로 아들을 믿는 사람은
영생을 얻고, 아들을 믿지 않는 사람은 생명은커녕, 오히려 하나님의 진
노를 사게 된다." **16** 그리고 요한은 여러 가지 말로 백성을 권하며 복음
을 전하였다. **17** 그런데 분봉왕 헤롯 안티파스는, 자기 동생의 아내 헤로
디아를 아내로 맞아들인 일과, 또 그가 저지른 여러 가지 악행으로 인해
요한의 질책을 받았다. **18** 그러나 헤롯은 뉘우치지 않고, 오히려 요한을
잡아 감옥에 가두어 악한 일 하나를 더 추가하게 되었다.

028
사마리아 여인 (요한 4.1-42)

1 예수님이 요한보다 더 많은 사람을 제자로 삼고, 세례를 주신다는 소
문이 바리새인의 귀에 들어갔다. 사실은, 예수님이 세례를 주신 게 아니
라, 제자들이 준 것이다. **2** 바리새인의 수군거림을 아시고, 예수님이 유
대를 떠나 다시 갈릴리로 가려고 하셨다. 그러자면, 사마리아[1] 지방을
거쳐서 가실 수밖에 없었다. **3** 예수님이 사마리아 수가라는 마을에 들
어가셨다. 지난날 야곱이 자기 아들 요셉에게 준 땅에서 가까웠고, 야곱
의 우물이 거기 있었다. **4** 오랜 여행으로 피곤하신 예수님이 그 우물가
에 앉으셨다. 정오쯤이었다. **5** 그때 한 사마리아 여인이 물을 길으러 나
왔다. 예수님이 먼저 말을 거셨다. "내게 물 좀 주시겠습니까?" 제자들은
먹을 것을 사러 시내에 들어가고 없었다. **6** 여인이 말했다. "선생님은 유
대인이시고, 저는 사마리아 여인이 아닙니까? 그런데 어찌하여 저에게 물
을 좀 달라고 하십니까?" 유대인과 사마리아인이 서로 상종하지 않았기
때문이다. **7** 예수님이 말씀하셨다. "그대가 하나님의 선물이 무엇인지,
또 그대에게 물을 청한 사람이 누구인지 알았더라면, 오히려 그대가 먼
저 내게 청했을 것이고, 나는 그대에게 생수를 주었을 것입니다." **8** "선
생님, 우물은 이렇게 깊고, 선생님은 두레박도 없는데, 어디서 그런 생수
를 구하여 제게 주시겠단 말씀입니까? 선생님이 우리 조상 야곱보다 더
위대하신 분입니까? 그는 우리에게 이 우물을 주었고, 그 자녀와 가축까
지 다 여기서 이 물을 마셨습니다." **9** "이 물을 마시는 사람은 다시 목마

---

1) 사마리아(Samaria, 살핌)는 주전 10세기경, 이스라엘 10지파가 북왕국을 세운 곳이다. 북왕국 이스라엘은 남왕국 유다보다 세력도 강했고 번영도 누렸으나, 주전 722년 아시리아에 의해 멸망하였다. 그때 아시리아의 혼혈정책으로, 그들은 순수한 혈통과 신앙을 잃게 되었으며, 주후 1세기까지 유대인과의 반목이 지속되었다.

를 것이나, 내가 주는 물을 마시는 사람은 영원히 목마르지 않을 것입니
다. 내가 주는 물은 그 사람 속에서 끊임없이 솟아나, 영생에 이르는 샘
물이 될 것입니다." **10** "선생님, 그 물을 제게 좀 주십시오. 다시 목마르
지도 않고, 물을 길으러 여기까지 나오지 않아도 되겠습니다." **11** "가서,
그대의 남편을 데려오십시오." **12** "저는 남편이 없습니다." **13** "남편이 없
다는 그대의 말이 맞습니다. 그대에게 남편이 5명이나 있었고, 지금도 같
이 사는 남자가 있지만, 사실은 그도 남편이 아니니, 그대가 바른 말을
하였습니다." **14** "선생님, 이제 보니 선생님은 예언자십니다. 우리 조상은
이 산에서 예배를 드렸는데, 유대인은 예루살렘에서 예배를 드려야 한다
고 합니다." **15** "자매여, 나를 믿으십시오. 이 산이든 예루살렘이든, 아버
지께 예배할 장소가 문제되지 않을 때가 올 것입니다. 사마리아인은 알
지 못하는 것을 예배하고, 유대인은 알고 있는 분을 예배합니다. 구원이
유대인에서 나오기 때문입니다. 이제 진실하게 예배하는 사람이 영과 진
리로 예배할 때가 오는데, 지금이 바로 그때입니다. 아버지께서 이렇게
예배하는 사람을 찾으십니다. 하나님은 영이시니, 예배하는 사람은 반드
시 영으로 참되게 예배를 드려야 합니다." 여러분도 모퉁잇돌이신 그리스도를 중심
으로 함께 세워져, 하나님께서 거하실 신령한 집이 되어 가고 있습니다.(에베소서 2.22) **16** "저
도 그리스도라는 메시아가 오실 줄 압니다. 그분이 오시면, 우리에게 모든
것을 알려 주실 것입니다." **17** "지금 그대와 말하고 있는 이가 바로 그 사
람입니다." **18** 그때 제자들이 돌아와서, 예수님이 그 여인과 얘기하시는
것을 보고 놀랐으나, "여인에게 무엇을 청하셨습니까?" 또는 "여인과 무
슨 말씀을 나누셨습니까?"라고 묻는 사람은 아무도 없었다. **19** 그 여인
이 물동이를 내버려두고, 마을로 달려가 소리쳤다. "다들 나와 보세요! 제
과거를 죄다 알고 계신 분이 계세요! 이분이 그리스도가 아닐까요?" **20** 그
러자 마을 사람이 다 나와서, 예수님께 모여들었다. **21** 한편 제자들은 예

수님께 음식을 권하고 있었다. "선생님, 무엇을 좀 드십시오." **22** 예수님이
말씀하셨다. "내게는 너희가 알지 못하는 양식이 있다." **23** 제자들이 서로
수군거렸다. "누가 벌써 음식을 갖다 드렸을까?" **24** 예수님이 말씀하셨
다. "내 양식은 나를 보내신 분의 뜻을 행하고, 그분의 일을 온전히 이루
는 것이다. 너희는 아직 4개월이 있어야 추수 때가 온다고 하지만, 나는
이렇게 말한다. 눈을 들어 들판을 보라. 곡식이 익어 추수할 때가 되었
다. 추수하는 사람이 이미 삯을 받고, 영원한 생명의 나라로 알곡을 거
둬들이고 있다. 그래서 씨를 뿌린 사람과 추수하는 사람이 함께 기뻐하
게 되었다. 과연 한 사람은 뿌리고, 다른 사람은 거둔다는 속담이 맞다.
나는 너희가 수고하지 않은 것을 거두라고 너희를 보냈다. 수고는 다른
사람이 하였으나, 너희는 그들이 수고한 결실을 거두는 것이다." **25** 여인
이 자기 과거를 죄다 알아맞혔다고 예수님을 증언하여, 그 마을에 사는
많은 사마리아인이 예수님을 믿었다. **26** 그들이 며칠만 더 머물러 달라
고 간청하여, 예수님은 그 마을에 2일을 더 머무르셨다. 예수님의 말씀
을 듣고, 더 많은 사람이 믿게 되었다. **27** 사마리아인들이 그 여인에게
말했다. "이제 우리가 믿는 것은, 그대의 말 때문이 아니라, 우리가 직접
그 말씀을 듣고, 이분이 참으로 세상의 구세주심을 알았기 때문이오."

029
갈릴리 전도 (마태 4.12-17, 마가 1.14-15, 누가 4.14-15, 요한 4.43-45)

1 요한이 감옥에 갇혔다는 소식을 듣고, 예수님이 갈릴리로 물러나셨
다. **2** 예수님이 갈릴리에 도착하시자, 사람들이 반갑게 맞이하였다. 그
들도 유월절을 지키러 예루살렘에 갔다가, 예수님이 하신 일을 모두 보았

기 때문이다. **3** 예언자가 자기 고향에서 존경을 받지 못한다고, 예수님
이 전에 말씀하신 적이 있었다. **4** 그래서 예수님은 나사렛에 머물지 않
으시고, 스불론과 납달리 지방의 호숫가에 있는 가버나움으로 가서 사
셨다. **5** 이리하여 예언자 이사야의 말씀이 이루어졌다. '스불론[1]과 납달
리[2] 땅, 호수로 가는 길목, 지중해 동쪽과 요단강 서편에 있는 이방인의
갈릴리여! 어둠 속에 앉은 백성이 큰 빛을 보았고, 죽음의 그늘진 땅에
사는 사람들에게 빛이 비쳤다.' 어둠 속에서 고통 받던 백성에게 어둠이 걷힐 날이 온
다. 전에는 주께서 스불론 땅과 납달리 땅으로 멸시를 받게 내버려두셨으나, 후에는 서쪽 지중
해에서 요단강 동쪽에 이르기까지, 그리고 이방인이 살고 있는 갈릴리까지, 이 모든 지역을 영
화롭게 하실 것이다. 어둠 속에서 헤매던 백성이 큰 빛을 보았고, 죽음의 그림자가 드리운 땅에
사는 사람들에게 빛이 비쳤다.(이사야 9.1-2) **6** 이때부터 예수님이 복음을 선포하기
시작하셨다. "때가 찼고, 하나님의 나라가 가까이 왔다. 회개하고 복음을
믿어라!"(1, 17, 26, 36) **7** 예수님이 성령의 능력을 가득히 받아, 갈릴리로
돌아오셨다는 소문이 사방에 퍼져 있었다. **8** 그래서 예수님이 회당[3]을
찾아가 가르치실 때, 뭇사람의 칭찬이 자자하였다.

030
고관 아들 치유 (요한 4.46-54)

1 예수님이 갈릴리 가나에 다시 가셨다. 전에 물로 포도주를 만드신 곳

1) 스불론(Zebulun, 후한 선물)은 야곱과 레아 사이에서 태어난 아들이다.
2) 납달리(Naptali, 경쟁/씨름)는 야곱과 라헬의 여종 빌하 사이에서 태어난 아들이다.
3) 회당(會堂, Synagogue)은 예배당, 기도처, 학교, 법정, 회의장, 행사장 등으로 다양하게 사용되었다.

이다.(25) **2** 거기 왕실의 고관[1]이 한 사람 살고 있었으며, 그의 아들이 가
버나움에 앓고 있었다. **3** 예수님이 유대에서 갈릴리로 돌아오셨다는 소
문을 듣고, 그가 예수님을 찾아와 애원하였다. 그의 아들이 죽어가고 있
었기 때문이다. "선생님, 제 아들이 금방 죽게 되었습니다. 제발 가버나
움으로 가셔서, 제 아들을 살려 주십시오." **4** 예수님이 말씀하셨다. "여
러분은 무슨 표적이나 기사를 보지 않으면, 도무지 믿으려고 하지 않습
니다." **5** 고관이 더욱 애타게 간구했다. "선생님, 아이가 죽기 전에 어서 내
려가 주십시오." **6** 예수님이 말씀하셨다. "그냥 집으로 돌아가십시오. 그
대의 아들은 살 것입니다." **7** 그 말씀을 그대로 믿고 고관이 집으로 돌아
가다가, 마중 나온 하인을 만나 소식을 들었다. "아드님이 살아났습니다!"
(71) **8** 고관이 물었다. "언제 아이가 나았느냐?" **9** 하인이 대답했다. "어제
오후 1시쯤에 열이 떨어졌습니다." **10** 아이 아버지는 그때가 바로 예수님
이 말씀하신 그 시각인 줄 알고, 그와 온 집안이 예수님을 믿었다. **11** 이
는 예수님이 유대에서 갈릴리로 돌아와 행하신 2번째 표적이었다.

031
1차 고향 방문 (누가 4.16-30, 도마 31)

1 예수님이 자라나신 고향 나사렛에 가셨다. 안식일을 맞아, 늘 하시던
대로 회당에 들어가셨다.(96) **2** 성경을 읽으려고 일어나시자, 핫잔[2]이 이
사야 예언서의 두루마리를 건네 드렸다. 예수님이 받아서, 이 대목을 찾

1) 왕실의 고관(高官)은 표적과 기사에 의지하는 초보적 믿음을 갖고 있었으나, 예수님의 말씀을 믿고 순종하여, 죽기 직전의 아들을 살린 부정(父情)의 아버지였다.
2) 핫잔(Hazzan)은 회당장을 보좌하는 사람으로, 회당 건물과 두루마리 관리, 나팔을 불어 회중을 모으는 등, 주로 행정업무를 담당하였다.

아 읽으셨다. 3 "주의 영이 내게 내리셨다. 주께서 내게 기름을 부어[1], 가
난한 자에게 복음을 전하게 하셨다. 포로 된 자에게 자유를, 눈먼 자에
게 다시 보게 함을, 억눌린 자에게 해방을 선언하고, 주님이 베푸실 은혜
의 해[2]를 선포하게 하셨다."(156) 주께서 내게 기름을 부으시니, 주 하나님의 영이 내
게 임하셨다. 주께서 나를 보내 가난한 자에게 복음을 전하게 하셨다. "상한 마음을 싸매 주고,
포로에게 자유를 선포하고, 갇힌 자에게 해방을 선언하고, 주의 은혜의 해와 우리 하나님의 보
복의 날을 선언하고, 슬퍼하는 모든 자를 위로하라."(이사야 61.1-2) 4 예수님이 두루마리
를 말아 핫잔에게 주시고, 자리에 돌아와 앉으셨다. 회당 안에 있던 사람
의 눈길이 일제히 예수님께 쏠렸다. 5 예수님이 말씀하셨다. "오늘 이 말
씀이, 바로 이 자리에서 이루어졌습니다!" 6 그러자 모든 사람이 탄복하
며, 은혜로운 말씀에 칭찬을 아끼지 않았다. 하지만 의심하며 머뭇거리
는 사람도 있었다. "아니, 저 사람은 요셉의 아들이 아닙니까?" 7 예수님
이 말씀하셨다. "여러분은 틀림없이, '의사야, 네 병이나 고쳐라!'는 속담
을 들이대며, '가버나움에서 행한 기적을 여기 네 고향에서도 해 보라!'
고 말하고 싶을 것입니다. 8 내가 분명히 말한다. 어떤 예언자도 자기 고
향에서는 환영을 받지 못합니다. 9 잘 들어 두십시오. 엘리야 시대, 3년
6개월 동안 하늘이 닫혀 온 땅에 심한 흉년이 들었을 때, 이스라엘에 많
은 과부가 있었으나, 하나님께서 그들 가운데 아무에게도 보내시지 않
고, 오직 시돈 지방의 사렙다 마을에 사는 한 과부에게 엘리야를 보내셨
습니다. 10 또 엘리사 시대에도 이스라엘에 많은 나병 환자가 있었으나,
그들 가운데 하나도 고침을 받지 못하고, 오직 시리아 출신 나아만 하나

1) 기름부음(Anointing)은 하나님께서 거룩하게 구별하여 일꾼을 세우시던 의식으로, 왕과 제사장과 예언자에게 행하였다. '하나님께서 내게 기름을 부으셨다'는 말은, 하나님께서 예수님을 메시아로 보내셨다는 뜻이다.

2) '주님이 베푸실 은혜의 해'는 50년마다 맞이하는 '희년'을 말한다. 모든 빚이 탕감되었고, 노예가 해방되었으며, 모든 사람의 기업이 회복되었다.

가 깨끗함을 받았습니다." **11** 이 말씀을 듣고, 회당 안에 있던 사람들이
크게 분개하여 들고일어났다. 그들이 예수님을 벼랑까지 끌고 가서, 절벽
아래로 밀쳐 떨어뜨리려고 하였다. 그 마을이 산 위에 있었기 때문이다.
12 그러나 예수님은 그들 사이를 유유히 지나서, 자기 갈 길을 가셨다.

032
고기잡이 기적 (마태 4.18-22, 마가 1.16-20, 누가 5.1-11)

1 예수님이 갈릴리 호숫가[1]를 거니시다가, 두 형제, 곧 베드로라는 시
몬과 그의 동생 안드레를 보셨다. 그들은 어부였고, 호수에 그물을 던지
고 있었다. **2** 예수님이 호숫가에 서 계신 것을 보고, 무리가 다시 몰려들
었다. 그들이 예수님을 에워싸고, 하나님의 말씀을 들었다. **3** 그때 호숫
가에 배 2척이 대어 있었고, 어부들은 배에서 내려 그물을 씻고 있었다.
4 예수님이 보시고, 그 가운데 한 배에 오르셨다. 시몬의 배였다. **5** 예수
님이 시몬에게 이르셨다. "배를 뭍에서 조금 떼어놓아라." **6** 그리고 배에
앉아서, 계속 무리를 가르치셨다. **7** 예수님이 말씀을 마치시고, 시몬에
게 이르셨다. "깊은 데로 가서, 그물을 내려 고기를 잡아라." 하나님께서 성
령을 통하여, 그 일을 우리에게 나타내 보이셨습니다. 성령은 하나님의 깊은 경륜까지 다 살피
십니다. 사람의 생각은 사람 속에 있는 마음만이 알 수 있듯이, 하나님의 생각은 하나님의 영
만이 아실 수 있습니다.(고린도전서 2.10-11) **8** 시몬이 대답하였다. "선생님, 저희가
밤새껏 애써 보았으나, 아무것도 잡지 못하고 그냥 돌아왔습니다. 그러나
선생님이 말씀하시니, 다시 가서 그물을 내리겠습니다." **9** 그리고 그대로

1) 갈릴리호수(Galilee lake)는 가로 12km, 세로 21km, 둘레 53km, 면적 166km²이며, 해수면보다 200m 아래 위치하고, 수심은 26m(깊은 곳은 43m), 주요 수원은 요단강이다.

하였더니, 너무 많은 고기가 잡혀서 그물이 찢어질 지경이 되었다. 다른
배에 있는 동료에게 손짓하여, 와서 도와 달라고 하였다. **10** 그들이 와
서 같이 고기를 두 배에 가득 채우자, 두 배가 모두 가라앉을 정도가 되
었다. 주님이 말씀하시니 그대로 이루어졌고, 그가 명령하시니 견고히 자리를 잡았다.(시
편 33.9) **11** 시몬 베드로가 보고, 예수님 앞에 엎드려 말했다. "주님, 저는
죄인입니다. 저를 떠나 주십시오." **12** 너무 많은 고기가 잡힌 것을 보고,
베드로가 지레 겁을 먹고 그리 말했던 것이다. **13** 베드로만이 아니라 안
드레도 보고 놀랐고, 그들과 함께 있던 동료도 보고 놀랐다. **14** 또 시몬
의 동업자인 세베대[1]의 두 아들, 야고보와 요한도 그 광경을 지켜보고
놀랐다. **15** 예수님이 말씀하셨다. "두려워하지 마라. 이제부터 사람을
낚을 것이다."(264) **16** 그러자 시몬과 안드레가 배를 끌어 뭍에 대고, 모
든 것을 버리고 예수님을 따랐다. **17** 그리고 조금 더 가시다가, 다른 두
형제 야고보와 요한이 배에서 그물을 손질하고 있는 것을 보시고, 예수
님이 그들도 부르셨다. **18** 그러자 그들도 아버지 세베대를 일꾼들과 함
께 배에 남겨 두고, 즉시 일어나 예수님을 따라나섰다.

033
말씀의 권위 (마가 1.21-28, 누가 4.31-37)

1 예수님이 가버나움으로 가셨다. 안식일이 되어 회당에 들어가 가르
치셨다. **2** 사람들이 듣고 놀랐다. 율법학자와 달리, 그 말씀에 권위가 있

1) 세베대(Zebedee, 여호와의 주심)는 야고보와 요한의 아버지로, 갈릴리호수의 부유한 어부였다.

었기 때문이다. **3** 회당 안에 악한 귀신[1]의 영에 사로잡힌 사람이 있다가 울부짖었다. "아, 나사렛 예수여! 우리가 당신과 무슨 상관이 있습니까? 우리를 망하게 하려고 오셨습니까? 나는 당신이 누구신지 압니다. 하나님께서 보내신 거룩한 분이십니다!" **4** 예수님이 꾸짖고 명하셨다. "닥치고, 그 사람에게서 나가라!"(156) 악마의 속임수에 맞서기 위해 하나님의 전신갑주로 무장하십시오. 우리의 싸움은 혈육이 아니라, 권력과 권세와 암흑세계의 지배자와 하늘의 악령을 대적하는 것입니다.(에베소서 6.11-12) 아버지께서 우리를 어둠의 권세에서 건져내어, 사랑하시는 아들의 나라로 옮기셨습니다.(골로새서 1.13) **5** 그러자 더러운 귀신이 사람들 앞에서 그를 땅바닥에 내동댕이치고, 비명을 지르며 떠나갔다. 그러나 그에게 상처는 입히지 않았다. **6** 사람들이 보고, 깜짝 놀라 서로 말했다. "이게 어찌된 일인가? 이제까지 아무도 보지 못한 새로운 교훈이 아닌가? 권위와 능력으로 명령하시니, 더러운 귀신들도 복종하고 쫓겨나지 않는가?" **7** 그래서 예수님의 소문은, 삽시간에 온 갈릴리와 그 주변으로 퍼졌다.

034
베드로의 장모 (마태 8.14-15, 마가 1.29-31, 누가 4.38-39)

1 예수님이 회당에서 나오셨다. 야고보와 요한과 함께 바로 시몬과 안

1) 귀신(鬼神, Demon)에 사로잡힌 사람은 심신이 피폐한 상태에 놓이게 된다. 눈에 살기를 띠고 노려보기도 하며, 평소에 하지 않던 괴팍한 행동을 하기도 하며, 원인 모를 중병을 앓기도 하며, 대인 관계를 기피하고 따로 있기를 좋아하며, 밝은 곳을 꺼려하고 어둔 곳을 찾는 등, 여러 가지 비이성적인 증세를 보이게 된다.

드레의 집으로 가셨다. **2** 그 집에, 시몬의 장모[1]가 심한 열병을 앓으며 자리에 누워 있었다. **3** 사람들이 그 사정을 예수님께 아뢰며, 그 부인을 고쳐 달라고 하였다. **4** 예수님이 가까이 가서 굽어보시고, 부인의 손을 잡아 일으키시며 열병을 꾸짖으셨다. **5** 그러자 열병은 즉시 떠나갔고, 시몬의 장모는 일어나 시중을 들었다.

035
귀신들의 고백 (마태 8.16-17, 마가 1.32-34, 누가 4.40-41)

1 날이 저물어 안식일이 끝나자, 이집 저집에서 온갖 병자와 귀신 들린 사람을 다 데리고 나왔다. **2** 온 동네 사람이 대문 앞에 모여들어, 베드로의 집은 문전성시를 이루었다. **3** 예수님이 말씀으로 귀신을 쫓아내시고, 병자에게 일일이 손을 얹어 고쳐 주셨다. **4** 그때 귀신들이 떠나가며 소리를 질렀다. "당신은 하나님의 아들이십니다!" **5** 귀신들도 예수님이 그리스도라는 사실을 알고 있었기 때문이다. **6** 그러나 예수님은 그들을 꾸짖으시고, 귀신들이 말하는 것을 허락지 않으셨다. **7** 이리하여 예언자 이사야[2]의 말씀이 이루어졌다. '그가 몸소 우리의 병약함을 떠맡으시고, 우리의 질고를 짊어지셨다.' 그는 사실 우리가 받을 고통을 대신 받았고, 우리가 겪을 아픔을 대신 겪었다. 그러나 우리는, 그가 징벌을 받아 하나님께 맞으며, 고난을 받는 줄로 생각하였다.(이사야 53.4)

---

1) 시몬의 장모(丈母, Mother in law)는 그 지방의 풍토병인 장티푸스를 앓은 것으로 보인다. 베드로와 빌립 등은 결혼하여 자녀를 낳았으며, 베드로의 아내는 베드로와 함께 복음을 전하다가 순교하였다.

2) 이사야(Isaiah, 여호와의 구원)는 주전 759년부터 굵은 베옷을 입고, 60년간 예루살렘에서 활동한 예언자로서, 예수님의 복음에 대한 예언을 가장 많이 하였다.

036
기도와 전도 (마태 4.23-25, 마가 1.35-39, 누가 4.42-44)

1 어둑새벽에 일어나신 예수님이, 한적한 곳을 찾아가 기도하고 계셨다.
2 시몬 일행이 예수님을 찾아와 말했다. "모두들 선생님을 찾고 있습니다."
3 예수님을 자기네 곁에 모셔 두고, 떠나지 못하게 하려고 그리 말했던 것
이다. **4** 예수님이 말씀하셨다. "그래, 이 부근 다른 마을로 가자. 거기서
도 복음을 전해야 한다. 나는 이 일을 하려고 왔다." **5** 그리고 온 갈릴리
를 두루 다니시며, 회당에서 가르치시고, 하나님 나라의 복음을 선포하시
며, 더러운 귀신을 쫓아내시고, 모든 질병과 아픔을 고쳐 주셨다.(29) **6** 예
수님의 소문이 시리아까지 퍼졌다. 온갖 질병으로 고생하는 사람과, 귀신
에 사로잡혀 신음하는 사람과, 간질병과 중풍에 걸린 사람이 다 나왔으며,
예수님은 그들도 모두 고쳐 주셨다. **7** 그러자 갈릴리, 데가볼리, 예루살
렘, 유대, 요단강 동편에서 온 수많은 사람이 예수님을 따랐다.

037
나병 환자 치유 (마태 8.1-4, 마가 1.40-45, 누가 5.12-16)

1 예수님이 산에서 내려오시자, 큰 무리가 예수님을 뒤따랐다. **2** 예수
님이 어느 마을에 들어가시자, 육신이 심하게 문드러진 나병[1] 환자 하
나가 와서, 얼굴을 땅에 대고 엎드려 말했다. "주님! 주님께서 원하시면,

1) 나병(癩病, Leprosy)은 한센(씨)병이다. 성경에 기록된 문둥병은, 레위기 13장에 기록된 7종의 악성 피부병을 말한다. 나병 환자는 스스로 부정하다고 소리를 지르며 다녀야 했고, 마을에서 격리되어 따로 지내야 했다.

저를 깨끗케 하실 수 있습니다." **3** 예수님이 그를 불쌍히 여기시고, 손
을 내밀어 어루만지시며 말씀하셨다. "그래요, 내가 원합니다. 깨끗함을
받으십시오!" 악성 피부병 환자는 옷을 찢고, 머리를 풀고, 윗수염을 가리고, '부정하다!
부정하다!'고 외쳐야 한다. 병이 있는 한 부정하므로, 그는 진 바깥에서 따로 혼자 살아야 한
다.(레위기 13.45-46) **4** 그러자 그의 나병이 순식간에 사라지고, 깨끗이 나았
다.(174) **5** 예수님이 그를 보내시며 단단히 이르셨다. "삼가 아무에게도 말
하지 말고, 바로 제사장에게 가서, 그대의 몸을 보이십시오. 그리고 그대
가 나은 것에 대하여, 모세가 명한 예물을 드려 증거로 삼으십시오." 악성
피부병 환자가 정결하게 되는 날 지켜야 하는 법이다. 그는 제사장에게 가야 한다.(레위기 14.2)
6 그러나 그는 기쁨을 감추지 못하여, 자기 병이 나은 것을 마구 선전하
고 퍼뜨리며 다녔다. **7** 그래서 예수님은 드러나게 마을로 다니지 못하시
고, 바깥 외딴곳에서 조용히 기도하시며 지내셨다. **8** 예수님이 어느 곳
에 계시든지, 말씀도 듣고 병도 고치려는 사람이 사방에서 몰려들었다.

038
중풍 병자 치유 (마태 9.1-8, 마가 2.1-12, 누가 5.17-26)

1 며칠 뒤, 예수님이 호수를 건너 다시 가버나움으로 돌아오셨다. **2** 예
수님이 어느 집에서 하나님의 말씀을 가르치신다는 소문이 퍼지자, 다시
큰 무리가 모여들었다. **3** 가뜩이나 예수님이 하나님의 권세로 병을 고
치신다는 소문이 널리 퍼졌던 터라, 그 집은 발 들여놓을 틈도 없었다.
4 갈릴리와 유대 여러 마을과 예루살렘에서 온 바리새인과 율법학자가
그 자리에 있었다. **5** 그때 한 중풍 병자를 침상에 뉘어, 그의 친구 4명
이 메고 거기 이르렀다. 그러나 사람이 너무 많아서, 예수님 앞으로 데

려갈 수가 없었다. **6** 그래서 그들은 궁리 끝에, 그 집의 지붕을 뜯어 구
멍을 내고, 그곳으로 중풍 병자를 침상 채 달아 내렸다. **7** 그들의 믿음
을 보시고, 예수님이 중풍 병자에게 이르셨다. "소자여, 이제 안심하고
힘을 내십시오. 그대의 죄가 용서되었습니다." **8** 이 말을 들은 율법학자
와 바리새인이 속으로 중얼거렸다. "이 사람이 누구관데, 이처럼 하나님
을 모독하는가? 하나님 외에 누가 감히 남의 죄를 용서할 수 있단 말인
가?" **9** 그들의 생각을 아시고, 예수님이 말씀하셨다. "여러분은 어찌하
여 그런 생각을 품습니까? '그대의 죄가 용서되었다!'는 말과, '일어나 자
리를 들고 걸어가라!'는 말 중에서, 어느 쪽이 하기 쉽습니까? 그러나 인
자가 땅에서 죄를 용서하는 권한을 가지고 있음을 여러분은 알아야 합
니다." **10** 그리고 예수님이 중풍 병자에게 이르셨다. "내가 말합니다. 일
어나 침상[1]을 거둬 들고, 집으로 돌아가십시오!" **11** 그러자 모든 사람이
지켜보는 앞에서, 그가 벌떡 일어나 자기 침상을 거둬 들고, 하나님을 찬
양하며 집으로 돌아갔다. **12** 사람들이 놀라 하나님을 찬양하면서도, 두
려움에 휩싸여 서로 말했다. "오늘 우리가 정말 놀라운 일을 보았습니다."

039
세리 마태 (마태 9.9-13, 마가 2.13-17, 누가 5.27-32, 도마 81)

1 예수님이 호숫가로 나가셨다. 다시 무리가 모여들어 그들을 가르치
셨다. **2** 그리고 길을 가시다가, 마태 곧 알패오의 아들, 레위라는 세리[2]

1) 침상(寢牀, Bed)은 보통 평상을 말하나, 가난한 사람은 거적이나 담요, 겉옷, 모피, 돗자리 등을 사용하였다.

2) 세리(稅吏, Tax collector)는 세금을 징수하는 관리로, 로마의 부역자였다. 큰돈을 쉽게 벌 수 있었으나, 동족에게 죄인으로 취급받을 수밖에 없었다.

가 세관에 앉은 것을 보시고 부르셨다. "나를 따라라." **3** 그러자 레위가
그 자리에서 벌떡 일어나, 모든 것을 버려두고 예수님을 따라나섰다. **4** 마
태가 자기 집에서 예수님을 위한 큰 잔치를 베풀었다. 많은 세리와 죄인이
초대를 받아, 예수님의 제자들과 함께 음식을 먹고 있었다. **5** 바리새인
과 율법학자가 보고 못마땅하여, 예수님의 제자들에게 따지고 들었다.
"어째서 당신네 선생님은 세리와 죄인을 용납하고, 그들과 함께 어울려
먹고 마십니까?" **6** 예수님이 듣고 대답하셨다. "성한 사람에게는 의사가
필요하지 않으나, 상한 사람에게는 꼭 필요합니다. **7** 여러분은 가서, '내
가 바라는 것은 제사가 아니라 자비다!'라고 하신 말씀이 무슨 뜻인지 먼
저 배우십시오. 내가 바라는 것은 제사가 아니라 사랑이다. 제물을 바치기 전에 이 하나
님의 마음을 먼저 알아다오.(호세아 6.6) **8** 나는 의인을 부르러 온 것이 아니라, 죄
인을 불러 회개시키러 왔습니다."

040
금식 논쟁 (마태 9.14-17, 마가 2.18-22, 누가 5.33-39, 도마 47, 104)

1 요한의 제자와 바리새인이 금식하고 있었다. **2** 어떤 사람[1]이 예수님
께 와서 따졌다. "요한의 제자는 물론이고, 바리새인의 제자까지 자주 금
식하며 기도하지 않습니까? 그런데 어찌하여 선생님의 제자들은 금식하
지 않습니까?" **3** 예수님이 대답하셨다. "혼인 잔치에 온 신랑의 친구들
이, 신랑과 함께 있는 동안 어찌 슬퍼하며 금식하겠습니까? 그러나 신랑

1) 금식(禁食, Fast)에 대해 물은 사람을, 마태는 요한의 제자로, 마가는 몇 사람으로, 누가는 식사 시비를 걸었던 바리새인과 율법학자로 기록하였다. 요한의 제자와 바리새인은 그들의 관습에 따라서, 1주일에 2번씩, 매주 월요일과 목요일 정기적으로 금식(禁食)하였다.

을 빼앗길 날이 올 터인데, 그때는 그들도 금식할 것입니다."(196) **4** 그리
고 비유를 들어 말씀하셨다. "새 옷에서 한 조각을 떼어 낡은 옷에 대고
깁는 사람은 없습니다. 그렇게 하면 새 옷은 찢어져 못쓰게 되고, 새 옷
조각이 낡은 옷을 끌어당겨 낡은 옷은 더 심하게 찢어집니다. 새 옷 조각
과 낡은 옷은 서로 어울리지도 않습니다. 그리스도와 연합하여 세례를 받은 사람
은, 모두 그리스도로 옷을 입은 것입니다.(갈라디아서 3.27) **5** 또 새 포도주를 낡은 부
대에 담는 사람도 없습니다. 그렇게 하면 새 포도주가 낡은 부대를 터뜨
려, 포도주는 쏟아지고 부대는 못쓰게 됩니다. 새 포도주는 새 부대에
담아야 둘 다 보존됩니다. **6** 그러나 묵은 포도주를 마셔 본 사람은, 묵
은 포도주가 좋다고 하면서 새 포도주를 원치 않습니다."

041
베데스다 병자 (요한 5.1-18)

1 얼마 뒤 유대인의 명절이 되어서, 예수님이 예루살렘에 올라가셨다. **2**
예루살렘의 양문 곁에는, 히브리말로 베드자다(베데스다)[1]라는 못이 있었
고, 그 둘레에 행각 5채가 있었다. **3** 그 행각 안에 병든 사람, 눈먼 사람,
저는 사람, 걷지 못하는 사람 등의 온갖 환자와 장애인이 즐비하게 누워
있었다. 아, 나는 비참한 사람입니다. 누가 이 죽음의 몸에서 나를 건져 주겠습니까?(로마서
7.24) **4** 그들은 물이 움직일 때를 기다리고 있었다. 이따금 주님의 천사가
못에 내려와 물을 휘젓곤 하였는데, 물이 움직일 때 맨 먼저 들어가는 사
람은, 무슨 병에 걸렸든지 다 나았기 때문이다. 그러면 율법은 무엇 때문에 주셨

1) 베데스다(Bethesda, 자비의 집)는 폭 50m, 길이 100m쯤 되는 간헐온천으로, 사방 모서리와 중앙에 행각이 있었다.

습니까? 그것은 약속된 자손이 오실 때까지, 죄를 깨닫게 하시려고 덧붙여 주신 것입니다. 그리
고 이 율법은, 천사를 통해 중재자의 손을 거쳐 제정된 것입니다.(갈라디아서 3.19) **5** 그들 가
운데 38년 동안 자리에 누워 병을 앓고 있는 사람이 있었다. **6** 그 병이 아
주 오래된 고질이라는 사실을 아시고, 예수님이 그에게 물으셨다. "낫기를
원하십니까?" **7** 그가 대답하였다. "선생님, 그렇습니다. 하지만 물이 움직
일 때, 저를 들어 물속에 넣어 줄 사람이 없습니다. 제가 내려가는 사이에
다른 사람이 먼저 들어갑니다." **8** 예수님이 말씀하셨다. "일어나, 자리를
걷어들고 걸어가십시오!" **9** 그러자 어느새 그 병이 나아서, 그가 자리를
걷어들고 걸어갔다. 안식일이었다.(141) **10** 유대인이 그를 나무랐다. "오늘
은 안식일[1]이니, 자리를 들고 가는 것이 옳지 않소."(44) **11** 그가 대답하였
다. "나를 고쳐 주신 분이, 자리를 걷어들고 걸어가라 하셨습니다." **12** 유
대인이 물었다. "그런 말을 한 사람이 누구요?" **13** 그러나 그는 자기를 고
쳐 준 사람이 누군지 알 수 없었다. 거기 많은 사람이 붐볐고, 예수님도 이
미 자리를 뜨셨기 때문이다. **14** 나중에 예수님이 성전 뜰에서 그를 만나
말씀하셨다. "보십시오! 이제 건강하게 되었으니, 다시는 죄를 짓지 마십시
오. 그렇지 않으면, 더 고약한 병이 생길지 모릅니다." **15** 그러자 그가 유
대인에게 가서, 자기를 고쳐 준 사람이 예수님이라고 말하였다. **16** 안식일
에 이런 일을 하신다고 해서, 유대인이 예수님을 핍박하기 시작하였다. **17**
예수님이 말씀하셨다. "내 아버지께서 항상 일하시니, 나도 일할 따름입니
다." **18** 이 말씀을 빌미로, 유대인이 예수님을 죽이려고 더욱 마음을 굳혔
다. **19** 예수님이 안식일을 범할 뿐만 아니라, 하나님을 자기 아버지라 부르
며, 하나님과 대등하게 여겼기 때문이다.

---

1) 안식일(安息日, Sabbath)은 10계명 가운데 4번째로, 금요일 해질 때부터 토요일 해질 때까지, 누구나 지켜야 했다. 그러나 유대인은 안식일 계명의 취지와 본질을 망각하고, 문자적 조문에 얽매여 39가지 세부금칙까지 만들어 강제로 지키게 하였던 바, 안식은커녕 오히려 안식을 훼방하는 결과를 초래하였다.

042
아들의 권위 (요한 5.19-30)

1 예수님이 말씀하셨다. “내가 분명히 말합니다. 아들은 아버지께서 하
시는 일을 보고, 그대로 할 뿐입니다. 아무것도 마음대로 할 수 없습니
다. 아버지께서 하시는 일이 무엇이든지, 아들은 그대로 할 따름입니다.
2 아버지께서 아들을 사랑하셔서, 친히 하시는 일을 모두 아들에게 보여
주십니다. 또한 이보다 더 큰일도 보여 주셔서, 여러분을 놀라게 하실 것
입니다. **3** 아버지께서 죽은 사람[1]을 일으켜 다시 살리시듯이, 아들도 살
리고 싶은 사람을 살릴 것입니다. 죄로 죽은 우리를 그리스도와 함께 살리셨습니
다. 여러분은 은혜로 구원을 받았습니다.(에베소서 2.5) 여러분은 죄와 육신의 무할례로 죽었
으나, 하나님께서 그리스도와 함께 살리시고, 모든 죄를 용서하셨습니다.(골로새서 2.13) **4** 아
버지께서는 친히 아무도 심판하시지 않고, 그 권한을 아들에게 모두 맡
기셨습니다. **5** 모든 사람이 아버지를 공경하듯이, 아들도 공경하게 하려
는 것입니다. 아들을 공경하지 않는 사람은, 아들을 보내신 아버지도 공
경하지 않습니다. **6** 내가 분명히 말합니다. 누구든지 내 말을 듣고, 나
를 보내신 분을 믿는 사람은 영생[2]을 얻었습니다. 그는 심판을 받지 않
을 뿐만 아니라, 죽음에서 벗어나 이미 생명으로 옮겨졌습니다. **7** 내가
다시 말합니다. 죽은 사람이 아들의 음성을 들을 것이며, 그 음성을 듣
는 사람은 살 것입니다. 지금이 바로 그때입니다. **8** 아버지께서 생명의

1) 사람의 죽음(Death)은, 살아생전 죄를 처리하지 못해 하나님과 관계가 단절된 상태(영혼의 죽음), 죄의 결과로 초래된 육신의 멸망, 곧 영혼과 육신이 분리된 상태(육신의 죽음), 최후의 심판을 받고 영원한 형벌에 처해질 상태(영원한 죽음, 둘째 사망)가 있다. 따라서 살아도 죽은 사람이 있고, 죽어도 살 사람이 있으며, 죽은 뒤에 또 죽을 사람이 있다.

2) 영생(永生, Eternal life)은 ‘영원’이라는 ‘아이오니오스(Aionios)’와 ‘생명’이라는 ‘조에(Zoe)’의 합성어로, ‘영원한 생명’을 의미한다. 따라서 영생은 일시적 소생이나 시간적 연장이 아니라, 부활하신 예수 그리스도 안에서 영원히 사는 불멸의 생명이다.

근원이신 것처럼, 아들도 생명의 근원이 되게 하셨습니다. **9** 또 아버지
께서 아들에게 심판하는 권한을 주셨습니다. 아들이 인자이기 때문입니
다. **10** 이 말에 놀라지 마십시오. 죽은 사람이 아들의 음성을 듣고, 모두
무덤에서 나올 때가 올 것입니다. 마지막 나팔이 울릴 때, 순식간에 죽은 사람이 썩
지 않을 몸으로 살아나고, 우리는 모두 변화할 것입니다.(고린도전서 15.52) 주께서 호령과 천
사장의 소리와 하나님의 나팔소리와 아울러, 친히 하늘에서 내려오실 것입니다. 그러면 그리
스도 안에서 죽은 사람이 먼저 일어날 것입니다.(데살로니가전서 4.16) 이 첫째 부활에 참여
하는 사람은 복되고 거룩합니다. 이들에게는 둘째 사망이 아무런 세력도 부리지 못합니다. 이
들은 하나님과 그리스도의 제사장이 되어서, 천년 동안 그와 함께 다스릴 것입니다.(요한계시
록 20.6) **11** 그때 선한 일을 한 사람은 부활하여 생명의 나라에 들어가고,
악한 일을 한 사람은 부활하여 심판을 받게 될 것입니다. 나는 또 죽은 자가,
큰 자나 작은 자나 할 것 없이, 다 그 보좌 앞에 서 있는 것을 보았습니다. 그리고 많은 책이 펼
쳐져 있었고, 또 다른 책, 곧 생명의 책도 있었습니다. 죽은 자는 그 책에 기록된 대로, 자기 행
위에 따라 심판을 받았습니다.(요한계시록 20.12) **12** 나는 아무것도 내 마음대로 할
수 없고, 아버지께서 하라는 대로 심판할 따름입니다. 그러므로 내 심판
은 공정합니다. 내 뜻대로 하지 않고, 나를 보내신 분의 뜻대로 하기 때
문입니다."

043
아들의 증거 (요한 5.31-47, 도마 83)

1 예수님이 말씀하셨다. "내가 나 자신에 대해 증언한다면, 그 증언은
참되지 못합니다. **2** 나를 위해 증언하시는 분이 따로 계십니다. 나는 그
증언이 참되다는 것을 압니다. **3** 여러분이 세례 요한에게 사람을 보냈을

때, 그가 이 진리에 대해 증언하였습니다. **4** 내가 사람의 증언이 필요해서
가 아니라, 여러분의 구원을 위해 이 말을 합니다. **5** 요한은 환하게 타오르
는 등불이었습니다. 여러분은 한때 그 빛을 보고 기뻐했습니다. **6** 그런데
내게는 요한의 증언보다 더 큰 증언이 있습니다. 아버지께서 완성하라고
내게 맡기신 일, 곧 지금 내가 하고 있는 이 일이, 바로 아버지께서 나를 보
내셨다는 것을 증언합니다. **7** 그리고 나를 보내신 아버지께서도 친히 나
를 위해 증언하십니다. 여러분은 그분의 음성을 들은 적도 없고, 그 모습
을 본 일도 없습니다. **8** 또한 아버지의 말씀이 여러분 속에 머물러 있지도
않습니다. 아버지께서 보내신 이를 여러분이 믿지 않기 때문입니다. **9** 여
러분은 성경에서 영원한 생명을 얻을 줄 알고, 열심히 연구하고 있습니다.
그 성경이 바로 나를 증언하고 있다는 사실도 모르면서 말입니다. **10** 그
래서 여러분이 내게 와서, 생명을 얻으려고 하지 않습니다. **11** 나는 사람
에게서 영광을 받으려고 하지 않습니다. 하나님을 사랑하는 마음이 여러
분 안에 없다는 것을, 내가 잘 알고 있기 때문입니다. **12** 내가 내 아버지의
이름으로 왔어도 나를 맞아들이지 않으면서, 다른 엉뚱한 사람이 자기 이
름을 내세우고 오면, 여러분이 그를 받아들일 것입니다.(160) 우리를 위하여 한
아기가 태어났다. 우리가 한 아들을 얻었다. 그의 어깨에 주권이 있고, 그의 이름은 '기묘자', '모
사', '전능하신 하나님', '영존하시는 아버지', '평화의 왕'이라 불릴 것이다.(이사야 9.6) **13** 여러
분끼리 서로 영광을 주고받으면서, 정작 유일하신 하나님께서 주시는 영광
은 바라지 않으니, 어떻게 나를 믿을 수 있겠습니까? **14** 그렇다고, 내가 여
러분을 걸어 아버지께 고소할 것이라 생각지는 마십시오. 여러분을 고소
할 사람은, 오히려 여러분이 소망을 두고 있는 모세[1)]입니다. **15** 여러분

1) 모세(Moses, 물에서 건짐)는 레위 지파 아므람과 요게벳 사이에서, 미리암과 아론의 동생으로 이집트 땅에서 태어났다. 이집트 공주의 양자로 테베스 왕궁에서 40세까지 왕자의 신분으로 살았으며, 이스라엘 지도자로 부르심을 받을 80세까지, 미디안 제사장 이드로(르우엘)의 딸 십보라와 결혼하여 광야에서 양을 치며 살았으며, 10가지 재앙으로 이스라엘 백성을 이집트에서 탈출시키고, 모압 땅 비스가산에서 가나안 땅을 바라보며 120세에 운명하였다.

이 정말 모세를 믿었다면, 나도 믿었을 것입니다. 모세의 기록이 바로 나
에 관한 것이기 때문입니다. **16** 그러나 여러분이 모세의 글도 믿지 않으
니, 어떻게 내 말을 믿겠습니까?"

044
안식일의 주인 (마태 12.1-8, 마가 2.23-28, 누가 6.1-5, 도마 27)

1 어느 안식일, 예수님이 밀밭 사이로 지나가시게 되었다. 배가 고픈 제
자들이 길을 내면서, 이삭을 따서 손으로 비벼 먹었다. **2** 바리새인들이
보고, 예수님께 트집을 잡았다. "저것 보시오! 당신 제자들이 율법을 어
기고, 안식일에 해서는 안 될 일을 하잖소?" **3** 예수님이 대답하셨다. "다
윗[1]과 그 일행이 굶주렸을 때, 다윗이 어떻게 했습니까? 여러분은 그것
을 읽어 보지 못했습니까? 아비아달[2] 대제사장 때, 다윗이 하나님의 전
에 들어가서, 제사장 외에 먹을 수 없는 진설병[3]을 먹고, 그 일행에게도
주지 않았습니까? 제사장이 다윗에게 거룩한 떡을 주었다. 여호와 앞에 차려놓았던 진
설병 외에 다른 떡이 없었기 때문이다. 그 떡은 새로 만든 따뜻한 떡을 올려놓으면서, 그날 물려
낸 것이었다.(사무엘상 21.6) **4** 또 성전 안에서는, 제사장이 안식일 규정을 어겨
도 죄가 되지 않는다는 것을, 여러분은 율법에서 읽어 보지 못했습니까?
5 내가 여러분에게 말합니다. 안식일보다 더 크고 성전보다 더 큰 이가
(하나님의 사랑이), 바로 여기에 있습니다. **6** '내가 바라는 것은 제물을 바치

---

1) 다윗(David, 사랑함)은 주전 11세기, 이스라엘 통일왕국 제2대 왕으로, 이새의 아들이자 솔로몬의 아버지다.

2) 아비아달(Abiathar, 부유한/생존한 아버지)은 아히멜렉 제사장의 아들로, 사울과 다윗 시대의 대제사장이었다. 다윗 말년에 아도니야를 지지했다가, 솔로몬에 의해 아나돗으로 추방되었다.

3) 진설병(陳設餠, Consecrated bread)은 누룩 넣지 않은 고운 가루로 만든 떡으로, 1줄에 6개씩 2줄로 매 안식일마다 제사장이 성소 안에 진열하였다.

는 제사가 아니라, 이웃에게 베푸는 자선이다'라고 하신 말씀이 무슨 뜻
인지 알았다면, 여러분이 무죄한 사람을 단죄하지는 않았을 것입니다. 내
가 바라는 것은 제물이 아니라 사랑이다. 제물을 바치기 전에 이 하나님의 마음을 먼저 알아다
오.(호세아 6.6) **7** 안식일이 사람을 위해 생긴 것이지, 사람이 안식일을 위해
있는 것이 아니지 않습니까? 그러므로 인자는 안식일의 주인입니다."

045
조막손이 치유 (마태 12.9-14, 마가 3.1-6, 누가 6.6-11)

1 다른 안식일, 예수님이 유대인의 회당에 들어가 가르치셨다. 거기 오
른손이 오그라든 사람[1]이 있었다. **2** 예수님이 안식일을 어기고 그를 고
쳐 주는지, 율법학자와 바리새인이 고발할 구실을 삼으려고 유심히 지켜
보고 있었다. **3** 그러다가 그들은 아무것도 모른 체하고, 예수님께 다가
와 넌지시 물었다. "안식일에 병을 고쳐 주어도 괜찮습니까?" **4** 그들의
간교한 속셈을 아시고, 예수님이 그 장애인에게 말씀하셨다. "일어나, 가
운데로 나와 서십시오!" **5** 그러자 그 사람이 앞으로 걸어 나왔다. **6** 그리
고 예수님이 그들에게 물으셨다. "내가 여러분에게 물어보겠습니다. 안식
일에 선한 일을 하라고 했습니까, 악한 일을 하라고 했습니까? 사람을 살
리라고 했습니까, 죽이라고 했습니까? 여러분의 율법에 어찌하라고 기록
되어 있습니까?" **7** 그들은 말문이 막혀서, 아무 대답도 하지 못하고 잠
잠히 있었다. **8** 그러자 예수님이 비유를 들어 말씀하셨다. "여러분 가운

1) 조막손이(A claw handed person)는 무슨 병이나 사고로 손의 기능이 상실된 사람이었다. 히브리복음서 등에 의하면, 그의 직업이 손으로 먹고사는 미장이(석공)였으며, 예수님을 고발할 구실을 삼으려고, 적대자가 일부러 데려다 놓았다.

데 어떤 사람이 양 1마리를 키우고 있었습니다. 그런데 그 양이 구덩이에 빠졌습니다. 그가 어떻게 하겠습니까? 당연히 끌어내지 않겠습니까? 안식일이라 해서 못 본 척할 사람이 어디 있겠습니까? 하물며 사람은 양보다 얼마나 더 귀합니까? 그러므로 안식일에 선을 행하는 것은 율법에 어긋나지 않습니다."
9 그리고 예수님이 노한 얼굴로 그들을 둘러보셨으나, 그들의 마음은 여전히 굳어 있었다.
10 예수님이 탄식하시며, 그 장애인에게 말씀하셨다. "그대의 손을 앞으로 쭉 내밀어 펴십시오!"
11 그 사람이 그대로 하자, 그의 오그라진 손이 활짝 펴지며 예전처럼 성하게 되었다.
12 그러자 율법학자와 바리새인이 화가 머리끝까지 치밀어, 이성을 잃고 미친 듯이 밖으로 뛰쳐나갔다. 그리고 평소 상종하지 않던 헤롯 당원을 찾아가 모의하였다. "우리가 어떻게 하면 예수를 잡아 죽일 수 있을까요?"

046
하나님의 종 (마태 12.15-21, 마가 3.7-12)

1 그들의 모의를 아시고, 예수님이 제자들과 함께 호숫가로 물러가셨다. 갈릴리에서 큰 무리가 따라왔다.
2 유대와 예루살렘[1]과 이두매[2]와 요단강 동편, 그리고 두로와 시돈 지방에서도, 많은 사람이 예수님의 일을 소문으로 듣고 찾아왔다.
3 사람들이 에워싸고 밀어대는 혼잡을 피하시려고, 예수님이 제자들에게 작은 거룻배 한 척을 준비하라고 하셨다.
4 그동안 예수님이 숱한 사람을 고쳐 주셨기 때문에, 환자들이 예수

1) 예루살렘(Jerusalem, 평화의 소유물)은 이스라엘 민족의 영원한 마음의 고향이자 천국을 상징하였다. 이제는 유대교와 기독교, 이슬람교가 모두 신성시하는 도시가 되었다.
2) 이두매(Idumea)는 사해 남부에 위치한 에돔(에서, 야곱의 쌍둥이 형) 자손의 왕국을 말한다.

님을 만지려고 마구 밀어닥쳤다. **5** 더러운 귀신들도 예수님을 보기만 하
면, 그 앞에 엎드려 소리를 질러댔다. “당신은 하나님의 아들이십니다!”
6 그러나 예수님은, 귀신들이 잔꾀를 부릴 때마다 엄하게 꾸짖고 경고하
셨다. “나를 세상에 드러내지 마라!” **7** 예수님이 그들을 모두 고쳐 주시
고, 자기에 대한 소문을 내지 말라고 단단히 당부하셨다. **8** 이리하여 이
사야의 예언이 성취되었다. ‘보라! 내가 택한 나의 종, 내가 기뻐하고 사
랑하는 종, 내가 내 영을 그에게 주리니, 그가 온 세상 사람에게 정의를
선포할 것이다. 그는 다투지도 않고, 시끄럽게 떠들지도 않으리니, 거리
에서 그의 소리를 들을 사람이 없을 것이다. 정의가 승리할 때까지, 그는
상한 갈대도 꺾지 않고, 꺼져가는 심지도 끄지 않으리니, 온 세상 사람이
그 이름에 희망을 걸 것이다.’ 나의 종을 보라. 그는 내가 붙들어 주는 사람이다. 내가 택한 사람, 내가 마음으로 기뻐하는 사람이다. 내가 그에게 나의 영을 주었으니, 그가 뭇 민족에게 공의를 베풀 것이다. 그는 소리치거나 목소리를 높이지 않으며, 거리에서 그 소리가 들리지 않게 하실 것이다. 그는 상한 갈대를 꺾지 않으며, 꺼져 가는 등불을 끄지 않으며, 진리로 공의를 베풀 것이다. 그는 쇠하지 않으며, 낙담하지 않으며, 끝내 세상에 공의를 세울 것이니, 먼 나라에서도 그 가르침을 받고자 간절히 기다릴 것이다.(이사야 42.1-4)

047
12사도 선택 (마태 10.1-4, 마가 3.13-19, 누가 6.12-16, 도마 23)

1 하루는, 예수님이 산에 올라가 밤을 지새우며 기도하셨다. 그리고 날
이 밝자 제자들을 불러 모으시고, 그들 가운데 12명을 뽑아 사도라 부르
셨다. **2** 그들을 파송하여 복음을 전하게 하시려고, 더러운 귀신을 제어
하고 쫓아내는 권세와, 온갖 질병과 허약한 체질을 고치는 능력을 주셨

다. 그리고 그들을 자기와 함께 있게 하셨다. **3** 12사도는 베드로(게바)라는 새 이름을 받은 시몬, 보아너게 곧 우레의 아들이란 별명을 받은 세베대의 두 아들 야고보와 요한, 베드로의 동생 안드레[1], 그리고 빌립[2], 바돌로매[3], 세리 마태(레위), 디두모(쌍둥이) 도마, 알패오의 아들 야고보(작은 야고보), 다대오(야고보의 아들 유다), 가나안 출신 열심당원(셀롯당) 시몬, 그리고 예수님을 판 가룟 유다였다.

048

행복한 사람 (마태 5.1-12, 누가 6.17-23, 도마 54, 68, 69)

1 예수님이 제자들과 함께 산에서 내려와, 어느 분지에 서 계셨다. **2** 거기 다른 제자가 많이 있었고, 유대 각 지방과 예루살렘과 해안 지방 두로와 시돈에서 모여든 백성이 큰 무리를 이루고 있었다. **3** 예수님의 말씀도 듣고, 병도 고치려고 몰려온 사람들이었다. **4** 더러운 귀신에 사로잡혀 고생하는 사람들도 있었는데, 모두 고침을 받았다. **5** 그러자 사람들은 저마다 예수님을 만지려고 애썼다. 예수님이 큰 권세와 능력으로 그들을 고쳐 주셨기 때문이다. **6** 그들을 보시고, 예수님이 산기슭에 올라가 앉으셨다. 제자들이 곁으로 다가왔다. **7** 예수님이 눈을 들어 제자들을 둘러보시고, 입을 열어 가르치기 시작하셨다. **8** "마음이 가난한 사람이 행

1) 안드레(Andrew, 남성적)는 베드로의 동생으로, 갈릴리 벳새다의 어부였다. 세례 요한의 제자로 있다가, 예수님을 따라가 제자가 되었다. 아가야 지방에서 X자형 십자가에 못 박혀 순교한 것으로 전해진다.

2) 빌립(Philip, 말을 사랑하는 자)도 안드레와 같이 갈릴리 벳새다 출신으로, 베다니 부근에서 부르심을 받았다.

3) 바돌로매(Bartholomew, 돌로매의 아들)는 나다나엘과 동일인으로 짐작되며, 인도에서 전도하다가 순교하였다.

복합니다. 하나님의 나라가 그들의 것입니다. **9** 슬퍼하고 우는 사람이 행
복합니다. 그들이 위로를 받고 웃을 것입니다. **10** 마음이 온유한 사람이
행복합니다. 그들이 땅을 차지할 것입니다. **11** 의에 주리고 목마른 사람
이 행복합니다. 그들이 만족할 것입니다. **12** 자비를 베푸는 사람이 행복
합니다. 그들이 자비를 입을 것입니다. 무자비한 사람은 무자비한 심판을 받습니
다. 그러나 자비는 심판을 이깁니다.(야고보서 2.13) **13** 마음이 깨끗한 사람이 행복합
니다. 그들이 하나님을 볼 것입니다. **14** 평화를 이루는 사람이 행복합니
다. 그들이 하나님의 자녀라 불릴 것입니다. 모든 사람과 더불어 화평하게 지내
고, 거룩하게 살기를 힘쓰십시오. 거룩해지지 않으면, 아무도 주님을 뵙지 못할 것입니다.(히브
리서 12.14) **15** 의를 위해 핍박을 받는 사람이 행복합니다. 하나님의 나라가
그들의 것입니다. **16** 여러분이 나로 인해 미움을 사고, 모욕을 당하고,
박해를 받고, 터무니없는 거짓말로 누명을 쓰고, 온갖 비난과 배척을 받
으면 행복합니다. 기뻐하고 즐거워하십시오. 하늘에서 받을 상이 클 것입
니다. **17** 그들의 조상도 예언자에게 그리 대하였고, 모든 예언자가 여러
분에 앞서 똑같은 핍박을 받았습니다."

049
불행한 사람 (누가 6.24-26)

1 예수님이 말씀하셨다. "지금 부요한 자가 불행합니다. 그들은 이미
위로를 다 받았습니다. **2** 지금 배불리 먹고 지내는 자가 불행합니다. 그
들은 굶주리게 될 것입니다. **3** 지금 웃고 지내는 자가 불행합니다. 그들
은 슬퍼하며 울게 될 것입니다. **4** 모든 사람에게 칭찬받는 자가 불행합
니다. 그들의 조상도 거짓 예언자를 그리 대했습니다."

050
빛과 소금 (마태 5.13-16, 도마 32, 77)

1 예수님이 말씀하셨다. "여러분은 세상의 소금[1]입니다.(164) **2** 소금이 만일 그 맛을 잃으면, 무엇으로 다시 짜게 하겠습니까? **3** 그런 소금은 아무 쓸데가 없어, 밖에 버려져 사람에게 짓밟힐 뿐입니다. **4** 여러분은 세상의 빛입니다. **5** 산 위에 있는 마을은 숨겨지지 않고, 드러나게 마련입니다. **6** 등불을 켜서 됫박으로 덮어두는 사람은 아무도 없습니다. 누구나 등잔대 위에 두어, 그 빛이 온 집안사람을 비치게 합니다.(81, 147) **7** 이처럼 여러분도, 여러분의 빛을 사람들에게 비추십시오. 그들이 여러분의 착한 행실을 보고, 하늘에 계신 아버지를 찬양하게 하십시오."

051
율법과 행실 (마태 5.17-20)

1 예수님이 말씀하셨다. "내가 율법이나 예언서를 폐하러 온 줄로 생각지 마십시오. 폐하러 온 것이 아니라, 완성하러 왔습니다. **2** 내가 분명히 말합니다. 하늘과 땅이 없어지기 전에는, 율법의 일점일획도 없어지지 않고 다 이루어질 것입니다. **3** 그러므로 누구든지, 이 계명[2] 가운데 아주 작은 것 하나라도 어기거나, 다른 사람에게 그같이 하라고 가르치면, 하나님의 나라에서 가장 작은 사람이 될 것입니다. **4** 그러나 누구든지 스

1) 소금(Salt)은 부패를 방지하고 맛을 낸다는 의미에서, 하나님의 언약을 상징하였다.
2) 계명(誡命, Commandment)은 종교적, 도덕적으로 지켜야 하는 규정으로, 하나님의 십계명과 모세의 율법서, 예수님의 큰 계명과 새 계명이 있다. 넓은 의미로 모든 성경이 하나님의 계명이다.

스로 계명을 지키고, 다른 사람에게 그같이 하라고 가르치면, 하나님의
나라에서 큰 사람이 될 것입니다. **5** 내가 말합니다. 여러분의 행실이 율
법학자나 바리새인보다 더 의롭지 않으면, 결코 하나님의 나라에 들어가
지 못할 것입니다."(181)

052
원한과 화해 (마태 5.21-26, 누가 12.58-59)

1 예수님이 말씀하셨다. "여러분은 옛사람의 이 말을 들었습니다. '살
인하지 마라. 살인자는 누구나 재판을 받을 것이다.' 살인하지 마라.(출애굽기
20.13, 신명기 5.17) **2** 그러나 나는 말합니다. 형제나 자매에게 까닭 없이 성내
는 사람은 누구나 재판을 받게 되고, '라가(바보)[1]'라 욕하는 사람은 법정에
끌려가 심문을 받게 되며, '멍청이'라고 모욕하는 사람은 지옥 불에 던져질
것입니다. **3** 그러므로 제단에 예물을 드리다가도, 형제나 자매가 무슨 원
한을 품고 있다는 생각이 나거든, 그 예물을 제단 앞에 두고, 먼저 가서 그
와 화해하십시오. 그리고 돌아와 예물을 드리십시오. **4** 여러분을 고소하
는 사람과 법정으로 갈 경우에도, 도중에 얼른 화해하십시오. 그렇지 않으
면, 그가 여러분을 재판관에게 넘기고, 재판관은 교도관에 내주어, 여러
분은 감옥에 갇힐 것입니다. **5** 내가 분명히 말합니다. 여러분이 마지막
1푼(호리)[2]까지 다 갚기 전에는, 결코 거기서 나오지 못할 것입니다."

---

1) 라가(Raca)는 아람어로 바보, 골이 빈, 쓸모가 없는, 얼간이, 멍청이 등을 의미하는 히브리인의 욕설이다.

2) 1푼(닢)은 1고드란트(Kodrantes, Penny)로, 1/4앗사리온에 해당하는 가장 작은 로마의 동전이다. 당시 로마의 화폐는 고드란트와 앗사리온(Assarius, 1/16데나리온), 데나리온(Denarius, 노동자의 1일 품삯)이 있었다.

053
음욕과 간음 (마태 5.27-30)

1 예수님이 말씀하셨다. "여러분은 이 말을 들었습니다. '간음[1]하지 마
라.' 간음하지 마라.(출애굽기 20.14, 신명기 5.18) **2** 그러나 나는 말합니다. 누구든
지 여인을 보고 음욕을 품는 사람은, 마음으로 이미 그 여인을 간음한
것입니다. **3** 여러분의 오른쪽 눈이 죄짓게 하거든, 그 눈을 뽑아 버리십
시오. 지체 하나를 잃는 한이 있더라도, 온몸이 지옥에 던져지는 것보
다 낫습니다. **4** 여러분의 오른손이 죄짓게 하거든, 그 손을 잘라 버리십
시오. 지체 하나를 잃는 한이 있더라도, 온몸이 지옥에 떨어지는 것보다
낫습니다."(123)

054
음행과 이혼 (마태 5.31-32, 누가 16.18)

1 예수님이 말씀하셨다. "여러분은 이 말을 들었습니다. '누구든지 아내
를 버리려면, 이혼 증서[2]를 써 주어라.' 누가 아내를 맞아 부부가 되었다가, 아내의
수치스러운 일이 드러나 같이 살 마음이 없을 때, 이혼 증서를 써 주고, 그 여자를 자기 집에서 내
보낼 수 있다.(신명기 24.1) **2** 그러나 나는 말합니다. 누구든지 음행[3]한 경우를
제외하고 아내를 버리면, 자기도 간음하고 그 여자도 간음하게 하는 것입

1) 간음(姦淫, Adultery)은 10계명 중에서 제7계명으로, 배우자 아닌 외간 사람과 맺는 성관계를 말한다.
2) 이혼 증서(離婚證書)를 써 주는 조건으로 이혼을 허락한 것은, 버림받은 여인에게 살 길을 열어 주기 위한 부득이한 방편이었다.
3) 음행(淫行, Adultery)은 독신자의 비도덕적 성행위를 말하나, 여기서는 간음과 동의어로 쓰였다.

니다. **3** 또 버림받은 여자와 결혼하는 사람도 간음하게 하는 것입니다."

055
맹세와 허세 (마태 5.33-37)

1 예수님이 말씀하셨다. "여러분은 이 말을 들었습니다. '거짓으로 맹
세[1]하지 말고, 주님께 맹세한 것은 반드시 지켜라.' 내 이름을 두고 거짓으로
맹세하지 마라. 그것은 내 이름을 욕되게 하는 짓이다. 나는 야훼다.(레위기 19.12) 야훼께 서원
하거나 맹세하여 자제하기로 서약했으면, 자기가 한 말을 어기지 말고 다 지켜야 한다.(민수기
30.2) **2** 그러나 나는 말합니다. 아예 아무것도 맹세하지 마십시오. 주 너
희 하나님께 맹세하여 서원한 것은 미루지 말고 지켜야 한다. 주 너희 하나님께서 반드시 너희
에게 그것을 요구하실 터이니, 미루면 너희에게 죄가 된다. 그러나 맹세하지 않은 것은 죄가 되
지 않는다.(신명기 23.21-22) **3** 하늘을 두고도 맹세하지 마십시오. 하늘은 하나
님의 보좌입니다. **4** 땅을 두고도 맹세하지 마십시오. 땅은 하나님의 발
판입니다. **5** 예루살렘을 두고도 맹세하지 마십시오. 예루살렘은 위대한
임금님의 도성입니다. **6** 여러분의 머리를 두고도 맹세하지 마십시오. 여
러분은 머리카락 하나도 희게 하거나 검게 할 수 없습니다. **7** 여러분은
그저 '예'라 할 것은 '예'라 하고, '아니요'라 할 것은 '아니요'라 하십시오.
그 이상의 말은 악에서 나오는 것입니다."

---

1) 맹세(盟誓, Oath)는 엄중하고 신성한 행위로, 오남용하거나 위반할 경우 저주를 받았다. 후대로 이어지면서 남을 속이는 수단으로 악용되어, 예수님은 아예 맹세하지 말라고 가르치셨다.

056
양보와 보복 (마태 5.38-42, 누가 6.29-30, 도마 95)

1 예수님이 말씀하셨다. "여러분은 이 말을 들었습니다. '눈은 눈으로, 이는 이로 갚아라.'[1] 눈은 눈으로, 이는 이로, 손은 손으로, 발은 발로, 화상은 화상으로, 상처는 상처로, 멍은 멍으로 갚아라.(출애굽기 21.24-25) 부러뜨린 것은 부러뜨린 것으로, 눈은 눈으로, 이는 이로 갚아라. 상처를 입힌 사람은 자기도 그만큼 상처를 받아야 한다.(레위기 24.20) 그런 자는 동정을 베풀지 마라. 목숨은 목숨으로, 눈은 눈으로, 이는 이로, 손은 손으로, 발은 발로 갚아라.(신명기 19.21) **2** 그러나 나는 말합니다. 악한 자에게 맞서지 마십시오. **3** 누가 여러분의 오른뺨을 치거든, 왼뺨마저 돌려대십시오. **4** 누가 여러분을 고소하여 속옷을 가지려고 하거든, 겉옷마저 내어 주십시오. **5** 누가 억지로 5리[2]를 가자고 하거든, 10리를 동행하여 주십시오. **6** 누구든지 달라는 사람에게 주고, 꾸려는 사람을 내치지 말며, 빼앗는 사람에게 찾으려고 하지 마십시오."

057
이웃과 원수 (마태 5.43-48, 누가 6.27-28, 32-36)

1 예수님이 말씀하셨다. "여러분은 이 말을 들었습니다. '네 이웃을 사랑하고, 원수를 미워하라.' 동족에게 앙심을 품거나, 원수를 갚지 마라. 네 이웃을 네

---

1) 동해보복(同害報復, Talion)은 피해자가 입은 상처나 손해를 가해자에게 똑같이 안겨 주는 제도였으나, 모든 사람의 신체가 똑같을 수 없다는 논리에 의거하여, 점차 금전으로 보상하는 제도로 바뀌었다.

2) 5리(里)는 1밀리온(Million)으로 1,460m(3,200규빗)쯤 되었으며, 보통 사람의 보폭(30cm)으로 약 5,000보에 해당하였다. 1규빗은 45.6cm이다.

몸처럼 사랑하라. 나는 야훼다.(레위기 19.18) **2** 그러나 나는 말합니다. 여러분의 원
수를 사랑하고, 여러분을 미워하는 사람을 선대하십시오. **3** 여러분을
저주하는 사람을 축복하고, 여러분을 핍박하는 사람을 위해 기도하십시
오. **4** 여러분이 사랑하는 사람만 사랑하면, 그게 무슨 장한 일이 되겠습
니까? 세리도 그렇게 합니다. **5** 여러분이 선대하는 사람만 선대하면, 그
게 무슨 대단한 일이 되겠습니까? 죄인도 그만큼 합니다. **6** 여러분의 형
제와 자매에게만 인사하면, 다른 사람보다 나을 게 뭐가 있겠습니까? 이
방인도 그같이 합니다. **7** 여러분이 되받을 생각으로 빌려주면, 칭찬받을
게 무엇이 있겠습니까? 죄인도 도로 받을 요량으로 빌려줍니다. **8** 그러나
여러분은 원수를 사랑하고, 선히 대해 주며, 아무것도 바라지 말고 그냥
빌려주십시오. **9** 그러면 여러분이 큰상을 받을 것이며, 지극히 높으신 분
의 자녀가 될 것입니다. **10** 하나님께서는 은혜를 아는 사람에게나 모르
는 사람에게나 똑같이 인자하십니다. 선한 사람에게나 악한 사람에게나
똑같이 햇빛을 주시며, 의로운 사람에게나 불의한 사람에게나 똑같이 비
를 내려 주십니다. **11** 그러므로 하늘에 계신 여러분의 아버지께서 온전
하시고 자비하신 것처럼, 여러분도 온전하고 자비한 사람이 되십시오."

058
자선과 상급 (마태 6.1-4, 도마 14, 62)

1 예수님이 말씀하셨다. "여러분은 남에게 보이려고, 일부러 선을 행치
않도록 조심하십시오. 그렇지 않으면, 하늘에 계신 여러분의 아버지께
상을 받지 못할 것입니다. **2** 그러므로 자선을 베풀 때, 위선자가 칭찬을
받으려고 회당과 거리에서 하듯이, 스스로 나팔을 불지 마십시오. 내가

분명히 말합니다. 그들은 이미 자기네 상을 다 받았습니다. **3** 여러분은 자선을 베풀 때, 오른손이 하는 일을 왼손이 모르게 하여, 그 자선을 숨겨 두십시오. 그러면 은밀한 일도 보시는, 여러분의 아버지께서 갚아 주실 것입니다."

059
기도와 응답 (마태 6.5-8, 도마 14)

1 예수님이 말씀하셨다. "여러분은 기도할 때, 위선자와 같이 하지 마십시오. 그들은 남에게 보이려고, 회당이나 큰길 모퉁이에 서서 기도하기를 좋아합니다. 내가 분명히 말합니다. 그들은 이미 자기네 상을 다 받았습니다. **2** 그러므로 기도할 때, 골방에 들어가 문을 닫아걸고, 은밀하게 계시는 여러분의 아버지께 기도하십시오. 은밀한 일도 보시는, 여러분의 아버지께서 갚아 주실 것입니다. **3** 또 여러분은 기도할 때, 이방인과 같이 빈말을 되풀이하지 마십시오. 그들은 말을 많이 해야 하나님께서 들어주실 줄로 생각합니다. **4** 그러니 그들을 본받지 마십시오. 여러분의 아버지께서는 구하기도 전에, 벌써 여러분에게 무엇이 필요한지 알고 계십니다."(144)

060
잘못과 용서 (마태 6.14-15)

1 예수님이 말씀하셨다. "여러분이 남의 잘못(죄)을 용서하면, 하늘에 계신 아버지께서도 여러분의 잘못을 용서하실 것입니다. **2** 그러나 여러

분이 남의 잘못을 용서하지 않으면, 아버지께서도 여러분의 잘못을 용서하지 않으실 것입니다."(126)

061
금식과 외식 (마태 6.16-18, 도마 14)

1 예수님이 말씀하셨다. "여러분은 금식할 때, 외식(外飾)하는 자와 같이 침통한 표정을 짓지 마십시오. **2** 그들은 금식하는 것을 남에게 보이려고, 일부러 초췌한 모습을 하고 다닙니다. 내가 분명히 말합니다. 그들은 이미 자기네 상을 다 받았습니다. **3** 여러분은 금식할 때, 얼굴을 씻고 머리에 기름을 바르십시오. 그리하여 금식하는 것을 남에게 드러내지 말고, 은밀하게 계시는 여러분의 아버지께 보이십시오. 은밀한 일도 보시는 아버지께서 갚아 주실 것입니다."

062
재물과 마음 (마태 6.19-21)

1 예수님이 말씀하셨다. "여러분은 재물[1]을 땅에 쌓아 두지 마십시오. 땅에서는 좀이 먹거나 녹이 슬어 망가지기도 하고, 도둑이 뚫고 들어와 훔쳐가기도 합니다. **2** 그러니 재물을 하늘에 쌓아 두십시오. 거기는 좀이 먹거나 녹이 슬어 망가지는 일도 없으며, 도둑이 뚫고 들어와 훔쳐가지도 못

1) 재물(財物, Money)은 돈이나 집, 토지 등 값나가는 모든 것을 말한다.

합니다. **3** 여러분의 재물이 있는 곳에, 여러분의 마음도 있습니다."(150)

063
하나님과 맘몬 (마태 6.24-27, 도마 36, 47)

1 예수님이 말씀하셨다. "아무도 두 주인을 동시에 섬길 수 없습니다. 이편을 미워하고 저편을 사랑하든가, 이쪽을 존중하고 저쪽을 무시하기 마련입니다. 여러분은 하나님과 맘몬(재물)[1]을 함께 섬길 수 없습니다.(150, 168, 181, 270) **2** 그러니 내가 말합니다. 여러분의 목숨을 위해 무엇을 먹고 마시며, 몸을 위해 무엇을 입을까 걱정하지 마십시오. 목숨이 음식보다 소중하고, 몸이 옷보다 귀하지 않습니까? **3** 공중의 새를 보십시오. 씨를 뿌리지도 않고 거두지도 않으며, 곳간에 모아들이지도 않습니다. 그러나 하늘에 계신 아버지께서 먹여 주십니다. 여러분은 새보다 훨씬 귀하지 않습니까? **4** 여러분 가운데 누가 걱정한다고 해서, 자기 목숨을 한순간인들 더 늘릴 수 있겠습니까?"

064
의복과 생계 (마태 6.28-34, 도마 36)

1 예수님이 말씀하셨다. "여러분은 어찌하여 옷 걱정을 합니까? **2** 들꽃(백합꽃)이 어떻게 자라는가 보십시오. 수고도 하지 않고, 길쌈도 하지

1) 맘몬(Mammon)은 하나님을 대적하는 재물의 신으로, 부요와 탐욕의 우상이다.

않습니다. **3** 내가 말합니다. 이 세상 모든 영화를 한몸에 누린 솔로몬[1]
도, 이 꽃 하나만큼 화려하게 입어 보지 못했습니다. **4** 그런데 여러분은
어찌하여 그리 믿음이 적습니까? 오늘 피었다가 내일 아궁이에 던져질
들풀도, 하나님께서 이처럼 입히시거든, 하물며 여러분을 입히시지 않겠
습니까? **5** 그러니 무엇을 먹을까, 무엇을 마실까, 무엇을 입을까 하고 걱
정하지 마십시오. **6** 그런 걱정은 이방인이 하는 것입니다. 하늘에 계신
여러분의 아버지께서는, 그 모든 것이 여러분에게 필요한 줄을 알고 계십
니다.(150) **7** 여러분은 먼저 하나님의 나라와 그 의를 구하십시오. 그러면
그 모든 것을 더하여 주실 것입니다.(86, 87) **8** 그러므로 내일 일은 걱정하
지 마십시오. 내일 걱정은 내일에 맡기십시오. 하루의 괴로움은 그날로
족합니다."

065
비판과 심판 (마태 7.1-5, 누가 6.37-42, 도마 26, 34)

1 예수님이 말씀하셨다. "비판(비난, 판단)하지 마십시오. 그래야 여러분
도 비판받지 않을 것입니다. 여러분이 남을 비판하면, 남을 비판하는 그
비판으로, 여러분도 비판받을 것입니다. **2** 헤아리지(저울질하지) 마십시
오. 그래야 여러분도 헤아림 받지 않을 것입니다. 여러분이 남을 헤아리
면, 남을 헤아리는 그 헤아림으로, 여러분도 헤아림 받을 것입니다. **3** 심
판(단죄, 정죄)하지 마십시오. 그래야 여러분도 심판받지 않을 것입니다. 여
러분이 남을 심판하면, 남을 심판하는 그 심판으로, 여러분도 하나님께

1) 솔로몬(Solomon, 평화)은 밧세바가 낳은 다윗의 아들로, 이스라엘 통일왕국 제3대 왕이다.

심판받을 것입니다. **4** 용서하십시오. 그래야 여러분도 용서받을 것입니
다. 여러분이 남을 용서하면, 남을 용서하는 그 용서로, 여러분도 용서받
을 것입니다. **5** 후히 주십시오. 그래야 여러분도 후히 받을 것입니다. 하
나님께서 누르고 흔들어 차고 넘치도록 주실 것입니다. 여러분이 되질하
여 주는 대로, 여러분도 되질하여 받을 것입니다." **6** 그리고 예수님이 비
유를 들어 말씀하셨다. "눈먼 사람이 어찌 눈먼 사람을 인도할 수 있겠습
니까? 그러면 둘 다 구덩이에 빠지지 않겠습니까? **7** 제자가 스승보다 나
을 수 없습니다. 그러나 다 배우고 나면, 스승과 같이 될 것입니다. **8** 그
런데 여러분은 어찌하여 형제의 눈 속에 있는 티는 보면서, 자기 눈 속에
있는 들보는 깨닫지 못합니까? **9** 자기 눈 속에 있는 들보는 보지 못하면
서, 어찌 남의 눈 속에 있는 티를 빼내 주겠다고 할 수 있겠습니까? **10**
위선자여, 먼저 그대의 눈 속에 있는 들보를 빼내십시오. 그래야 밝히 보
고, 남의 눈 속에 있는 티도 빼낼 수 있을 것입니다."

066
율법과 복음 (마태 7.6, 도마 93)

1 예수님이 말씀하셨다. "거룩한 것[1]을 개에게 주지 말고, 여러분의 진
주를 돼지에게 던지지 마십시오. 돼지는 굽이 두 쪽으로 갈라지기는 했으나, 새김질
을 하지 않아 부정한 것이다.(레위기 11.7) **2** 그들이 그것을 발로 짓밟고 뒤돌아서,
여러분을 물어뜯을지 모릅니다."

1) 거룩한 것은 하나님의 율법을, 개는 율법을 무시하는 사람을, 진주는 예수님의 복음을, 돼지는 복음을 대적하는 사람을 가리키는 것으로 보인다.

067
율법의 정신 (마태 7.12, 누가 6.31)

1 예수님이 말씀하셨다. "무엇이든지 남에게 대접을 받고 싶은 대로, 여러분이 먼저 남을 대접하십시오. **2** 이것이 율법과 예언서의 정신입니다."

068
좁은 문 (마태 7.13-14)

1 예수님이 말씀하셨다. "좁은 문으로 들어가십시오.(157) **2** 멸망에 이르는 문은 크고 그 길도 넓어, 그리로 들어가는 사람이 많습니다. **3** 생명에 이르는 문은 작고 그 길도 좁아, 그리로 찾아드는 사람이 적습니다."

069
거짓 예언자 (마태 7.15-20, 누가 6.43-44, 도마 45)

1 예수님이 말씀하셨다. "거짓 예언자를 조심하십시오. 그들은 양의 탈을 쓰고 다가오지만, 속은 굶주린 이리(늑대)입니다. **2** 여러분은 그 열매를 보고, 그들을 알아야 합니다. 그가 참 예언자인지 거짓 예언자인지, 그 행실을 보아야 한다는 말입니다. **3** 나무는 열매를 보면 알 수 있습니다. 어찌 가시나무에서 포도송이를 따겠으며, 찔레나무(엉겅퀴)에서 무화과를 따겠습니까? **4** 좋은 나무가 좋은 열매를 맺고, 나쁜 나무가 나쁜 열매를 맺습니다. 좋은 나무가 나쁜 열매를 맺을 수 없고, 나쁜 나무가

좋은 열매를 맺을 수 없습니다. **5** 좋은 열매를 맺지 않는 나무는 다 찍
혀서, 불속에 던져질 것입니다. **6** 그러니 여러분은 그 행실을 보고, 그가
어떤 사람인지 알아야 합니다."

070

실천하는 사람 (마태 7.21-29, 누가 6.46-49, 도마 32)

1 예수님이 말씀하셨다. "여러분이 나를 보고 입으로는 '주님', '주님' 하
면서, 어찌하여 내가 하는 말은 듣고 실천하지 않습니까? **2** 나를 보고
'주님', '주님' 한다고 해서, 다 하나님의 나라에 들어가는 것이 아니라, 하
늘에 계신 내 아버지의 뜻대로 행하는 사람이 들어갑니다.(26) **3** 그때 숱
한 사람이 내게 말할 것입니다. '주님, 주님! 우리가 주님의 이름으로 예
언도 하고, 귀신도 쫓아내고, 많은 기적을 행하지 않았습니까?' **4** 그러나
나는 분명히 말할 것입니다. '나는 너희를 도무지 알지 못한다. 불법을 행
하는 자들아, 내게서 썩 물러가라!' 그날 불이 나타나, 각자의 업적을 명백히 드러
낼 것입니다. 불이 업적을 시험하여, 그 진가를 가려 줄 것입니다.(고린도전서 3.13) 우리 모두
가 그리스도의 심판대 앞에 나아가야 합니다. 그때 선한 일이든 악한 일이든, 각자의 모든 행
위에 따라서, 마땅한 보응을 받게 될 것입니다.(고린도후서 5.10) **5** 그러므로 내 말을 듣
고 실천하는 사람은, 땅을 깊이 파고 반석 위에 집을 세운 슬기로운 사람
과 같습니다. 비가 내려 홍수가 나고 바람이 세차게 휘몰아쳐도, 그 집
은 무너지지 않습니다. 그 집의 주추를 반석 위에 놓은 까닭입니다. **6** 그
러나 내 말을 듣고 실천하지 않는 사람은, 기초 없이 맨땅 위에 집을 지
은 어리석은 사람과 같습니다. 비가 내려 홍수가 나고 바람이 세차게 휘
몰아치면, 그 집은 여지없이 무너지되, 그 정도가 아주 심할 것입니다."

7 예수님이 말씀을 마치시자, 모든 사람이 놀랐다. 그들의 율법학자와 달리, 권세 있는 분답게 가르치셨기 때문이다.

071
백부장의 믿음 (마태 8.5-13, 누가 7.1-10)

1 이 모든 말씀을 마치시고, 예수님이 가버나움으로 가셨다. **2** 거기
한 백부장[1]의 종이 중풍으로 몹시 괴로워하며 죽어 가고 있었다. 그는
주인이 대단히 아끼는 종이었다. **3** 백부장[2]이 예수님의 소문을 듣고, 유
대인 장로 몇 사람을 보내 간청하였다. "주님, 제 집에 오셔서 제 종을 살
려 주십시오." **4** 장로들이 와서, 예수님께 간곡히 청했다. "그 백부장은
선생님의 은혜를 받을 만도 합니다. 우리 민족을 사랑하여, 우리에게 회
당까지 지어 주었습니다." **5** 예수님이 말씀하셨다. "내가 가서 고쳐 주겠
습니다." 그리고 장로들과 함께 백부장의 집으로 가셨다. **6** 예수님이 그
의 집 가까이 이르렀을 때, 백부장이 자기 친구들을 보내 아뢰었다. "주
님, 더 이상 수고하시지 마십시오. 저는 주님을 제 집에 모실만한 사람
이 못 됩니다. 그래서 감히 나가 뵐 엄두도 못 내고 있습니다. 그러니 그
저 나으라고 한 말씀만 해 주십시오. 그러면 제 종이 나을 것입니다. 저
도 남의 수하에 있지만, 제 밑에도 부하가 있습니다. 제가 그들에게 가라
고 하면 가고, 오라고 하면 옵니다. 또 제 종에게도 이런 저런 일을 하라
고 시키면, 그들이 그대로 합니다." **7** 예수님이 놀랍게 여기시며, 돌아서

1) 백부장(百夫長, Centurion)은 로마군 100명을 거느린 지휘관으로, 높은 보수와 함께 인기가 좋은 직업이었다.

2) 마태는 백부장이 예수님께 직접 와서 간청한 것으로 기록했고, 누가는 백부장이 유대인 장로와 자기 친구를 보내 간구한 것으로 기록하였다.

말씀하셨다. "내가 여러분에게 말합니다. 이스라엘에서도 이만한 믿음을
보지 못했습니다. 사방에서 숱한 사람이 모여들어, 아브라함과 이삭과
야곱과 함께 천국 잔치에 참석할 것입니다. 하지만 이 나라의 백성은 바
깥 어두운 곳으로 쫓겨나, 거기서 슬피 울며 이를 갈 것입니다." **8** 그리고
예수님이 그들에게 말씀하셨다. "돌아가십시오. 그가 믿은 대로 될 것입
니다." **9** 그래서 그들이 집으로 돌아가 보니, 과연 죽어 가던 사람이 벌
써 나아 있었다. 예수님이 말씀하신 바로 그 시각에, 그 종이 깨끗이 나
았던 것이다.

072
나인성의 과부 (누가 7.11-17)

1 얼마 후, 예수님이 나인[1]이라는 성으로 가셨다. 제자들과 큰 무리가
뒤따랐다. **2** 예수님이 성문 가까이 이르렀을 때, 죽은 사람을 메고 나오
는 장례행렬이 있었다. **3** 죽은 사람은 어떤 과부의 외아들이었다. 나인
성의 조문객이 큰 떼를 지어, 과부와 함께 상여를 따르고 있었다. **4** 예수
님이 그 과부를 보시고, 측은한 마음이 들어 말씀하셨다. "이제 그만 우
세요." **5** 그리고 앞으로 나아가 상여에 손을 대시자, 상여꾼이 걸음을 멈
추었다. **6** 예수님이 죽은 사람에게 이르셨다. "청년이여! 내가 말하니 일
어나시오!"(106) **7** 그러자 죽은 청년이 벌떡 일어나 앉으며 말을 하였다.
예수님이 그 어머니에게 보내셨다. **8** 모든 사람이 두려움에 휩싸여, 하

1) 나인(Nain, 즐거움)은 갈릴리 지방의 성읍으로, 나사렛에서 남동쪽으로 9km쯤 떨어져 있었으며, 지금의 이름은 네인(Nein)이다.

나님을 찬양하며 말했다. "우리 가운데 정말 위대한 예언자[1]가 나타나셨다!" 나는 확신한다. 내 구원자가 살아 계시고, 그분이 마침내 이 땅 위에 우뚝 서실 것이다.(욥기 19.25) **9** 어떤 사람은 이렇게 말했다. "하나님께서 비로소 자기 백성을 돌봐 주셨다!" **10** 예수님에 대한 이 이야기가, 온 유대와 그 주변으로 널리 퍼져 나갔다.

073
세례 요한의 질문 (마태 11.2-19, 누가 7.18-35, 도마 46, 78)

1 세례 요한이 감옥에서 그리스도가 하신 일을 전해 듣고, 제자 2명을 보내 예수님께 여쭤 보라고 하였다. **2** 그들이 예수님께 와서, 그대로 말했다. "세례 요한이, '오실 분이 선생님이십니까, 아니면 우리가 다른 분을 기다려야 합니까?'라고 여쭤 보게 했습니다." **3** 그때 예수님은 온갖 병으로 고생하는 사람과, 악령에 사로잡혀 시달리는 사람과, 눈먼 사람을 많이 고쳐 주고 계셨다. 그때 눈먼 사람의 눈이 밝아지고, 귀먹은 사람의 귀가 열릴 것이다.(이사야 35.5) **4** 예수님이 대답하셨다. "지금 듣고 보는 대로, 요한에게 가서 전하십시오. 눈먼 사람이 보고, 걷지 못하는 사람이 걷고, 나병 환자가 깨끗해지고, 듣지 못하는 사람이 듣고, 죽은 사람이 살아나며, 가난한 사람에게 복음이 전해진다고 말입니다. 그리고 누구든지 나로 인해 실족하지 않는 사람이 복되다고 일러 주십시오." 여러분은 우리 주 예수 그리스도의 은혜를 잘 알고 있습니다. 그분은 부요하시나, 여러분을 위해 가난하게 되셨습니다. 그분의 가난하심으로, 여러분을 부요하게 하시려는 것입니다.(고린도후서 8.9) **5** 그들이 떠난 뒤,

1) 예언자(豫言者, Prophet)는 하나님의 뜻을 사람에게 전해 주는 중보자의 역할을 수행하였으며, 특히 예수님이 오실 것을 예언한 사람을 선지자라 하였다.

예수님이 요한에 대해 말씀하셨다. "여러분은 무엇을 보려고 광야에 나
갔습니까? 바람에 흔들리는 갈대입니까? 아니면 무엇을 보려고 나갔습니
까? 화려한 옷을 입은 사람입니까? 화려한 옷을 입고 호사스럽게 지내는
사람은 왕궁에 있습니다. **6** 그러면 무엇을 보려고 나갔습니까? 예언자입
니까? 그렇습니다. 내가 분명히 말합니다. 요한은 예언자보다 더 위대한
사람입니다. 그에 대한 기록이 있습니다. '보라, 내가 네 앞서 내 사자를
보내겠다. 그가 네 앞길을 닦을 것이다.' "보라, 내가 내 특사를 보내겠다. 그가 내
앞길을 닦을 것이다. 너희가 오랫동안 기다린 그가, 문득 그 궁궐에 이를 것이다. 너희가 그토
록 애타게 기다린, 그 언약의 특사가 말이다." 나 만군의 야훼가 말한다.(말라기 3.1) 주의 크고
두려운 날이 이르기 전, 내가 예언자 엘리야를 너희에게 보내겠다.(말라기 4.5) **7** 내가 분명
히 말합니다. 이제까지 여인이 낳은 사람 중에서, 세례 요한보다 더 큰 인
물은 없었습니다. 그러나 하나님의 나라에서는, 아무리 작은 사람도 그
보다 더 큽니다. 주님과 합하는 사람은 주님과 한 영이 됩니다.(고린도전서 6.17) 내게 사
는 것이 그리스도니, 죽는 것도 유익합니다.(빌립보서 1.21) **8** 세례 요한부터 지금까지,
하나님의 나라는 침노를 받고 있습니다. 강한 사람이 그 나라를 차지할
것입니다. **9** 모든 예언서와 율법이, 요한의 때까지 하나님의 나라를 예언
했습니다. 여러분이 그 예언을 받아들인다면, 다시 오기로 되어 있는 엘
리야가, 바로 요한임을 알게 될 것입니다. 들을 귀가 있는 사람은 알아들
으십시오." **10** 그때 요한의 설교를 들은 백성은 물론이고, 세리까지 요한
의 세례를 받고 하나님의 의로우심을 드러내었으나, 바리새인과 율법학
자는 요한의 세례를 받지 않고, 그들을 향한 하나님의 뜻을 거역하고 있
었다. **11** 그래서 예수님이 말씀하셨다. "이 세대를 무엇에 비길 수 있을
까? 이들이 무엇과 같을까? 그렇습니다. 장터에서 아이들이 편을 갈라
앉아, '우리가 너희를 위해 피리를 불어도 춤추지 않았고, 우리가 애곡을
하여도 너희는 가슴을 치지 않았다'고 하며, 서로 소리를 지르고 노는 것

과 같습니다. **12** 세례 요한이 나타나 먹지도 않고 마시지도 않자, '저 사람은 귀신이 들려 미쳤다'고 하더니, 인자는 와서 먹기도 하고 마시기도 하자, '보라, 저 사람은 먹보요, 술꾼이요, 세리와 죄인의 친구다'라고 합니다.(2) **13** 그러나 하나님의 지혜는, 그를 받아들인 하나님의 자녀에 의해 옳음이 입증됩니다."

074
주님의 멍에 (마태 11.28-30, 도마 58, 90)

1 예수님이 말씀하셨다. "수고하며 무거운 짐을 진 사람은 다 내게로 오십시오. 내가 편히 쉬게 하겠습니다. **2** 나는 마음이 온유하고 겸손하니, 내 멍에[1]를 메고 내게 배우십시오. 그러면 여러분의 영혼이 쉼을 얻을 것입니다. **3** 내 멍에는 메기 쉽고, 내 짐은 지기 가볍습니다."

075
향유 부은 여인 (누가 7.36-50)

1 어떤 바리새인이 예수님을 만찬에 초대하여, 예수님이 그의 집에 들어가 식탁에 기대어 앉으셨다. **2** 그런데 그 마을에 행실이 나쁜 한 여인

1) 멍에(Yoke)는 달구지나 쟁기를 끌기 위해 소나 말의 목에 가로 얹는 나무를 말한다. 주로 2마리가 짝을 지어 메고 끌었던 바, '한 겨리'라 하였다.

[1]이 살고 있었다. 예수님이 그 집에 계신다는 소문을 듣고, 향유[2]를 담
은 옥합[3]을 가지고 왔다. **3** 여인이 뒤로 살그머니 돌아가, 예수님의 발치
에 서서 울기 시작했다. 흐르는 눈물이 예수님의 발을 적시자, 자기 머리
카락으로 닦으며, 연거푸 입을 맞추고, 향유를 부어 드렸다. **4** 예수님을
초대한 바리새인이 보고, 속으로 중얼거렸다. "저 사람이 정말 예언자라
면, 자기를 만지는 저 여자가 누구며, 얼마나 죄 많은 여자인지, 그런 것
쯤은 알 것이 아닌가?" **5** 예수님이 말씀하셨다. "시몬, 내가 물어볼 말이
있습니다." **6** 시몬이 대답하였다. "선생님, 말씀하십시오." **7** "어떤 돈놀
이꾼에게 빚진 사람이 2명 있었습니다. 하나는 500데나리온을 졌고, 다
른 하나는 50데나리온을 졌습니다. 그런데 2명 다 갚을 능력이 없었습니
다. 그래서 돈놀이꾼이 그들의 빚을 모두 탕감해 주었습니다. 그러면 2명
중에서 누가 더 그를 사랑하겠습니까?" **8** "더 많은 빚을 탕감 받은 사람
이겠지요." **9** "그대의 생각이 옳습니다." **10** 그리고 여인을 돌아보시고,
시몬에게 다시 말씀하셨다. "그대는 이 여인이 보입니까? 내가 이 집에
들어올 때, 그대는 발 씻을 물도 주지 않았으나, 이 여인은 눈물로 내 발
을 적시고, 자기 머리카락으로 닦아 주었습니다. **11** 그대는 내 얼굴에도
입을 맞추지 않았으나, 이 여인은 내가 들어올 때부터 줄곧 내 발에 입을
맞추었습니다. **12** 그대는 내 머리에 감람유도 발라 주지 않았으나, 이 여
인은 내 발에 향유를 부어 주었습니다. **13** 그러므로 내가 분명히 말합니
다. 이 여인의 모든 죄가 용서되었습니다. 그 많은 죄를 용서받을 만큼,

---

1) 예수님께 향유를 부은 여인이 막달라 마리아(Magdalene Mary)라는 전승이 있다. 막달라 마리아는 7귀신이 들려 극심한 고생을 하다가, 예수님을 만나 고침 받은 뒤, 끝까지 따라다니며 지극한 정성으로 섬긴 여인이다. 막달라는 갈릴리호수 서쪽, 가버나움 남쪽에 있는 작은 마을이다.

2) 향유(香油, Perfume)는 방향물질에 감람유 등을 섞어 만들거나, 그 자체에서 향내가 나는 나드 기름이었고, 화장용으로 사용하였다.

3) 옥합(玉盒, Alabaster jar)은 옥으로 만든 작은 그릇으로 뚜껑이 있었으며, 이집트에서 수입하였다.

지극한 사랑을 보였기 때문입니다. 적게 용서받은 사람은 적게 사랑합니
다." **14** 그리고 예수님이 여인에게 말씀하셨다. "그대의 죄가 모두 용서되
었습니다." **15** 그러자 식탁에 앉은 사람들이 속으로 수군거렸다. "저 사
람이 누구관데, 감히 남의 죄까지 용서해 준다고 하는가?" **16** 그러나 예
수님은 말씀하셨다. "그대의 믿음이 그대를 구원하였으니, 평안히 가십시
오." 그리스도 예수 안에서 가장 중요한 것은, 할례의 여부가 아니라, 사랑으로 역사하는 믿
음입니다.(갈라디아서 5.6)

076
여인들의 섬김 (누가 8.1-3)

1 이후 예수님은 여러 성과 마을을 두루 다니시며, 하나님의 나라를
선포하시고, 복음을 전하셨다. 12제자가 동행하였다. **2** 또 악령이나 질
병으로 고생하다가, 고침 받은 여인들도 예수님을 따라다녔다. **3** 그들
은 7귀신이 들렸던 막달라 마리아, 헤롯의 청지기 구사의 아내 요안나,[1)]
그리고 수산나와 다른 여인도 여럿 있었다. 그들은 자기 소유로 예수님
의 일행을 끝까지 섬겼다.

1) 요안나(Joanna, 하나님의 은사)는 헤롯 안티파스의 청지기 구사의 아내로, 왕실 고관의 아들 어머니라는 전승이 있다. 수산나(Susanna, 백합화)는 누군지 알려진 바가 없다.

077

바알세불 논쟁 (마태 12.22-32, 마가 3.20-30, 누가 11.14-23, 도마 35, 44, 98)

1 예수님이 집에 들어가시자, 무리가 다시 모여들었다. 예수님의 일행은 식사할 겨를도 없었다. **2** 그때 예수님의 가족은 예수님을 찾아다녔다. 예수님이 미쳤다는 소문이 돌았기 때문이다. **3** 귀신이 들려 눈멀고 말 못하는 사람이 예수님 앞에 끌려왔다. 예수님이 귀신을 쫓아내시자, 그가 말하고 보게 되었다. **4** 무리가 놀라 서로 수군거렸다. "이분이 혹시 다윗의 자손이 아닐까요?" **5** 예루살렘에서 내려온 율법학자와 바리새인이 그 말을 듣고, 다짜고짜 예수님을 헐뜯기 시작했다. "아니오! 그에게 사탄이 붙었기 때문이오. 그는 귀신의 왕, 바알세불[1]의 힘을 빌려 귀신을 쫓아낼 뿐이오!" **6** 또 어떤 사람은 예수님을 시험할 속셈으로, 하늘에서 오는 표적을 보이라고 요구하였다. **7** 예수님이 그 속내를 아시고, 그들을 가까이 불러 말씀하셨다. "어느 나라든지 서로 갈라져 싸우면 피차 망할 뿐입니다. 도시나 가정도 다를 바가 없습니다. **8** 그런데 어찌 사탄이 사탄을 쫓아낼 수 있겠습니까? 사탄이 사탄을 쫓아낸다면, 그 나라도 이미 갈라져 서로 싸우고 있는 것이니, 그래서야 어찌 그 나라가 서 있겠습니까? 그때 여러분은 이 세상 풍조를 따라 죄와 허물 속에 살았고, 공중 권세 잡은 자, 곧 오늘날 하나님을 거역하는 자를 조종하는, 그 악령의 지시대로 살았습니다.(에베소서 2.2) **9** 내가 바알세불의 힘을 빌려 귀신을 쫓아낸다면, 여러분의 제자(아들)들은 누구의 도움으로 귀신을 쫓아냅니까? 그들이 재판관이 되어, 여러분의 말이 그르다고 지적할 것입니다. **10** 그러나 내가 하나님의 능

1) 바알세불(Baalzebul, 바알의 왕자)은 블레셋 지방에서 숭배하던 바알세붑으로, 똥파리의 주(主), 일명 오물(똥)의 신이다. 여기서는 귀신들의 왕, 사탄을 가리킨다. 사탄 또는 마귀는 그리스어 디아볼로스(Diabolos)로, 대적자, 고소자, 훼방자, 중상자 등을 말한다.

력(손)으로 귀신을 쫓아낸다면, 하나님의 나라가 이미 여러분에게 와 있
는 것입니다. 아버지께서 우리를 흑암의 권세에서 건져, 사랑하시는 아들의 나라로 옮기
셨습니다.(골로새서 1.13) **11** 강한 자가 빈틈없이 무장하고 자기 집을 지키면,
그 재산은 안전할 것입니다. 그러나 그보다 더 강한 자가 달려들어 그를
이기면, 그가 의지하던 무장은 해제되고, 그 재물은 약탈당해 다른 사람
의 소유가 될 것입니다. **12** 그러므로 강한 자의 집에 들어가 물건을 훔
치려면, 먼저 강한 자를 붙잡아 묶어야 합니다. 그를 결박한 뒤, 그 집의
물건을 털어 갈 수 있습니다. **13** 누구든지 내 편에 서지 않는 사람은 나
를 반대하는 자이며, 나와 함께 모으지 않는 사람은 흩어 버리는 자입니
다. **14** 그러므로 내가 분명히 말합니다. 사람이 무슨 죄를 짓든지, 어떤
비방을 하든지, 그것은 다 용서받을 수 있어도, 성령을 거슬러 모독하는
죄는 결코 용서받을 수 없습니다. 그것은 영원한 죄입니다. 우리가 우리 죄
를 자백하면, 신실하시고 의로우신 하나님께서 우리 죄를 용서하시고, 우리를 모든 불의에서
깨끗케 하실 것입니다.(요한일서 1.9) 그러니 하나님의 아들을 짓밟고, 자기를 거룩하게 한 언
약의 피를 무시하고, 은혜의 성령을 모욕한 자가 받을 벌이 얼마나 가혹하겠습니까?(히브리서
10.29) **15** 아울러 인자를 거슬러 욕하는 사람은 용서받을 수 있어도, 성
령을 거슬러 욕하는 사람은 이 세상은 물론이고, 오는 세상에서도 용서
받지 못할 것입니다." 내가 전에는 훼방자요, 핍박자요, 폭행자였으나, 그것은 내가 믿지
않을 때 모르고 한 일이므로, 하나님께서 내게 자비를 베푸셨습니다.(디모데전서 1.13) **16** 예
수님이 이 말씀을 하신 것은, 악한 귀신이 들려 미쳤다고, 율법학자가 예
수님을 모독했기 때문이다.

078

말과 마음 (마태 12.33-37, 누가 6.45, 도마 43, 45)

1 예수님이 말씀하셨다. "좋은 열매를 얻으려면, 좋은 나무를 기르십시오.(69) **2** 나무가 좋으면 열매도 좋고, 나무가 나쁘면 열매도 나쁩니다. 열매를 보고 나무를 알 수 있습니다. **3** 그런데 독사의 자식들아! 너희 마음[1]이 그렇게 악하니, 어찌 선한 말을 할 수 있겠는가? **4** 결국은 마음에 가득 찬 것이 입으로 나오기 마련입니다. **5** 선한 사람은 그 마음에 쌓은 선으로 선한 말을 하고, 악한 사람은 그 마음에 쌓은 악으로 악한 말을 합니다. **6** 내가 말합니다. 심판 날,[2] 무심코 내뱉은 사소한 말 한마디까지 다 해명하고, 그에 따른 책임을 져야 할 것입니다. 나의 반석이시요, 구원자이신 야훼여, 내 생각과 말이 언제나 주님의 마음에 들기를 원합니다.(시편 19.14) **7** 그러므로 여러분이 한 말에 따라 의인으로 인정받기도 하고, 죄인으로 단정되기도 할 것입니다."

079

예수님의 가족 (마태 12.46-50, 마가 3.31-35, 누가 8.19-21, 도마 99, 105)

1 예수님이 말씀하고 계실 때, 예수님의 가족[3]이 할 말이 있다고 찾아왔다. **2** 그러나 사람이 많아 가까이 갈 수 없었다. 밖에서 서성거리다가

1) 마음(Mind)은 그리스어 카르디아(Kardia)로, 지정의(知情意)를 주관하는 내적 자아를 말한다.

2) 심판(審判, Judgment)날은 마지막 때, 예수님의 재림과 아울러 있을 흰 보좌 심판을 말한다.

3) 예수님의 가족은 어머니 마리아, 남동생 야고보와 요셉과 유다와 시몬, 그리고 누이들이 있었다.

사람을 들여보냈다. **3** 예수님 주변에 있던 어떤 사람이 말했다. "보십시
오, 선생님의 모친과 형제분들이 밖에서 선생님을 찾고 계십니다." **4** 예
수님이 말씀하셨다. "누가 내 어머니고 형제들입니까?" 참 올리브나무 가지 가운데서 얼마를 잘라내고, 그 자리에 야생 올리브나무를 접붙였다면, 그 접붙인 가지는 참 올리브나무 뿌리에서 양분을 같이 받게 됩니다. 말하자면, 여러분은 야생 올리브나무 가지입니다.(로마서 11.17) 그렇습니다. 그 가지가 잘린 것은 그가 믿지 않은 탓이고, 여러분이 그 자리에 붙어 있는 것은 여러분이 믿었기 때문입니다. 그러니 교만한 마음을 품지 말고, 도리어 두려워하십시오.(로마서 11.20) **5** 그리고 손을 내밀어 둘러앉은 사람들을 가리키며
말씀하셨다. "자, 여기 있는 내 어머니와 형제를 보십시오. 누구든지 하늘에 계신 내 아버지의 말씀을 듣고, 그대로 행하는 사람이 내 형제요, 자매요, 어머니입니다." 주님과 합하는 사람은 주님과 한 영이 됩니다.(고린도전서 6.17)

080
씨 뿌리는 비유 (마태 13.1-23, 마가 4.1-20, 누가 8.4-15, 도마 9, 41)

1 그날 예수님은 다시 호숫가로 나가셨다. 여러 마을에서 사람이 모여
들어, 또 큰 무리를 이루었다. **2** 예수님은 호수에 배를 띄워 그 배에 올
라가 앉으셨고, 무리는 호숫가에 서 있었다. 예수님이 여러 가지 비유를
들어 가르치기 시작하셨다. **3** "한 농부가 밭에 나가 씨를 뿌렸습니다. 어
떤 씨는 길가에 떨어져서, 사람들의 발에 밟히기도 하고, 공중의 새가 와서 쪼아 먹기도 하였습니다. **4** 어떤 씨는 돌밭에 떨어져서, 곧 싹이 나오
기는 하였으나, 흙이 얕고 물기가 없어 뿌리를 내리지 못한 채, 해가 뜨자 타서 말라 버렸습니다. **5** 어떤 씨는 가시밭에 떨어져서, 어느 정도 자라기
는 하였으나, 가시덤불 기운에 막혀 결국은 결실하지 못하였습니다. **6** 그

러나 어떤 씨는 옥토에 떨어져서, 100배, 60배, 30배의 결실을 하였습니
다. 들을 귀가 있는 사람은 알아들으십시오." 그것은 그리스도 예수 안에서 생
명을 누리게 하는 성령의 법이, 죄와 죽음의 법에서 여러분을 해방시켜 주었기 때문입니다. (로
마서 8.2) **7** 그리고 예수님이 따로 계실 때, 사람들이 12제자와 함께 와서 물
었다. "어찌하여 비유로 말씀하십니까?" **8** 예수님이 대답하셨다. "내가 비
유로 말하는 이유는, 그들이 보기는 보아도 알아보지 못하고, 듣기는 들
어도 알아듣지 못하게 하려는 것입니다. 하나님의 나라는 먹고 마시는 것이 아니
라, 성령을 통해 누리는 정의와 평화와 기쁨입니다.(로마서 14.17) **9** 여러분에게는 하나
님의 나라에 대한 비밀을 아는 것이 허락되었으나, 다른 사람에게는 허락
되지 않았습니다. 그래서 그들에게는 모든 것이 수수께끼처럼 들리게 됩
니다. 그러므로 형제자매 여러분, 하나님께서 여러분을 불러 주시고, 뽑아 주신 사실을 더욱
굳건히 하십시오. 그러면 절대 빗나가지 않을 것입니다. 여러분에게 우리의 주님이시며 구세주
이신, 예수 그리스도의 영원한 나라로 들어가는 문이 활짝 열릴 것입니다.(베드로후서 1.10-11)
10 무릇 가진 사람은 더 받아 넉넉하게 되고, 가지지 못한 사람은 그 가
진 것마저 빼앗길 것입니다. **11** 그래서 이사야 예언자가 말했습니다. '너
희가 듣기는 들어도 알아듣지 못하고, 보기는 보아도 알아보지 못할 것
이다. 이 백성이 마음의 문을 닫고, 귀를 막고, 눈을 감은 탓이다. 그렇
지 않다면, 그들이 눈으로 보고 귀로 듣고 마음으로 깨닫고 돌아와서, 내
게 온전히 고침을 받을 것이다.' 주께서 이르셨다. "너는 가서, 이 백성에게 일러라.
'너희가 듣기는 들어도 깨닫지 못하고, 보기는 보아도 알지 못할 것이다.' 너는 이 백성의 마음
을 둔하게 하고, 귀를 어둡게 하고, 눈을 뜨지 못하게 하라. 그들이 눈으로 보고 귀로 듣고 마
음으로 깨닫고 돌아와서, 고침을 받을까 걱정이다."(이사야 6.9-10) **12** 그러나 여러분은
마음으로 깨닫고 눈으로 보고 귀로 들을 수 있으니, 얼마나 복된 일입니
까? **13** 내가 분명히 말합니다. 그동안 숱한 예언자와 의인이 나를 보기 원
했으나 보지 못했고, 내 말을 듣기 원했으나 듣지 못했습니다." **14** 그때 그

들이 물었다. "그러면 씨 뿌리는 비유가 무슨 뜻입니까?" **15** 예수님이 말
씀하셨다. "여러분이 이것도 알아듣지 못하면서, 어떻게 다른 비유를 알
아듣겠습니까? **16** 씨 뿌리는 비유는 하나님의 나라에 대한 것입니다. 씨
는 하나님의 말씀이고, 씨를 뿌리는 농부는 하나님의 말씀을 전하는 사람
입니다. **17** 길가에 떨어진 씨는, 하나님의 말씀을 듣고 깨닫지 못해, 마귀
가 와서 그 마음에 뿌려진 말씀을 빼앗아 가는 것을 말합니다. **18** 돌밭에
떨어진 씨는, 하나님의 말씀을 듣고 기꺼이 받아들이나, 그 마음에 뿌리를
내리지 못해 오래가지 못하는 것을 말합니다. 이런 사람은 그 말씀으로 인
해 환난이나 핍박이 다가오면, 곧 넘어지고 맙니다. **19** 가시밭에 떨어진
씨는, 하나님의 말씀을 듣고 살아가면서, 세상의 염려와 재물의 유혹과 육
신의 향락에 빠져, 그 말씀대로 살아가지 못하는 것을 말합니다. **20** 그러
나 옥토에 뿌려진 씨는, 바르고 착한 마음으로 하나님의 말씀을 듣고 지키
며, 인내로 꾸준히 결실하는 것을 말합니다. 이런 사람은 100배, 60배, 30
배의 결실을 합니다."

081
등불 비유 (마가 4.21-25, 누가 8.16-18, 도마 33)

1 예수님이 말씀하셨다. "등불을 켜서 됫박으로 덮어 두거나, 침상 밑
에 숨겨 두는 사람은 아무도 없습니다. 누구나 등잔대 위에 올려놓아, 방
으로 들어오는 사람에게 그 빛이 비치게 합니다.(50) 여러분은 흠 없이 순결하
십시오. 뒤틀리고 타락한 세대 가운데서, 티 없는 하나님의 자녀가 되십시오. 그러면 이 세상
에서 하늘의 별처럼 빛날 것입니다.(빌립보서 2.15) **2** 무엇이든지 숨겨 둔 것은 드러
나기 마련이고, 감춰 둔 것은 나타나기 마련입니다. 들을 귀가 있는 사람

은 알아들으십시오. **3** 그러므로 여러분은 내 말을 잘 새겨들으십시오.
여러분이 되질하여 주는 대로 여러분도 되질하여 받을 것이며, 덤까지
얹어서 더 받을 것입니다. **4** 누구든지 가진 사람이 더 받을 것이며, 가지
지 못한 사람은 그 있는 것마저 빼앗길 것입니다."

082
씨앗 비유 (마가 4.26-29, 도마 21)

1 예수님이 말씀하셨다. "하나님의 나라는 이렇게 비유할 수 있습니다.
2 어떤 사람이 땅에 씨앗을 뿌려 놓고, 하루하루 자고 일어나는 사이에
씨앗은 싹이 트고 자라납니다. 그러나 그것이 어떻게 자라는지 모릅니
다. **3** 땅이 스스로 곡식을 자라게 하는 것인데, 처음은 싹이요, 다음은
이삭이요, 그 다음은 알찬 낟알입니다. **4** 그리고 곡식이 다 익으면, 농부
가 낫으로 거둬들입니다. 추수 때가 되었기 때문입니다." 구름 위에 앉은 분이 낫을 땅에 휘두르자, 땅에 있는 곡식이 거둬졌습니다.(요한계시록 14.16)

083
가라지 비유 (마태 13.24-30, 36-43, 도마 57)

1 예수님이 말씀하셨다. "하나님의 나라는 어떤 사람이 자기 밭에 좋
은 씨를 뿌린 것과 같습니다. **2** 모두가 잠잘 때, 원수가 와서 밀밭에 가

라지[1]를 덧뿌리고 갔습니다. **3** 밀이 자라 이삭이 팰 때, 가라지도 함께
자란 것이 보였습니다. **4** 종이 주인에게 와서 물었습니다. '주인님, 밭에
좋은 씨를 뿌리지 않았습니까? 가라지가 어디서 생겨났습니까?' **5** 주인
이 대답했습니다. '원수가 그렇게 하였구나.' **6** 종이 다시 물었습니다. '그
러면 저희가 가서, 그 가라지를 모두 뽑아 버릴까요?' **7** 그러자 주인이,
'아니다. 가라지를 뽑다가 밀까지 뽑을까 염려되니, 추수 때까지 같이 자
라게 내버려 두어라. 그러나 추수 때, 가라지를 먼저 뽑아 단으로 묶어
불사르고, 밀은 내 곳간에 거둬들일 것이다'라고 말했습니다." **8** 그 뒤에
예수님이 무리를 떠나 집으로 들어가시자, 제자들이 다가와 말했다. "밀
밭의 가라지 비유를 자세히 설명해 주십시오." **9** 예수님이 말씀하셨다.
"좋은 씨를 뿌린 사람은 인자요, 밭은 세상이요, 좋은 씨는 하나님 나라
의 자녀요, 가라지는 악한 자의 자식이요, 가라지를 뿌린 원수는 마귀
요, 추수 때는 세상이 끝나는 날이요, 추수하는 일꾼은 천사다. **10** 그러
므로 추수 때 가라지가 뽑혀 불태워지듯, 세상이 끝나는 날에도 그렇게
될 것이다. **11** 그날 인자가 보낸 천사들이, 남을 죄짓게 하는 자와 악을
일삼는 자를 모조리 가려내어, 활활 타오르는 불구덩이 속에 처넣을 것
이다. 그들은 거기서 가슴을 치며 통곡할 것이다. **12** 그때 의인은 아버
지의 나라에서 해같이 빛날 것이다. 들을 귀가 있는 사람은 알아들어라."

---

1) 가라지(Weed)는 강아지풀을 말하나, 여기서는 독보리 일종으로 가짜 밀을 가리킨다. 싹이 나올 때부터 결실할 때까지, 사람 눈에 띄지 않게 위장하고 잠복해 있다가, 이삭이 팰 때 비로소 정체를 드러낸다. 곡식만이 아니라 사람에게도 큰 피해를 주는 독성을 가지고 있다.

084
겨자씨 비유 (마태 13.31-32, 마가 4.30-32, 누가 13.18-19, 도마 20)

1 예수님이 말씀하셨다. "하나님의 나라는 누군가 자기 밭에 갖다 심은 겨자씨[1] 같습니다. **2** 땅에 심을 때는 다른 어떤 씨보다 작으나, 심은 후에는 다른 어떤 푸성귀보다 크게 자라나 나무처럼 됩니다. **3** 그러면 공중의 새들이 와서, 그 가지에 둥지를 틀고, 그늘에 깃들게 됩니다."

085
누룩 비유 (마태 13.33, 누가 13.20-21, 도마 96)

1 예수님이 말씀하셨다. "하나님의 나라를 무엇에 비길 수 있을까? 누룩과 같습니다.(113) 여러분은 잘난 체하지 마십시오. 적은 누룩이 온 반죽을 부풀게 한다는 사실을 모르십니까?(고린도전서 5.6) **2** 어떤 여인이 누룩을 밀가루 3말[2] 속에 살짝 섞어 넣었더니, 마침내 온 덩이가 부풀어 올랐습니다."

086
보물 비유 (마태 13.44, 도마 109)

1 예수님이 말씀하셨다. "하나님의 나라는 밭에 숨겨 놓은 보물과 같습

---

1) 겨자씨(Mustard seed)는 사람이 재배할 수 있는 가장 작은 푸성귀 씨앗으로, 보통 3m에서 4m(큰 것은 7m)까지 자라고, 어른 팔뚝만큼 커서 나무처럼 무성하게 된다.

2) 3말(斗)을 신약시대 부피 단위 사톤(Saton, 12ℓ)으로 환산하면 약 36ℓ가 되고, 구약시대 부피 단위 세아(Seah, 7.33ℓ)로 환산하면 약 22ℓ가 된다.

니다. **2** 사람이 그 보물을 발견하면, 제자리에 숨겨 두고 기뻐하며 돌아
가서, 자기 소유를 다 팔아 그 밭을 삽니다."

087
진주 비유 (마태 13.45-46, 도마 76)

1 예수님이 말씀하셨다. "하나님의 나라는 좋은 진주를 구하는 상인과
같습니다. **2** 그가 아주 값진 진주를 발견하면, 서둘러 집으로 돌아가서,
자기 재산을 다 팔아 그 진주를 삽니다."

088
그물 비유 (마태 13.47-53, 도마 8)

1 예수님이 말씀하셨다. "하나님의 나라는 바다에 그물을 쳐서, 온갖 고
기를 잡아 올리는 것과 같습니다. **2** 그물이 가득 차면, 어부들이 해변에
끌어올려 놓고, 좋은 고기는 그릇에 담고, 나쁜 고기는 내던져 버립니다.
3 마지막 날도 그럴 것입니다. 천사들이 와서, 의인 틈에 끼어 있는 악인을
추려내어, 활활 타오르는 불구덩이 속에 던져 넣을 것입니다. 그들은 거기
서 슬피 울며 이를 갈 것입니다." **4** 그리고 제자들에게 물으셨다. "이 모든
것을 알아들었느냐?" **5** 제자들이 대답하였다. "예." **6** 예수님이 말씀을 맺
으셨다. "그러므로 하나님의 나라를 위해 훈련받은 율법학자는, 자기 곳간
에서 새것도 꺼내고, 헌것도 꺼내는 집주인과 같다." **7** 이 모든 비유를 마
치시고, 예수님은 그곳을 떠나셨다.

089
비유의 목적 (마태 13.34-35, 마가 4.33-34)

1 예수님이 여러 가지 비유를 들어, 가능한 모든 사람이 알아들을 수 있
도록 가르치셨다. **2** 모든 것을 비유로 말씀하시고, 비유가 아니면 아무것
도 말씀하시지 않았으나, 제자들에게는 따로 일일이 설명해 주셨다. **3** 이
는 예언자의 말씀을 이루시기 위함이었다. '내가 입을 열어 비유로 말하
겠고, 세상이 창조된 이래 감춰진 비밀을 드러내리라.' 내가 입을 열어 비유로 말하며, 숨겨진 옛 비밀을 밝혀 주겠다.(시편 78.2)

090
바람과 바다 (마태 8.23-27, 마가 4.35-41, 누가 8.22-25)

1 그날 저녁에 예수님이 말씀하셨다. "바다[1] 저편으로 건너가자." **2** 그
래서 제자들은 무리를 남겨 두고, 예수님이 타신 배에 올라 떠나게 되었
다. 다른 배들도 뒤따라갔다. **3** 그런데 얼마쯤 가고 있을 때, 갑자기 큰
돌풍(광풍)이 일어나며, 거센 파도가 휘몰아쳤다. 급기야 배에 물이 가득
차서 아주 위태롭게 되었다. **4** 그러나 예수님은 뱃고물을 베개 삼아 베
시고, 세상모르게 주무시고 계셨다. **5** 제자들이 예수님을 흔들어 깨우
며 다급하게 소리쳤다. "선생님, 살려 주십시오! 우리가 다 죽게 되었습니
다! 어찌 그냥 주무시고 계십니까?" **6** 예수님이 깨어나 제자들을 나무라

1) 갈릴리바다(Sea of Galilee)는 갑작스러운 돌풍으로 유명한 곳이다. 해수면보다 200m 아래 깊은 웅덩이처럼 자리를 잡고 있는데다가, 요단강 협곡을 따라 빠른 속도로 내려온 헤르몬산의 차가운 바람이, 호수면의 따뜻한 공기와 충돌하여, 큰 회리바람과 파도를 일으키게 된다.

셨다. "왜 이리 무서워하느냐? 그렇게 믿음이 없느냐?" 그러므로 믿음은 들음
에서 나고, 들음은 그리스도의 말씀에서 비롯됩니다.(로마서 10.17) **7** 그리고 일어나 바
람과 바다를 향해 호령하셨다. "고요해라! 잔잔해라!" **8** 그러자 바람은
이내 고요해졌고, 바다는 아주 잔잔해졌다. **9** 예수님이 말씀하셨다. "아
직도 너희가 믿지 못하겠느냐?" **10** 제자들은 너무 두렵기도 하고 놀랍기
도 하여 서로 수군거렸다. "대체 이분이 누구시기에 바람과 바다까지 복
종하는가?"

091
거라사 광인 (마태 8.28-34, 마가 5.1-20, 누가 8.26-39, 도마 7)

1 예수님의 일행이 호수를 건너, 거라사(겔게사, 가다라, 가자라) 마을에 이
르렀다. **2** 그들이 배에서 내릴 때, 더러운 귀신에 사로잡혀 미쳐 버린 광
인[1]이, 무덤 사이에서 나오다가 예수님을 보았다. **3** 그는 그 마을 사람
으로, 오랫동안 옷을 입지 않고 공동묘지에 살고 있었으며, 너무 사나워
서 아무도 그곳을 지나갈 수 없었다. **4** 그가 귀신에게 붙잡혀 시도 때도
없이 발작을 일으켰고, 마을 사람들은 수차례에 걸쳐 그를 사슬과 고랑
에 채워 감시도 하였으나, 그것을 번번이 부수어 끊고 광야로 뛰쳐나갔
던 바, 이제는 아무것도 소용이 없었으며, 아무도 그를 휘어잡지 못했다.
5 또 그는 밤낮없이 무덤과 산속을 쏘다니며, 괴팍한 소리를 지르기도 하
고, 돌로 자기 몸을 짓찧기도 하였다. **6** 그가 멀리서 예수님을 보고 달려
와, 그 앞에 엎드려 찢어지는 소리로 크게 부르짖었다. "지극히 높으신 하

1) 거라사 광인(狂人)의 수를 마태는 2명으로, 마가와 누가는 1명으로 기록하였다.

나님의 아들 예수님, 우리가 당신과 무슨 상관이 있습니까? 때가 되기도 전에 우리를 괴롭히려고 여기까지 오셨습니까? 제발 부탁입니다. 하나님께 맹세하시고, 우리를 간섭하지 마십시오." **7** 이는 예수님이 귀신을 보기만 하시면, 먼저 명령하셨기 때문이다. "더러운 귀신아, 그에게서 나가라!" **8** 예수님이 귀신에게 물으셨다. "네 이름이 무엇이냐?" **9** 귀신이 대답하였다. "'군대'[1]라고 합니다. 우리의 수가 많아 그리 부르게 되었습니다." **10** 그리고 귀신이 애걸하였다. "제발 우리를 여기서 내쫓지 마십시오. 무저갱에 들어가라고 말씀하시지 마십시오." 5번째 천사가 나팔을 불었습니다. 내가 보니, 하늘에서 땅에 떨어진 별이 하나 있었습니다. 그 별은 아비소스(무저갱)를 여는 열쇠를 받았습니다.(요한계시록 9.1) **11** 그때 거기서 조금 떨어진 산기슭에, 놓아기르는 돼지 떼가 먹이를 먹으며 우글거리고 있었다. **12** 귀신이 말했다. "기어이 우리를 쫓아내시려면, 저 돼지들 속에라도 들어가게 허락하여 주십시오." **13** 예수님이 말씀하셨다. "그래, 가거라!" 돼지는 굽이 갈라졌으나 새김질을 하지 않아 부정하니, 그 고기를 먹지도 말고 만지지도 마라.(신명기 14.8) **14** 그러자 귀신들이 일제히 나와서, 그 돼지들 속으로 들어갔다. 그러자 거의 2천 마리나 되는 돼지 떼가, 가파른 비탈을 내리달려 호수에 곤두박질쳐서 몰사하였다. **15** 돼지를 치던 사람이 보고, 성내와 마을로 달려가 그 모든 일을 알렸다. 마을 사람은 무슨 일이 일어났는지 보려고, 예수님이 계신 곳으로 몰려나왔다. **16** 그런데 그들이 와서 아연실색하였다. 귀신에 붙잡혀 날뛰던 그 광인이 옷을 차려입고, 멀쩡한 정신으로 예수님 앞에 가만히 앉아 있었기 때문이다. 그리스도와 연합하여 세례를 받은 사람은, 누구나 그리스도로 옷을 입은 사람입니다.(갈라디아서 3.27) **17** 그리고 이 일을 처음부터 지켜본 사람들이, 그가 낫게 된 경위와 돼지 떼에 일어난 일을 소상히 들

1) 군대(軍隊)는 그리스어 레기온(Legion)으로, 6천(많게는 1만) 명쯤 되는 로마의 군단이었다.

려주자, 그들은 지레 겁을 먹고, 자기네 마을을 떠나 달라고 예수님께 간
청하였다. **18** 예수님이 배에 오르시자, 귀신에 붙잡혀 미쳤다가 나은 그
가 따라가게 해 달라고 애원하였다. **19** 그러나 예수님은 허락지 않고, 이
렇게 말씀하셨다. "그대는 집으로 돌아가, 하나님께서 어떻게 은혜를 베
풀어 주셨는지, 그대의 가족과 친구들에게 알리십시오." **20** 그러자 그는,
예수님이 어떻게 큰일을 행하셨는지, 데가볼리 지방[1]의 모든 마을을 두
루 다니며 전했다. 그 말을 듣는 사람마다 다 놀랍게 여겼다.

092
하혈병 여인 (마태 9.18-22, 마가 5.21-34, 누가 8.40-48)

1 예수님이 다시 호수를 건너 가버나움으로 돌아오셨다. 큰 무리가 기다
리고 있다가 기뻐하며 모여들었다. **2** 예수님이 호숫가에 서 계실 때, '야이
로'라 하는 회당장이 급히 와서, 예수님 앞에 무릎을 꿇고 엎드려 애원하
였다. 12살 된 그의 외동딸이 죽기 직전에 있었기 때문이다. **3** "선생님,
제 딸이 금방 죽게 되었습니다. 어쩌면 벌써 죽었는지도 모릅니다. 그러
나 선생님, 선생님이 가서 손을 얹어 주시면, 제 딸이 다시 살아날 것입
니다." **4** 예수님이 바로 일어나 그를 따라나섰다. 제자들과 무리가 뒤따
르며, 예수님을 에워싸고 밀어댔다. **5** 그때 12년 동안 하혈병(혈루증)[2]을
앓고 있는 여인이 그 무리 속에 끼어 있었다. **6** 그동안 숱한 의사를 찾
아다니며 치료를 받느라고, 갖은 고생을 다했으나 아무런 효험이 없었으

1) 데가볼리(Decapolis, 10성읍) 지방은 갈릴리호수 동편에 위치한 10개 마을을 통틀어 일컫는 말이다. 거라사, 가다라 마을 등이 그곳에 모두 포함되어 있었다.
2) 하혈병(下血病, Bleeding)은 비정상적 자궁출혈이나, 월경 외에 음부로 피를 흘리는 부인병이다.

며, 이제는 가산마저 탕진하였으나 병이 낫기는커녕, 오히려 악화된 상태
였다. **7** 그 여인이 예수님의 소문을 듣고 무리와 함께 따르다가, 예수님
의 뒤로 와서 옷자락에 손을 대었다. 예수님의 옷자락만 만져도, 자기 병
이 나을 것이라고 믿었기 때문이다. **8** 그러자 여인은 12년 동안 흐르던
피의 근원이 멎고, 자기 병이 나은 느낌을 받았다. **9** 그때 예수님은 자기
능력이 나간 것을 아시고, 돌아서 무리를 보시며 물으셨다. "누가 내 옷
에 손을 대었느냐?" **10** 모두 손을 대지 않았다고 하였다. **11** 베드로가
말했다. "선생님, 누가 손을 대다니요? 보십시오! 이렇게 많은 사람이 에
워싸고, 사방에서 밀어 대지 않습니까?" **12** 그러나 예수님은 손을 댄 사
람을 찾으려고, 주변을 둘러보시며 말씀하셨다. "아니다, 누군가 분명히
내 옷에 손을 대었다. 내게서 능력이 나간 것을 내가 알고 있다." **13** 여인
은 자기 몸이 나은 것을 더 이상 숨길 수 없음을 알고, 두려워서 떨며 예
수님 앞으로 나와 엎드렸다. 그리고 예수님의 옷에 손을 댄 사유와, 자기
병이 낫게 된 경위를 모든 사람 앞에서 사실대로 고하였다. **14** 예수님이
이르셨다. "자매여, 이제 안심하고 기운을 내십시오. 그대의 믿음이 그대
를 구원하였습니다. 평안히 가십시오. 병에서 벗어났으니, 건강하게 지내
십시오."(42) 여러분도 전에는 죄와 허물로 죽었던 사람입니다.(에베소서 2.1) **15** 그때 여
인은 자기 몸이 완전히 나았음을 깨달았다.

093

야이로의 딸 (마태 9.23-26, 마가 5.35-43, 누가 8.49-56)

1 예수님이 아직 말씀하실 때, 회당장[1)]의 집에서 사람이 나와 말했다.

1) 회당장(會堂長, Synagogue ruler)은 회당을 관리하고 예배를 주관하는 사람으로, 모든 사람에게 존경을 받았다. 회당에는 회당장, 핫잔(Hazzan), 랍비(Rabbi) 등의 지도자가 있었다.

"따님은 이미 죽었습니다. 선생님께 더 이상 폐를 끼쳐 드리지 마십시오."
사람은 한 번 죽게 마련이고, 그 뒤에는 심판을 받습니다.(히브리서 9.27) **2** 그러나 예수님
은 아랑곳하지 않고, 야이로[1]에게 말씀하셨다. "두려워 말고 믿기만 하
십시오. 그러면 딸이 살아날 것입니다."(42) **3** 그리고 회당장의 집에 이
르러, 베드로와 야고보와 요한 외에 아무도 따라 들어오지 못하게 하셨
다. **4** 그때 피리를 부는 사람들과, 가슴을 치며 통곡하는 여인들로 온 집
안이 시끌벅적하였다. **5** 예수님이 말씀하셨다. "어찌하여 이렇게 울고불
고 야단들입니까? 다들 물러가십시오. 아이는 죽은 것이 아니라 자고 있
습니다." **6** 그러자 사람들이 코웃음 치며 비웃었다. 아이가 죽은 것을 잘
알고 있었기 때문이다. **7** 예수님이 그들을 다 밖으로 내보낸 뒤, 아이 부
모와 세 제자만 데리고 아이를 뉘어둔 방으로 들어가셨다. **8** 그리고 아
이 손을 붙잡고 말씀하셨다. "달리다 쿰!"[2] 이 말은 '소녀야, 일어나라!'는
뜻이다. **9** 그러자 그 영이 바로 돌아와, 아이가 숨을 내쉬며 일어나 걷기
시작했다. 소녀의 나이는 12살이었다. **10** 그 자리에 있던 사람들이 깜짝
놀라, 눈이 휘둥그레졌다. 모두 제정신이 아니었다. **11** 예수님이 아이 부
모에게 말씀하셨다. "아이에게 먹을 것을 좀 갖다 주십시오." **12** 아이 부
모는 여전히 정신이 없어서, 어찌할 바를 모르고 허둥거렸다. **13** 예수님
이 단단히 이르셨다. "이 일을 아무에게도 말하지 마십시오." **14** 그러나
소문은 그 지역 사방으로 널리 퍼져 나갔다.

---

1) 야이로(Jairus, 빛이 비침/깨움)는 가버나움의 회당장으로, 예수님을 믿어 외동딸을 살렸다.
2) 달리다 쿰(Talitha Koum, 소녀야 일어나라)은 아람어다. '달리다'는 '어린 암양'으로 소녀를 부르는 애칭이었고, '쿰'은 '일어나라'라는 명령어다.

094

보지 못하는 사람 (마태 9.27-31)

1 예수님이 그곳을 떠나 길을 가실 때, 보지 못하는 사람 2명이 따라
오며 소리를 질렀다. "다윗의 자손이여, 저희에게 자비를 베풀어 주십시
오!" 그들이 믿지 않음은, 이 세상의 신이 그들의 마음을 어둡게 하여, 하나님의 형상이신 그
리스도의 영광스런 복음의 빛을 보지 못하게 한 것입니다.(고린도후서 4.4) **2** 예수님이 어
떤 집에 들어가시자, 그들이 거기까지 따라 들어왔다. **3** 예수님이 물으
셨다. "내가 그 소원을 들어줄 수 있다고 믿습니까?" **4** 그들이 대답하였
다. "예, 주님! 믿습니다." **5** 예수님이 그들의 눈을 어루만지시며 말씀하
셨다. "그대들의 믿음대로 되십시오." **6** 그러자 그들의 눈이 즉시 뜨이
며, 모든 것을 밝히 보게 되었다. 그때 눈먼 사람의 눈이 뜨이고, 귀먹은 사람의 귀
가 뚫릴 것이다.(이사야 35.5) **7** 예수님이 단단히 일러두셨다. "이 일을 아무도
모르게 하십시오." **8** 그러나 그들은 나가서, 예수님의 소문을 사방에 두
루 퍼뜨렸다.

095

말을 못하는 사람 (마태 9.32-34)

1 눈을 뜬 사람들이 나가자, 귀신이 들려 말을 못하는 사람이 끌려왔
다. **2** 예수님이 귀신을 쫓아내시자, 그 사람의 입이 열려 말을 하게 되었
다. 그때 절름발이가 사슴처럼 뛰고, 벙어리의 혀가 풀려 노래할 것이다. 사막에 샘이 터져
물이 솟겠고, 황무지에 시냇물이 흐를 것이다.(이사야 35.6) **3** 사람들이 놀라 웅성거렸
다. "이스라엘에서 지금까지 본 적이 없는 일이 아닙니까?" **4** 그러자 바

리새인이 말했다. "그는 마귀 두목의 힘을 빌려 마귀를 쫓아낼 뿐이오!"

096

2차 고향 방문 (마태 13.54-58, 마가 6.1-6)

1 예수님이 다시 고향으로 가셨다. 제자들이 따라갔다.(31) **2** 안식일이
되어 회당에 들어가 가르치셨다. 많은 사람이 듣고 놀라 말했다. "아니,
저 사람의 지혜와 능력이 어디서 생겼을까? 우리가 알다시피, 저 사람은
마리아의 아들, 그 목수가 아니냐? 야고보와 요셉과 유다와 시몬의 형이
아닌가? 그 누이들도 우리와 함께 다 여기서 살고 있지 않은가? 그런데
저 사람이 어디서 저런 지식을 얻었을까?" **3** 이처럼 고향 사람은 도무지
믿으려 하지 않고, 오히려 적대시하며 달갑지 않게 여겼다. 그는 메마른 땅에서 가까스로 돋아난 햇순같이, 늠름한 풍채나 흠모할 위엄이 없었고, 우리가 보기에 볼품도 없었다. 그는 사람들에게 멸시를 당하고 버림을 당했으며, 고통을 많이 겪으며 항상 병을 앓고 있었다. 사람들이 얼굴을 가리고 피할 만큼 멸시를 받았으니, 우리마저 덩달아 그를 무시하였다.(이사야 53.2-3) **4** 예수님이 말씀하셨다. "어디서나 존경을 받는 예언자도,
자기 고향과 친척과 집안에서는 존경을 받지 못합니다." **5** 그래서 거기서
는 별로 기적을 베풀지 않으시고, 소수의 병자에게 손을 얹어 고쳐 주실
뿐이었다. 그들이 믿지 않았기 때문이다. **6** 그들의 믿지 않음을 이상히
여기시며, 예수님은 고향에서 나오셨다. 그리고 다른 마을을 두루 다니
시며 가르치셨다.

097
목자 없는 양 (마태 9.35-38, 도마 73)

1 예수님이 모든 도시[1]와 마을을 두루 다니시며, 회당에서 가르치시고, 하나님 나라의 복음을 전파하시며, 온갖 병자와 허약한 사람을 고쳐 주셨다. **2** 또 목자 없는 양처럼 지쳐서 허덕이며 고생하는 무리를 보시고, 그들을 불쌍히 여기셨다. **3** 그리고 제자들에게 말씀하셨다. "추수[2]할 것은 많으나 일꾼[3]이 적으니, 추수할 주인에게 일꾼을 많이 보내 달라고 하여라."(28, 138)

098
12제자 파송 (마태 10.5-16, 마가 6.7-11, 누가 9.1-5, 도마 39, 95)

1 예수님이 악한 귀신을 제어하고, 온갖 병과 아픔을 고치는 권세를 12제자에게 주셨다. **2** 그리고 2명씩 짝을 지어 보내시며 분부하셨다. "이방인의 길로도 가지 말고, 사마리아인의 마을에도 들어가지 말며, 오직 이스라엘 집안의 잃어버린 양들에게 가서 선포하라. '하나님의 나라가 가까이 왔습니다!' **3** 아픈 사람을 고치고, 죽은 자를 살리며, 나병 환자를 깨끗이 하고, 귀신을 내쫓아라. 너희가 거저 받았으니, 거저 주어라. **4** 지갑에 돈을 넣어 다니지 말고, 여행을 위한 가방이나, 식량 자루나, 갈

1) 도시(都市, Town/City)는 그리스어 폴리스(Polis)로, 장사하여 돈을 벌기에 쉬운 곳이었다.
2) 추수(秋收, Harvest)는 연간 3번 하였으며, 4,5월에 보리를, 6,7월에 밀을, 9,10월에 과일을 거두었다.
3) 일꾼(Servant)은 노예를 가리키는 말이었으나, 그리스도의 신령한 사역을 수행하는 사람으로 바뀌었다.

아입을 옷이나, 여분의 신발이나, 예비 지팡이도 가지고 다니지 마라. 일
꾼은 자기가 먹을 양식이나 생필품을 받을 자격이 있다. **5** 어느 성이나
마을에 들어가든지, 너희를 기꺼이 영접하는 사람을 찾아서, 그곳을 떠
날 때까지 그 집에 머물러 있어라. 이집 저집 옮겨 다니지 마라. **6** 그리
고 어느 집에 들어가든지, 먼저 이렇게 인사하라. '이 집에 평화가 있기를
빕니다!' **7** 그 집이 평화를 누릴 만하면, 너희가 빈 평화가 그 집에 임할
것이고, 그렇지 않으면 그 평화가 너희에게 되돌아올 것이다. **8** 어디서든
지 너희를 맞아들이지 않거나 너희 말을 듣지 않거든, 그곳을 떠날 때 너
희 발에 묻은 먼지를 털어 버려라. **9** 내가 분명히 말한다. 심판 날, 소돔
과 고모라가 그 성이나 마을보다 오히려 견디기 쉬울 것이다. **10** 이제 내
가 너희를 보내는 것이, 마치 양을 늑대소굴로 보내는 것과 같다. 그러니
너희는 뱀처럼 지혜롭고, 비둘기처럼 순결해야 한다."

099

핍박 각오 (마태 10.17-26, 도마 5, 68)

1 예수님이 말씀하셨다. "너희를 법정에 넘겨주고, 회당에서 매질할 사
람이 있을 것이다. 그들을 조심하라. **2** 또 너희는 나로 인해 총독과 제
왕 앞에 끌려가 재판을 받게 될 것이며, 그들과 이방인들 앞에서 나를
증언하게 될 것이다. **3** 그러나 그들에게 붙잡혀 가더라도, '무슨 말을 어
떻게 할까?'하고 미리 걱정하지 마라. 그때 너희에게 할 말을 일러 주실
것이다. **4** 말하는 이는 너희가 아니라, 너희 안에 계시는 아버지의 영이
시다. 그분이 너희 안에서 말씀하시는 것이다.(205) **5** 형제가 형제를, 아
버지가 자식을, 자식이 부모를 고발하여 죽게 할 것이다. **6** 내 이름으로

인해 너희가 모든 사람에게 미움을 받을 것이나, 끝까지 견디는 사람은
구원을 얻을 것이다. **7** 이 마을에서 너희를 핍박하거든, 저 마을로 피하
라. 내가 분명히 말한다. 너희가 이스라엘 마을을 다 돌기 전에 인자가
올 것이다. **8** 제자가 스승[1]보다 높을 수 없고, 종이 주인보다 위에 있을
수 없다. 제자는 스승만큼 되면 족하고, 종은 주인만큼 되면 충분하다.
9 그들이 집주인을 바알세불이라 불렀거든, 하물며 그 식구야 오죽이나
하겠느냐? **10** 그러므로 너희는 그들을 두려워하지 마라. 덮어둔 것은 벗
겨지기 마련이고, 숨겨둔 것은 드러나기 마련이다."

100
일사 각오 (마태 10.27-39, 도마 16, 55, 70, 112)

1 예수님이 말씀하셨다. "내가 어두운 데서 말한 것을 너희는 밝은 데
서 말하고, 내가 귀에 대고 속삭인 것을 너희는 지붕 위에서 크게 외쳐
라. **2** 육신은 죽여도 영혼은 죽이지 못하는 자들을 두려워하지 말고, 영
혼과 육신을 동시에 지옥에 던져 멸망시킬 수 있는 분을 두려워하라. **3** 참새
2마리가 앗사리온[2] 동전 1닢에 팔리지 않느냐? 그러나 그 하찮은 참새 1마리
도, 너희 아버지께서 허락하지 않으시면 땅에 떨어지지 않는다. **4** 아버지께
서는 너희 머리카락[3]까지도 낱낱이 다 세고 계신다. 그러니 두려워하지 마
라. 너희는 무수한 참새보다 훨씬 더 귀하다.(149) **5** 누구든지 사람들 앞
에서 나를 안다고 시인하면, 나도 하늘에 계신 내 아버지 앞에서 그를 안

1) 스승(Teacher)은 가르치는 사람으로, 존경받을 만한 선생님을 말한다.
2) 앗사리온(Assarion, Penny)은 1/16데나리온에 해당하는 로마의 동전으로, 하찮은 것을 사고팔 때 비유로 사용하였다.
3) 머리카락(Hair)은 생명과 권력의 상징으로, 당시 대부분의 사람이 머리털을 길게 길렀다.

다고 시인할 것이다. 우리가 다 그리스도의 심판대 앞에 나아가, 살아생전 행한 모든 일
에 대하여, 선악 간에 보응을 받을 것입니다.(고린도후서 5.10) **6** 그러나 누구든지 사람
들 앞에서 나를 모른다고 부인하면, 나도 하늘에 계신 내 아버지 앞에서
그를 모른다고 부인할 것이다. **7** 내가 세상에 평화를 주러 온 줄로 아느
냐? 평화가 아니라 칼을 주러 왔다.(152) **8** 아들이 아버지를, 딸이 어머니
를, 며느리가 시어머니를 거슬러 서로 다투게 하려고 왔다. **9** 그러므로
사람의 원수가 자기 집안의 식구가 될 것이다. 이 시대에는 아들이 아비를 무
시하고, 딸이 어미를 거역하며, 며느리가 시어미를 대적하리니, 사람의 원수가 자기 집안의 식
구가 될 것이다.(미가 7.6) **10** 나보다 자기 부모를 더 사랑하는 자도 내 제자가
되기에 적합하지 않고, 나보다 자기 자식을 더 사랑하는 자도 내 제자가
될 자격이 없다. **11** 또 자기 십자가를 지고 나를 따르지 않는 사람도, 내
제자가 되기에 합당치 않다.(116) **12** 자기 목숨을 얻으려는 사람은 잃을
것이요, 나를 위해 자기 목숨을 잃는 사람은 얻을 것이다."

101
제자의 권위 (마태 10.40-42, 11.1, 마가 6.12-13, 누가 9.6)

1 예수님이 말씀하셨다. "너희를 영접하는 사람은 나를 영접하는 사
람이요, 나를 영접하는 사람은 나를 보내신 분을 영접하는 사람이
다.(216) **2** 누구든지 예언자를 예언자로 여겨서 영접하는 사람은 예언
자의 상을 받을 것이요, 의인을 의인으로 여겨서 맞아들이는 사람은 의
인의 상을 받을 것이다. **3** 내가 분명히 말한다. 아무리 하찮은 자라도,
그가 내 제자라는 이유로 냉수 한 그릇이라도 대접하는 사람은, 반드시
그 상을 받을 것이다." **4** 예수님이 말씀을 마치시자, 12제자가 길을 떠

났다. 그들이 여러 마을을 두루 다니며, 회개를 선포하고 복음을 전했다. 그들은 가는 곳마다 귀신을 내쫓고, 숱한 환자에게 기름을 발라 병을 고쳐 주었다. **5** 예수님도 그곳을 떠나, 여러 마을에 들러 가르치고 전도하셨다.

102
세례 요한의 죽음 (마태 14.1-12, 마가 6.14-29, 누가 9.7-9)

1 예수님의 이름이 널리 퍼져서, 마침내 갈릴리 분봉왕 헤롯 안티파스[1]의 귀에까지 들어갔다. **2** 헤롯이 이런저런 소문을 듣고 매우 당황하였다. 예수님을 가리켜서, 어떤 사람은 세례 요한이 죽은 자 가운데서 다시 살아나 그런 기적을 행한다고 하였으며, 또 어떤 사람은 예언자 엘리야가 나타났다고 했으며, 또 다른 사람은 옛 예언자 가운데 하나가 살아났다고 하였기 때문이다. **3** 헤롯이 신하들을 불러 말했다. "세례 요한은 내가 목을 베어 죽이지 않았소? 그런데 이런저런 소문이 파다하게 들리는 이유가 무엇이오? 그러고 보니, 내가 죽인 요한이 다시 살아난 게 틀림없는 것 같소. 그렇지 않고서야, 그 사람의 권세와 능력이 어디서 나오겠소?" **4** 그리고 헤롯은 예수님을 한번 만나 보고 싶어 하였다. **5** 일찍이 헤롯이 요한을 잡아 감옥에 가둔 일이 있었다. 요한이 수차례에 걸쳐 이렇게 간했기 때문이다. "동생의 아내를 차지한 것이 옳지 않습니다." **6** 그 일

1) 헤롯 안티파스(Herod Antipas, 반대자)는 아버지 헤롯대왕이 죽자, 형제들과 왕국을 4개로 분할하여 물려받게 되었으며, 그에게 할당된 지역은 갈릴리와 베레아였다. 그는 주전 4년부터 주후 39년까지 43년간 통치했으며, 이웃나라 나바티아 공주와 결혼했다가 강제로 이혼하고, 이복동생 아리스토부루스의 딸이자, 다른 이복동생 빌립의 아내였던 헤로디아를 유혹하여 재혼하였던 바, 그 일로 세례 요한의 책망을 받았으며, 결국은 나바티아의 침공을 받아 파멸에 이르렀다.

로 헤로디아가 앙심을 품고, 요한을 죽이려고 하였다. 그러나 요한을 의롭
고 거룩한 예언자로 여기는 백성이 두려워서, 그 뜻을 이루지 못하고 있었
다. **7** 헤롯도 요한을 예언자로 알고 두려워 보호해 주었으며, 요한의 말
을 들을 때마다 속으로 몹시 괴로워하면서도 달게 듣곤 하였다. **8** 그러
던 어느 날, 헤로디아에게 좋은 기회가 왔다. 헤롯이 생일을 맞아서, 궁
내 대신과 군대 지휘관과 갈릴리 유지를 모두 초대해 큰 만찬을 베풀었
다. **9** 그때 헤로디아의 딸[1)]이 나와서 춤을 추었는데, 헤롯과 참석한 손
님들을 매우 즐겁게 하였다. 그 소녀는 결혼 적령기의 처녀였다. **10** 헤롯
이 한껏 들떠서 거들먹거리며 말했다. "딸아, 네 소원이 무엇인지 말하라.
내 나라의 절반이라도 기꺼이 주겠다." **11** 소녀가 밖으로 나가서 어미에게
물었다. "어머니, 제가 무엇을 청할까요?" **12** 헤로디아가 말했다. "세례 요
한의 머리를 쟁반에 담아서 달라고 하여라." **13** 소녀가 급히 돌아와 왕에
게 말했다. "세례 요한의 머리를 쟁반에 담아 주세요." **14** 헤롯은 몹시 난
처했으나, 자기 입으로 한 맹세와, 그 자리에 참석한 손님들을 의식하여
그 청을 거절할 수 없었다. **15** 헤롯이 호위병을 보내 요한의 목을 베어
오라고 하였다. 호위병이 감옥에 있는 요한의 목을 베어 쟁반에 담아 왔
다. **16** 소녀가 그것을 받아 어미에게 갖다 주었다. **17** 요한의 제자들이
소식을 듣고 달려와서, 머리 없는 스승의 시신을 거두어 무덤에 안장하
고, 예수님께 가서 그 사실을 알려 드렸다.

1) 헤로디아(Herodias, 영웅의 딸)의 딸은 '살로메(Salome, 평화)'였고, 헤로디아가 자기 삼촌 빌립과 결혼하여 낳은 딸이다. 살로메 또한 자기 삼촌 빌립과 결혼하였다가 이혼하고, 다시 외사촌 아리스토부루스와 결혼하여, 자기 어머니의 전철을 그대로 밟았다.

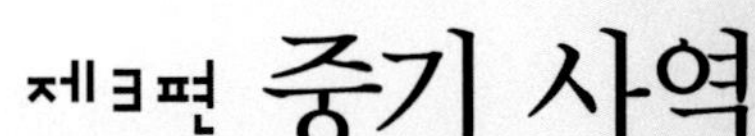
제3편 중기 사역

103
5병2어 기적 (마태 14.13-21, 마가 6.30-44, 누가 9.10-17, 요한 6.1-15)

1 예수님이 세례 요한의 비보를 들으셨다. **2** 12사도가 돌아와서, 자기
들이 한 일과 가르친 것을 낱낱이 보고하였다. 예수님이 말씀하셨다. "그
래, 이제 한적한 곳으로 가서 좀 쉬도록 하자." **3** 거기 오가는 사람이 하
도 많아서, 음식 먹을 겨를조차 없었기 때문이다. **4** 그래서 그들은 조
용한 곳을 찾아서, 호수를 건너 벳새다[1]로 가게 되었다. **5** 그런데 무리
가 보고, 예수님이 제자들과 함께 배를 타고 떠났다는 소문을 내자, 여
러 마을에서 사람들이 나와 육로로 달려가, 먼저 호수 건너편에서 기다
리고 있었다. 예수님이 병자에게 행하시는 기적을 그들이 보았기 때문이
다. **6** 유대인의 유월절이 가까운 때였다.(213) **7** 예수님이 배에서 내리실
때, 이미 많은 사람이 몰려와 있는 것을 보시고, 목자 없는 양과 같다는
생각에, 측은한 마음이 간절하였다. **8** 예수님이 산등성이에 올라가 자리
를 잡으시자, 제자들이 곁으로 다가와 앉았다. 거기서 하나님의 나라에
대해 가르치시고, 그들이 데려온 병자를 모두 고쳐 주셨다. **9** 그러자 어
느덧 해가 저물어 저녁때가 되었다. **10** 예수님이 빌립에게 말씀하셨다.
"우리가 어디서 떡을 사다가, 이 사람들을 먹일 수 있겠느냐?" **11** 예수님
은 친히 하실 일을 알고 계시면서, 빌립의 마음을 떠보려고 일부러 그렇
게 물어보셨던 것이다. **12** 그러자 12제자가 일제히 나서 말했다. "여기
는 외딴곳으로 빈 들입니다. 날도 이미 저물어 시간이 없습니다. 이들을
가까운 농가나 마을로 흩어 보내, 각자 잠자리도 구하고 음식도 사 먹게
하십시오." **13** 예수님이 말씀하셨다. "아니다, 그럴 필요 없다. 너희가 이

---

1) 벳새다(Bethsaida, 어부의 집)는 갈릴리호수 북동쪽 연안의 마을로, 베드로와 안드레, 빌립의 고향이었다.

들에게 먹을 것을 주어라." 성경에 '내가 너를 만민의 조상으로 삼았다'고 하지 않았
습니까? 아브라함은 그가 믿은 하나님, 곧 죽은 자를 살리시고, 없는 것을 있게 하시는 하나님
앞에서, 우리의 조상이 되었습니다.(로마서 4.17, 창세기 17.5) **14** 빌립이 말했다. "1인당
조금씩 나눠준다고 해도, 200데나리온 어치의 떡으로도 부족할 것입니
다." **15** 예수님이 이르셨다. "지금 너희가 가진 떡이 몇 개나 되는지, 가
서 알아보고 오너라." **16** 12제자 가운데 하나인 시몬 베드로의 동생 안
드레가 와서 말했다. "여기 보리떡 5개와 작은 물고기 2마리[1]를 가진 아
이가 있습니다. 하지만 이것을 가지고, 이 많은 사람을 어찌 먹일 수 있
겠습니까?" **17** 예수님이 말씀하셨다. "그것을 내게 가지고 오너라. 그리
고 이들을 한 50명씩 따로 앉혀라." **18** 거기 풀이 많아서, 사람들이 50명
씩, 많게는 100명씩 떼를 지어 앉았다. **19** 예수님이 보리떡 5개와 물고
기 2마리를 손에 드시고, 하늘을 우러러 축사하셨다.(160) **20** 그리고 떡
을 떼어 제자들에게 나눠 주시며, 사람들 앞에 갖다 놓게 하셨다. 물고기
도 그렇게 하여, 그들이 원하는 대로 나눠 주게 하셨다. **21** 그러자 사람
들이 다 배불리 먹고 남았다. **22** 예수님이 이르셨다. "이제 남은 조각을
거둬서 버리는 것이 없게 하라." **23** 그래서 제자들이 남은 조각을 거뒀더
니, 보리떡 5개와 물고기 2마리로 먹고 남은 부스러기가 12바구니[2]에 가
득 찼다. **24** 먹은 사람은 여자와 아이를 제외하고, 남자 어른만 5천 명
쯤 되었다. **25** 예수님이 베푸신 이 기적을 보고, 사람들이 크게 놀라 소
리쳤다. "이분은 세상에 오실 그 예언자가 틀림없습니다!" **26** 그리고 그
들이 달려들어서, 예수님을 강제로 자기네 왕으로 삼으려 하였다. 예수님

---

1) 오병이어(五餠二魚)에서 5는 책임을, 2는 증인을 뜻한다. 당시 유대인은 숫자에 상징적 의미를 두었는데, 1은 유일신 하나님을, 2는 증거나 증인을, 3은 하늘을, 4는 땅을, 5는 책임을, 6은 인간이나 세상을, 7은 완전을, 8은 안식이나 부활을, 9는 간증이나 말씀을, 10은 완전을, 11은 부족을, 12는 영원한 완전을 함축하고 있다.

2) 12바구니(Basket)에서 12는 하늘의 수(3)와 땅의 수(4)를 곱한 수로, 조금도 부족함이 없는 상태를 의미한다. 바구니는 여행자가 손에 들고 다니는 작은 손가방이었다.

이 그 낌새를 알아채시고, 다시 혼자 산으로 올라가셨다.

104
수상도보 기적 (마태 14.22-36, 마가 6.45-56, 요한 6.16-21)

1 예수님이 제자들을 재촉하여 먼저 벳새다에 가 있으라고 하셨다. **2** 그
리고 사람들을 헤쳐 보내시고, 따로 기도하시러 산에 올라가셨다. **3** 날이
이미 저물어 어두웠으나, 예수님은 제자들에게 돌아오시지 않았다. **4** 밤
에 제자들이 호수로 내려가 배를 타고, 가버나움으로 건너가기 시작하였
다. **5** 예수님은 여전히 육지에 홀로 계셨고, 제자들이 탄 배는 10리[1]쯤
나아가 호수 한가운데 있었다. **6** 그때 세찬 바람이 거슬러 불어, 제자들
은 거센 풍랑에 시달리며, 노를 젓느라 애를 먹고 있었다. **7** 예수님이 그
모습을 보시고, 밤 4경[2]에 호수 위를 걸어 제자들에게 다가오셨다. 그런
데 그들 곁을 그냥 슬쩍 지나쳐 가려고 하셨다. **8** 제자들이 보고 겁에
질려 비명을 질렀다. "유령이다!" **9** 예수님이 얼른 말씀하셨다. "나다. 내
니 안심해라. 무서워하지 마라." **10** 베드로가 소리쳤다. "주여! 정말 주님
이시면, 저더러 물 위를 걸어오라고 하십시오." **11** 예수님이 대답하셨다.
"그래, 오너라." **12** 베드로가 예수님을 바라보고, 배에서 내려 물 위를 걷
기 시작했다. 그런데 거센 파도가 밀려오는 보고, 그만 겁이 덜컥 났다.
그 순간 물에 빠져들기 시작했다. **13** 베드로가 소리쳤다. "주님, 살려

---

1) 10리(里)는 25-30스타디온(Stadion)으로 4.5-5.5km쯤 되었으며, 1스타디온은 400규빗으로 182m다. 다소 먼 거리를 재는 단위는 밀리온(Million)이었고, 1밀리온은 3,200규빗으로 1,460m쯤 되었다.

2) 밤 4경(四更)은 로마식 구분법에 따라 전날 저녁 6시부터 다음날 아침 6시까지, 12시간을 3시간씩 4등분한 4번째 시간으로, 새벽 3시에서 6시까지를 말한다.

주십시오!" **14** 예수님이 바로 손을 내밀어 베드로를 붙잡으며 말씀하셨
다. "믿음이 적은 사람아, 왜 의심하였느냐?" 사실 우리는 보이는 것으로 살아가
지 않고, 보이지 않는 믿음으로 살아갑니다.(고린도후서 5.7) **15** 그리고 그들이 함께 배
에 오르자, 바람은 이내 잔잔해졌다. 예수님은 자기를 통해 하나님께 나아오는 사
람을 언제나 구원하실 수 있습니다. 그는 항상 살아 계셔서, 그들을 위해 중보기도를 하십니
다.(히브리서 7.25) **16** 배 안에 있던 제자들이 예수님 앞에 엎드려 절하며 말
했다. "주님은 참으로 하나님의 아들이십니다!" **17** 그들은 마음이 무디
어, 예수님이 떡을 떼어 먹이신 일도 벌써 잊고 있었다. **18** 그사이, 배는
어느덧 그들이 가려는 곳 가까이 이르러 있었다. **19** 그들이 게네사렛[1] 땅
에 배를 대고 닻을 내렸다. **20** 예수님이 배에서 내리시자, 그곳 사람들이
금방 알아보았다. 그들이 온 지역을 뛰어다니며 알려서, 병자를 침상에 뉘
인 채 짊어지고 나오기 시작했다. **21** 마을이든 성읍이든 농촌이든, 예수
님이 어디를 가시든지, 그곳 사람들이 온갖 병자를 아고라(광장)[2]에 데려
다 놓고, 예수님의 옷자락이라도 만질 수 있게 해 달라고 간청했다. **22** 그
리고 예수님의 옷에 손을 댄 사람은, 무슨 병에 걸렸든지 깨끗이 나았다.

105
생명의 양식 (요한 6.22-59, 도마 18)

1 다음날, 벳새다 호숫가에 있던 사람들은, 그곳에 배가 1척밖에 없었
으며, 그 배에 예수님은 타시지 않고, 제자들만 타고 떠난 사실을 알게

1) 게네사렛(Gennesaret)은 갈릴리호수 서쪽, 가버나움과 막달라 사이에 있는 작은 평야지역이다.

2) 아고라(Agora)는 마을 어귀에 있는 광장으로, 이곳을 중심으로 시장과 공공기관이 형성되었다. 상거래, 교제 장소, 예술 공간, 법정 등으로 다양하게 사용되었다.

되었다. **2** 그때 디베랴[1]에서 작은 배 몇 척이 와서 상륙했다. 예수님이
축사하시고, 떡을 떼어 나눠 주신 곳에서 가까웠다. **3** 거기서도 예수님
의 일행이 없다는 사실을 알고, 사람들은 그 배를 나눠 타고, 예수님을
찾으러 가버나움으로 갔다. **4** 그들이 호수를 건너와서, 예수님을 보고 물
었다. "랍비[2]여, 언제 이쪽으로 오셨습니까?" **5** 예수님이 대답하셨다. "내
가 분명히 말합니다. 여러분이 나를 찾아온 것은, 내가 베푼 표적의 의미
를 깨달아서가 아니라, 떡을 실컷 먹고 배가 불렀기 때문입니다. 썩어 없어
질 양식을 위해 애쓰지 말고, 영생을 주는 양식을 위해 힘쓰십시오. 인자
가 여러분에게 그 양식을 줄 것입니다. 하나님 아버지께서 인자에게 그 권
능을 주셨습니다." **6** "하나님의 일을 하려면, 저희가 무엇을 해야 합니까?"
7 "하나님께서 보내신 사람을 믿는 것이, 바로 하나님의 일입니다." **8** "그러
면 저희가 보고 믿을 수 있도록 무슨 표적을 보여 주십시오. 선생님은 무
슨 일을 하시겠습니까? '그가 하늘에서 양식을 내려 백성을 먹이셨다'는
말씀대로, 우리 조상은 광야에서 만나를 먹었습니다." **여호와께서 모세에게 말씀하셨다. "내가 하늘에서 너희가 먹을 것을 비처럼 내려줄 터이니, 백성이 날마다 나가서, 하루 먹을 것만 거둬들이게 하라. 그렇게 하여, 그들이 내 지시를 따르는지 따르지 않는지 시험해 보겠다.(출애굽기 16.4) 만나를 비처럼 내려, 하늘의 양식을 그들에게 주셨다.(시편 78.24)**
9 "내가 분명히 말합니다. 하늘에서 양식을 내려 백성을 먹이신 분은 모
세가 아닙니다. 내 아버지께서 하늘의 참된 양식을 내려 주신 것입니다.
하나님의 양식은 하늘에서 내려와 세상에 생명을 주는 것입니다." **10** "선
생님, 그 양식을 항상 저희에게 주십시오." **11** "내가 바로 생명의 양식입
니다. 내게 오는 사람은 결코 굶주리지 않을 것이며, 나를 믿는 사람은

1) 디베랴(Tiberias, 지키다)는 갈릴리호수 서쪽의 도시로, 주후 25년경 헤롯 안티파스에 의해 세워졌으며, 티베리우스 황제의 이름을 따서 지어졌다. 교통의 요충지였고, 자연경관이 뛰어난 휴양지였다.

2) 랍비(Rabbi, 선생)는 율법학자를 높여 부르는 칭호다.

영원히 목마르지 않을 것입니다. 내가 이미 말했듯이, 여러분은 나를 보고도 여전히 믿지 않습니다. 그러나 아버지께서 내게 주신 사람은 다 내게 올 것이며, 내게 오는 사람은 내가 결코 외면하지 않을 것입니다. **12** 나는 내 뜻을 이루기 위해 하늘에서 내려온 것이 아니라, 나를 보내신 분의 뜻을 이루기 위해 왔습니다. 나를 보내신 분의 뜻은, 내게 주신 사람을 하나도 잃지 않고, 마지막 날 다시 살리는 것입니다. 그렇습니다. 내 아버지의 뜻은, 아들을 보고 믿는 사람에게 영생을 주는 것입니다. 마지막 날, 내가 그들을 다시 살릴 것입니다." **13** 이 말씀을 못마땅하게 여기고, 유대인이 서로 수군거리기 시작했다. "저 사람은 요셉의 아들 예수가 아닙니까? 우리가 그 부모를 다 알고 있는데, 어찌하여 하늘에서 내려왔다고 합니까?" **14** 예수님이 말씀하셨다. "여러분은 서로 수군거리지 마십시오. 나를 보내신 아버지께서 이끌어 주시지 않으면, 아무도 내게 올 수 없습니다. 그리고 내게 오는 사람은, 마지막 날 내가 다시 살릴 것입니다. **15** 예언서에 기록되었습니다. '그들은 모두 하나님의 가르침을 받을 것이며, 아버지의 말씀을 듣고 배운 사람은 다 내게로 올 것이다.' 네 모든 자녀가 여호와의 가르침을 받고, 평화를 마음껏 누릴 것이다.(이사야 54.13) **16** 그렇다고 해서, 아버지를 본 사람이 있다는 것이 아닙니다. 오직 하나님으로부터 온 사람만이 아버지를 보았습니다. 내가 분명히 말합니다. 누구든지 나를 믿는 사람은 영생을 누릴 것입니다. 내가 바로 생명의 양식이기 때문입니다. **17** 여러분의 조상은 광야에서 만나를 먹었으나, 결국은 다 죽었습니다. 하늘에서 내려온 양식이 여기 있습니다. 누구든지 이 양식을 먹는 사람은 결코 죽지 않을 것입니다. 나는 하늘에서 내려온 생명의 양식입니다. 누구든지 이 양식을 먹으면 영원히 살 것입니다. 이 양식은 세상에서 생명을 위해 주는 내 살입니다." **18** 그러자 유대인이 서로 말했다. "이 사람이 어떻게 자기 살을 먹으라고 우리에게 줄 수 있겠소?" **19** 예수님이 말

씀하셨다. "내가 분명히 말합니다. 내 살을 먹지 않고 내 피를 마시지 않
는 사람은, 그 안에 생명이 없습니다. 그러나 내 살을 먹고 내 피를 마시는
사람은, 영생을 얻을 것입니다. 마지막 날, 내가 그를 살릴 것입니다. **20** 그
러므로 내 살이 참된 양식이요, 내 피가 참된 음료입니다. 내 살을 먹고 내
피를 마시는 사람은 내 안에서 살고, 나도 그 안에서 삽니다. 살아 계신
아버지께서 나를 보내셨고, 내가 아버지의 힘으로 사는 것처럼, 나를 먹
는 사람도 내 힘으로 살 것입니다. **21** 이게 하늘에서 내려온 양식입니다.
여러분의 조상이 먹고 죽은 그런 양식이 아닙니다. 이 양식을 먹는 사람
은 영원히 살 것입니다." **22** 이는 예수님이 가버나움 회당에서 가르치실
때 하신 말씀이다.

106
영생의 말씀 (요한 6.60-71, 7.1, 도마 1, 29)

1 이 말씀을 듣고, 여러 제자들이 수군거렸다. "이 말씀은 정말 어렵다.
누가 알아들을 수 있겠는가?" **2** 예수님이 아시고 말씀하셨다. "내 말이 너
희 마음에 걸리느냐? 인자가 전에 있던 곳으로 올라가는 것을 보면, 그
때는 어찌하겠느냐? 생명을 주는 것은 영이지 육이 아니다. 육은 아무 소
용이 없다. 내가 너희에게 한 말(레마)[1]이 영이요, 생명이다. 하지만 너희
가운데 믿지 않는 사람이 있다." 성경에 기록된 대로, 첫 사람 아담은 생명이 있는 영
이 되었고, 마지막 아담은 생명을 주는 영이 되셨습니다.(고린도전서 15.45, 창세기 2.7) **3** 예

1) 성경에 기록된 말씀(Word)의 대부분이 로고스(Logos)이고, 레마(Rhema)는 극히 제한적으로 사용되었다. 로고스는 보편적 관점에 따라 주어진 말씀(성경)이며, 레마는 특별한 사정에 따라 주어진 말씀(영감)이다.

수님은 누가 믿지 않고, 누가 자기를 배반할지 처음부터 알고 계셨다.
4 "그래서 내가 이르기를, 내 아버지께서 허락하지 않으시면, 아무도 내
게 올 수 없다고 하였다." **5** 이때부터 많은 제자가 예수님을 버리고 물러
갔으며, 더 이상 따라다니지 않았다. **6** 예수님이 12제자를 보고 물으셨
다. "너희는 어찌하겠느냐? 너희도 떠나고 싶으냐?" **7** 시몬 베드로가 대
답했다. "주님, 저희가 주님을 두고 누구에게 가겠습니까? 주님께 영생의
말씀이 있습니다. 주님은 하나님께서 보내신 거룩한 분(살아 계신 하나님의
아들, 그리스도)이심을 저희가 믿고, 또 압니다." 아들은 하나님의 영광의 광채시
요, 하나님의 본체의 형상이시요, 자기 능력의 말씀으로 만물을 보존하시는 분입니다. 그는 죄
를 깨끗케 하시고, 높은 곳에 계시는 존귀한 분의 오른편에 앉으셨습니다.(히브리서 1.3) **8** 예
수님이 말씀하셨다. "내가 너희 12명을 택하지 않았느냐? 그러나 너희 가
운데 하나는 악마다." **9** 이는 시몬의 아들, 가룟 유다를 두고 하신 말씀
이었다. 유다는 12제자 가운데 하나였으나, 나중에 예수님을 배반할 자
였다. **10** 이후 예수님은 갈릴리 지방을 두루 다니시고, 유대에 가시기를
꺼려하셨다. 유대인이 예수님을 죽이려고 했기 때문이다.

107
장로들의 전통 (마태 15.1-20, 마가 7.1-23, 도마 14, 34)

1 그때 예루살렘에서 내려온 바리새인과 율법학자가 예수님 주변에 모
여 있었다. 그들이 예수님의 제자 가운데 몇이 씻지 않은 손으로 음식 먹
는 것을 보았다.(148) **2** 바리새인과 모든 유대인이 장로들의 전통(조상의

유전)[1]에 따라 식사 전에 반드시 손을 씻었으며, 시장을 다녀와서도 손을 씻지 않고는 음식을 먹지 않았다. 그 외에도 잔이나 주전자나 단지나 냄비나 그릇이나 침상을 닦아야 하는 등, 그들이 지키는 규례가 많았다.
3 그들이 예수님께 따지고 들었다. "어째서 선생님의 제자들은, 우리 조상이 대대로 지켜온 장로들의 전통을 어기고, 부정한 손으로 음식을 먹습니까?"
4 예수님이 대답하셨다. "여러분은 어째서 장로들의 전통을 핑계로, 하나님의 계명을 범합니까? 하나님께서 모세를 통해 네 부모를 공경하라 하셨고, 자기 부모를 욕하는 사람은 반드시 죽이라 하셨습니다. 너희 부모를 공경하라. 그래야 너희가 너희 주 하나님이 준 땅에서 오래 살 것이다.(출애굽기 20.12) 부모를 저주한 자는 반드시 죽여야 한다. 부모를 저주하였으니, 그가 자기 죗값으로 죽는 것이다.(레위기 20.9) 너희 부모를 공경하라. 너희 주 하나님이 명하신 것이다. 그래야 너희가 너희 주 하나님이 준 땅에서 오래 살고, 복을 누릴 것이다.(신명기 5.16)
5 그러나 여러분은 '고르반[2]', 곧 부모님께 드릴 것이 하나님의 예물이 되었다고 선언하기만 하면, 마치 부모를 봉양하지 않아도 괜찮은 것처럼 가르칩니다.
6 이처럼 여러분은, 장로들의 전통을 지킨다는 구실로, 하나님의 계명을 교묘히 범하고 있습니다. 이게 하나님의 말씀을 헛되이 만드는 것이 아니고 무엇입니까?
7 이외에도 여러분은 많은 일을 그런 식으로 하고 있습니다. 그래서 여러분과 같은 위선자를 두고, 이사야가 아주 적절한 예언을 하였습니다.
8 이사야가 어떻게 말했습니까? '이 백성이 입술로는 나를 공경해도, 마음은 내게서 멀리 떠나 있다. 사람의 훈계를 마치 내 교훈인

1) 장로들의 전통(Tradition of the elders)은 10계명이나 율법을 세부적으로 해석하거나 보완해 지켜오던 구전관습을 말한다. 바벨론 포로 생활 후 집대성하여 문서화한 것이 탈무드(Talmud)이며, 탈무드에 미쉬나(세부규정)와 게마라(주석집), 할라카(규범)와 학가다(예화)가 수록되어 있다.

2) 고르반(Corban, 제물/예물)은 '하나님께 바쳐진 예물'이라는 뜻으로, 한번 선언할 경우 절대 파기할 수 없다는 점을 악용하여, 고르반 선언 후 일부만 봉헌하고 나머지는 사리사욕을 채우는데 쓰는 등, 후대로 이어지면서 그 취지가 무색하였다.

양 가르치며, 나를 헛되이 예배하고 있다.' 여호와께서 말씀하신다. "이 백성이 입
으로는 내게 다가오고, 입술로는 나를 공경하지만, 그 마음은 내게서 멀어져 있고, 사람에게서
배운 관습대로 나를 경외할 뿐이다."(이사야 29.13) **9** 내가 분명히 말합니다. 여러분이
하나님의 계명은 버리고, 사람의 전통만 내세우고 있습니다." **10** 그리고 사
람들을 불러 다시 말씀하셨다. "그러므로 여러분은 내 말을 잘 새겨듣고,
바로 깨달아야 합니다. 무엇이든 사람의 입으로 들어가는 게 사람을 더
럽히는 것이 아니라, 사람의 입에서 나오는 게 사람을 더럽히는 것입니
다. 들을 귀가 있는 사람은 알아들으십시오." **11** 그때 제자들이 말했다.
"주님, 바리새인들이 주님의 말씀을 듣고 몹시 분개하고 있다는 사실을
아십니까?" **12** 예수님이 대답하셨다. "하늘에 계신 내 아버지께서 심지
않으신 나무는, 다 뿌리째 뽑힐 것이다. 그러니 그냥 내버려 두어라. 그들
은 눈먼 인도자다. 눈먼 자가 눈먼 사람을 인도하면, 둘 다 구덩이에 빠지
게 된다." 이들은 염치없이 먹어 대고 자기 배만 채우므로, 여러분의 애찬을 망치는 자들입
니다. 그들은 바람에 떠다니는 비 없는 구름이요, 뿌리째 뽑혀 죽은 열매 없는 가을 나무입니
다.(유다서 1.12) **13** 그리고 무리를 떠나 집으로 들어가시자, 베드로가 말했
다. "주님, 우리에게 그 비유를 설명해 주십시오." **14** 예수님이 말씀하셨
다. "너희가 아직도 깨닫지 못하겠느냐? 사람의 몸 밖에서 사람의 몸속으
로 들어가는 것이 사람을 더럽힐 수 없음을 말이다. **15** 그건 사람의 마
음에 들어가지 않고, 배 속으로 들어갔다가 몸 밖으로 나가기 때문이다.
그래서 모든 음식이 깨끗하다는 것이다. **16** 그러나 입에서 나오는 건 마
음에서 나오기 때문에 사람을 더럽히는 것이다. **17** 사람의 마음, 곧 속
에서 나오는 것은 악한 생각, 음란, 도둑질, 살인, 간음, 탐욕, 악독, 거짓
증언, 속임수, 방탕, 시기, 중상모략, 교만, 어리석음 등이다. **18** 그러므로
씻지 않은 손으로 음식을 먹는다고 해서, 그것이 사람을 더럽히지는 않
는다."

108
수로보니게 여인 (마태 15.21-28, 마가 7.24-30, 도마 114)

1 예수님이 갈릴리를 떠나 두로와 시돈 지방으로 가셨다. 어떤 집에 들
어가 아무도 모르게 조용히 지내려고 하셨으나, 결국은 알려지고 말았
다. **2** 더러운 귀신에 사로잡힌 딸을 둔 여인이 거기 있다가, 소문을 듣고
바로 달려와 예수님 앞에 무릎을 꿇고 엎드려 간청하였다. "주 다윗의 자
손이여, 자비를 베풀어 주십시오. 제 딸이 귀신에 사로잡혀 몹시 괴로워
하고 있습니다." **3** 그 여인은 가나안 출신으로, 수로보니게[1)]에 사는 이
방인이었다. **4** 그러나 예수님은 그 말을 들은 체도 하지 않으셨다. 여인
은 계속 따라오며 소리를 질러댔다. **5** 제자들이 말했다. "주님, 저 여자
를 돌려보내십시오. 계속 소리를 지르며 따라오고 있습니다." **6** 예수님이
여인에게 말씀하셨다. "나는 이스라엘 집의 길 잃은 양들 외에는 보내심
을 받지 않았습니다." **7** 여인이 예수님 앞에 무릎을 꿇고 엎드려, 연거푸
절을 하며 애원하였다. "주님, 제발 도와주십시오." **8** "아닙니다. 먼저 자
녀를 배불리 먹여야 합니다. 자녀의 떡을 가져다가 강아지에게 던져 주
는 것은 옳지 않습니다." 그러면 이스라엘이 걸려 넘어져 완전히 망하고 말았습니까?
아닙니다. 그렇지 않습니다. 그들의 허물 때문에 오히려 이방인이 구원을 얻게 되었고, 이스라
엘은 이방인을 시기하게 되었습니다.(로마서 11.11) **9** "주님, 옳으신 말씀입니다. 하지
만 식탁 아래 있는 강아지도, 자녀가 떨어뜨린 부스러기는 얻어먹습니
다." **10** "여자여, 그대의 믿음이 정말 장합니다. 그대의 소원대로 되었으
니, 어서 돌아가 보십시오. 그대가 그 말을 하는 순간, 귀신이 떠나갔습

1) 수로보니게(Syrian Phoenicia)는 시리아 지방의 페니키아 마을을 말한다. 전승에 의하면, 그 여인은 유스타(Justa)였고, 딸은 베레니케(Berenice)였다. 그 조상은 가나안 원주민으로 이스라엘의 원수였다. 그러나 유스타는 민족적 반감이나 개인적 자존심 따위는 아랑곳하지 않고, 오직 자기 딸 베레니케를 구하려고 예수님께 매달린 모정(母情)의 여인이었다.

니다." **11** 여인이 집에 돌아가 보니, 과연 귀신은 떠나가고 없었으며, 어
린 딸은 온전한 상태로 회복되어 침상에 누워 있었다.

109

농아인 치유 (마가 7.31-37)

1 예수님이 두로와 시돈을 떠나, 데가볼리 지방을 거쳐 갈릴리로 돌아
오셨다. **2** 그때 사람들이 귀가 먹은 말더듬이를 데리고 와서, 예수님께
안수해 주시기를 청했다. **3** 예수님이 그를 멀찌감치 따로 데려가서, 손
가락을 그의 귓속에 넣었다가, 손에 침을 뱉어 그의 혀에 대셨다. **4** 그리
고 하늘을 우러러보시며 깊은 숨을 쉬시고, "에바다!"[1]하고 외치셨다. 이
는 '열려라!'는 뜻이다. **5** 그러자 그 귀가 열리고 맺힌 혀가 풀려서, 그가
제대로 말을 하였다. 그때 눈먼 사람의 눈이 밝아지고, 귀먹은 사람의 귀가 열릴 것이
다.(이사야 35.5) **6** 예수님이 사람들에게 단단히 이르셨다. "이 일을 아무에
게도 말하지 마십시오." **7** 그러나 예수님이 그러면 그러실수록, 그들은
더욱 널리 소문을 퍼뜨리고 다녔다. **8** 그리고 그 말을 듣는 사람마다 경
탄해 마지않았다. "귀머거리를 듣게 하시고, 벙어리를 말하게 하시다니,
참으로 대단하신 분이 아닙니까?"

---

1) 에바다(Ephatha)는 아람어로 '열려라'는 뜻이다. 달리다 쿰(소녀야, 일어나라), 아바(아빠), 엘리 엘리 레마 사박다니(나의 하나님, 나의 하나님, 어찌하여 나를 버리셨나이까) 등이 모두 아람어다.

110
위대한 의사 (마태 15.29-31)

1 예수님이 갈릴리 호숫가를 지나서, 산에 올라가 앉으셨다. **2** 큰 무리
가 걷지 못하는 사람, 다리를 저는 사람, 팔을 못 쓰는 사람, 듣지 못하는
사람, 말을 못하는 사람, 보지 못하는 사람, 그 밖에 몸이 아프거나 불편
한 사람을 예수님의 발 앞에 수없이 데려다 놓았고, 예수님은 그들을 모
두 고쳐 주셨다. **3** 그리하여 절름발이가 낫고, 앉은뱅이가 걷고, 곰배팔
이가 성해지고, 귀머거리가 듣고, 벙어리가 말하고, 소경이 보게 되었다.
4 무리가 보고 크게 놀라, 이스라엘의 하나님께 영광을 돌렸다.

111
7병2어 기적 (마태 15.32-39, 마가 8.1-10)

1 그 무렵 또 큰 무리가 모여들었으나, 먹을 것이 없었다. **2** 예수님이
제자들을 불러 말씀하셨다. "이 사람들이 나와 함께 있은 지가 벌써 3일
이 지났으나, 먹을 것이 없어 참으로 가엾다. 이들 중에는 멀리서 온 사람
도 있다. 이대로 보냈다가는 길에서 기진하여 쓰러질지 모른다. 차마 그
렇게 할 수가 없구나." **3** 제자들이 말했다. "이 빈 들에서, 이 많은 사람
에게 먹일 만한 떡을, 어디서 무슨 수로 구하겠습니까?" **4** 예수님이 물으
셨다. "너희에게 떡이 얼마나 있느냐?" **5** 제자들이 대답했다. "7개 있습
니다. 작은 생선도 조금 있습니다." **6** 예수님이 무리를 향해 말씀하셨다.
"자, 다들 땅에 앉으십시오." **7** 그리고 떡 7개를 들어 축사하시고, 떼어
제자들에게 주시며, 사람들 앞에 갖다 놓으라고 하셨다. **8** 또 작은 생선

몇 마리도 그렇게 하신 뒤, 제자들을 시켜 나눠 주게 하셨다. **9** 그러자
모두 실컷 배불리 먹고, 부스러기를 거둬 보니 7광주리[1]나 되었다. **10**
먹은 사람은 여자와 아이를 제외하고, 남자 어른만 4천 명쯤 되었다. **11**
예수님이 무리를 헤쳐 보내신 뒤, 제자들과 함께 배를 타고, 막달라(마가
단, 달마누다)[2] 지방으로 가셨다.

112
요나의 표적 (마태 16.1-4, 마가 8.11-13)

1 바리새인과 사두개인이 와서, 예수님을 시험하였다. "하나님께서 당
신을 보내셨다는 표적을 보여 주십시오."(146) **2** 그 저의를 아시고, 예수
님이 깊이 탄식하시며 말씀하셨다. "이 세대가 어찌하여 표적을 요구하
는가? 내가 분명히 말합니다. 이 세대는 아무 표적도 받지 못할 것입니
다. **3** 여러분은 저녁에 하늘이 붉은 것을 보고, 내일은 날씨가 좋겠다고
합니다. 또 아침에 하늘이 붉은 것을 보고, 오늘은 날씨가 궂겠다고 합니
다. 이렇듯 하늘의 징조는 분별할 줄 알면서, 어찌하여 시대의 징조는 분
별하지 못합니까? **4** 악하고 음란한 세대가 표적을 구하나, 요나[3]의 표적
밖에는 아무것도 받지 못할 것입니다." **5** 그리고 예수님은 그들을 떠나

1) 광주리(Big basket/Hamper)는 어린이가 그 속에 들어가 앉을 정도로 컸으며, 끈을 달아 짊어지고 다녔다.

2) 막달라(Magdala, 망대)는 아람어고, 마가단(Magadan)은 히브리어 믹달(Migdal, 망대)에서 유래되었다. 따라서 막달라와 마가단, 달마누다는 같은 마을이거나, 그 부근으로 짐작된다. 막달라는 게네사렛 평지 끝자락에 위치한 마을로, 막달라 마리아의 고향이다.

3) 요나(Jonah, 비둘기)는 북왕국 여로보암 2세 때 활동한 예언자로, 주전 825년경 아시리아 수도 니느웨에 대한 심판을 외치라는 하나님의 명령을 거역하고, 다시스로 가는 배를 탔다가 바다에 던져지게 되었다. 3일간 큰 물고기 배 속에서 회개한 뒤, 결국은 니느웨로 가서 회개를 촉구하였다.

서, 다시 배를 타고 호수 건너편으로 가셨다.

113
사람의 교훈 (마태 16.5-12, 마가 8.14-21)

1 호수를 건너가면서, 제자들이 깜빡 잊고 떡[1]을 가져가지 않았다. 그래서 배 안에는 떡이 하나밖에 없었다. **2** 예수님이 경고하셨다. "너희는 정신을 바짝 차리고, 바리새인과 사두개인과 헤롯 일당의 누룩을 조심하라."(85) 여러분은 묵은 누룩을 깨끗이 제거하고, 순수한 새 반죽이 되십시오. 여러분을 누룩 없는 반죽이 되게 하시려고, 유월절 양이신 그리스도께서 희생되셨습니다.(고린도전서 5.7) **3** 제자들이 서로 의논하며 수군거렸다. "이것은 우리가 떡을 두고 와서 하시는 말씀이 아닌가?" **4** 예수님이 눈치를 채시고 말씀하셨다. "믿음이 적은 자들아, 어찌하여 떡이 없는 것을 두고 서로 묻느냐? 너희가 아직도 알지 못하고 깨닫지 못하느냐? 너희 마음이 그렇게 무디어 있느냐? 너희는 눈이 있어도 보지 못하고, 귀가 있어도 듣지 못하느냐? 그리고 벌써 다 잊어버렸느냐? 내가 떡 5개로 5천 명에게 떼어 줄 때, 먹고 남은 조각을 몇 바구니 거두었느냐?"(103) **5** "12바구니입니다." **6** "떡 7개로 4천 명을 먹이고, 몇 광주리 거두었느냐?"(111) **7** "7광주리입니다." **8** "그래도 아직 깨닫지 못하겠느냐? 내가 떡을 두고 한 말이 아님을 말이다. 너희는 바리새인과 사두개인과 헤롯 일당의 누룩을 조심하라." **9** 그제야 제자들은 떡의 누룩이 아니라, 바리새인과 사두개인과 헤롯 일당의 교훈[2]을

---

1) 떡(Bread)은 밀가루나 보릿가루로 납작하고 둥글게 만들었으며, 지름이 15cm, 두께가 1.5cm쯤 되었다.

2) 교훈(敎訓, Teaching)은 가르쳐 일깨우는 것이다. 성경은 하나님의 말씀과 예수님의 교훈을 따르고, 사람이나 마귀의 교훈을 조심하라고 가르친다.

조심하라는 것임을 깨달았다.

114
벳새다 맹인 (마가 8.22-26)

1 예수님이 벳새다에 이르시자, 사람들이 한 맹인을 데리고 와서 청하
였다. "선생님, 이 맹인에게 손을 얹어 주십시오." **2** 예수님이 그의 손을
잡고 마을 밖으로 데려가서, 그의 두 눈에 침을 바르시고, 안수하시며 물
으셨다. "무엇이 좀 보입니까?" **3** 그가 두 눈을 깜빡이며 주변을 두리번
거리다가 말했다. "예, 나무 같은 것들이 보입니다. 그런데 걸어 다니는
걸로 봐서 사람인가 봅니다." **4** 예수님이 다시 그의 눈에 손을 대셨다.
그가 뚫어지게 바라보다가, 시력을 완전히 회복하여 말했다. "선생님, 이
제 모든 것이 또렷하게 보입니다." **5** 예수님이 그를 집으로 보내시며 말
씀하셨다. "마을로 들어가지 마십시오. 마을 안에 있는 어느 누구에게도
말하지 마십시오."

115
베드로의 고백 (마태 16.13-20, 마가 8.27-30, 누가 9.18-21, 도마 13, 32, 52, 61)

1 예수님이 제자들을 데리시고, 가이사랴 빌립보[1] 지방의 여러 마을로

1) 가이사랴 빌립보(Caesarea Philippi)는 요단강 발원지 3개 가운데 하나인, 바니아스샘이 있는 헤르몬산 서남쪽 기슭의 아름답고 조용한 마을로, 갈릴리호수 북쪽 40km쯤에 있었다. 지중해 연안의 항구도시 가이사랴는 다른 곳이다.

가셨다. **2** 하루는 예수님이 따로 기도하시다가 물으셨다. "사람들이 인
자를 누구라고 하더냐?" **3** 제자들이 대답했다. "어떤 사람은 세례 요한,
어떤 사람은 엘리야, 어떤 사람은 예레미야나 다른 예언자 가운데 한 분
이 살아났다고 합니다." **4** 예수님이 다시 물으셨다. "그러면, 너희는 나
를 누구라고 생각하느냐?" **5** 시몬 베드로가 대답했다. "주님은 그리스도
시요, 살아 계신 하나님의 아들이십니다." **6** 예수님이 말씀하셨다. "요나
의 아들 시몬아, 네가 복이 있다. 이것을 네게 알려 주신 분은 사람이 아
니라, 하늘에 계신 내 아버지시다. **7** 내가 말한다. 너는 베드로[1]다. 내
가 이 반석 위에 내 교회[2]를 세울 터이니, 지옥[3]의 문들(음부의 권세, 죽음
의 세력)도 이기지 못할 것이다.(263) 여러분도 살아 있는 돌이 되어서, 신령한 집을 짓
는 데 쓰이도록 하십시오. 그리고 예수 그리스도로 말미암아 거룩한 제사장이 되어서, 하나님
께서 기쁘게 받으실 만한 신령한 제사를 드리십시오.(베드로전서 2.5) **8** 또 내가 네게 하
늘나라의 열쇠를 주겠다. 네가 무엇이든지 땅에서 매면 하늘에서도 매일
것이요, 땅에서 풀면 하늘에서도 풀릴 것이다."(125) **9** 그리고 예수님이
제자들에게 단단히 당부하셨다. "내가 그리스도라는 사실을 아무에게도
말하지 마라."

---

1) 베드로(Peter)의 그리스어 페트로스(Petros)는 '돌멩이'를, 반석(磐石)의 그리스어 페트라(Petra)는 넓고 평평한 '너럭바위'를 말한다. 그러나 아람어 게바(Cephas)는 이 둘을 구분하지 않는다.

2) 교회(敎會, Church)의 그리스어 에클레시아(Ecclesia)는 '모임'을 뜻하는 히브리어 카할(Qahal)의 번역으로, 하나님께서 성별하여 불러 모은 사람들, 곧 그리스도인 공동체를 말한다.

3) 지옥(地獄, Hell)의 그리스어 하데스(Hades)는 죽은 자가 머무는 음침한 지하세계, 곧 음부를 말하며, 히브리어 스올(Sheol)에서 유래되었다. 한편 그리스어 게헨나(Gehenna)는 힌놈의 골짜기를 말하는데, 히브리어 게 힌놈(Ge Hinnom)에서 왔으며, 암몬족의 신 몰록(Moloch)에게 어린아이를 희생제물로 불태워 바치던 예루살렘 남서쪽의 계곡이었다.

116
1차 수난 예고 (마태 16.21-28, 마가 8.31-38, 9.1, 누가 9.22-27, 도마 70, 81)

1 그때부터 예수님은 자신이 받을 수난을 공개적으로 밝히기 시작하
셨다. "인자가 예루살렘에 올라가, 장로와 대제사장과 율법학자에게 많
은 고난을 받고, 그들의 손에 죽임을 당했다가, 3일 만에 다시 살아날 것
이다."(119, 183) **2** 예수님이 터놓고 이 말씀을 하시자, 베드로가 예수님을
붙잡고 거칠게 항의했다. "주님, 무슨 말씀을 하십니까? 절대 그럴 수 없
습니다. 그런 일이 있어서는 결코 안 됩니다." **3** 예수님이 제자들을 둘
러보시고, 베드로를 크게 꾸짖으셨다. "사탄아, 내 뒤로 썩 물러가라! 너
는 내게 걸림돌이다. 네가 하나님의 일은 생각지 않고, 사람의 일만 생각
하고 있다." **4** 그리고 예수님이 제자들과 무리를 함께 불러 말씀하셨다.
"누구든지 나를 따르려면, 자기를 부인하고, 날마다 자기 십자가를 지고
따라야 합니다. **5** 자기 목숨[1]을 구하려고 하는 사람은 잃을 것이요, 나
와 복음을 위해 자기 목숨을 버리려고 하는 사람은 얻을 것입니다. **6** 사
람이 온 세상을 얻고도 자기 목숨을 잃으면, 그게 무슨 소용이 있습니
까? 자기 목숨을 무엇과 바꾸겠습니까? **7** 음란하고 죄 많은 이 세대에
서, 누구든지 나와 내 말을 부끄럽게 여기면, 인자도 아버지의 영광에 휩
싸여 거룩한 천사들을 거느리고 올 때, 그를 부끄럽게 여길 것입니다. 그
때 각자가 행한 대로 갚아 줄 것입니다. **8** 내가 분명히 말합니다. 여기
서 있는 사람 가운데 죽지 않고 살아서, 하나님의 나라가 권능으로 임하
는 것과, 인자가 자기 왕권을 가지고 오는 것을 볼 사람도 있습니다."

---

1) 목숨(Life)은 육의 생명(Bios)과 혼의 생명(Psyche)과 영의 생명(Zoe)이 있다. 이는 자연적으로 생긴 것이 아니라, 하나님께서 창조하신 것이다.

117
예수님의 변모 (마태 17.1-13, 마가 9.2-13, 누가 9.28-36)

1 그리고 6일 뒤(8일쯤 되어), 베드로와 야고보와 요한을 데리고, 예수님
이 높은 산으로 올라가셨다. **2** 그런데 예수님이 기도하시다가, 그 모습이
갑자기 변하셨다. 얼굴은 해같이 빛났고, 옷은 눈같이 하얘졌다. 세상의
어떤 마전장이도 그보다 더 희게 할 수 없을 정도로, 아주 새하얗고 눈
부시게 빛이 났다. **3** 그때 모세와 엘리야가 난데없이 나타나서, 예수님
과 대화를 나눴다. 머지않아 예루살렘에서 돌아가실 예수님에 대한 이야
기였다. **4** 제자들이 졸다가 깨어나서, 영광에 휩싸인 예수님과 두 사람
이 함께 서 있는 것을 보았다. 우리가 다 너울을 벗은 얼굴로 거울을 보듯 주님의 영
광을 바라보며, 주님과 같은 모습으로 변화하여 영광에서 영광에 이르게 됩니다. 이는 영이신
주께서 하시는 일입니다.(고린도후서 3.18) **5** 모세와 엘리야가 떠나려고 하자, 베드
로가 엉겁결에 말했다. "주님, 저희가 여기서 지내는 것이 좋겠습니다. 괜
찮으시다면, 제가 초막 3개를 지어 하나는 주님께, 하나는 모세님께, 하
나는 엘리야님께 드리겠습니다." **6** 제자들이 잔뜩 겁에 질려서, 무슨 말
을 하는지도 모르고 베드로가 그렇게 말했던 것이다. **7** 베드로의 말이
채 끝나기 전, 빛나는 구름이 홀연히 내려와 그들을 덮었다. 구름에 휩
싸이자 제자들은 더욱 겁에 질렸다. **8** 그때 구름 속에서 소리가 들려왔
다. "이는 내가 사랑하고, 내가 기뻐하는 그 아들이다. 내가 그를 뽑아 세
웠으니, 너희는 그의 말을 들어라."(18) 내가 붙잡아 세운 내 종을 보라. 내 마음에
들어 뽑았고, 내가 기뻐하는 종이다. 그가 내 영을 받았으니, 뭇 민족에게 바른 길을 보일 것이
다.(이사야 42.1) **9** 이 소리를 듣고 제자들은 더욱 위축되어, 얼굴을 땅에 대
고 납작 엎드렸다. **10** 그때 예수님이 다가와 그들을 어루만지며 말씀하
셨다. "일어나라. 두려워하지 마라." **11** 제자들이 눈을 들어 보니, 예수

님 외에 아무도 보이지 않았다. **12** 예수님이 하산하시며 제자들에게 단
단히 이르셨다. "인자가 죽었다가 다시 살아날 때까지, 지금 본 것을 아
무에게도 말하지 마라." **13** 제자들은 그 말씀을 마음에 새겨 두었으나,
죽었다가 다시 살아난다는 말씀이 무슨 뜻인지 몰라 서로 의논하여 물
었다. "그런데 어째서 율법학자들은 엘리야가 먼저 와야 한다고 합니까?"
14 예수님이 대답하셨다. "과연 엘리야가 먼저 와서 모든 것을 회복시킬
것이다. 하지만 인자가 많은 고난을 받으며 멸시를 당할 것이라고, 성경
에 기록된 까닭이 어디 있겠느냐? **15** 내가 분명히 말한다. 사실은 엘리
야가 이미 왔다. 그런데 그를 두고 성경에 기록된 바와 같이, 사람들이
그를 함부로 대하였다. 이처럼 인자도 그들의 손에 넘어가 고난을 당할
것이다." **16** 그제야 비로소 제자들은, 예수님이 말씀하신 사람이 세례 요
한[1]임을 깨달았다. **17** 그리고 그들은 침묵을 지키고, 그들이 본 것을 얼
마 동안 아무에게 말하지 않았다.

118
간질병 귀신 (마태 17.14-21, 마가 9.14-29, 누가 9.37-43, 도마 27, 48, 106)

1 다음날, 예수님이 산에서 내려오시자 무리가 반갑게 맞이하였다. **2**
그때 제자들은 무리에게 둘러싸여서, 율법학자[2]와 논쟁하고 있었다. **3**
예수님이 제자들에게 물으셨다. "너희가 무슨 일로 논쟁하고 있었느냐?"
4 그때 무리 가운데 한 사람이 급히 뛰어나와서, 예수님 앞에 엎드려 절

1) 세례 요한(John the Baptist)은 사가랴와 엘리사벳 사이에서 태어난 예언자로, 예수님께 세례를 베풀었다.

2) 율법학자(律法學者, Teacher of the Low)는 율법을 해석하고 가르치는 사람으로, 제사장이자 학자였던 에스라 이후, 차츰 계급화 되어 세력을 형성하였다.

하며 말했다. "선생님, 제 아들에게 자비를 베풀어 주십시오. 간질병[1]에
걸려 몹시 괴로워하고 있습니다. 말을 못하게 하는 귀신이 아이에게 발작
을 일으킬 때마다, 아이는 아무데나 넘어져 거품을 흘리고, 이를 빠득빠
득 갈며, 온몸이 빳빳해집니다. 이렇듯 하나밖에 없는 아들이 날마다 귀
신에게 시달려서, 선생님의 제자들에게 부탁해 보았으나 쫓아내지 못했
습니다." **5** 예수님이 크게 탄식하시며, 제자들을 나무라며 말씀하셨다.
"아, 믿음이 없는 세대여! 내가 얼마나 너희와 함께 있어야 하겠느냐? 이
성화를 언제까지 받아 주어야 하겠느냐? 아이를 내게 데리고 오라." **6** 제
자들이 가서 아이를 예수님께 데리고 왔다. **7** 귀신이 예수님을 보고 아
이에게 심한 경련을 일으키자, 아이가 땅에 거꾸러져 입에 거품을 물고
나뒹굴었다. **8** 예수님이 그 아버지에게 물으셨다. "아들이 언제부터 이
렇게 되었습니까?" **9** 그가 대답하였다. "아주 어릴 때부터입니다. 귀신이
아이를 죽이려고 여러 번 불속에 던지기도 하고, 물속에 빠뜨리기도 했
습니다. 그러나 선생님, 무엇을 어떻게 하실 수 있거든, 제발 저희를 도
와주십시오." **10** 예수님이 말씀하셨다. "'할 수 있거든'이 무슨 말입니까?
믿는 사람은 무엇이든지 다 할 수 있습니다." **11** 그러자 그가 소리 내어
울면서 말했다. "주님, 제가 믿습니다. 제 믿음이 부족하면 저를 도와주
십시오." **12** 그때 무리가 떼를 지어 몰려오는 것을 보시고, 예수님이 악
한 귀신에게 호통을 치셨다. "듣지 못하게 하고 말을 못하게 하는 귀신아,
내가 네게 명한다. 아이에게서 썩 나가라! 다시는 들어가지 마라!" **13** 그
러자 귀신이 괴팍한 소리를 지르며, 아이에게 심한 경련을 일으키고 떠나
갔다. 그 바람에 아이가 죽은 것처럼 되어 누워 있었다. **14** 사람들이 웅성
거리기 시작했다. "아이가 죽었다." **15** 그러나 예수님이 그 손을 잡아 일으

---

1) 간질병(癎疾病, Epilepsy)은 갑자기 나뒹굴며 거품을 물고 경련을 일으키는 병이다. 5분 내지 10분 정도의 발작이 되풀이되며, 무의식적으로 자기 몸을 상하게도 한다.

키시자, 아이가 벌떡 일어났다. 예수님이 아이를 그 아버지에게 돌려주셨
다. 하나님의 위대하신 능력을 보고, 사람들이 크게 놀라 감탄하였다. **16**
그리고 예수님이 집안에 들어가시자, 제자들이 다가와 넌지시 물었다. "저
희는 어찌하여 귀신을 쫓아내지 못했습니까?" **17** 예수님이 대답하셨다.
"너희 믿음이 적기 때문이다. 내가 분명히 말한다. 너희에게 겨자씨 한 알
만한 믿음만 있어도, 이 산더러 '여기서 저기로 옮겨져라'고 해도 그대로
될 것이며, 너희가 못할 일이 하나도 없을 것이다. 그러나 이런 부류는
기도와 금식이 뒷받침되어야 한다."

119
2차 수난 예고 (마태 17.22-23, 마가 9.30-32, 누가 9.44-45)

1 예수님의 일행이 그곳을 떠나서, 갈릴리 지방을 지나가게 되었다. 그
러나 예수님은 사람들에게 알려지기를 원치 않으셨다. 제자들에게 따로
가르치는 것이 있었기 때문이다. **2** 제자들이 갈릴리에 모여 있을 때, 예
수님이 말씀하셨다. "너희는 이 말을 귀담아들어라. 인자가 곧 배반을
당해 사람들의 손에 넘겨질 것이고, 그들은 인자를 나무에 달아 죽일 것
이다. 그러나 인자는 3일 만에 다시 살아날 것이다."(116. 183) **3** 제자들은
몹시 슬퍼하였으나, 그 말씀이 무슨 뜻인지 깨닫지 못했다. 그 뜻이 감춰
져 있어서 알아들을 수도 없었고, 두려워서 물어볼 수도 없었다.

120
성전세 납부 (마태 17.24-27)

1 예수님이 가버나움에 이르셨다. **2** 성전세 1/2세겔[1]을 걷는 사람이 와서 베드로에게 물었다. "당신네 선생님은 성전세를 내지 않습니까?" 인구조사를 받는 사람은 누구나 성소 세겔로 1/2세겔을 내야 한다. 1세겔은 20게라다. 이 1/2세겔은 주께 올리는 예물이다.(출애굽기 30.13) **3** 베드로가 선뜻 대답했다. "내십니다." **4** 그리고 베드로가 집에 들어가자, 예수님이 먼저 말씀을 꺼내셨다. "시몬아, 너는 어떻게 생각하느냐? 세상 임금이 관세나 인두세[2]를 누구한테서 받느냐? 자기 자녀냐, 다른 사람이냐?" **5** "다른 사람입니다." **6** "그러면, 자녀는 세금을 내지 않아도 되지 않겠느냐? 하지만 우리가 그들의 비위를 건드릴 필요가 없으니, 너는 호수에 가서 낚시를 던져라. 그리고 맨 먼저 잡히는 고기의 입을 벌려 보아라. 그 속에 1세겔짜리 은전이 들어 있을 것이다. 그걸 가져다가 나와 네 몫의 세금으로 그들에게 주어라."

121
가장 큰 사람 (마태 18.1-5, 마가 9.33-37, 누가 9.46-48, 도마 12, 22, 37)

1 가버나움의 집에 들어가 예수님이 제자들에게 물으셨다. "너희가 오는 길에서 무슨 일로 서로 다투었느냐?" **2** 제자들은 아무 대답도 하지

---

1) 세겔(Shekel)은 무게 단위로 11.42g쯤 되었으나, 나중에 화폐 단위(노동자의 4일 품삯)로 사용되었다. 당시 1/2세겔과 1세겔의 은전이 있었으며, '이스라엘 세겔'이란 글이 새겨져 있었다. 당시 유대 화폐는 세겔 외에, 게라(Gerah, 1/20세겔), 베가(Beka, 1/2세겔), 므나(Minah, 1/60달란트), 달란트(Talent, 노동자의 6,000일 품삯)가 더 있었다.

2) 관세(關稅, Duty)는 국경을 통과하는 물품에, 인두세(人頭稅, Tax)는 사람에게 부과하였다.

못했다. 누가 가장 큰 사람인가를 두고 서로 다투었기 때문이다. **3** 제자
들이 와서 아무 일도 없던 것처럼 넌지시 물었다. "하늘나라[1]에서는 누
가 가장 큰 사람입니까?" **4** 그들의 속내를 아시고, 예수님이 자리에 앉
으시며 12제자를 불러 말씀하셨다. "누구든지 으뜸이 되려고 하는 자는
꼴찌가 되어야 하고, 모든 사람을 섬기는 종이 되어야 한다. 너희 가운데
가장 작은 자가 가장 큰 사람이다." **5** 그리고 어린아이[2] 하나를 데려다
그들 곁에 세우셨다가, 껴안으시며 말씀하셨다. "누구든지 내 이름으로 이
런 어린아이 하나를 영접하면 나를 영접하는 것이요, 누구든지 나를 영접
하면 나를 영접하는 게 아니라, 나를 보내신 분을 영접하는 것이다. **6** 내
가 분명히 말한다. 너희가 돌이켜 이 어린아이와 같이 되지 않으면, 결코
하늘나라에 들어가지 못한다. **7** 그러므로 하늘나라에서 가장 큰 사람
은, 자기를 낮춰서 이 어린아이처럼 되는 사람이다."(180)

122
위하는 사람 (마가 9.38-41, 누가 9.49-50)

1 요한이 말했다. "선생님, 어떤 사람이 선생님의 이름으로 귀신을 내쫓
는 것을 우리가 보았습니다. 그런데 그는 우리를 따르지 않는 사람이었
습니다. 그래서 우리가 그 일을 하지 못하게 막았습니다."(121) **2** 예수님
이 말씀하셨다. "막지 마라. 내 이름으로 기적을 행하고, 바로 나를 욕할
사람은 아무도 없다. 우리를 반대하지 않는 사람은 우리를 위하는 사람

1) 하늘나라(Kingdom of heaven)는 하나님의 통치권이 미치는 곳, 천국(天國)을 말한다. 마태는 하나님이라는 말을 쓰기 꺼려하는 유대인을 의식하여, 하나님의 나라(Kingdom of God) 대신 하늘나라를 사용하였다.

2) 어린아이(Child)는 헬라어 파이디온(Paidion)으로 7살 이하의 어린이를 말한다.

이다. **3** 내가 분명히 말한다. 너희를 그리스도인이라는 이유로, 너희에게 물 한 잔이라도 주는 사람은 결코 그 상을 잃지 않을 것이다." 나는 그리스도와 함께 십자가에 달려 죽었습니다. 이제는 내가 산 게 아니라, 그리스도께서 내 안에 사시는 것입니다. 지금 내가 육신 안에 사는 것은, 나를 사랑하셔서, 나를 위하여 자기 몸을 내주신, 하나님의 아들을 믿는 믿음 안에서 사는 것입니다.(갈라디아서 2.20)

123
걸림돌 사람 (마태 18.6-9, 마가 9.42-50, 누가 17.1-2, 도마 48)

1 예수님이 말씀하셨다. "나를 믿는 이 작은 사람 가운데 하나라도 죄짓게 하는 자는, 차라리 연자맷돌[1]을 목에 달고 깊은 바다에 잠기는 편이 나을 것이다. **2** 사람을 죄짓게 하는 세상은 정말 불행하다. 범죄의 유혹이 없을 수는 없겠으나, 남을 죄짓게 하는 걸림돌 사람은 정말 불행하다. 남을 죄짓게 할 뿐만 아니라, 자기도 죄짓기에 그렇다. 여러분이 육신을 따라 살면 죽을 것입니다. 그러나 성령으로 몸의 행실을 죽이면 살 것입니다.(로마서 8.13) **3** 만일 네 손이 너를 죄짓게 하거든 잘라 버려라. 두 손을 가지고 영원히 불타는 지옥[2]에 들어가는 것보다, 한 손으로 영원한 생명을 누리는 하늘나라에 들어가는 편이 더 낫다. **4** 만일 네 발이 너를 죄짓게 하거든 잘라 버려라. 두 발을 가지고 영원히 불타는 지옥에 들어가는 것보다, 한 발로 영원한 생명을 누리는 하늘나라에 들어가는 편이 더 낫다. **5** 만일 네 눈이 너를 죄짓게 하거든 빼어 버려라. 두 눈을 가지고 영원히 불타는 지옥

---

1) 연자맷돌(Millstone)은 사람이 손으로 돌리는 일반 맷돌(Mill)보다 훨씬 크고 무거워서, 나귀나 말 같은 가축을 이용하였다.

2) 지옥(地獄, Hell)은 구원받지 못한 죄인이 마지막 심판을 받고 들어가는 고통의 장소를 말한다. 구원받지 못해 겪을 수밖에 없는 고통의 상태를 의미하기도 한다.

에 들어가는 것보다, 한 눈으로 영원한 생명을 누리는 하늘나라에 들어
가는 편이 더 낫다. 여러분은 세속적인 욕망, 곧 음행과 더러운 행위와 정욕과 악한 욕
심과 탐욕을 죽이십시오. 이 따위 욕망은 우상숭배와 다름이 없습니다.(골로새서 3.5) **6** 지옥
에서는 그들을 파먹는 구더기도 죽지 않고 불도 꺼지지 않는다. 그들이 나
가서 나를 거역한 자들의 시체를 볼 것이다. 그들을 갉아먹는 벌레도 죽지 않고, 그들을 삼키
는 불도 꺼지지 않을 터이니, 모든 사람이 보고 소름이 끼칠 것이다.(이사야 66.24) **7** 제물이
소금에 절여져 정결케 되듯이, 사람마다 불에 태워져 정결케 될 것이다.
8 소금은 좋은 것이나, 소금이 만일 그 맛을 잃으면 무엇으로 짜게 하겠
느냐? **9** 그러므로 너희 마음에 소금을 지니고, 서로 화목하게 지내라."

124
하찮은 사람 (마태 18.10-14, 도마 88, 107)

1 예수님이 말씀하셨다. "너희는 이 하찮은 사람 가운데 하나라도 무시
하지 마라. 내가 말한다. 그들의 천사가 하늘에 계신 내 아버지의 얼굴을
항상 뵙고 있다. **2** 인자는 길 잃은 사람을 찾아서 구원하러 왔다. **3** 너희
는 어떻게 생각하느냐? 어떤 사람이 양 100마리를 키우다가 그중에 1마
리가 길을 잃었다면, 99마리를 산에 남겨 두고, 잃은 양 1마리를 찾아 나
서지 않겠느냐?(165) **4** 내가 분명히 말한다. 그가 잃은 양 1마리를 찾으
면, 잃지 않은 양 99마리보다 오히려 더 기뻐할 것이다. **5** 이와 같이, 이
하찮은 사람 가운데 하나라도 잃는 것은, 하늘에 계신 너희 아버지의 뜻
이 아니다."

125

형제의 범죄 (마태 18.15-20, 도마 30)

1 예수님이 말씀하셨다. "어떤 형제가 네게 죄를 짓거든, 먼저 단둘
이 만나서 잘 타일러라. 그가 네 말을 들으면, 너는 그 형제를 얻는 것이
다.(126) **2** 그러나 그가 듣지 않거든, 두세 증인의 입으로 확증하라는 말
씀대로, 한두 사람을 더 데리고 가서 모든 사실을 밝히고 권면하라. 어
떤 잘못이나 범죄라도, 한 사람의 증언만으로 판정할 수 없다. 반드시 두세 사람의 증언이 있어
야, 그 일을 확정할 수 있다.(신명기 19.15) **3** 그래도 그가 말을 듣지 않거든, 교회에
알려서 교회가 권고하라. **4** 그가 교회의 말조차 듣지 않거든, 이방인(믿
지 않는 사람)이나 세리(죄인)처럼 여겨라. **5** 내가 분명히 말한다. 너희가 무
엇이든지 땅에서 매면 하늘에서도 매일 것이요, 땅에서 풀면 하늘에서도
풀릴 것이다. **6** 내가 다시 말한다. 무슨 일이든지 너희 가운데 두 사람이
땅에서 합심하여 구하면, 하늘에 계신 내 아버지께서 들어 주실 것이다.
7 두세 사람이 내 이름으로 모인 자리에는, 나도 그들과 함께 있다."

126

용서의 미학 (마태 18.21-35, 누가 17.3-4)

1 예수님이 말씀하셨다. "너희는 스스로 조심하라. 형제가 죄를 짓거
든 책망하고, 회개하거든 용서하라. 하루에 7번 죄를 짓고 돌아와도, 그
때마다 회개하거든 용서하라." **2** 그때 베드로가 와서 물었다. "주님, 제
형제가 제게 죄를 지으면, 몇 번이나 용서해야 합니까? 7번까지면 되겠습
니까?" **3** 예수님이 대답하셨다. "7번이 아니라 70번을 7번(또는 77번)이라

도 용서해야 한다. **4** 그러므로 하늘나라는 자기 종들과 빚을 정산하려
는 어떤 임금에 빗댈 수 있다. **5** 먼저 1만 달란트 빚진 종이 나왔다. 그
런데 그는 그만한 빚을 갚을 능력이 없었다. **6** 그래서 임금이 명령했다.
'네 몸과 네 아내와 네 자식과 네 재산을 다 팔아서 갚아라.' **7** 종이 임금
앞에 무릎을 꿇고 엎드려 절하며 애원했다. '조금만 참아 주십시오. 제
가 모두 갚겠습니다.' **8** 임금이 그를 가엾게 여겨서, 모든 빚을 탕감하고
놓아주었다. **9** 그런데 그는 나가서, 자기에게 100데나리온[1] 빚진 동료를
찾아 멱살을 잡고 호통을 쳤다. '내 돈을 당장 갚아!' **10** 그 동료가 무릎
을 꿇고 애걸했다. '반드시 갚을 테니 조금만 기다려 주게.' **11** 그러나 그
는 동료의 청을 들어주지 않고, 그 빚을 갚을 때까지 감옥에 가둬 버렸
다. **12** 다른 종들이 보고 매우 딱하게 여겨서, 임금에게 가서 그 일을 낱
낱이 일러바쳤다. **13** 임금이 그를 다시 불러 말했다. '이 악한 종아, 네가
애원하기에 나는 그 많은 빚을 모두 탕감하지 않았느냐? 내가 네게 자비
를 베푼 것처럼, 너도 네 동료에게 자비를 베풀어야 마땅하지 않느냐?'(60)
14 임금이 몹시 노하여, 그를 형무소 관리에게 넘겨 빚을 갚을 때까지 가
둬 두라고 하였다. **15** 이와 같이, 너희가 진심으로 형제를 용서하지 않으
면, 하늘에 계신 내 아버지께서도 그렇게 하실 것이다."

127
감정의 극복 (누가 9.51-56)

1 예수님은 승천하실 날이 가까워지자, 예루살렘에 가시기로 마음을

1) 데나리온(Denarius)은 로마의 은화로 노동자의 1일 품삯이었고, 달란트는 유대의 화폐로 6천 데나리온 이상의 가치가 있었다.

정하셨다. **2** 그리고 선발대를 미리 보내셨다. 그들이 사마리아 마을로 들
어가서, 예수님을 맞을 준비를 하였다. **3** 그러나 그 마을 사람들은, 예수
님이 예루살렘에 가신다는 이유로, 냉대하며 맞아들이지 않았다. **4** 야고
보와 요한이 감정에 북받쳐 말했다.[1] "주님, 우리가 하늘에서 불을 불러다
가 저들을 모두 태워 버리면 어떻겠습니까?" **5** 예수님이 뒤돌아서 꾸짖
으셨다. "너희가 제정신으로 하는 소리냐? 인자는 사람의 생명을 멸하러
온 게 아니라 구원하러 왔다." **6** 그리고 제자들을 데리고 다른 마을로
가셨다.

128
제자의 자세 (마태 8.18-22, 누가 9.57-62, 도마 21, 42, 86)

1 무리가 자꾸 모여들어 에워싸는 것을 보시고, 예수님이 제자들에게
말씀하셨다. "호수 건너편으로 가자." **2** 그리고 길을 가실 때, 한 율법학
자가 와서 말했다. "선생님, 선생님이 가시는 곳이라면 저도 어디든지 따
라가겠습니다." **3** 예수님이 말씀하셨다. "여우도 굴이 있고 하늘의 새도
보금자리가 있지만, 인자는 머리 둘 곳도 없습니다." **4** 그리고 다른 사람
에게 말씀하셨다. "나를 따라라." **5** 그때 한 제자가 와서 청했다. "주님,
먼저 집에 가서, 아버지의 장례를 치르게 허락하여 주십시오." **6** 예수님
이 말씀하셨다. "죽은 사람의 장례는 죽은 자에게 맡겨 두고, 너는 하나

1) 유대인과 사마리아인은 해묵은 감정을 가지고 있었다. 주전 722년 멸망한 북왕국 이스라엘 10지파는, 아시리아의 혼혈정책에 의해 민족이 말살되어 뿔뿔이 흩어졌으며, 그나마 민족성을 유지하려는 일부 혼혈인이 남아 사마리아를 지켰으나, 남왕국 유대인과의 관계는 좋을 수가 없었다. 그러다가 사마리아인의 거짓 밀고로, 유대인이 로마에 짓밟히게 되었던 바, 유대인과 사마리아인의 적대적 관계는 더욱 심화되었다.

님의 나라를 전파하라." 여러분도 전에는 죄와 허물로 죽었던 사람입니다.(에베소서
2.1) **7** 그때 다른 제자가 와서 말했다. "주님, 저는 주님을 따라가겠습니
다. 다만 가족에게 가서, 작별 인사만 하게 허락하여 주십시오." **8** 예수
님이 말씀하셨다. "손에 쟁기를 잡고 자꾸 뒤를 돌아다보는 사람은, 하나
님의 나라에 합당치 않다."

129
가족의 불신 (요한 7.2-10)

1 유대인의 명절 초막절[1]이 가까웠다. 예수님의 동생들이 말했다. "형
님, 여기를 떠나 유대로 가십시오. 형님이 하시는 일을 유대에 있는 제
자들에게 보이십시오. 세상에 알려지기를 바라는 사람치고, 숨어 일하
는 사람은 아무도 없습니다. 이왕 이런 일을 하실 바에는, 형님을 세상에
널리 드러내십시오." 너는 밭에 씨를 뿌려 가꾼 곡식의 맏물로 맥추절을 지켜라. 또 네
가 밭에서 애써 가꾼 곡식을 거둬들이는 연말에 수장절을 지켜라.(출애굽기 23.16) 너는 타작
마당과 포도주 틀에서 소출을 거둬들일 때, 7일간 초막절을 지켜야 한다.(신명기 16.13) **2** 이
렇듯 예수님의 동생들도 예수님을 믿지 않았다. **3** 예수님이 말씀하셨다.
"너희 때는 항상 준비되어 있지만, 내 때는 아직 오지 않았다. 세상이 너
희는 미워하지 않으나, 나는 미워한다. 내가 세상일을 들추어 악하다고
증언하기 때문이다. 그러니 너희는 명절을 지키러 올라가거라. 나는 아직
내 때가 되지 않아서, 이번 명절에는 올라가지 않겠다." **4** 이렇게 말씀하

1) 초막절(草幕節, Feast of Tabernacles, 수장절/장막절)은 유월절(무교절)과 오순절(맥추절/칠칠절)에 이어서, 연중 마지막 지키는 유대인의 3대 절기 가운데 하나다. 그들의 조상이 40년간 광야에서 지낸 날을 되새기며 기념하는 절기다. 추수가 끝나는 10월 중순 야외에 초막을 짓고 온 가족이 7일간 지켰으며, 8일째 되는 날 대성회로 모였다.

시고, 예수님은 그냥 갈릴리에 머물러 계셨다. 그러나 동생들이 명절을 지키러 올라간 뒤, 예수님도 남의 눈에 띄지 않게 조용히 올라가셨다.

130
공정한 판단 (요한 7.11-24, 도마 53)

1 초막절에 유대인이 예수님의 행방을 물으며 찾아다녔다. "그가 어디
있습니까?" **2** 예수님을 두고 무리 가운데 이러쿵저러쿵 말들이 많았다.
더러는 선한 사람이라 하였고, 더러는 백성을 현혹하는 사람이라 하였
다. **3** 그러나 유대인이 두려워서 드러내 놓고 말하는 사람은 아무도 없
었다. **4** 명절이 절반쯤 지나서, 예수님이 성전 뜰에 올라가 가르치기 시
작하셨다. **5** 유대인이 놀랐다. "아니, 저 사람은 제대로 배우지 못했지
않습니까? 어디서 저런 지식을 갖추었을까요?" **6** 예수님이 말씀하셨다.
"이 가르침은 내 것이 아니라, 나를 보내신 분의 것입니다. 누구든지 하나
님의 뜻을 따르기 원하는 사람은, 이 가르침이 하나님의 것인지, 내가 마
음대로 말하는 것인지 알 것입니다. **7** 자기 뜻대로 말하는 사람은 자기
영광을 구하기 마련이나, 자기를 보내신 분의 영광을 구하는 사람은 진
실하며, 그에게 불의가 없습니다. **8** 모세가 여러분에게 율법[1]을 주었지
않습니까? 그러나 여러분 가운데 율법을 지키는 사람은 아무도 없습니
다. 그러면서 어찌하여 나를 죽이려고 합니까?" **9** 유대인이 말했다. "이
제 보니 당신은 귀신이 들렸소. 누가 당신을 죽이려 한단 말이오?" **10** 예
수님이 말씀하셨다. "내가 안식일에 한 가지 일을 하였다고 해서, 여러분

1) 율법(律法, Law)은 히브리어 토라(Torah)를 번역한 모세오경을 말하나, 예언서와 시편 등을 포함한 구약성경 전체를 의미하기도 한다.

은 모두 나를 이상히 여기고 있습니다. 모세가 할례의 규정을 주었다고
해서, 사실은 할례도 모세가 준 것이 아니라 옛 조상에서 비롯된 것이지
만, 여러분은 안식일에도 할례를 행하면서 말입니다. **11** 이와 같이, 여
러분은 모세의 율법을 어기지 않으려고 안식일에 할례를 베풀면서, 내가
안식일에 한 사람의 몸을 온전히 고쳐 주었다고 해서, 어찌하여 그렇게
분개합니까? **12** 겉모양을 보고 판단하지 말고, 올바른 기준으로 공정하
게 판단하십시오."

131
그리스도 논쟁 (요한 7.25-36, 도마 38)

1 그때 예루살렘 사람 가운데 몇이 말했다. "우리 지도자가 죽이려고
하는 이가 바로 이 사람이 아닙니까? 그런데 보십시오, 그가 대중 앞에
서 드러내 놓고 거침없이 말하고 있지 않습니까? 우리 지도자는 아무 대
꾸도 못하고 말입니다. 그렇다면 혹시, 우리 지도자도 이 사람을 정말 그
리스도로 아는 것이 아닐까요? 하지만 그리스도가 오실 때, 어디서 오실
지 아무도 모른다고 하지 않았습니까? 우리는 이 사람이 어디서 왔는지
다 알고 말입니다." **2** 예수님은 성전 뜰에서 여전히 외치고 계셨다. "그렇
습니다! 여러분은 나를 알고, 또 내가 어디서 왔는지 알고 있습니다. 그
러나 나는 내 스스로 온 것이 아닙니다. 나를 보내신 분이 따로 계십니
다. 그분은 참되십니다. 여러분은 그분을 모르나 나는 그분을 압니다. 내
가 그분에게서 왔고, 그분이 나를 보내셨기 때문입니다."(215) **3** 이 말을
듣고, 사람들이 예수님을 붙잡으려 하였다. 그러나 막상 손을 대는 사람
은 아무도 없었다. 아직 예수님의 때가 되지 않았기 때문이다. **4** 그러나

무리 가운데 예수님을 믿는 사람도 많았다. 그들이 말했다. “그리스도가
오신다고 하여도, 이분이 행하신 것보다 더 많은 표적을 행하실 수 있을
까요?” **5** 예수님을 두고 이러쿵저러쿵 수군거리는 소리를 바리새인이 들
었다. 그래서 대제사장과 바리새인이, 예수님을 잡아오라고 성전 경비대
를 보냈다. **6** 예수님이 말씀하셨다. “내가 잠시 동안 여러분과 함께 있다
가, 나를 보내신 분께 돌아갈 것입니다. 여러분은 나를 찾아도 만나지 못
할 것이며, 내가 있는 곳에 여러분이 오지도 못할 것입니다.” **7** 유대인이
서로 말했다. “이 사람이 어디로 가기에, 우리가 자기를 찾지 못할 것이라
하는가? 이방인 가운데 흩어져 사는 유대인에게 가서, 이방인을 가르칠
셈인가? 우리가 그를 찾아도 만나지 못하고, 그가 있는 곳에 우리가 갈
수도 없다니, 대체 무슨 소린가?”

132
생수의 강 (요한 7.37-44, 도마 108)

1 초막절 마지막 날, 축제 분위기가 절정에 달했을 때, 예수님이 일어나
크게 외치셨다. “목마른 사람은 다 내게로 와서 마십시오. 누구든지 나를
믿는 사람은, 성경에 이른 바와 같이, 그 배에서 생수[1]의 강이 흘러나올 것
입니다.” 이는, 그리스도 예수 안에서 생명을 누리게 하는 성령의 법이, 죄와 죽음의 법에서 여
러분을 해방시켜 주었기 때문입니다.(로마서 8.2) 천사는 또, 하나님과 어린양의 보좌에서 흘러
나오는, 수정같이 맑은 생명수의 강을 내게 보여 주었습니다.(요한계시록 22.1) **2** 이는 예수

1) 생수(生水, Living water)는 끓이거나 소독하지 않은 샘물을 뜻하나, 물이 귀한 이스라엘에서는 생명과 직결되었다. 손님에게 발 씻을 물은 준다거나, 작은 자에게 물 한잔 대접하는 것이 그리 쉬운 일이 아니었다.

님을 믿는 사람이 장차 받을 성령을 가리켜서 하신 말씀이었다. 그러나 그때는 예수님이 영광을 받으시지 않았기 때문에, 아직 성령이 사람에게 계시지 않았다. 그러나 하나님의 영이 여러분 안에 계시면, 여러분은 육신 안에 있지 않고, 성령 안에 있습니다. 누구든지 그리스도의 영이 없으면, 그리스도의 사람이 아닙니다.(로마서 8.9) 내가 비록 지금은 갇혀 있어도, 여러분의 기도와 예수 그리스도 영의 도우심으로, 마침내 풀려나게 되리라는 것을 알고 있습니다.(빌립보서 1.19) **3** 이 말씀을 듣고, 어
떤 사람이 말했다. "이분이 정말 그 예언자시다!" **4** 또 다른 사람이 말했
다. "저분은 그리스도시다!" **5** 그러나 더러는 말했다. "그리스도가 어찌 갈릴리에서 나올 수 있겠소? 성경에 이르기를, 다윗이 살던 동네 베들레헴에서, 다윗의 후손으로 나실 것이라 하지 않았소?" 네 생애가 다하여 네 조상 곁에 묻히면, 네 몸에서 난 자식을 후계자로 세워서, 그 나라를 튼튼히 세우겠다.(사무엘하 7.12) 그러나 에브라다 베들레헴아, 너는 유다 족속 가운데 비록 작을지라도, 나를 대신해 이스라엘을 다스릴 자가 네게서 나올 것이다. 그의 핏줄은 까마득한 옛날, 태초까지 거슬러 올라간다.(미가 5.2) **6** 이렇듯 예수님에 대한 의견이 분분하더니, 결국은 서로 편
이 갈리게 되었다. **7** 그들 가운데 예수님을 잡고자 하는 사람도 있었으나, 막상 손을 대지는 못했다.

133
유대인의 불신 (요한 7.45-53)

1 성전 경비대가 빈손으로 돌아오자, 대제사장과 바리새인이 물었다.
"왜 그를 잡아오지 않았느냐?" **2** 그들이 대답했다. "이제까지 그분처럼
말하는 사람은 본 적이 없습니다." **3** 그러자 바리새인이 격분하였다.
"너희도 그자의 꼬임에 넘어갔느냐? 우리 지도자나 바리새인 가운데 그

를 믿는 사람을 보았느냐? 아무도 없지 않느냐? 율법을 모르는 그 무지렁이들은 저주를 받은 자들이다." **4** 그때 그들 가운데 있던 한 사람, 전에 예수님을 찾은 적이 있는 니고데모가 말했다. "우리 율법에는, 사람을 심판하기 전에 먼저 그의 말을 들어 보거나, 그가 행한 일을 알아보도록 되어 있지 않소?" **5** 그러자 그들이 니고데모까지 쏘아붙이며 핀잔을 주었다. "당신도 갈릴리 사람이오? 성경을 샅샅이 찾아보시오. 그러면 갈릴리에서 예언자가 나올 수 없다는 사실을 알 것이오!" **6** 그리고 그들은 제각기 집으로 돌아갔다.

134
간음한 여인 (요한 8.1-11)

1 예수님이 감람산[1]으로 가셨다가, 이른 아침에 돌아오셨다. **2** 예수님이 성전에 들어가시자, 다시 많은 사람이 모여들었다. **3** 예수님이 자리를 잡고 앉아, 사람들을 가르치기 시작하셨다. **4** 율법학자와 바리새인이 간음하다가 잡힌 여인을 끌고 와서, 사람들 앞에 세우고 말했다. "선생님, 이 여자가 간음하다가 현장에서 붙잡혔습니다. 모세는 율법에서, 이런 여자를 돌로 쳐서 죽이라고 했습니다. 선생님은 뭐라고 하시겠습니까?" 어떤 남자가 이웃의 아내와 간음했다면, 그 남자와 여자를 다 죽여야 한다.(레위기 20.10) 어떤 남자가 유부녀와 간통했다면, 그 남자와 여자를 죽여 이스라엘 가운데 악을 제거해야 한다.(신명기 22.22) **5** 그들은 예수님께 올가미를 씌워서, 고발할 구실을 삼을 속셈으로 이 질문을 하였다. **6** 예수님이 그 속내를 아시고, 몸을 굽혀

1) 감람(橄欖, Olive)산은 예루살렘 동쪽의 민둥산으로, 예수님이 마지막 주간을 밤마다 찾아가 기도하신 곳이다.

손가락으로 땅에다 무엇인가 쓰기 시작하셨다. **7** 그들이 계속 다그치자,
예수님이 몸을 일으켜 말씀하셨다. "여러분 가운데 죄 없는 사람이, 먼
저 이 여인에게 돌을 던지십시오." **8** 그리고 다시 몸을 굽혀서, 땅에다
무엇을(그들 각자의 죄목을) 계속 쓰셨다. **9** 그러자 사람들이 양심의 가책
을 느끼고, 나이 든 사람부터 하나씩 둘씩 슬그머니 자리를 뜨기 시작
했다. **10** 마침내 예수님과 거기 서 있는 여인만 남게 되었다. **11** 예수님
이 일어나 물으셨다. "그대를 고발한 사람이 어디 있습니까? 그대를 정
죄[1)]한 사람이 아무도 없습니까?" **12** 여인이 대답했다. "선생님, 아무도
없습니다." **13** 예수님이 말씀하셨다. "나도 그대를 정죄하지 않습니다.
평안히 가십시오. 이제부터 다시는 죄를 짓지 마십시오."

135
세상의 빛 (요한 8.12-20, 도마 77)

1 예수님이 다시 말씀하셨다. "나는 세상의 빛입니다. 나를 따르는 사
람은 어둠 속을 다니지 않고, 생명의 빛을 얻을 것입니다." **2** 그러자 바리
새인이 이의를 제기하며 대들었다. "당신이 당신 스스로 증언하지 않습
니까? 그런 증언은 참되지 못합니다." **3** 예수님이 대답하셨다. "내가 비
록 나 자신을 증언해도, 내 증언은 참됩니다. 나는 내가 어디서 와서 어
디로 가는지 알고 있기 때문입니다. 그러나 여러분은, 내가 어디서 와서
어디로 가는지 모릅니다. **4** 여러분은 사람의 기준에 따라서 판단하지만,
나는 아무것도 판단하지 않습니다. 설령 내가 무슨 판단을 하더라도, 내

1) 정죄(定罪, Condemn)는 죄가 있다고 단정하는 것이다. 구약시대는 율법준수 여부가 정죄의 기준이었으나, 신약시대는 예수 그리스도를 믿는 믿음의 여부로 바뀌었다.

판단은 공정합니다. 내가 혼자서 판단하는 게 아니라, 나를 보내신 아버
지께서 함께 판단하기 때문입니다. **5** 여러분의 율법에도 두 사람의 증언
은 참되다고 했지 않습니까? 내가 나 자신을 증언하고, 나를 보내신 아버
지께서 나를 증언하십니다." 어떤 잘못이나 무슨 범죄라도, 한 사람의 증언으로 판정
할 수 없다. 두세 사람의 증언이 있어야 확정할 수 있다.(신명기 19.15) **6** 그러자 바리새인
이 다시 대들었다. "당신 아버지가 어디 있소?" **7** 예수님이 대답하셨다.
"여러분은 나도 모르고, 내 아버지도 모릅니다. 여러분이 나를 알았더라
면, 내 아버지도 알았을 것입니다." **8** 이는 예수님이 성전 뜰에서 가르치
실 때, 헌금함 앞에서 하신 말씀이다. 그러나 아무도 잡는 사람이 없었
다. 아직 그의 때가 되지 않았기 때문이다.

136
그리스도의 길 (요한 8.21-30)

1 예수님이 말씀하셨다. "나는 멀리 떠나갈 것이고, 여러분은 나를 찾다
가, 여러분의 죄에서 헤어나지 못하고 죽을 것입니다. 내가 가는 곳에 여
러분은 올 수 없습니다." **2** 유대인이 비아냥거렸다. "이 사람이, 자기가 가
는 곳에 우리는 갈 수 없다고 하니, 자결이라도 하겠다는 말인가?" **3** 예수
님이 말씀하셨다. "여러분은 아래에서 왔고, 나는 위에서 왔습니다. 여러
분은 이 세상에 속했지만, 나는 이 세상에 속하지 않았습니다. 그래서 내
가 말하기를, 여러분의 죄에서 헤어나지 못하고 죽을 것이라 했습니다. 내
가 '바로 그 사람'이라는 것을 여러분이 믿지 않으면, 여러분은 정말 여러
분의 죄에서 헤어나지 못하고 죽을 것입니다." 한 사람이 죄를 지어 세상에 죄가
들어왔고, 그 죄를 통해 죽음이 들어왔듯이, 모든 사람이 죄를 지어 죽음이 온 인류에 미치게

되었습니다.(로마서 5.12) **4** 유대인이 물었다. "대체 당신은 누구요?" **5** 예수님이 대답하셨다. "내가 처음부터 말하지 않았습니까? 왜 그 말을 되풀이해야 합니까? 내가 여러분에 대해 할 말도 많고 판단할 것도 많지만, 나를 보내신 분이 참되시기에, 나는 그분에게서 들은 것만 말합니다." **6** 그러나 유대인은, 예수님이 아버지를 가리켜 말씀하신 줄을 깨닫지 못했다.
7 그래서 예수님이 다시 말씀하셨다. "여러분은 인자를 높이 들어 올린 후에야, 비로소 내가 '바로 그 사람'이라는 것과, 내가 아무것도 내 마음대로 말하지 않고, 아버지께서 가르쳐 주신 대로 말했다는 사실을 알게 될 것입니다. 하나님이 모세에게 말씀하셨다. "나는 스스로 있는 나다. 너는 이스라엘 백성에게 이르기를, '스스로 계신 분이 나를 너희에게 보내셨다'고 하라."(출애굽기 3.14) **8** 나를 보내신 분이 나와 함께 계시고, 나를 혼자 버려두시지 않습니다. 내가 항상 아버지께서 기뻐하시는 일을 하기 때문입니다." **9** 이 말씀을 듣고, 많은 사람이 예수님을 믿었다.

137
진리와 자유 (요한 8.31-59, 도마 2, 19, 111)

1 예수님이 유대인 신자에게 말씀하셨다. "여러분이 내 말을 마음에 새기고 산다면, 참으로 내 제자가 되어 진리[1]를 알게 될 것이며, 진리가 여러분을 자유롭게 할 것입니다."(221) **2** 그들이 말했다. "우리는 아브라함의 자손으로, 이제까지 아무에게도 종노릇한 적이 없습니다. 그런데 어찌하여 우리더러 자유롭게 되리라 하십니까?" **3** 예수님이 대답하

1) 진리(眞理, Truth)는 하나님의 계시로서 영원하신 말씀, 곧 하나님의 아들이시다.

셨다. "내가 분명히 말합니다. 죄를 짓는 사람은 누구나 다 죄의 종입니
다. 종은 주인의 집에 영원히 머물러 있을 수 없으나, 아들은 영원히 살
수 있습니다. 그러므로 아들이 여러분을 자유롭게 하면, 여러분은 참으
로 자유롭게 될 것입니다. **4** 그리고 여러분은, 틀림없이 아브라함의 자
손입니다. 그런데 여러분이 나를 죽이려 합니다. 여러분 안에 내 말이 머
물러 있을 자리가 없기 때문입니다. 나는 내 아버지에게서 본 것을 말하
고, 여러분은 여러분의 아버지에게서 들은 것을 행합니다." **5** "우리의 조
상은 아브라함입니다." **6** "여러분이 아브라함의 자손이라면, 당연히 아브
라함을 본받아야 하지 않습니까? 그런데 지금 여러분은, 하나님의 진리
를 전하는 나를 죽이려 합니다. 아브라함은 그렇게 하지 않았습니다. 여
러분은 여러분의 아비가 한 일을 그대로 하고 있습니다." **7** "우리는 음란
한 데서 태어난 사생아가 아닙니다. 우리의 아버지는 유일하신 하나님
이십니다." **8** "하나님이 정말 여러분의 아버지시라면, 여러분이 나를 사
랑했을 것입니다. 내가 하나님에게서 나와, 지금 여기에 와 있기 때문입
니다. 나는 내 마음대로 온 것이 아니라, 하나님께서 나를 보내신 것입
니다. **9** 그런데 여러분은 어찌하여 내 말을 알아듣지 못합니까? 내 말
을 새겨들을 줄 몰라서 그런 것이 아닙니까? **10** 여러분은 여러분의 아
비 마귀에 속하여, 그 욕심대로 하려고 합니다. 그는 처음부터 살인자였
고, 진리 편에 서 본 적이 없습니다. 그 안에 진리가 없기 때문입니다. 하
나님의 자녀와 악마의 자녀가 여기서 밝히 드러납니다. 곧 의를 행치 않는 자와, 자기 형제나
자매를 사랑하지 않는 자는, 누구나 하나님에게서 난 사람이 아닙니다.(요한일서 3.10) **11** 그
는 거짓말을 할 때마다 자기 본성을 드러냅니다. 그가 거짓말쟁이요, 거
짓의 아비라는 증거입니다. 그 큰 용은 악마 또는 사탄이라고 하며, 온 세상을 미혹하
던 늙은 뱀으로, 그 졸개와 함께 땅으로 쫓겨났습니다.(요한계시록 12.9) **12** 그래서 내가
진리를 말해도, 여러분이 나를 믿지 않는 겁니다. 여러분 가운데서 누가

내게 죄가 있다고 증명할 사람이 있습니까? 내가 진리를 말하는데, 여러
분은 왜 나를 믿지 못합니까? **13** 하나님께 속한 사람은 하나님의 말씀
을 듣습니다. 여러분이 내 말을 듣지 않는 이유는, 여러분이 하나님께 속
하지 않았기 때문입니다." 그리스도 안에는, 하나님의 완전한 신성이 육신의 모습으로
깃들어 있습니다.(골로새서 2.9) **14** "우리가 당신을 사마리아인이라, 또는 귀신이
들려 미친 사람이라 하는데, 우리의 말이 틀렸소?" **15** "내가 귀신이 들려
미친 게 아니라, 내 아버지의 영광을 드러내고 있습니다. 여러분이 나를
헐뜯고 모함하는 것입니다. 나는 내 영광을 구하지 않습니다. 내 영광을
위해 애쓰시고, 나를 올바로 판단해 주시는 분이 따로 계십니다. **16** 내
가 분명히 말합니다. 내 말을 듣고 지키는 사람은, 영원히 죽지 않을 것입
니다." **17** "이제 보니, 당신은 귀신이 들려도 아주 단단히 들렸소. 아브라
함도 죽었고, 예언자도 다 죽었소. 그런데 당신의 말을 지키면 영원히 죽
지 않는다니, 당신이 우리 조상 아브라함보다 더 위대하다는 말이오? 도
대체 당신은 자신을 누구라 생각하시오?" **18** "내가 내 자신의 영광을 구
한다면, 그것은 아무 가치도 없습니다. 그러나 나를 영광스럽게 하시는
분은, 바로 여러분이 하나님이라 부르는 내 아버지십니다. 여러분은 그분
을 모르지만, 나는 그분을 압니다. 내가 만일 그분을 모른다고 하면, 나
도 여러분처럼 거짓말쟁이가 될 것입니다. 그러나 나는 그분을 분명히 알
고 있으며, 또 그분의 말씀을 지키고 있습니다. **19** 여러분의 조상 아브라
함이 내 날을 보리라는 희망으로 즐거워하다가, 마침내 그날을 보고 기
뻐했습니다." **20** "당신이 아직 50살도 안 되었지 않소? 그런데 아브라함
을 보았단 말이오?" **21** "내가 분명히 말합니다. 아브라함이 태어나기 전
부터, 나는 존재하고 있었습니다." **22** 그러자 유대인이 돌을 집어 예수님
을 치려고 하였으며, 예수님은 몸을 피해 성전 뜰을 빠져 나가셨다.

138
72제자 파송 (마태 11.20-24, 누가 10.1-16, 도마 14, 23, 73)

1 이후 예수님은 72명의 제자[1]를 뽑아 공개적으로 세우시고, 2명씩 짝
을 지어 친히 찾아가실 성읍과 마을로 미리 보내셨다. **2** 예수님이 말씀
하셨다. "추수할 것은 많지만 일꾼이 적구나. 추수하는 주인에게 일꾼을
많이 보내 달라고 하여라. **3** 자, 이제 가거라. 내가 너희를 보내는 것이,
어린양을 이리 떼 속으로 보내는 것과 같다. **4** 지갑이나 가방이나 신발
을 챙기지 말고, 길에서 누구와 만나 인사한다고 시간을 낭비하지도 마
라. **5** 어느 집에 들어가든지 먼저 이렇게 인사하라. '이 댁에 평화가 있
기를 빕니다!' **6** 그 집에 평화를 바라는 사람이 있으면, 너희가 빈 평화
가 그에게 임할 것이고, 그렇지 않으면 너희에게 돌아올 것이다. **7** 그리
고 너희는 그 집에 머물며, 거기서 주는 것을 먹고 마셔라. 일꾼이 자기
삯을 받는 것은 마땅하다. 이집 저집 옮겨 다니지 마라. **8** 어느 곳에 들
어가든지, 너희를 영접하면 그들이 차려 주는 음식을 먹고, 거기 있는 병
자를 고쳐 주며 말하라. '하나님의 나라가 여러분에게 가까이 왔습니다!'
9 그러나 어느 곳에 들어가든지, 너희를 영접하지 않거든 길거리로 나가
서 말하라. '우리 발에 묻은 이곳의 먼지까지 다 털고 갑니다. 그러나 하
나님의 나라가 가까이 왔다는 것을 명심하십시오!' **10** 내가 말한다. 심
판 날, 소돔이 그 동네보다 견디기 쉬울 것이다. **11** 고라신[2]아, 네게 화
가 미칠 것이다. 벳새다야, 네게도 화가 있을 것이다. 너희에게 베푼 기적

---

1) 예수님이 따로 세우신 제자가 72명이 아니라 70명으로 기록된 사본도 있다. 이스라엘 장로 72명, 산헤드린 공회원 72명 등은 이스라엘 12지파 가운데 6명씩 뽑아 세운 것으로 보이며, 72명이 모여 히브리어 성경을 그리스어 성경으로 번역한 70인(LXX)역도 비슷한 예다. 당시 유대인은 숫자에 상징적 의미를 두었는데, 전 세계에 72개의 나라와 언어가 있는 것으로 보았다.

2) 고라신(Korazin, 나무 많은 곳)은 가버나움에서 북쪽으로 3km 남짓 떨어진 큰 도시다.

이 두로와 시돈[1]에서 나타났다면, 그들은 벌써 굵은 베옷을 입고, 재를
뒤집어쓰고 앉아 회개했을 것이다. 내가 말한다. 심판 날, 두로와 시돈이
너희보다 더 견디기 쉬울 것이다. **12** 가버나움[2]아, 네가 하늘까지 치솟
을 성싶으냐? 지옥까지 떨어질 것이다. 네게 행한 기적을 소돔[3]에서 베
풀었다면, 그 성이 오늘까지 있었을 것이다. 내가 말한다. 심판 날, 소돔
이 너희보다 더 견디기 쉬울 것이다." **13** 이는 기적을 가장 많이 베푼 도
시들이 회개하지 않아서, 그들을 꾸짖은 것이다. **14** 그리고 예수님이 다
시 말씀하셨다. "너희 말을 듣는 사람은 내 말을 듣는 사람이요, 너희를
배척하는 사람은 나를 배척하는 사람이요, 나를 배척하는 사람은 나를
보내신 분을 배척하는 사람이다."

139
72제자 보고 (마태 11.25-27, 누가 10.17-24, 도마 17)

1 72명의 제자가 기뻐하며 돌아와서 보고하였다. "주님, 주님의 이름으
로 저희가 귀신들을 복종시켰습니다." **2** 예수님이 말씀하셨다. "사탄이
하늘에서 번갯불처럼 떨어지는 것을 내가 보았다. 내가 너희에게 뱀과 전
갈을 짓밟고, 원수의 모든 힘을 꺾는 권세를 주었으니, 이제는 아무도 너
희를 해치지 못할 것이다. **3** 그러나 귀신들이 복종한다고 기뻐하지 말
고, 너희 이름이 하늘에 등재된 걸로 기뻐하라." **4** 그때 예수님은 성령이

---

1) 두로(Tyre, 바위)와 시돈(Sidon, 어장)은 팔레스타인 북쪽, 지중해 연안에 있는 페니키아 항구도시다.
2) 가버나움(Carpernaum, 위로의 마을)은 갈릴리호수 북서쪽의 도시로, 예수님이 이주하여 사신 곳이다.
3) 소돔(Sodom, 둘러싸인 곳)은 사해 근방의 도시로, 타락과 죄악으로 고모라와 함께 유황불로 멸망했다.

충만하여, 기뻐하며 말씀하셨다. "하늘과 땅의 주재이신 아버지, 제가 아
버지를 찬양합니다. 이 모든 일을 지혜롭고 똑똑하다는 사람들에게는 숨
기시고, 오히려 철부지 같은 사람들에게 나타내 보이시니 감사합니다. 그
렇습니다, 아버지! 이것이 아버지께서 원하신 뜻이었습니다. **5** 아버지께
서 이 모든 것을 제게 맡기셨습니다. 그러나 아버지 외에는 아들이 누구
인지 아는 사람이 없고, 아들과 또 아버지를 계시하려고 아들이 택한 사
람 외에는 아버지께서 누구신지 아는 사람이 없습니다." **6** 그리고 예수
님이 뒤돌아 제자들에게 말씀하셨다. "너희가 지금 보는 것을 보는 눈은
복이 있다. 그동안 숱한 예언자와 제왕이 너희가 보는 것을 보고자 했으
나 보지 못했고, 너희가 듣는 것을 듣고자 했으나 듣지 못했다."

140
선한 사마리아인 (누가 10.25-37)

1 한 율법학자가 일어나 예수님을 떠보려고 물었다. "선생님, 제가 무엇
을 해야 영생을 얻겠습니까?"(181) **2** 예수님이 대답하셨다. "율법에 무엇
이라 적혀 있으며, 그대는 어떻게 이해하고 있습니까?" **3** "네 마음을 다
하고, 네 목숨을 다하고, 네 힘을 다하고, 네 뜻을 다하여, 주 너의 하나
님을 사랑하라고 했으며, 또 네 이웃을 네 몸같이 사랑하라고 했습니다."
(199) 동족에게 앙심을 품거나 원수를 갚지 마라. 네 이웃을 네 몸처럼 사랑하라. 나는 야
훼다.(레위기 19.18) 네 마음을 다하고 뜻을 다하고 힘을 다하여, 주 너의 하나님을 사랑
하라.(신명기 6.5) **4** "그대의 대답이 옳습니다. 그대로 실천하면 살 것입
니다." **5** 그러자 율법학자는, 짐짓 자기가 옳다는 것을 드러내 보이려
고 다시 물었다. "그러면 누가 제 이웃입니까?" **6** 예수님이 대답하셨다.

"어떤 사람이 예루살렘에서 여리고[1]로 내려가다가 강도떼를 만났습니
다. 강도들이 그가 가진 것을 다 빼앗고, 옷까지 벗기고 두들겨 패서 거
반 죽은 것을 버려두고 갔습니다. **7** 마침 한 제사장[2]이 그 길을 내려가
다가, 그 사람을 보았습니다. 그러나 그는 그를 피해 다른 길로 지나갔습
니다. 죄가 계명의 틈을 타고 들어와 나를 속이고, 그 계명으로 나를 죽인 것입니다.(로마서
7:11) **8** 얼마 후 한 레위인[3]도 그곳에 이르러, 그 사람을 보게 되었습니다.
그런데 그도 역시 그를 피해 다른 길로 지나갔습니다. **9** 그런데 어떤 사
마리아인[4]은 여행 중에 그 길을 지나다가, 그를 보고 가엾은 마음이 들
었습니다. 그래서 그에게 가까이 가서, 기름과 포도주를 상처에 붓고 싸
맨 뒤, 자기 나귀에 태워 여관으로 데려갔습니다. 그리고 밤새 정성껏 간
호해 주었습니다. **10** 그리고 다음날, 자기 주머니에서 데나리온 2개를
꺼내 여관집 주인에게 주면서 부탁했습니다. '이 사람을 잘 돌봐 주십시
오. 부비가 더 들면, 제가 돌아오는 길에 갚겠습니다.' **11** 그대의 생각에
는, 이들 3명 가운데 누가 강도 만난 사람의 이웃이 되겠습니까?" **12** "그
에게 자비를 베푼 사람입니다." **13** "그대도 가서, 그와 같이 하십시오."

1) 여리고(Jericho, 달/종려/향기의 성읍)는 요단강 남서쪽의 고대 도시로, 해저 250m에 위치하고 있었으며, 해발 760m에 있는 예루살렘과의 거리는 36km쯤 되었다. 길이 험하고 암석이 많아서, 주후 4세기까지 강도떼가 자주 출몰하였다.

2) 제사장(祭司長, Priest)은 백성을 대신해 제사를 드린 사람으로, 하나님과 사람간의 중보자 역할을 하였다.

3) 레위인(Levite, 연합하다)은 야곱의 3번째 아들 레위의 후손으로, 이스라엘 백성을 위해 성전 일을 하였다.

4) 사마리아인(Samaritan, 살피다)은 사마리아에 살던 혼혈인으로, 이스라엘 자손임을 주장했으나 배척을 받았다.

141
실로암 맹인 (요한 9.1-41, 도마 77)

1 예수님이 길을 가시다가, 나면서부터 눈먼 사람을 보셨다. **2** 제자들이 물었다. "선생님, 저 사람이 저리 태어난 것이 누구의 죄 때문입니까? 저 사람의 죄입니까, 그 부모의 죄입니까?" **3** 예수님이 대답하셨다. "저 사람의 죄도 아니고, 그 부모의 죄도 아니다. 하나님께서 하시는 일을 저 사람을 통해 드러내시려는 것이다. 우리는 낮 동안에 나를 보내신 분의 일을 해야 한다. 아무도 일할 수 없는 밤이 곧 오기 때문이다. 내가 세상에 있는 동안은 내가 세상의 빛이다." **4** 이 말씀을 하시고, 땅에 침을 뱉어 진흙을 개어, 그의 눈에 바르시며 말씀하셨다. "실로암[1] 못에 가서 씻으십시오." 실로암은 '보냄을 받았다'는 뜻이다. **야훼 하나님께서 진흙으로 사람을 빚어 만드시고, 그 코에 생기를 불어넣으시자, 사람이 생명체가 되었다.(창세기 2.7) 토기장이가 같은 진흙덩이를 가지고, 하나는 귀히 쓸 그릇을, 다른 하나는 막 쓸 그릇을 만들 권리가 없겠습니까?(로마서 9.21)** **5** 그러자 그 사람이 실로암 못에 가서 씻고, 밝히 보면서 자기 집으로 돌아갔다. **6** 그의 이웃과, 그가 전에 구걸하던 것을 본 사람들이 말했다. "저 사람은 길가에 앉아서 구걸하던 그 거지가 아닙니까?" **7** "맞아요, 바로 그 사람입니다." **8** "아니오, 그와 닮은 사람일 뿐입니다." **9** 그러자 눈을 뜬 사람이 밝히 말했다. "내가 바로 그 사람입니다." **10** "그렇다면, 당신이 어찌 눈을 뜨게 되었소?" **11** "예수라는 분이 진흙을 개어 내 눈에 바르시고, '실로암 못에 가서 씻어라'고 하시기에, 내가 그대로 하였더니, 이렇게 보게 되었습니다." **12** "그가 지금 어

1) 실로암(Siloam, 보냄을 받은 자)은 예루살렘 동남쪽에 있는 길이 17m, 너비 5m, 깊이 6m의 샘이다. 주전 8세기, 유대 왕 히스기야가 앗수르 왕 산헤립의 공격에 대비하여, 예루살렘에서 500m 떨어진 기혼(처녀의 샘)에서 실로암까지, S자형 수로를 파서 물을 끌어와 만들었다.

디 있소?" **13** "그것은 나도 모릅니다." **14** 사람들이 그를 바리새인[1]에게
데리고 갔다. 예수님이 진흙을 개어 그의 눈을 뜨게 하신 날이 안식일이
었기 때문이다.(41) **15** 바리새인이 물었다. "당신이 어찌 눈을 뜨게 되었
소?" **16** 그 사람이 대답했다. "예수라는 분이 진흙을 이겨 내 눈에 바르
시고, '실로암 못에 가서 씻어라'고 하시기에, 내가 그대로 하였더니, 이렇
게 보게 되었습니다." **17** 그러자 바리새인의 의견이 서로 갈라졌다. "그
가 안식일을 지키지 않은 것으로 봐서, 그는 하나님의 사람이 아니오!"
18 "그렇다면, 죄인이 어떻게 그런 기적을 행하겠소?" **19** 바리새인이 다
시 물었다. "그가 그대의 눈을 뜨게 하였다면, 그대는 그를 어찌 생각하
오?" **20** "그분은 예언자십니다." **21** 유대인은 그가 맹인이었다는 사실을
끝내 믿지 못하고, 그의 부모를 불러다가 물었다. "이 사람이 나면서부터
소경이었다는 당신네 아들이 틀림없소? 그렇다면, 이 사람이 지금 어찌
보게 되었소?" **22** 그 부모가 대답했다. "이 아이가 우리의 아들인 것과,
나면서부터 소경인 것은 틀림없는 사실이나, 그가 지금 어찌해서 보게
되었는지, 또 누가 그의 눈을 뜨게 하였는지, 그에 대해서는 아무것도 아
는 바가 없습니다. 이 아이도 이제 다 컸으니, 그에게 직접 물어보십시오.
자기 문제에 대해 스스로 대답할 수 있을 것입니다." **23** 그때 이미 유대
인이, 예수를 그리스도라고 인정하는 사람은 누구든지 회당에서 쫓아내
기로 결의해 놓았기 때문에, 그의 부모가 두려워서 그리 말했던 것이다.
24 바리새인이 그를 다시 불러 말했다. "우리에게 사실대로 고하고, 하나
님께 영광을 돌리시오. 우리가 알기로 그는 죄인이오." **25** "그분이 죄인

---

1) 유대교(Judaism)에 바리새파, 사두개파, 에세네파, 헤롯당, 열심당 등의 분파가 있었다. 바리새파는 모든 일이 하나님에 의해 예정되었으나 인간의 자유로운 의지도 일부분 작용한다고 보았으며, 사두개파는 인간의 일에 하나님께서 일체 개입하시지 않는다고 보았으며, 에세네파는 모든 일이 하나님에 의해 예정되어 있다고 보았다. 그러나 예수님은 그런 운명론적 질문에 동의하지 않으셨다.

인지 아닌지는 모르겠습니다. 다만 분명한 것은, 전에는 제가 보지 못하
다가, 이제는 본다는 사실입니다." **26** "그렇다면, 그가 그대에게 무슨 일을
했소? 그가 어떻게 그대의 눈을 뜨게 했단 말이오?" **27** "그것은 제가 이
미 다 말씀드렸지 않습니까? 제가 말할 때는 곧이듣지 않다가, 왜 자꾸 똑
같은 질문을 하십니까? 여러분도 그분의 제자가 되고 싶습니까?" **28** 그러
자 그들이 마구 욕을 해대며 말했다. "네놈은 그자의 제자일지 모르나,
우리는 모세의 제자다. 하나님께서 모세에게 말씀하셨다는 것은 들어
서 알고 있으나, 그자에 대해서는 어디서 왔는지도 모른다." **29** "그렇다
면, 정말 이상한 일이 아닙니까? 여러분은 그분이 어디서 오셨는지 모른
다고 하지만, 그분은 분명히 제 눈을 뜨게 하셨습니다. 하나님께서 죄인
의 말은 듣지 않으시지만, 하나님을 공경하고 그 뜻대로 행하는 사람의
말은 들으시는 것으로 알고 있습니다. 창세 이래 나면서부터 눈먼 사람
의 눈을 뜨게 했다는 말은 들어 본 적이 없습니다. 그분이 만일 하나님
께서 보내신 사람이 아니라면, 이런 일은 도저히 하실 수가 없었을 것입
니다." **30** "네놈이 죄를 뒤집어쓰고 태어난 주제에, 감히 우리를 훈계하
려고 하느냐?" **31** 그래서 결국은, 바리새인이 그 사람을 회당에서 내쫓
고 말았다. **32** 예수님이 그 소식을 들으시고, 그를 만나 물으셨다. "그대
가 인자를 믿습니까?" **33** 그 사람이 대답하였다. "선생님, 그분이 누구
십니까? 제가 그분을 믿겠습니다." **34** "그대는 이미 그를 보았습니다. 그
대와 지금 말하고 있는 이가, 바로 그 사람입니다." **35** 그러자 그가 예수
님 앞에 무릎을 꿇고 엎드려 절하며 말했다. "주님, 제가 주님을 믿습니
다." **36** 예수님이 말씀하셨다. "내가 세상에 온 것은, 눈먼 사람과 눈뜬
사람을 가려서, 눈먼 사람은 보게 하고, 눈뜬 사람은 보지 못하게 하려
는 것입니다." **37** 이 말씀을 듣고, 그 자리에 있던 바리새인이 또 대들었
다. "그렇다면, 우리도 소경이란 말이오?" **38** 예수님이 말씀하셨다. "여

러분이 차라리 보지 못했다면, 죄가 없었을 겁니다. 그러나 지금 본다고
하니, 여러분의 죄가 그대로 남아 있습니다."

142
마르다와 마리아 (누가 10.38-42)

1 예수님이 여행을 하시다가, 어느 마을에 이르셨다. 마르다라는 자매
가 나와서, 자기네 집으로 모셔 들였다. **2** 마르다에게 마리아라는 동생
이 있었는데, 예수님의 발치에 앉아 말씀을 듣고 있었다. 그러나 마르다
는 이것저것 접대하는 일로 마음이 분주하였다. **3** 마르다가 와서 말했
다. "주님, 제 동생이 제게만 일을 떠맡기고 가만히 앉아 있지 않습니까?
왜 두고만 보십니까? 얼른 가서 거들어 주라고 일러 주십시오." **4** 예수
님이 대답하셨다. "마르다야, 마르다야! 네가 많은 일로 염려하며 정신
이 없구나. 그러나 정작 필요한 것은 하나뿐이다. **5** 마리아는 좋은 몫
을 택했으니, 그것을 빼앗기지 않을 것이다."

143
주기도문 (마태 6.9-13, 누가 11.1-4)

1 하루는, 예수님이 어느 곳에서 기도[1]하고 계셨다. 기도를 마치시자
제자 하나가 말했다. "주님, 요한이 자기 제자들에게 기도를 가르쳐 주었

1) 기도(祈禱, Prayer)는 묵상이나 대화 등으로, 성령 안에서 하나님과 나누는 교제다. 감사, 회개, 간구 등을 그리스도의 이름으로 한다.

듯이, 저희에게도 가르쳐 주십시오." **2** 예수님이 말씀하셨다. "너희는 이
렇게 기도하라. 기도할 때마다 여러분을 생각하며, 항상 감사하기를 마지않습니다.(에베
소서 1.16) 그러므로 내가 아버지 앞에 무릎을 꿇고 빕니다.(에베소서 3.14) **3** 하늘에 계
신 우리 아버지, 아버지의 이름을 거룩히 받들게 하시며, 아버지의 나라
가 속히 임하게 하시며, 아버지의 뜻이 하늘에서처럼 땅에서도 이루지게
하십시오. 오늘(날마다) 우리에게 필요한(일용할) 양식을 주시고, 우리가 우
리에게 잘못한(빚진) 사람을 용서하오니, 우리의 잘못(빚)을 용서(탕감)하시
고, 우리를 시험(유혹)에 들지(빠지지) 않게 하시고, 악(악한 자)에서 구하여
주십시오. 나라와 권세와 영광이 영원히 아버지께 있습니다. 아멘."(230)

144
기도의 교훈 (마태 7.7-11, 누가 11.5-13, 도마 92, 94)

1 예수님이 말씀하셨다. "너희 중에서 누가 한 친구를 두었다고 하자.
그가 한밤중에 찾아와 말했다. '여보게, 빵 3개만 꾸어 주게. 내 벗이 여
행길에 찾아왔으나, 내놓을 게 아무것도 없다네.' **2** 그때 그가 안에서 들
고, 이렇게 말할 수 있겠느냐? '귀찮게 하지 말게. 문은 이미 잠겼고, 나
는 애들과 함께 벌써 잠자리에 들었네. 그러니 일어나 자네의 청을 들어
줄 수 없네.' **3** 내가 말한다. 그가 친구라는 이유만으로 일어나 빵은
주지 않을지라도, 끈질기게 졸라대므로 마침내 일어나 필요한 만큼 줄
것이다. **4** 그러므로 내가 말한다. 구하라! 받을 것이요, 찾아라! 얻을
것이요, 문을 두드려라! 열릴 것이다. **5** 누구든지 구하면 받을 것이요,
찾으면 얻을 것이요, 문을 두드리면 열릴 것이다. **6** 너희 가운데 어떤 아
비가 자식이 빵을 달라는데 돌을 주며, 생선을 달라는데 뱀을 주며, 달

걀을 달라는데 전갈을 주겠느냐? 그런 사람이 어디 있겠느냐? **7** 너희가
악할지라도 자녀에게 좋은 것을 줄 줄 알거든, 하물며 하늘에 계신 너희
아버지께서 구하는 자에게 더 좋은 것, 성령을 주시지 않겠느냐?"

145
돌아온 악령 (마태 12.43-45, 누가 11.24-26, 도마 7, 60, 79)

1 예수님이 말씀하셨다. "더러운 악령[1]이 어떤 사람 안에 있다가 나오게
되면, 먼저 쉴 만한 곳을 찾아 물 없는 광야를 헤매고 다닌다. 그러다가 끝
내 찾지 못하면 말한다. '내가 전에 있던 곳으로 되돌아가야지.' **2** 그리고
가서 보니, 그 집이 아직 비어 있었을 뿐만 아니라, 말끔히 치워지고 잘 정
돈되어 있었다. 그러자 악령은 다시 나와서, 자기보다 더 흉악한 악령 일
곱을 데리고 들어가 자리를 잡고 살게 된다. 그러면 그 사람의 형편이 처
음보다 더 비참하게 된다. 악한 이 세대도 그렇게 될 것이다." **3** 예수님이
말씀하실 때, 무리 속에서 한 여인이 소리를 질렀다. "선생님을 낳아서 젖
을 먹이시고 기르신 어머니는 정말 행복하겠습니다." **4** 예수님이 말씀하셨
다. "오히려 하나님의 말씀을 듣고 지키는 사람이 행복합니다."

146
사악한 세대 (마태 12.38-42, 누가 11.29-32)

1 무리가 계속 모여들고 있었다. 바리새인과 율법학자 몇이 말했다. "선

1) 악령(惡靈, Demon)은 사악하고 더러운 귀신의 영을 말한다.

생님, 우리가 선생님의 표적을 보았으면 합니다." **2** 예수님이 탄식하시며 말씀하셨다. "이 세대가 왜 이다지 악할까? 사악하고 음란한 세대가 표적을 구하나, 예언자 요나의 표적밖에 따로 보여 줄 것이 없습니다. 요나가 니느웨 사람에게 표적이 되어서, 밤낮 3일을 큰 물고기 배 속에서 지냈듯이, 인자도 밤낮 3일을 땅속에서 보낼 것입니다. 주께서 큰 물고기 1마리를 준비시켜 두셨다가 요나를 삼키게 하셨다. 요나는 밤낮 3일을 그 물고기 배 속에서 지냈다.(요나서 1.17) **3** 심판 날, 니느웨[1] 사람들이 이 세대와 함께 일어나 그 죄를 심판할 것입니다. 그들은 요나의 선포를 듣고 회개했습니다. 그러나 보십시오, 요나보다 더 큰 사람이 여기 있습니다. **4** 남방의 여왕[2]도 심판 날, 이 세대와 함께 일어나 그 죄를 심판할 것입니다. 그 여왕은 솔로몬의 지혜를 듣기 위해 땅 끝에서 왔습니다. 그러나 보십시오, 솔로몬보다 더 큰 사람이 여기 있습니다." 스바 여왕이 주의 이름으로 유명한 솔로몬의 명성을 듣고, 여러 가지 어려운 질문을 준비해 시험하려고 찾아왔다.(열왕기상 10.1)

147
등불의 빛 (마태 6.22-23, 누가 11.33-36, 도마 24, 33)

1 예수님이 말씀하셨다. "등불을 켜서 움 속에 두거나, 됫박으로 덮어 두는 사람은 아무도 없습니다. 누구나 등경 위에 얹어서, 방으로 들어오는 사람에게 그 빛이 비치게 합니다. **2** 눈은 몸의 등불입니다. 그대의 눈

1) 니느웨(Nineveh, 합의)는 아시리아(주전 705-612) 수도로, 메소포타미아에서 가장 오래된 도시 가운데 하나다.

2) 남방의 여왕은 스바의 여왕(Queen of Sheba)을 말한다. 스바는 아라비아반도 남쪽 끝에 위치한 예멘으로 보이며, 예루살렘에서 무려 2,000km나 떨어져 있었다. 예멘이 아니라 에티오피아라는 견해도 있다.

이 성하면 온몸도 밝을 것이며, 그대의 눈이 성하지 않으면 온몸도 어두
울 것입니다. **3** 그러니 그대 안에 있는 빛이 사라져 버리면, 그 어둠이
얼마나 심하겠습니까? 그대 안에 있는 빛이 어둡지 않은지 항상 살펴보
십시오. **4** 그대의 온몸이 빛으로 가득하여 어두운 데가 조금도 없으면,
마치 등불의 빛이 그대를 환하게 비추듯, 그대의 몸도 온전히 밝을 것입
니다."

148
6가지 화 (누가 11.37-54, 도마 89)

1 예수님이 말씀을 마치시자, 바리새인 하나가 자기 집에서 잡수시기를
청했다. 예수님이 그 집에 들어가 식탁에 앉으셨다. 그런데 예수님이 손
씻는 의식을 치르지 않고 음식을 잡수시자, 그가 깜짝 놀라는 표정을 지
었다.(107) **2** 예수님이 말씀하셨다. "여러분 바리새인은 잔과 접시의 겉은
깨끗이 닦아 놓지만, 여러분 속에는 탐욕과 악독이 가득 차 있습니다. 어
리석은 자여, 겉을 만드신 분이 속도 만드시지 않았습니까? 먼저 여러분
속에서 우러나오는 진심으로 자선을 베푸십시오. 그러면 모든 것이 깨끗
해질 것입니다. **3** 여러분 바리새인에게 화가 있을 것입니다. 여러분은 박
하와 운향과 온갖 채소의 십일조는 바치면서, 하나님의 정의와 사랑은
대수롭지 않게 여기고 있습니다. 십일조를 바치는 일도 중요하지만, 정의
와 사랑은 더욱 소중하지 않습니까? **4** 여러분 바리새인에게 화가 있을
것입니다. 여러분은 회당에서 높은 자리를 즐겨 찾고, 장터에서 인사 받
기를 좋아합니다. **5** 그런 여러분에게 화가 있을 것입니다. 여러분은 평

토장한 무덤[1]과 같습니다. 사람들이 그 위를 밟고 다니면서, 그것이 무덤인 줄 모릅니다." **6** 그때 한 율법학자가 나서 말했다. "선생님, 그렇게 말씀하시면, 우리까지 모욕하시는 것입니다." **7** 예수님이 말씀하셨다. "그렇습니다! 여러분 율법학자에게도 화가 미칠 것입니다. 여러분은 무거운 짐을 꾸려 남의 어깨에 지우면서, 여러분 자신은 새끼손가락 하나도 까딱하려 하지 않습니다. **8** 그런 여러분에게 화가 미칠 것입니다. 여러분은 여러분 조상이 죽인 예언자의 무덤을 단장하고 있습니다. 여러분 조상은 예언자를 죽였고, 여러분은 그 무덤을 단장하고 있으니, 여러분 조상이 행한 소행을 여러분 스스로 인정하는 꼴이 되었습니다. **9** 그래서 하나님의 지혜가 말씀하셨습니다. '내가 그들에게 예언자와 사도를 보내겠지만, 더러는 죽이고 더러는 핍박할 것이다.' 야훼께서 백성을 돌아오게 하시려고 예언자를 보내셨으나, 백성은 그 말을 듣지 않았다.(역대하 24.19) **10** 그러므로 창세 이래 모든 예언자가 흘린 피에 대하여, 이 세대가 책임져야 할 것입니다. 그렇습니다. 내가 분명히 말합니다. 아벨[2]의 피를 비롯하여, 제단과 성소 사이에서 살해된 사가랴[3]의 피에 이르기까지, 이 세대가 그 모든 죗값을 치를 것입니다.(201) **11** 여러분 율법학자에게 화가 미칠 것입니다. 여러분은 지식의 열쇠를 가로채 가지고 있으면서, 여러분 자신도 들어가지 않고, 다른 사람까지 못 들어가게 막고 있습니다." **12** 예수님이 그 집에서 나오실 때, 바리새인과 율법학자가 잔뜩 앙심을 품고, 여러 가지 질문을 해대며 몰아붙였다. 예수님의 말에서 무슨 꼬투리를 잡아, 체포할 구실을 삼을 요량이었다.

---

1) 평토장(平土葬)한 무덤(Grave)은 봉분 없이 평평하게 매장하고, 그 위에 회를 칠해 놓았다. 무덤을 만지면 7일간 부정하였던 바, 무덤에 회를 칠하여 부정을 피했던 것이다.

2) 아벨(Abel, 생기/공허)은 아담과 하와의 둘째 아들로, 첫아들 가인(Cain, 소유/획득)에 의해 살해되었다.

3) 사가랴(Zechariah, 여호와가 기억하신다)는 유대 왕 요아스 시대의 예언자로, 왕과 백성에게 우상 숭배를 책망하다가, 성전 뜰에서 돌에 맞아 죽임을 당했다.

149

위선자 경고 (누가 12.1-12, 도마 5, 33, 44)

1 그사이 수많은 사람이 모여들어, 서로 짓밟힐 지경이 되었다. **2** 예
수님이 먼저 제자들에게 말씀하셨다. "바리새인의 누룩을 조심하라. 그
들의 위선을 경계하라. 가려 놓은 것은 벗겨지기 마련이고, 숨겨 놓은 것
은 알려지기 마련이다. 너희가 어두운 데서 한 말을, 사람들이 밝은 데서
들을 것이고, 너희가 골방에서 속삭인 말을, 사람들이 지붕 위에서 선포
할 것이다.(99, 113) **3** 나의 친구들아, 내 말을 들어라. 너희 몸은 죽일 수
있어도, 그 이상 아무것도 할 수 없는 자를 두려워하지 마라. 너희가 정
말 두려워해야 할 분을 내가 알려 주겠다. 육신을 죽인 뒤 영혼까지 지
옥에 던질 권세를 가지신 분이시다. 그렇다! 내가 말한다. 그분을 두려
워하라. **4** 참새 5마리가 앗사리온 동전 2닢에 팔리지 않느냐? 그러나 그
하찮은 참새 1마리도 하나님께서 잊지 않으신다. 실로 하나님께서는, 너
희 머리카락까지도 낱낱이 다 세고 계신다. 그러니 두려워하지 마라. 너
희는 그 많은 참새보다 훨씬 더 귀하다. **5** 내가 말한다. 누구든지 사람
들 앞에서 나를 안다고 시인하면, 나도 하나님의 천사들 앞에서 그를 안
다고 시인할 것이다. 그러나 누구든지 사람들 앞에서 나를 모른다고 부
인하면, 나도 하나님의 천사들 앞에서 그를 모른다고 부인할 것이다.(100)
우리는 모두 그리스도의 심판대 앞에 나타나야 합니다. 선한 일이든 악한 일이든, 제각기 몸으
로 행한 모든 일에 대하여 마땅한 보응을 받아야 합니다.(고린도후서 5.10) **6** 누구든지 인
자를 거슬러 욕하는 사람은 용서받을 수 있어도, 성령을 거슬러 모독하
는 사람은 용서받지 못한다.(77) 내가 전에는 훼방자요, 핍박자요, 폭행자였으나, 그
것은 내가 믿지 않을 때 모르고 한 일이므로, 하나님께서 내게 자비를 베푸셨습니다.(디모데전
서 1.13) 그 다음에 "보십시오, 저는 하나님의 뜻을 이루려고 왔습니다!"고 말씀하셨습니다. 이

렇듯 그리스도는 2번째 것을 세우시려고, 1번째 것을 폐하셨습니다.(히브리서 10.9) **7** 너희
가 회당이나 지도자나 권력자 앞에 끌려가게 되더라도, 스스로 '어떻게
대답할까?', '무슨 말을 할까?'하며 미리 염려하지 마라. 너희가 마땅히 해
야 할 말을, 바로 그 자리에서 성령이 일러 주실 것이다."

150
어리석은 부자 (누가 12.13-34, 도마 63, 72, 110)

1 무리 속에서 어떤 사람이 소리쳤다. "선생님, 아버지의 유산을 저와
나누라고, 제 형에게 일러 주십시오." **2** 예수님이 말씀하셨다. "이 사람
아, 누가 나를 여러분의 재판관이나 재산 분배자로 세웠습니까?" **3** 그리
고 무리를 향해 말씀하셨다. "여러분은 삼가 어떤 탐욕에도 빠져들지 않
게 조심하십시오. 사람이 제아무리 재산이 많을지라도, 그 재산이 생명
을 보장하지는 못합니다." **4** 그리고 비유를 들어 말씀하셨다. "비옥한 농
토를 가진 한 부자가 있었습니다. 소출이 풍성하자 중얼거렸습니다. '이
많은 곡식을 쌓아둘 곳이 없으니 어떻게 할까? 옳지, 좋은 수가 있구나!
내 곳간을 헐고 더 크게 짓자. 그리고 거기 내 모든 곡식과 물건을 쌓아
두고, 내 영혼에게 말하자. 내 영혼아! 내가 여러 해 동안 쓸 물건을 충
분히 쌓아 두었으니, 이제 마음 놓고 편히 쉬면서, 실컷 먹고 마시며 한
껏 즐겨라!' **5** 그러나 하나님께서 말씀하셨습니다. '이 어리석은 사람아,
오늘 밤 네 영혼을 네게서 도로 찾을 것이다. 너를 위해 쌓아 둔 것이 뉘
차지가 되겠느냐?' 그대는 이 세상 부자에게 명하여, 교만하지 말고, 덧없는 재물에 소망
을 두지 말고, 우리에게 모든 것을 풍성히 주시고 누리게 하시는, 하나님께 소망을 두라고 하
라.(디모데전서 6.17) **6** 자기를 위해 재물을 쌓아 두면서, 하나님께 인색한 사

람은 다 이와 같을 것입니다." **7** 그리고 예수님이 제자들에게 말씀하셨
다. "그러므로 내가 말한다. 너희 목숨을 위해 무엇을 먹을까, 너희 몸을
위해 무엇을 입을까 하면서 염려하지 마라. **8** 목숨이 음식보다 더 소중
하고, 몸이 옷보다 더 귀중하지 않느냐? 까마귀를 생각해 보라. 씨도 뿌
리지 않고 거둬들이지도 않는다. 곳간이나 창고도 없다. 그러나 하나님
께서 그들도 다 먹여 주신다. 너희는 새보다 얼마나 더 귀하냐? **9** 너희
가운데 누가 걱정한다고 해서, 자기 목숨(키)을 1시간(치)인들 더 늘일 수
있겠느냐? 너희가 이처럼 작은 일도 하지 못하면서, 어찌하여 다른 일까
지 걱정하느냐? **10** 저 들꽃(백합)이 어떻게 자라는가 생각해 보라. 수고
도 하지 않고, 길쌈도 하지 않는다. 그러나 온갖 영화를 다 누린 솔로몬
도, 이 꽃 하나만큼 화려하게 차려 입지 못하였다. **11** 그런데 너희는 왜
그리 믿음이 적으냐? 오늘 피었다가 내일 아궁이에 던져질 들풀도 하나
님께서 이처럼 입히시거든, 하물며 너희야 오죽이나 더 잘 입히시겠느냐?
12 그러니 너희는, 먹을 것과 마실 것을 위하여 염려하고 애쓰지 마라.
그런 것은 다 세상 사람이 애써 찾는 것이다. 너희 아버지께서는 그것이
너희에게 필요함을 알고 계신다.(64) **13** 너희는 먼저 하나님의 나라를 구
하라. 그러면 이 모든 것을 너희에게 더하여 주실 것이다.(86. 87) **14** 내
어린양들아, 조금도 두려워하지 마라. 너희 아버지께서 그 나라를 너희에
게 주시기를 기뻐하신다. **15** 너희는 너희 소유를 팔아서 자선을 베풀어
라. 너희를 위하여 닳지 않는 지갑을 만들고, 축나지 않는 재물의 창고를
하늘에 마련하라. 거기는 도둑이 들거나 좀이 먹는 일도 없다. **16** 너희
재물이 있는 곳에 너희 마음도 있다."

151
청지기 자세 (마태 24.45-51, 누가 12.35-48, 도마 28)

1 예수님이 말씀하셨다. "너희는 허리띠를 두르고, 등불을 켜 놓고, 기다
리고 있어라. 마치 주인이 혼인 잔치에서 돌아와 문을 두드리면, 즉시 열어
주려고 기다리는 종과 같이 되어라. 주인이 돌아와 그렇게 대기하고 있는
종을 보면, 그 종은 복이 있다. **2** 내가 분명히 말한다. 주인이 몸소 허리띠
를 동이고, 그를 식탁에 앉히고, 곁에 와서 시중들 것이다. 주인이 밤중이
나 새벽[1]에 오더라도, 그렇게 기다리는 종은 복이 있다. **3** 너희는 명심하
라. 도둑이 언제 들지 주인이 안다면, 도둑이 들지 못하게 지킬 것이다. 그
러니 너희도 준비하고 있어라. 아무도 생각지 않은 때에 인자가 올 것이
다." **4** 베드로가 말했다. "주님, 이 비유를 저희에게 하신 것입니까, 다른
사람까지 모두 들으라고 하신 것입니까?" **5** 예수님이 대답하셨다. "누가
신실하고 지혜로운 청지기[2]이겠느냐? 주인이 종들을 맡기고 제때 양식
을 나눠 주라고 했으면, 그가 어떻게 해야 되겠느냐? 주인이 돌아올 때까
지 자기 책임을 다하고 있다가, 주인을 맞이하는 종이 아니겠느냐? 그 종
이 복이 있다. 내가 분명히 말한다. 주인이 그에게 자기 모든 재산을 맡
길 것이다. **6** 그러나 그가 악하여, 속으로 주인이 더디 오려니 생각하고,
자기가 맡은 남녀종을 때리고, 술친구와 어울려 먹고 마시고 흥청대며
세월을 보낸다면, 어떻게 되겠느냐? 아무도 생각지 않은 날, 뜻밖의 시각
에 주인이 돌아와서, 그 몹쓸 꼴을 모두 보게 될 것이다. 주인은 즉시 그

1) 새벽(Daybreak)은 로마식 구분법에 따라서, 4등분한 밤 가운데 4경, 곧 오전 3시부터 6시 사이를 말한다.

2) 청지기(廳直이, Steward)는 주인의 재산과 집안일 전반을 돌보며 종을 관리하는 사람으로, 그에 따른 책임도 컸다. 자유인도 더러 있었으나 대부분이 종이었다. 아브라함의 종 엘리에셀과, 보디발의 종 요셉이 성경에서 가장 신실한 청지기로 꼽힌다.

를 해고하고, 위선자가 벌받는 곳으로 보낼 것이다. 거기서 그는 가슴을 치며 통곡할 것이다." **7** 주인의 뜻을 알면서도 제대로 준비하지 않고, 그 뜻대로 행하지 않은 종은 많이 맞을 것이며, 미처 주인의 뜻을 몰랐던 종은 그나마 적게 맞을 것이다. **8** 그러므로 많이 받은 자에게 많이 요구하실 것이고, 많이 맡은 자에게 많이 물으실 것이다."

152
세상의 불 (누가 12.49-53, 도마 10, 16, 82)

1 예수님이 말씀하셨다. "나는 세상에 불을 지르러 왔다. 그 불이 이미 붙었으면, 내가 얼마나 좋겠느냐? 우리는 하나님께 속해 있으나, 온 세상은 악마의 지배 아래 있습니다. 우리는 이것을 압니다.(요한일서 5.19) **2** 그러나 나는 받아야 할 세례가 있다. 이 일을 이룰 때까지, 내가 얼마나 괴로울지 모른다. **3** 내가 세상에 평화를 주러 왔다고 생각하느냐? 내가 말한다. 아니다, 오히려 분열을 일으키러 왔다. **4** 이제부터 한집안의 다섯 식구가 서로 갈라져서, 셋이 둘과 맞서고, 둘이 셋과 맞서 싸울 것이다. **5** 그들은 부자간에, 모녀간에, 고부간에 서로 맞서 대립할 것이다."(100)

153
시대의 징조 (누가 12.54-57, 도마 91)

1 예수님이 무리에게 말씀하셨다. "여러분은 구름이 서쪽에서 이는 것을 보고, 곧 비가 오겠다고 합니다. 과연 그렇습니다. **2** 또 바람이 남쪽

에서 부는 것을 보고, 오늘은 날씨가 덥겠다고 합니다. 그것도 그렇습니
다. **3** 그런데 위선자여, 하늘과 땅의 기상은 그렇게 분간할 줄 알면서, 어
찌하여 시대의 징조는 분별하지 못합니까? **4** 어째서 여러분은 무엇이 옳
고 그른지, 스스로 판단하지 못합니까?"

154
회개의 촉구 (누가 13.1-5)

1 바로 그때, 두어 사람이 예수님께 와서 말했다. "빌라도가 갈릴리 사
람들을 제단에서 학살하여, 그 피가 희생제물과 뒤범벅이 되었습니다."
2 예수님이 말씀하셨다. "그들이 그런 변을 당했다고 해서, 다른 갈릴리
사람보다 죄가 더 많다고 생각합니까? 그렇지 않습니다. 내가 말합니다.
여러분도 회개하지 않으면, 다 그렇게 망할 것입니다. **3** 또 실로암에서
탑이 무너져 죽은 사람 18명이, 다른 예루살렘 사람보다 죄를 더 많이
지었다고 생각합니까? 그렇지 않습니다. 내가 말합니다. 여러분도 회개
하지 않으면, 다 그렇게 망할 것입니다."

155
열매 없는 나무 (누가 13.6-9)

1 예수님이 비유를 들어 말씀하셨다. "어떤 사람이 포도원에 무화과나
무[1] 한 그루를 심어 놓고, 철이 되어 열매를 얻을까 하고 와서 보았으나

1) 무화과(無花果, Fig)나무는 뽕나무과 관목으로 4월에 잎이 나기 시작하여, 5월부터 9월까지 2번에 걸쳐 열매를 맺으며 최고 12m까지 자란다.

하나도 없었습니다.(146, 191) **2** 주인이 포도원지기에게 말했습니다. '내가 이 무화과나무에서 열매를 거둘까 하고, 3년째 와 보았으나 하나도 없으니, 아예 베어 버려라. 무엇 때문에 땅만 차지하게 하느냐?' **3** 그러자 포도원지기가, '주인님, 올해만 그대로 두고 보십시오. 제가 나무 둘레를 파고 거름을 주겠습니다. 이듬해라도 열매를 맺으면 좋지 않겠습니까? 하지만 끝내 열매를 맺지 않으면, 그때 가서 베어 버리십시오.'라고 대답했습니다."

156
안식일 치유 (누가 13.10-17)

1 안식일에 예수님이 회당에서 가르치고 계셨다. 거기 18년 동안 병마[1)]에 시달리고 있는 여인이 있었다. 그 여인은 허리가 굽어서 똑바로 설 수 없었다. **2** 예수님이 보시고 앞으로 불러내 말씀하셨다. "자매여, 그대가 병마에서 해방되었습니다!" **3** 그리고 여인에게 손을 얹으시자, 여인이 허리를 쭉 펴고 일어나 하나님을 찬양하였다. **4** 그런데 예수님이 안식일에 병을 고치신다는 이유로, 회당장이 분개하여 회중을 향해 소리쳤다. "일할 날이 1주에 6일이나 있지 않소? 그날 와서 병을 고치고, 안식일에는 고치지 마시오!" 너희는 안식일을 거룩하게 지켜라. 이는 주 너희 하나님이 너희에게 명하신 것이다. 너희는 엿새 동안 모든 일을 힘써 하되, 이렛날은 주 너희 하나님의 안식일이니, 어떤 일을 해서도 안 된다. 너희나, 너희 아들딸이나, 너희 남녀종이나, 너희 소나 나귀나, 그 밖에 어떤 가축이나, 너희 집안에 머무르는 객이라도, 일을 해서는 안 된다. 그래야 너희 남녀종

1) 병마(病魔, Demon of ill health)는 병을 일으키는 악하고 더러운 영을 말한다.

이 너희처럼 쉴 것이 아니냐?(신명기 5.12-14) **5** 예수님이 말씀하셨다. "이 위선자들
아, 여러분은 안식일에도 소나 나귀를 풀어, 외양간에서 끌고 나가 물을
먹이지 않습니까? 그렇다면, 18년 동안이나 사탄에게 매여 있던 이 아브
라함의 딸을, 안식일에라도 그 사슬에서 풀어 주어야 마땅하지 않습니
까?"(44) **6** 그러자 예수님을 반대하던 자들은 모두 부끄러움을 당했고,
회중은 예수님이 하시는 영광스러운 일을 보고 모두 기뻐하였다.

157
구원의 문 (누가 13.22-30)

1 예수님이 여러 성읍과 마을에 들러 가르치시며, 예루살렘을 향해 여
행을 계속하셨다. 어떤 사람이 물었다. "선생님, 구원받을 사람이 그리 많
지는 않겠지요?" **2** 예수님이 대답하셨다. "좁은 문으로 들어가기를 힘쓰
십시오. 내가 말합니다. 많은 사람이 구원의 문으로 들어가려고 하겠으
나, 결국은 들어가지 못할 것입니다.(68, 70) **3** 일단 집주인이 일어나 문을
닫아 버리면, 여러분이 밖에 서서 문을 두드리며 '주인님, 우리에게 문 좀
열어 주세요!'하고 아무리 졸라도, 주인은 '나는 너희가 어디서 왔는지 도
무지 모른다!'고 말할 것입니다. **4** 그때 여러분은 '주인님이 길거리에서
우리를 가르치시지 않았습니까?'하고 묻기도 하며, '우리가 주님과 함께
먹고 마시지 않았습니까?'하고 애원도 하겠으나, 주인은 '나는 너희가 어
디서 왔는지 도무지 모른다. 불의를 일삼는 자들아, 모두 내게서 물러가
라!'고 하면서, 외면할 것입니다. **5** 아브라함과 이삭과 야곱과 모든 예언
자가 하나님의 나라에 들어가 있는데, 여러분만 밖으로 쫓겨난 것을 보
고, 여러분은 가슴을 치며 통곡할 것입니다. **6** 그리고 사방팔방에서 모

든 사람이 모여들어, 하나님의 나라에서 베풀어진 잔치에 참석할 것입니다. 그러나 보십시오, 지금은 뒤떨어져도 나중에 앞설 사람이 있고, 지금은 앞서도 나중에 뒤떨어질 사람이 있을 것입니다."

158

예언자의 길 (누가 13.31-33)

1 바로 그때, 몇몇 바리새인이 예수님께 다가와 말했다. "어서 이곳을 떠
나십시오. 헤롯[1]이 당신을 죽이려고 합니다." **2** 예수님이 말씀하셨다. "그
여우에게 가서, 이 말을 전하십시오. '오늘과 내일은 내가 귀신을 쫓아내
고 병을 고칠 것이다. 그리고 3일째 되는 날, 모든 일을 마치고 내 뜻을 이
룰 것이다.' 주께서 광야에서 야곱을 찾으셨고, 짐승의 울음소리만 들려오는 황야에서 그를
만나 감싸 주셨고, 자기 눈동자처럼 보호하시며 지켜 주셨다.(신명기 32.10) **3** 그러나 무슨
일이 있어도, 오늘과 내일과 모래는 내 길을 가야 합니다. 예언자가 예루
살렘 밖에서 죽을 수가 없기 때문입니다."

---

1) 헤롯(Herod, 영웅의 아들)은 주전 55년부터 주후 93년까지, 약 150년에 걸쳐 팔레스타인과 그 일대를 다스린 이두메 왕조를 말한다. 여기서 헤롯은 헤롯대왕의 아들 안티파스를 말하며, 세례 요한을 죽인 사람이다.

제4편 후기 사역

159
선한 목자 (요한 10.1-21)

1 예수님이 말씀하셨다. “내가 분명히 말합니다. 양의 우리에 문으로
들어가지 않고, 다른 데로 넘어서 들어가는 사람은 도둑이요, 강도입니
다. **2** 문으로 떳떳하게 들어가는 사람이 양의 목자입니다. **3** 문지기는
목자에게 문을 열어 주고, 양은 목자의 음성을 알아들으며, 목자는 양의
이름을 일일이 불러 밖으로 데리고 나갑니다. **4** 이렇게 양을 다 불러낸
목자가 앞장서 가면, 양은 목자의 음성을 알고 뒤따라갑니다. **5** 양은 낯
선 사람을 결코 따라가지 않습니다. 그의 음성을 모르기 때문에 오히려
피해 달아납니다.” **6** 예수님은 누구나 알아듣기 쉬운 비유로 이 말씀을 하
셨으나, 사람들은 무슨 뜻으로 그 말씀을 하셨는지 깨닫지 못했다. **7** 그래
서 예수님이 다시 말씀하셨다. “내가 분명히 말합니다. 나는 양의 문입니
다. **8** 나보다 먼저 온 사람은 다 도둑이고 강도여서, 양이 그의 말을 듣지
않았습니다. **9** 나는 문입니다. 누구든지 나를 통해 들어오는 사람은 구
원을 얻고, 들어오기도 하고 나가기도 하며 좋은 꼴을 얻을 것입니다. 유
대인이나 헬라인이나, 종이나 자유인이나, 남성이나 여성이나 차별이 없습니다. 그리스도 예
수 안에서는 모두가 하나이기 때문입니다.(갈라디아서 3.28) **10** 도둑은 양을 훔쳐다가
죽이고 없애러 오지만, 나는 양이 생명을 얻고 더 얻어 풍성하게 하려고
왔습니다. **11** 나는 선한 목자입니다. 선한 목자는 양을 위해 자기 목숨
을 바칩니다. **12** 삯꾼은 목자도 아니고 양도 자기의 양이 아니므로, 이리
가 오는 것을 보면 양을 버리고 도망칩니다. 그러면 이리가 양을 공격하
고, 양은 뿔뿔이 흩어집니다. **13** 그는 단지 삯꾼이어서, 양에게 관심이
없기 때문입니다. **14** 나는 선한 목자입니다. 나는 내 양을 알고, 내 양
도 나를 압니다. **15** 이는 아버지께서 나를 아시고, 내가 아버지를 아는

것과 같습니다. 나는 양을 위해 내 목숨을 바칩니다. **16** 내게는 이 우리
에 들지 않은 다른 양도 있습니다. 나는 그 양도 인도해야 합니다. 그들
도 내 음성을 듣고, 한 목자 아래서 한 무리의 양 떼가 될 것입니다.(290)
그리스도는 우리의 화평이십니다. 유대인과 이방인을 하나로 만드신 분입니다. 중간에 가로 막
힌 담, 곧 원수된 것을 자기 육체로 허물어, 율법의 여러 조문과 규정을 폐하셨습니다. 이는 유
대인과 이방인을 하나의 새사람으로 만들어, 그리스도 안에서 화평을 이루시고, 원수된 것을
십자가로 소멸하시고, 하나님과 화해시키려는 것입니다.(에베소서 2.14-16) **17** 아버지께서
나를 사랑하심은, 내가 목숨을 바치기 때문입니다. 그러나 나는 그 목숨
을 다시 얻을 것입니다. **18** 누가 내 목숨을 빼앗는 게 아니라, 내 스스로
내 목숨을 바치는 것입니다. 나는 내 목숨을 바칠 권세도 있고, 다시 얻을
권세도 있습니다. 이것은 내가 내 아버지로부터 받은 명령입니다." **19** 이
말씀으로 유대인 사이에 다시 편이 갈리고 논란이 일어났다. **20** 그들 가
운데 여럿이 말했다. "이 사람은 귀신이 들려서 제정신이 아니잖소? 그런
데 왜 그의 말을 듣소?" **21** 그러자 어떤 사람이 말했다. "이것은 귀신 들
린 사람의 말이 아니잖소? 귀신이 어떻게 소경의 눈을 뜨게 하겠소?"

160
아들과 아버지 (요한 10.22-42, 도마 15, 84)

1 예루살렘에서 수전절(봉헌절)[1)] 축제가 열리고 있었다. 겨울이었다. 예

1) 수전절(修殿節, Hanukkah)/봉헌절(奉獻節, Feast of Dedication)은 시리아 왕 에피파네스(안티오커스 4세)에 의해 더럽혀진 성전을, 유다 마카비(Judas Maccabee)가 3년간의 전쟁 끝에 복원하여, 주전 168년 봉헌한 것을 기념하는 절기다. 12월 25일부터 시작하여 8일간 지켰으며, 촛불을 들고 선물을 주고받아 빛의 축제로, 집집마다 등불을 밝힌 데서 등화제로 불리기도 하였다.

수님이 성전 안에 있는 솔로몬 행각을 거닐고 계셨다. **2** 유대인이 예수
님 주변에 모여들어 말했다. "당신이 언제까지 우리의 마음을 졸일 작정
이오? 당신이 그리스도라면, 그렇다고 분명히 말해 주시오." **3** 예수님이
대답하셨다. "내가 이미 말했으나, 여러분이 믿지 않을 뿐입니다. 내가
내 아버지의 이름으로 하는 일들이 나를 증거하고 있습니다. **4** 여러분이
내 말을 믿지 않는 것은, 내 양이 아니기 때문입니다. 내 양은 내 말을 알
아듣습니다. 나는 내 양을 알고, 내 양은 나를 따릅니다. **5** 나는 그들에
게 영생을 줍니다. 그들은 영원히 멸망치 않을 것이며, 아무도 그들을 내
손에서 빼앗을 수 없습니다. **6** 그들을 내게 주신 아버지는 만유보다 크
시고 위대하십니다. 어느 누구도 그들을 내 아버지의 손에서 빼앗을 수
없습니다. **7** 나와 아버지는 하나입니다."(1) 그리스도 예수는 본질상 하나님과 같
은 분이시나, 하나님과 동등이 여기지 않았습니다.(빌립보서 2.6) 하나님의 아들이 지각을 주
셔서 참 하나님을 알게 하셨습니다. 우리는 참 하나님, 곧 그분의 아들 예수 그리스도 안에 있
습니다. 그분은 참 하나님이시요, 영원한 생명이십니다.(요한일서 5.20) **8** 이때 유대인이
다시 돌을 들어 예수님을 치려고 하였다. **9** 예수님이 말씀하셨다. "내가
아버지의 권능을 힘입어, 선한 일을 여러분에게 많이 보여 주었지 않습니
까? 그중에서 어떤 일이 못마땅하여, 내게 돌을 던지려 합니까?" **10** 유대
인이 대답했다. "당신이 선한 일만 한다면, 왜 우리가 돌을 들겠소? 선한
일이 아니라 하나님을 모독하기 때문이오. 한갓 인간에 불과한 당신이,
마치 하나님인 양 행세를 하잖소?" **11** 예수님이 말씀하셨다. "여러분의
율법에 '내가 너희를 신이라 불렀다'는 기록이 있지 않습니까? 하나님께
서 하나님의 말씀을 받은 사람을 신이라 불렀다는 것입니다. 성경은 폐
할 수 없습니다. 하나님께서 말씀하셨다. "너희는 모두 신이고, 가장 높으신 분의 아들이
다."(시편 82.6) **12** 그런데 아버지께서 거룩하게 구별하여 세상에 보내신 사
람이, 자기를 하나님의 아들이라 한 말을 가지고, 어찌 하나님을 모독한

다고 할 수 있습니까? **13** 내가 내 아버지의 일을 하지 않으면, 나를 믿지
않아도 좋습니다. 그러나 내가 내 아버지의 일을 한다면, 나는 믿지 않더
라도, 그 일은 믿어야 하지 않습니까? **14** 그러면 아버지께서 내 안에 계
시고, 내가 아버지 안에 있다는 사실을, 여러분이 확실히 깨달을 것입니
다." **15** 그때 유대인이 다시 예수님을 잡으려고 하였으나, 예수님은 그들
의 손에서 벗어나 몸을 피하셨다. **16** 예수님이 요단강 동편, 전에 요한
이 세례를 주던 곳으로 가서, 거기 머무르셨다. **17** 그러자 많은 사람이
다시 몰려들어 말했다. "세례 요한은 아무 표적도 행하지 않았으나, 그가
이분을 두고 한 말은 모두 사실이었습니다." **18** 거기서 많은 사람이 예수
님을 믿었다.

161
수종 병자 치유 (누가 14.1-6)

1 어느 안식일에, 예수님이 한 바리새파 지도자의 집에서 식사를 하시
게 되었다. **2** 사람들이 예수님을 유심히 지켜보고 있었다. 예수님 바로
앞에 몸이 잔뜩 부어오른 수종 병자[1] 하나가 있었기 때문이다. **3** 예수
님이 바리새인과 율법학자를 향해 물으셨다. "안식일에 병을 고치는 것이
옳습니까, 옳지 않습니까?" **4** 그들은 입을 다문 채, 아무 말도 하지 않았
다. **5** 예수님이 그 병자를 붙잡아 고쳐 보내시고, 다시 물으셨다. "여러
분의 아들이나 소가 우물에 빠졌다면, 당장 끌어내지 않겠습니까? 안식
일이라 하여 그대로 두고 볼 사람이 어디 있습니까?"(44) **6** 그들은 이 말

1) 수종병(水腫病, Dropsy)은 얼굴이나 손, 팔, 다리 등이 붓고, 살갗이 물러지는 병이다.

씀에도 대답하지 못했다.

162
상석과 말석 (누가 14.7-11)

1 초대받은 손님이 저마다 윗자리를 차지하려는 것을 보시고, 예수님
이 비유를 들어 말씀하셨다. **2** "누가 여러분을 혼인 잔치에 초대하거든,
상석으로 가서 앉지 마십시오. 혹시 여러분보다 더 높은 사람이 초대를
받아 오게 되면, 주인이 그와 함께 와서 말할 것입니다. '이분에게 자리를
양보하시지요.' **3** 그때 여러분은 손님 앞에서 무안만 당하고, 맨 끝자리
로 내려가게 될 것입니다. **4** 그러므로 초대를 받거든, 차라리 말석으로
가서 앉으십시오. 그러면 주인이 와서 말할 것입니다. '저 자리로 올라가
앉으시지요.' **5** 그때 여러분은 손님 앞에서 영예를 얻고, 윗자리로 올라
가게 될 것입니다. **6** 누구든지 자기를 높이는 사람은 낮아지고, 자기를
낮추는 사람은 높아질 것입니다."

163
큰 잔치 비유 (누가 14.12-24, 도마 64)

1 예수님이 손님을 초대한 주인에게 말씀하셨다. "당신이 오찬이나 만
찬을 베풀 때, 친구나 형제나 친척이나 부유한 이웃을 부르지 마십시
오. 그렇게 하면, 그들도 당신을 초대하여 그 은공을 도로 갚을 것입니
다. **2** 그러므로 잔치를 베풀 때, 오히려 가난한 사람, 걷지 못하는 사

람, 다리를 저는 사람, 보지 못하는 사람을 초대하십시오. 그러면 당신
이 복될 것입니다. 그들은 비록 갚지 못할지라도, 의인이 부활할 때, 하
나님께서 대신 갚아 주실 것입니다." 주께서 호령과 천사장의 소리와 하나님의 나
팔소리와 함께 친히 하늘에서 내려오실 것이며, 그리스도 안에서 죽은 사람이 먼저 일어날 것
입니다.(데살로니가전서 4.16) 이 첫째 부활에 참여하는 사람은 복되고 거룩합니다. 둘째 사
망이 아무 세력도 부리지 못합니다. 이들은 하나님과 그리스도의 제사장이 되어서, 천년 동
안 그리스도와 함께 통치할 것입니다.(요한계시록 20.6) **3** 이 말씀을 듣고, 식탁에 앉
은 사람 가운데 하나가 말했다. "하나님의 나라에서 잔칫상을 받는 사
람은 참으로 행복하겠습니다." **4** 예수님이 비유로 대답하셨다. "어떤 사
람이 큰 잔치를 베풀고, 많은 사람을 초대했습니다. 그리고 시간에 맞춰
서 종들을 보냈습니다. '어서 오십시오. 모든 것이 준비되었습니다.' **5** 그
런데 초대를 받은 사람은, 하나같이 핑계를 대며 거절했습니다. **6** 첫째
가 말했습니다. '내가 이제 막 밭을 사서 나가봐야 하니, 부디 양해해 주
시오.' **7** 둘째가 말했습니다. '내가 겨릿소 5쌍을 사서 시험하러 가는 길
이라, 정말 미안하오.' **8** 셋째가 말했습니다. '내가 지금 막 결혼하여 아내
를 맞았으니, 어찌 갈 수 있겠소?' **9** 종들이 돌아와서 그대로 전하자, 주
인이 몹시 노하였다. '당장 시내 거리와 골목으로 가서, 가난한 사람, 걷
지 못하는 사람, 보지 못하는 사람, 다리 저는 사람을 데리고 오라.' **10** 얼
마 뒤, 종이 돌아와서 말했습니다. '주인님, 분부대로 하였으나 아직 자
리가 남았습니다.' **11** 그러자 주인이, '그러면 다시 가서, 큰길과 산울타
리 곁에 서 있는 사람들을 데려다가 내 집을 채워라. 내가 말한다. 처
음 초대받은 사람은 하나도 내 잔칫상을 받지 못할 것이다'고 했습니다."

164
제자의 길 (누가 14.25-35, 도마 55, 97, 101)

1 큰 무리가 예수님을 따르고 있었다. **2** 예수님이 돌아서서 말씀하셨
다. "누구든지 나를 따르는 사람은, 자기 부모나 처자나 형제자매, 심지
어 자기 목숨까지도 미워해야 합니다. 그렇지 않으면, 내 제자가 될 수 없
습니다. **3** 그리고 자기 십자가를 지고 나를 따르지 않는 사람도, 내 제자
가 될 수 없습니다. **4** 여러분 가운데 누가 망대를 세우려 한다면, 완공
할 때까지 어느 정도의 비용이 들어가는지, 또 그만한 자금을 마련할 수
있을지, 먼저 앉아서 따져 봐야 하지 않겠습니까? 만일 기초공사만 하고
완공하지 못하면, 사람들이 이렇게 비웃을 것입니다. '저 사람이 시작만
하고 끝내지는 못하는군!' **5** 또 어떤 왕이 다른 왕과 싸우려고 한다면, 1
만 명의 아군으로 2만 명의 적군과 싸워 이길 수 있을지, 먼저 앉아서 헤
아려 봐야 하지 않겠습니까? 만약 승산이 없다면, 아직 적이 멀리 있을
때, 사신을 보내 화친을 청할 것입니다. **6** 그러므로 여러분 가운데서 누
구라도, 자기 소유를 다 버리지 않으면, 내 제자가 될 수 없습니다. **7** 소
금은 좋은 것이나, 소금이 만일 맛을 잃으면, 무엇으로 짜게 하겠습니까?
땅에도 소용이 없고 거름에도 쓸모가 없어서, 밖에 내버릴 수밖에 없습
니다. 들을 귀가 있는 사람은 알아들으십시오."

165
잃은 양 비유 (누가 15.1-7, 도마 107)

1 세리와 죄인이 예수님의 말씀을 듣기 위해 모여들었다. **2** 바리새인

과 율법학자가 못마땅하여 웅성거렸다. "저 사람이 죄인을 맞아들이고, 음식까지 함께 먹지 않습니까?" **3** 그래서 예수님이 비유를 들려주셨다. "여러분 가운데 누가 양 100마리를 키우다가, 1마리가 길을 잃었습니다. 그가 어떻게 하겠습니까? 99마리를 들판에 두고, 그 1마리를 찾을 때까지 헤매고 다니지 않겠습니까?(124) **4** 그러다가 찾으면, 기뻐서 어깨에 메고 집으로 돌아와, 친구와 이웃을 불러 말할 것입니다. '여러분, 나와 함께 기뻐해 주십시오. 내가 잃은 양을 찾았습니다!' **5** 내가 말합니다. 이와 같이 하늘에서는, 회개할 필요가 없는 의인 99명보다, 회개하는 죄인 1명을 두고 더 기뻐할 것입니다." 전에는 여러분이 잃은 양과 같았으나, 이제는 여러분의 목자시며 감독이신 분께 돌아왔습니다.(베드로전서 2.25)

166
잃은 은전 비유 (누가 15.8-10)

1 예수님이 말씀하셨다. "어떤 여인이 드라크마[1] 10닢을 가지고 있다가 1닢을 잃었다면, 등불을 켜고 온 집안을 쓸면서, 그것을 찾을 때까지 샅샅이 뒤지지 않겠습니까? 주의 말씀은 내 발의 등불이요, 내 길의 빛입니다.(시편 119.105) **2** 그러다가 찾으면, 친구와 이웃을 불러 말할 것입니다. '여러분, 나와 함께 기뻐해 주십시오. 내가 잃은 은전을 찾았습니다!' **3** 내가 말합니다. 이와 같이 회개하는 죄인 1명을 두고, 하나님의 천사들이 크게 기뻐할 것입니다."

1) 드라크마(drachma)는 헬라의 은화로, 로마의 은화 데나리온과 같이 노동자의 1일 품삯이었다. 신부를 맞이하는 신랑이 결혼예물이나 지참금 조로 드라크마 10닢을 실에 꿰어 신부에게 주었으며, 신부는 장신구로 고이 간직하다가, 요긴할 때 비상금으로 사용하였다.

167
잃은 아들 비유 (누가 15.11-32)

1 예수님이 말씀하셨다. "어떤 사람이 아들 2명을 두었습니다.(194)
2 작은아들이 날마다 졸랐습니다. '아버지, 제 몫의 유산을 미리 주십시
오.' **3** 아버지는 마지못해 두 아들에게 살림을 나눠 주었습니다. **4** 며칠
뒤, 작은아들이 자기 재산을 다 챙겨 먼 나라로 떠났습니다. 거기서 방
탕한 생활을 하다가, 가진 재산을 몽땅 탕진하고 말았습니다. 그가 알거
지가 되었을 때, 설상가상으로 그 나라에 심한 흉년까지 들었습니다. 그
는 아주 궁핍하게 되었습니다. **5** 부득이 그 나라의 어떤 사람에게 가서,
더부살이를 하게 되었습니다. **6** 주인이 그를 들판으로 보내 돼지를 치
게 했습니다. 그는 하도 배가 고파서, 돼지가 먹는 쥐엄나무[1] 열매로 배
를 채워보려고 했습니다. 그러나 그마저 주는 사람이 없었습니다. 돼지는
굽이 갈라져 쪽발이긴 하나, 새김질을 하지 않아 부정한 것이다.(레위기 11.7) **7** 그제야 그
는 제정신이 들어 중얼거렸습니다. '내 아버지 집에는 양식이 풍부하여,
그 많은 일꾼이 다 먹고도 남지 않은가? 그런데 나는 여기서 굶어 죽게
되었구나. 그래, 아버지께 돌아가자. 가서 터놓고 말씀드리자. 아버지, 제
가 하나님과 아버지께 죄를 지었습니다. 이제는 아버지의 아들이라 불릴
자격도 없습니다. 그러니 저를 아버지의 품꾼 가운데 하나로 삼아 주십
시오.' **8** 그리고 일어나 아버지가 있는 집으로 발길을 돌렸습니다. **9** 한
편 아버지는 날마다 동구 밖에 서서, 작은아들이 돌아오기를 기다리고
있었습니다. **10** 그러던 어느 날, 저 멀리서 터덜터덜 걸어오는 작은아들

---

1) 쥐엄나무(구주콩나무, Honey locust)는 20m쯤 자라는 콩과의 식물로, 8cm에서 30cm쯤 되는 꼬투리 안에 5개에서 15개가량의 열매가 맺힌다. 주로 가축사료로 사용하였으나, 기근에는 가난한 사람의 식량이었다. 요한이 광야에서 먹었다고 하여, 세례 요한의 떡이라 불리기도 하였다.

의 모습이 눈에 띄었습니다. **11** 아버지는 측은한 마음이 간절하여, 단숨
에 달려가 작은아들의 목을 얼싸안고 연거푸 입을 맞췄습니다. **12** 작은
아들이 울면서 말했습니다. '아버지, 제가 하나님과 아버지께 죄를 지었
습니다. 이제는 아버지의 아들이라 불릴 자격도 없습니다.' **13** 그때 아버
지가 종들에게 말했습니다. '어서 가서, 가장 좋은 옷을 꺼내다가 아들에
게 입혀라. 손가락에 반지를 끼워 주고, 발에 신발을 신겨라. 그리고 살진
송아지를 끌고 와서 잡아라. 우리가 함께 먹고 마시며 즐기자. 내 아들
은 죽었다가 살아났고, 내가 잃었다가 되찾았다.' **14** 그래서 성대한 잔치
가 베풀어졌고, 모두가 함께 먹고 마시며 즐기기 시작했습니다. **15** 한편
큰아들은 들에서 돌아오고 있었습니다. 집 가까이 이르러 풍악이 울리
고 춤추며 노는 소리를 듣고, 종을 불러 무슨 일인지 물어보았습니다. '이
게 어찌된 일인가?' **16** 종이 대답했습니다. '아우님이 집으로 돌아왔습니
다. 건강하게 무사히 돌아온 것을 반겨서, 주인어른이 살진 송아지를 잡
으셨습니다.' **17** 큰아들은 화가 잔뜩 나서, 집에 들어가려고 하지 않았습
니다. **18** 결국 아버지가 밖으로 나와서, 사정을 이야기하고 큰아들을 달
랬습니다. **19** 그러나 큰아들은 투덜거렸습니다. '아버지, 저는 여러 해 동
안 종과 다름없이 아버지를 섬겨 왔습니다. 그리고 아버지의 명령을 어긴
일이 한 번도 없습니다. 그런 저에게는 친구들과 즐기라고 염소새끼 한
마리 주신 적이 없습니다. 그런데 창녀와 어울려 아버지의 재산을 탕진
한 아들이 돌아오자, 그를 위해 살진 송아지를 잡으셨습니다.' **20** 그러자
아버지가, '아들아, 너는 항상 나와 함께 있었으니, 내 것이 다 네 것이 아
니냐? 그러나 네 동생은 죽었다가 살아났고, 내가 잃었다가 다시 찾았다.
그러니 우리가 기뻐하는 것이 마땅하지 않느냐?'고 했습니다."

168
불의한 청지기 (누가 16.1-13, 도마 47)

1 그리고 예수님이 제자들에게 말씀하셨다. "어떤 부자가 청지기 하나를 두었다. 그가 주인의 재산을 낭비한다는 소문이 들렸다. **2** 주인이 청지기를 불러 말했다. '자네에 대한 이런저런 소문이 들리는데, 어찌된 일인가? 자네에게 더 이상 내 재산을 맡길 수 없으니, 자네가 맡은 청지기 일을 정리하게.' **3** 청지기가 속으로 생각했다. '주인이 내 청지기 직분을 박탈하려고 하니, 어떻게 하면 좋을까? 땅을 파자니 힘에 부치고, 빌어먹자니 낯이 부끄럽구나. 옳지, 좋은 수가 있다. 내가 이 자리에서 물러날 때, 나를 영접할 사람들을 미리 만들어 두자. 그러면 내가 주인에게 쫓겨나더라도, 그들이 나를 자기네 집으로 맞이하겠지.' **4** 그래서 그는 자기 주인에게 빚진 사람을 하나씩 불러들였다. **5** 그가 먼저 온 사람에게 물었다. '우리 주인에게 진 빚이 얼마요?' **6** '감람기름 100말[1]입니다.' **7** '그래요? 여기 당신의 빚 문서가 있소. 어서 50말이라 쓰시오.' **8** 또 나중 온 사람에게 물었다. '당신의 빚은 얼마요?' **9** '밀 100섬[2]입니다.' **10** '그래요? 여기 당신의 빚 문서가 있소. 어서 80섬이라 쓰시오.' **11** 그런데 주인은, 그 불의한 청지기가 약삭빠르게 처신한 것을 보고, 오히려 칭찬하였다. **12** 이 세상의 자녀들이 자기네끼리 거래하면서, 빛의 자녀들보다 더 약삭빠르기 때문이다. **13** 내가 말한다. 비록 불의한 재물이라도 그것으로 친구를 사귀면, 그 재물이 없어질 때 그들이 너희를 영원한 집으로 맞아들일 것이다. **14** 누구든지 지극히 작은 일에 충성한 사람은 큰일에

---

1) 100말(斗)은 100바토스(Batos)이고, 1바토스는 22ℓ로 10데나리온이다. 따라서 불의한 청지기가 탕감한 기름 50바토스는, 1,100ℓ로 500데나리온이다.

2) 100섬(石)은 100코로스(Koros)이고, 1코로스는 220ℓ로 25데나리온이다. 따라서 불의한 청지기가 탕감한 밀 20코로스는, 4,400ℓ로 500데나리온이다.

도 충성하고, 지극히 작은 일에 불의한 사람은 큰일에도 불의하다. **15** 그
러니 불의한 재물을 다루는 데 충실하지 못하면, 누가 너희에게 참된 재
물을 맡기겠느냐? **16** 또 너희가 남의 재산을 다루는 데 충실하지 못하
면, 누가 너희에게 너희 몫인들 내어 주겠느냐? **17** 한 종이 두 주인을 동
시에 섬기지 못한다. 이 주인을 미워하고 저 주인을 사랑하든가, 이 주인
에게 헌신하고, 저 주인에게 소홀하기 마련이다. **18** 그러므로 너희는 하
나님과 재물을 겸하여 섬길 수 없다."(63, 150, 181, 270)

169
율법과 예언서 (누가 16.14-17)

1 이 말씀을 듣고, 돈을 좋아하는 바리새인이 예수님을 비웃었다. **2** 예
수님이 말씀하셨다. "여러분은 사람들 앞에서 스스로 의로운 체하나, 하나
님께서는 그 마음보를 다 알고 계십니다. **3** 사람에게 떠받들려 높아지는
것이, 하나님 앞에서 얼마나 가증스러운 일인지 모릅니다. **4** 율법과 예언
서는 세례 요한으로 마감되었습니다. 이후는 하나님 나라의 복음이 전파
되고 있습니다. **5** 그래서 이제는 그 나라에 들어가려고, 누구나 힘을 다
해 애쓰고 있습니다. **6** 그러나 율법의 한 획이 빠지는 것보다, 천지가 없어
지는 편이 더 쉽습니다."

170
부자와 거지 (누가 16.19-31)

1 예수님이 다시 제자들에게 말씀하셨다. "예전에 한 부자가 있었다.
자색 옷과 고운 베옷을 화사하게 차려입고, 날마다 먹고 즐기며 사치스
럽게 지냈다. **2** 그런데 그 부잣집 대문 앞에는, 나사로라는 거지가 상처
투성이 몸으로 버려져 있었다. 그는 부자의 상에서 떨어지는 부스러기
로 주린 배를 채우려 하였다. 그때 거리를 쏘다니는 개들이 몰려와서 그
의 헌데를 핥았다. **3** 그러다가 거지도 죽고 부자도 죽었다. 거지는 천사
에 이끌려 아브라함의 품에 안기게 되었고, 부자는 땅에 묻히게 되었다.
4 부자가 지옥에서 고통을 받다가 눈을 들어 보니, 저만큼 떨어진 곳에
아브라함이 보였고, 그의 품에 나사로가 안겨 있었다. **5** 부자가 소리쳤
다. '아버지(조상) 아브라함이여, 저를 불쌍히 여겨 나사로를 보내 주십시
오. 그의 손가락 끝에 물을 찍어서, 제 혀를 시원하게 적셔 주십시오. 제
가 지금 이 불꽃 속에서, 심한 고통을 당하고 있습니다.' **6** 아브라함이 대
답했다. '얘야, 네가 살았을 때 어찌했는지 생각해 보아라. 네가 네 자신
을 위해 온갖 호사를 누리는 동안, 이 나사로는 갖은 괴로움을 다 겪었
다. 그래서 지금 나사로는 여기서 위안을 받고, 너는 거기서 고통을 받는
것이다. 게다가 우리와 너희 사이에 큰 구렁텅이가 가로놓여 있어서, 여
기서 너희에게 건너가고 싶어도 갈 수가 없고, 거기서 우리에게 건너오
고 싶어도 올 수가 없다.' **7** 그러자 부자가 애원했다. '그러면 아버지 아브
라함이여, 제발 부탁입니다. 나사로를 제 아버지 집으로 보내 주십시오.
제게 5형제가 있습니다. 그들만이라도 이 고통스러운 곳에 오지 않도록,
나사로를 보내 알려 주십시오.' **8** 아브라함이 대답했다. '그들에게 모세와
예언자가 있지 않느냐? 그들의 말을 들으면 될 것이다.' **9** 부자가 호소했

다. '아버지 아브라함이여, 그렇지 않습니다. 죽었다가 살아난 사람이 가
야만, 그들이 회개할 것입니다.' **10** 그러자 아브라함이, '그들이 모세와 예
언자의 말을 듣지 않으면, 어떤 사람이 죽었다가 살아난다고 해도, 그들
은 믿지 않을 것이다'고 대답하였다."(251)

171
믿음의 힘 (누가 17.5-6)

1 사도들이 말했다. "저희에게 믿음을 더하여 주십시오." **2** 주님이 말
씀하셨다. "너희에게 겨자씨 한 알만한 믿음이라도 있다면, 이 뽕나무더
러 '뿌리째 뽑혀서 바다에 심겨라!'고 해도, 그대로 될 것이다."(191)

172
종의 도리 (누가 17.7-10)

1 예수님이 말씀하셨다. "너희 가운데 어떤 사람이, 밭을 갈거나 양을
치는 종을 두었다고 하자. 그 종이 일을 마치고 왔다고 해서, 주인이 '어
서 와서 식사부터 하라'고 하겠느냐? **2** 오히려 '너는 내가 먹을 식사부
터 준비하고, 내가 먹고 마시는 동안 허리를 동이고 시중들다가, 내 식사
가 끝난 다음에 먹고 마시라'고 하지 않겠느냐? **3** 또 그 종이 시키는 대
로 했다고 하여, 주인이 고마워할 이유가 있겠느냐? **4** 이와 같이, 너희도
명령대로 다 수행하고 나서, '우리는 무익한 종입니다. 그저 해야 할 일을
했을 뿐입니다'고 하라."

173
베다니 나사로 (요한 11.1-46, 도마 61, 111)

1 마리아와 마르다 자매가 사는 베다니 마을에, 나사로라는 사람이 병
들어 있었다. **2** 병든 나사로는 마리아의 오빠요, 마리아는 값비싼 향유
를 주님께 붓고, 자기 머리털로 주님의 발을 닦아 드린 여인이었다. **3** 마
리아와 마르다 자매가 예수님께 사람을 보내 전했다. "주님, 보세요! 주님
께서 사랑하시는 사람이 병들어 앓고 있습니다." **4** 예수님이 소식을 듣
고 말씀하셨다. "그 병은 죽을병이 아니라, 하나님의 영광을 드러낼 병이
다. 이 일로 하나님의 아들이 영광을 받게 될 것이다." **5** 예수님은 오래
전부터 마르다와 마리아, 그리고 나사로를 각별히 사랑하셨다. **6** 그러나
예수님은 전갈을 받고도 계신 곳에서 2일을 더 머무르셨다. 그리고 제자
들에게 말씀하셨다. "다시 유대로 가자." **7** 제자들이 말했다. "선생님, 불
과 얼마 전에 유대인이 돌로 치려고 했지 않습니까? 그런데 또 그곳으로
가시려 하십니까?" **8** 예수님이 대답하셨다. "낮이 12시간 아니냐? 낮에
다니는 사람은 빛을 보므로 걸려 넘어지지 않지만, 밤에 다니는 사람은
빛을 보지 못하므로 걸려 넘어지게 된다." **9** 그리고 다시 말씀하셨다. "우
리 친구 나사로가 깊이 잠들었다. 내가 가서 깨워야 한다." **10** 제자들이
말했다. "주님, 나사로가 잠들었으면 곧 일어날 것입니다." **11** 예수님은
나사로가 죽었다는 뜻으로 말씀하셨으나, 제자들은 그가 잠들어 쉬고
있는 것으로 알아들었다. **12** 그래서 예수님이 분명히 말씀하셨다. "나사
로가 죽었다. 하지만 이 일로 너희가 믿게 될 터이니, 내가 거기 있지 않
은 것을 다행으로 여긴다. 어서 그에게 가자." **13** 그때 디두모(쌍둥이)라
는 도마가 말했다. "우리도 가서, 주님과 생사를 같이합시다." **14** 예수님
이 베다니에 가서 보시니, 나사로가 죽어 무덤에 묻힌 지 4일이나 되었

다. **15** 베다니는 예루살렘에서 5리[1]쯤 되는 가까운 거리여서, 이미 많
은 유대인이 오라비를 잃은 마르다와 마리아 자매를 위로하러 와 있었
다. **16** 마르다는 예수님이 오신다는 소식을 듣고 마중을 나갔으나, 마리
아는 그대로 집에 남아 있었다. **17** 마르다가 예수님을 뵙고 말했다. "주
님! 주님이 여기 계셨더라면, 제 오빠가 죽지 않았을 거예요. 그러나 지
금이라도 주님이 구하시면, 하나님께서 무엇이나 다 들어 주실 줄로 압
니다." **18** "네 오빠가 다시 살아날 것이다." **19** "마지막 날 부활 때, 오빠
가 다시 살아날 것은 저도 압니다." **20** "나는 부활이요, 생명이다. 나를
믿는 사람은 죽어도 살겠고, 살아서 믿는 사람은 영원히 죽지 않을 것이
다. 이를 네가 믿느냐?" 내가 바라는 바는 그리스도를 알고, 그 부활의 능력을 깨닫고,
그 고난에 동참하여, 그 죽으심을 본받는 것입니다.(빌립보서 3.10) **21** "예, 주님! 제가 믿
습니다. 주님은 세상에 오실 그리스도시요, 하나님의 아들이십니다." **22** 마
르다가 이 말을 하고 집으로 돌아가, 동생 마리아를 가만히 불러 귓속말
로 일러 주었다. "선생님이 오셔서 너를 찾으신다." **23** 그러자 마리아가 벌
떡 일어나 나갔다. 예수님은 아직 마을로 들어오시지 않고, 마르다와 만
났던 곳에 그대로 계셨다. **24** 집에서 마리아를 위로하던 유대인들은, 마
리아가 급히 일어나 나가는 것을 보고, 무덤에 곡하러 가는 줄 알고 뒤
따라갔다. **25** 마리아가 예수님을 뵙고, 그 앞에 엎드려 말했다. "주님! 주
님이 여기 계셨더라면, 제 오빠가 죽지 않았을 거예요." **26** 그리고 마리
아가 흐느껴 울자, 따라온 조문객도 함께 울었다. 예수님이 보시고, 비통
한 마음이 북받쳐 올랐다. **27** 예수님이 물으셨다. "그를 어디 두었느냐?"
28 그들이 대답했다. "주님, 와서 보십시오." **29** 그때 예수님도 눈물을
많이 흘리셨다. **30** 유대인이 말했다. "보십시오, 저분이 얼마나 나사로

---

1) 5리(里)는 15스타디온(Stadion)으로 2.7km쯤 되었으며, 1스타디온은 400규빗으로 약 182m다.

를 사랑하셨는지!" **31** 그들 가운데 어떤 사람이 말했다. "소경의 눈을 뜨
게 하신 분이, 나사로는 죽지 않게 할 수가 없었단 말이오?" **32** 예수님이
속으로 더욱 비통히 여기시며 무덤으로 가셨다. 무덤은 동굴이었고, 입구
는 큰 돌로 막혀 있었다. **33** 예수님이 말씀하셨다. "돌을 치워라!" **34** 그
러자 마르다가 급히 달려와 말했다. "주님, 오빠가 무덤에 있은 지 벌써 4일
이나 되었습니다. 냄새가 심하게 납니다!" **35** 예수님이 말씀하셨다. "네가
믿으면 하나님의 영광을 보리라고, 내가 말하지 않았느냐?" **36** 그러자 사
람들이 돌을 옮겨 놓았다. **37** 예수님이 하늘을 우러러보시며 기도하셨다.
"아버지, 제 말을 들어주시니 감사합니다. 항상 제 말을 들어주심을 알지
만, 여기 둘러선 사람을 위해 이 말씀을 드립니다. 아버지께서 저를 보내
신 것을, 이들이 믿게 하여 주십시오." **38** 그리고 크게 외치셨다. "나사로
야, 나오너라!" **39** 그러자 죽은 사람이 무덤 밖으로 걸어 나왔다. 손발은
배로 묶여 있었고, 얼굴은 수건으로 감겨 있었다. **40** 예수님이 말씀하셨
다. "풀어 줘서 다니게 하라." **41** 조문하러 왔다가 이 일을 지켜본 많은
유대인이 예수님을 믿었다. **42** 그러나 더러는 바리새인에게 가서, 예수님
이 하신 일을 일러바쳤다.

174
10명의 나병 환자 (누가 17.11-19)

1 예수님이 예루살렘으로 가실 때, 사마리아와 갈릴리 지방 사이를 지
나가시게 되었다. **2** 예수님이 어느 마을에 들어가시자, 나병 환자 10명
이 멀찍이 서 있다가 크게 소리를 질렀다. "예수 선생님, 저희를 불쌍히
여겨 주십시오!" 악성 피부병 환자는 옷을 찢고, 머리를 풀고, 윗수염을 가리고, '부정하

다! 부정하다!'고 외쳐야 한다. 병에 걸려 있는 한 부정하므로, 그는 진 밖에서 따로 살아야 한
다.(레위기 13.45-46) **3** 그들을 보시고, 예수님이 말씀하셨다. "제사장에게 가
서, 여러분의 몸을 보이십시오!" **4** 그래서 그들이 길을 떠났는데, 가는
도중에 그들의 몸이 모두 깨끗하게 나았다.(37) **5** 그러자 그들 가운데 하
나가 병이 나은 것을 보고 돌아와서, 큰 소리로 하나님께 영광을 돌리며,
예수님 앞에 엎드려 감사를 드렸다. 그는 사마리아인이었다. **6** 예수님이
말씀하셨다. "10명이 다 깨끗함을 받지 않았습니까? 나머지 9명은 어디
있습니까? 이 이방인 외에는, 하나님께 영광을 돌리러 돌아온 사람이 없
단 말입니까?" **7** 그리고 그에게 이르셨다. "일어나 가십시오. 그대의 믿
음이 그대를 구원하였습니다."

175
하나님의 나라 (누가 17.20-21, 도마 3, 51, 97, 113)

1 바리새인이 물었다. "하나님의 나라는 언제 옵니까?" **2** 예수님이 대
답하셨다. "하나님의 나라는 눈으로 볼 수 있게 오는 것이 아닙니다. 여
기 있다, 저기 있다고 말할 수도 없습니다. 하나님의 나라는 바로 여러분
안에 있습니다." 하나님의 나라는 먹고 마시는 것이 아니라, 성령 안에서 누리는 의와 평
강과 기쁨입니다.(로마서 14.17)

176
인자의 날 (누가 17.22-37, 도마 56, 70, 80)

1 그리고 예수님이 제자들에게 말씀하셨다. "너희가 인자의 영광스러
운 날을 단 하루만이라도 보고 싶어 할 때가 오겠으나, 결국은 보지 못
할 것이다. **2** 사람들이 '보라, 그리스도가 저기 있다!' 혹은 '여기 있다!'
고 해도, 너희는 그들을 따라나서지도 말고, 찾아다니지도 마라. **3** 마치
번개가 하늘 이편에서 번쩍하며 하늘 저편까지 순식간에 비치듯이, 인자
의 날도 그럴 것이다. **4** 그러나 인자는 먼저 많은 고난을 겪어야 하고,
이 세대 사람에게 버림을 받아야 한다. **5** 그날은 노아[1]의 때와 같을 것
이다. 노아가 방주에 들어가는 날까지, 사람들은 먹고 마시고 장가가고
시집가고 하다가, 마침내 홍수가 나서 모두 멸망하고 말았다. 땅 위에 홍수
가 난 것은, 노아가 600살 되던 해다.(창세기 7.6) **6** 또 롯[2]의 때와 같을 것이다. 사
람들이 먹고 마시고 사고팔고 심고 집짓고 하다가, 롯이 소돔을 떠난 날,
하늘에서 불과 유황이 비 오듯이 쏟아져 모두 멸망하고 말았다. 인자의
날도 그럴 것이다. 주께서 하늘에서, 손수 유황과 불을 소돔과 고모라에 소나기처럼 퍼
부으셨다.(창세기 19.24) **7** 그날 지붕 위에 있는 사람은, 집안에 세간이 있더라
도 꺼내러 내려가지 마라. 또 들에서 일하고 있는 사람도, 무엇을 가지러
집으로 돌아가지 마라. **8** 롯의 아내를 기억하라. 누구든지 자기 목숨을
지키려고 하면 잃을 것이요, 버리려고 하면 얻을 것이다. **9** 내가 말한다.

---

1) 노아(Noah, 쉼/위로)는 창세기의 홍수 이전 사람으로, 480세에 하나님의 계시를 받아 120년간 방주를 지었으며, 그의 아내와 세 아들 셈과 함과 야벳, 그리고 세 며느리만 방주로 들어가 구원을 받고, 다른 사람은 모두 멸망하였다.

2) 롯(Lot, 가려지다)은 데라의 손자이자 하란의 아들로, 삼촌 아브라함을 따라 갈대아 우르에서 가나안 땅으로 이주하였다. 거기서 아브라함과 헤어져 소돔과 고모라 땅에 살게 되었으며, 그 땅이 죄로 심판을 받게 되었을 때, 아브라함의 중보로 그는 구원을 받았으나, 그의 아내는 끝내 미련을 버리지 못하고, 뒤를 돌아보았다가 소금기둥이 되었다.

그날 밤, 두 사람이 함께 침대에 누워 있어도, 하나는 데려가고 하나는
버려둘 것이며, 두 여자가 함께 맷돌질을 하고 있어도, 하나는 데려가고
하나는 버려둘 것이며, 또 두 남자가 함께 밭을 일구고 있어도, 하나는
데려가고 하나는 버려둘 것이다."(207) **10** 제자들이 물었다. "주님, 어디서
그런 일이 일어나겠습니까?" **11** 예수님이 대답하셨다. "시체가 있는 곳에
는 독수리가 모여들기 마련이다." 주께서 땅 끝 먼 곳에서 한 민족을 일으켜, 독수리
처럼 너희를 덮치게 하실 것이다. 그들은 너희가 모르는 말을 쓰는 민족이다.(신명기 28.49)

177
과부와 재판관 (누가 18.1-8)

1 항상 기도하고 낙심하지 말아야 한다는 뜻으로, 예수님이 비유를 들
어 말씀하셨다. **2** "어느 도시에 하나님도 두려워하지 않고, 사람도 무시하
는 재판관이 있었다. 또 아주 끈질긴 과부[1)]도 있었다. **3** 과부가 날마다
재판관을 찾아가 말했다. '억울합니다. 제 권리를 찾아 주십시오.' **4** 재판
관은 한동안 그 과부의 청을 들어주지 않다가, 이렇게 중얼거리며 마침내
들어주게 되었다. '내가 하나님도 두려워하지 않고 사람도 무시하지만, 이
과부가 이렇듯 나를 귀찮게 하니, 그 청을 들어줄 수밖에 없구나. 그렇지
않으면, 자꾸 찾아와 나를 괴롭힐 것이다.' **5** 너희는 이 불의한 재판관의
말을 귀담아 들어라. 하물며 하나님께서 밤낮 부르짖는 택하신 백성의 권
리를 찾아 주시지 않고, 오랫동안 내버려 두시겠느냐? **6** 내가 말한다. 하
나님께서 그 권리를 속히 찾아 주실 것이다. 그때 내가 들으니, 하늘에서 큰 음성

1) 과부(寡婦, Widow)는 남편과 사별한 여인으로, 과부의 옷을 입고 다녔으며, 화장이나 치장도 하지 않았다. 고아와 나그네와 더불어 도움의 손길이 필요한 사람이었다.

이 울려 나왔습니다. "이제 우리 하나님의 구원과, 권능과, 나라와, 그분이 세우신 그리스도의 권세가 나타났다. 우리 형제를 참소하는 자, 밤낮으로 하나님 앞에서 참소하는 자가 쫓겨났다."(요한계시록 12.10) **7** 그러나 인자가 올 때, 이 세상에서 믿음을 찾아볼 수 있겠느냐?"

178
바리새인과 세리 (누가 18.9-14)

1 스스로 의롭다고 여기며 남을 무시하는 사람에게, 예수님이 비유로 말씀하셨다. **2** "두 사람이 기도하러 성전에 올라갔습니다. 하나는 바리새인[1]이고, 다른 하나는 세리였습니다. **3** 바리새인은 따로 서서, 누가 보란 듯이 기도했습니다. '오 하나님, 감사합니다. 저는 저기 서 있는 저 세리와 달리, 사기를 쳐서 남의 물건을 빼앗지 않았고, 부정직하거나 음탕한 짓을 하지 않았습니다. 그리고 1주일에 2번씩 금식하고, 모든 수입의 십일조를 바칩니다.' **4** 그러나 세리는 멀찍이 서서, 눈을 들어 감히 하늘을 쳐다보지도 못한 채, 가슴을 치며 기도했습니다. '오 하나님, 저는 죄 많은 사람입니다. 저에게 자비를 베풀어 주십시오.' **5** 내가 말합니다. 진정 의롭다는 인정을 받고 집으로 돌아간 사람은, 저 바리새인이 아니라 이 세리였습니다. **6** 누구든지 자기를 높이는 사람은 낮아지고, 자기를 낮추는 사람은 높아질 것입니다."

1) 바리새인(Pharisee, 분리주의자)은 주전 165년부터 주후 70년까지 활동한 율법학자와 경건한 사람으로, 성문법인 토라(모세5경)에 기초를 두지 않은 가르침은 효력이 없다고 주장한 사두개인과 달리, 율법의 문자를 맹목적으로 따르기보다 인간의 이성과 양심에 따라 토라를 폭넓게 해석하여, 현실에 맞게 발전시켜 나가야 한다고 주장했다.

179
결혼과 이혼 (마태 19.1-12, 마가 10.1-12, 도마 49, 87)

1 예수님이 말씀을 마치시고, 갈릴리를 떠나 유대 지방으로 가셨다가,
요단강 건너편으로 가셨다. **2** 큰 무리가 다시 모여들었고, 예수님은 평소
와 같이 그들을 가르치시고, 병자를 고쳐 주셨다. **3** 바리새인이 와서, 예
수님을 시험하여 물었다. "무슨 이유가 있다면, 남편이 아내를 버려도 좋
습니까?" **4** 예수님이 대답하셨다. "여러분은 아직 이 말씀을 읽어 보지
못했습니까? '하나님께서 사람을 지으실 때, 처음부터 남자와 여자로 지
으셨다.' 또 '그러니 남자는 부모를 떠나서, 아내와 합하여 한 몸이 되어야
한다.' 하나님께서 자기 형상대로 사람을 지으시되, 남자와 여자로 지으셨다.(창세기 1.27) 그
러므로 남자는 어버이를 떠나서, 아내와 더불어 한 몸이 되는 것이다.(창세기 2.24) **5** 그러므
로 이제는 둘이 아니라 한 몸입니다. 하나님께서 짝지어 함께 멍에를 메
도록 묶어 주신 것을, 사람이 임의로 갈라놓아서는 안 됩니다." **6** 바리새
인이 물었다. "그러면 어찌하여 모세는 이혼 증서를 써 주는 조건으로,
아내를 버려도 좋다고 했습니까?" 누가 아내를 맞았다가, 아내에게 부끄러운 일이
있어 헤어지고 싶다면, 이혼 증서를 써 주고, 자기 집에서 내보내야 한다.(신명기 24.1) **7** 예수
님이 대답하셨다. "여러분의 마음이 워낙 완악해서 모세가 부득이 그렇
게 허락한 것이지, 원래부터 그랬던 것은 아닙니다." **8** 그리고 집에 들어
갔을 때, 제자들이 그 말씀에 대해 다시 물었다. **9** 예수님이 대답하셨다.
"내가 말한다. 누구든지 부정을 저지른 경우를 제외하고, 자기 아내를 버
리고 다른 여자와 결혼하는 남자는, 그 여자와 더불어 간음죄를 짓는
것이다. 마찬가지로 자기 남편을 버리고 다른 남자와 결혼하는 여자도,
그 남자와 더불어 간음죄를 짓는 것이다." **10** 제자들이 말했다. "남편과
아내의 관계가 그런 것이라면, 차라리 결혼하지 않는 편이 낫겠습니다."

11 예수님이 대답하셨다. “아무나 이 말을 받아들일 수는 없고, 하나님
께서 허락하신 사람만 받아들일 수 있다. **12** 그러니까 처음부터 결혼
하지 못하게 고자[1]로 태어난 사람도 있고, 남의 손에 의해 그렇게 된 사
람도 있고, 하나님의 나라를 위해 스스로 결혼하지 않는 사람도 있다.
이 말을 받아들일 만한 사람은 받아들여라.” 모든 사람이 나와 같이 독신으로
살았으면 좋겠습니다. 그러나 사람마다 하나님께 받은 은사가 달라서, 이런 사람도 있고, 저
런 사람도 있습니다.(고린도전서 7.7) 우리라고 다른 사도나 주님의 동생이나 게바와 같이, 그
리스도를 믿는 아내를 데리고 다닐 권리가 없겠습니까?(고린도전서 9.5)

180
어린이 축복 (마태 19.13-15, 마가 10.13-16, 누가 18.15-17, 도마 22)

1 그때 사람들이 자기 아이를 데리고 와서, 예수님께 안수해 달라고 청
하였다. **2** 제자들이 보고 나무라자, 예수님이 화를 내시며 제자들을 오
히려 꾸짖으셨다. **3** 예수님이 아이들을 가까이 부르시고 말씀하셨다.
“어린이가 내게 오는 것을 허락하고, 막지 마라. 하나님의 나라가 이와 같
은 사람의 것이다. **4** 내가 분명히 말한다. 누구든지 어린이와 같이 순수
한 마음으로 하나님의 나라를 받아들이지 않는 사람은, 결코 그 나라에
들어가지 못한다.” 오히려 내 마음은 고요하고 평온합니다. 젖을 뗀 아이가 어머니 품에
안겨 있듯이, 내 영혼도 젖을 뗀 아이와 같습니다.(시편 131.2) **5** 그리고 아이들을 일일
이 꼭 껴안아, 머리 위에 손을 얹어 축복하시고, 거기를 떠나셨다.

---

1) 고자(鼓子, Eunuch)는 생식기가 거세된 남자로, 오래전부터 중동지역과 중국, 한국 등에 있었다. 여성 경호원이나 하인, 왕의 시종 내시로 일했으며, 환관으로 권세를 누리기도 하였다.

181
부자 젊은이 (마태 19.16-30, 마가 10.17-31, 누가 18.18-30, 도마 4, 61, 75)

1 예수님이 길을 떠나려고 하실 때, 한 청년이 달려와 무릎을 꿇고 말
했다. "선하신 선생님, 제가 무슨 선한 일을 해야 영생을 얻겠습니까?"
2 예수님이 대답하셨다. "그대는 어찌하여 나를 선하다고 하면서, 선한
일을 내게 묻습니까? 선하신 분은 오직 하나님 한 분밖에 없습니다. 그대
가 영생을 얻으려면 계명을 지키십시오." **3** "어떤 계명을 말입니까?" **4** "살
인하지 마라, 간음하지 마라, 도둑질하지 마라, 거짓 증언하지 마라, 속임
수로 빼앗지 마라, 그리고 네 부모를 공경하라, 네 이웃을 네 몸과 같이
사랑하라는 계명이 있지 않습니까?" 네 부모를 공경하라. 그래야 네 하나님 여호와
께서 주신 땅에서 오래 살 것이다. 살인하지 마라. 간음하지 마라. 도둑질하지 마라. 네 이웃을
모함하려고, 거짓으로 증언하지 마라.(출애굽기 20.12-16) 형제에게 앙심을 품거나 원수를 갚
지 마라. 네 이웃을 네 몸처럼 사랑하라. 나는 여호와다.(레위기 19.18) 너희 부모를 공경하라.
너희 하나님 여호와의 명령이다. 그래야 너희가 오래 살고, 너희 하나님 여호와께서 주신 땅에
서 잘될 것이다. 살인하지 마라. 간음하지 마라. 도둑질하지 마라. 거짓으로 증언하지 마라.(신
명기 5.16-20) **5** "저는 그 모든 계명을 어려서부터 다 지켜왔습니다. 아직도
제게 부족한 것이 있습니까?" **6** 예수님이 그를 눈여겨보시고, 대견히 여
기시며 말씀하셨다. "그렇다고 해도, 그대에게 아직 부족한 것이 하나 있
습니다. 그대가 하나님 앞에서 온전한 사람이 되려면, 가서 그대의 재산
을 팔아 가난한 사람에게 나눠 주십시오. 그러면 하늘의 보화를 얻을 것
입니다. 그리고 와서 나를 따르십시오."(51) **7** 이 말씀을 듣고, 그는 크게
근심하다가 울상을 짓고 떠나갔다. 재산이 많은 큰 부자[1]였을 뿐만 아

1) 부자(富者, The rich)는 빈자에 대한 책임과 의무가 있다. 부귀와 영화는 하나님이 주신 축복이나, 하나님의 뜻대로 사용하지 않으면 저주가 된다.

니라, 유대 관원으로서 백성의 존경을 받으며, 남부럽지 않게 잘 살아가
고 있었기 때문이다. **8** 그를 유심히 지켜보시다가, 예수님이 말씀하셨
다. "내가 분명히 말한다. 부자가 하나님의 나라에 들어가기란 무척 어렵
다." **9** 이 말씀을 듣고, 제자들이 깜짝 놀라는 표정을 지었다. **10** "내가 다
시 말한다. 부자가 하나님의 나라에 들어가는 것보다, 낙타가 바늘귀(바늘
귀문)로 빠져나가는 것이 더 쉬울 것이다." **11** 제자들이 더욱 놀라 서로 마
주보며 수군거렸다. "그렇다면, 누가 구원을 받겠는가?" **12** 그들을 눈
여겨보시며 예수님이 말씀하셨다. "사람의 힘으로는 할 수 없으나, 하나
님은 무슨 일이나 다 하실 수 있다." **13** 그때 베드로가 말했다. "보시다시
피, 저희는 모든 것을 버리고 주님을 따랐습니다. 저희는 무엇을 얻겠습니
까?" **14** 예수님이 말씀하셨다. "내가 분명히 말한다. 너희가 모든 것을 버
리고 나를 따랐으니, 새로운 세상이 와서 만물이 새롭게 되고, 인자가 영
광의 보좌에 앉을 때, 너희도 12보좌에 앉아 이스라엘 12지파를 심판할
것이다. **15** 내 이름을 위해 자기 집이나 형제나 자매나 부모나 자식이나
전답을 버린 사람은, 이 세상에서 핍박도 아울러 받겠지만, 그 모든 것을
100배나(더할 나위 없이) 받을 것이며, 영생도 얻을 것이다. **16** 그러나 지금
은 앞선 것 같아도 나중에 뒤떨어지고, 지금은 뒤떨어진 것 같아도 나중
에 앞설 사람이 많을 것이다."

182

포도원 일꾼 (마태 20.1-16, 도마 4)

1 예수님이 말씀하셨다. "하나님의 나라는 이렇게 비유할 수 있다. **2** 포
도원 주인이 일꾼을 구하려고, 아침 일찍 집을 나서 거리로 나갔다. **3** 하

루에 1데나리온씩 주기로 약속하고, 일꾼을 모아 포도원으로 들여보냈
다. **4** 그리고 9시쯤 되어 나가 보니, 시장에서 빈둥거리며 서 있는 사람
이 더 있었다. **5** '여러분도 내 포도원에 들어가 일하십시오. 일한만큼 품
삯[1]을 쳐주겠습니다.' **6** 그래서 그들도 포도원에 들어가 일하게 되었다.
7 주인이 낮 12시와 오후 3시에 나가 보니, 그런 사람이 또 있어서 똑같
이 하였다. **8** 그리고 오후 5시에 나가 보니, 아직도 빈둥거리며 놀고 있
는 사람이 있었다. **9** 주인이 물었다. '여러분은 왜 하루 종일 여기서 빈
둥거리며 놀고 있습니까?' **10** 그들이 대답했다. '우리에게 일을 시켜 주는
사람이 없어서 그렇습니다.' **11** 주인이 말했다. '그러면 여러분도 내 포도
원에 들어가 일하십시오.' **12** 날이 저물자, 주인이 청지기를 불러 말했다.
'일꾼들을 불러 품삯을 주되, 맨 나중 온 사람부터 시작하여 처음 온 사
람까지 차례로 지급하라.' **13** 그래서 오후 5시에 온 일꾼들이 와서 1데나
리온씩 받았다. 그러자 먼저 온 일꾼들은 당연히 더 많이 받으려니 생각
하였다. 그러나 그들도 똑같이 1데나리온씩 받았다. **14** 먼저 온 일꾼들
이 주인에게 불만을 터뜨렸다. '나중 온 이 사람들은 겨우 1시간밖에 일
하지 않았습니다. 그런데 온종일 뙤약볕에서 고생한 우리와 똑같은 품삯
을 줍니까?' **15** 그러자 주인이 그들 가운데 하나에게 말했다. '친구여, 내
가 그대에게 잘못한 것이 있습니까? 그대는 나와 1데나리온으로 품삯을
정하지 않았습니까? 그대의 품삯이나 받아서 돌아가십시오. 일자리가
없어서 나중 온 이들에게, 하루의 품삯을 쳐주는 것이 무슨 잘못이란 말
입니까? 내 것을 가지고 내 뜻대로 하는 후한 처사가, 그대의 비위에 거
슬린다는 말입니까?' **16** 이와 같이 앞선 사람이 뒤질 수도 있고, 뒤진 사
람이 앞설 수도 있을 것이다."

---

1) 품삯(Wage)은 노동의 대가에 따른 보수로, 해가 지기 전에 지급하였다.

183
3차 수난 예고 (마태 20.17-19, 마가 10.32-34, 누가 18.31-34)

1 예수님이 앞장서 부지런히 예루살렘으로 올라가셨다. 제자들은 어리둥절하였고, 뒤따르는 사람들은 두려워하였다. 자기를 낮춰 죽기까지 순종하셨으니, 곧 십자가에 달려 죽으셨습니다.(빌립보서 2.8) **2** 길에서 예수님이 12제자를 따로 불러, 앞으로 당하실 일을 미리 일러 주셨다. "보라, 우리는 지금 예루살렘으로 올라가고 있다. 인자를 두고 예언서에 기록된 일이, 거기서 모두 이루어질 것이다. **3** 인자가 배반을 당해 대제사장과 율법학자에게 넘겨질 것이고, 그들은 인자에게 사형을 선고하여 이방인에게 넘겨줄 것이다. **4** 이방인은 인자를 조롱하고 침 뱉고 채찍질하여, 마침내 십자가에 달아 죽일 것이다. **5** 그러나 인자는 3일 만에 다시 살아날 것이다."(116, 119) **6** 이 말씀을 듣고도, 제자들은 조금도 깨닫지 못했다. 그 뜻이 숨겨져 있어서, 이해하지 못했던 것이다.(264)

184
제자들의 야심 (마태 20.20-28, 마가 10.35-45)

1 그때 세베대의 두 아들 야고보와 요한이, 자기 어머니[1]와 함께 와서, 예수님께 절하며 무엇인가 간청하였다. "선생님, 저희 소원을 꼭 들

1) 마태는 야고보와 요한의 어머니가 아들을 데리고 와서 자리를 부탁한 것으로 기록했고, 마가는 야고보와 요한이 어머니를 모시고 와서 자리를 부탁한 것으로 기록했다. 세베대의 아내로서 야고보와 요한의 어머니는 '살로메(Salome, 평화)'였다. 십자가 현장에서 예수님의 수난을 지켜봤고, 막달라 마리아와 함께 예수님의 무덤을 찾아간 여인이었다. 살로메는 예수님의 어머니 마리아와 자매간으로 알려져 있다.

어주시기 바랍니다." **2** 예수님이 물으셨다. "너희가 무엇을 구하기에 이
렇게까지 하느냐?" **3** 그들이 대답하였다. "주님이 영광의 자리에 앉으실
때, 저희를 하나는 오른편에, 하나는 왼편에 앉혀 주십시오." **4** "지금 너
희가 구하는 것이 무엇인지 모르고 있구나. 내가 마실 잔을 너희가 마
실 수 있느냐?" **5** "예, 마실 수 있습니다." **6** "내가 받을 세례를 너희가 받
을 수 있느냐?" **7** "예, 받을 수 있습니다." **8** "그래, 과연 너희도 내가 마
실 쓴 잔을 마시고, 내가 받을 고난의 세례를 받을 것이다. 그러나 내 오
른편과 왼편의 자리는, 내가 허락할 사안이 아니다. 내 아버지께서 미리
정해 놓으신 그에게 돌아갈 것이다." **9** 다른 10명의 제자가 듣고, 야고보
와 요한에게 분개하였다. **10** 예수님이 그들을 모두 가까이 불러 말씀하
셨다. "너희도 알다시피, 이방인의 통치자는 백성을 마구 짓누르고, 고관
은 권력으로 세도를 부린다. 그러나 너희는 그렇게 해선 안 된다. **11** 오
히려 너희 가운데서 높은 사람이 되고 싶은 자는 너희를 섬기는 사람이
되어야 하고, 누구든지 으뜸이 되려는 자는 모든 사람의 종이 되어야 한
다.(217) **12** 사실은 인자도 섬김을 받으러 온 것이 아니라 섬기러 왔고, 자
기 목숨을 많은 사람의 대속물[1)]로 내주러 왔다."

1) 대속물(代贖物, Ransom/Redeem)은 노예를 해방시키려고 대신 지급한 몸값, 즉 속전(贖錢)을 말한다. 예수 그리스도의 십자가 죽음이 온 인류의 죗값을 대신 치른 사건임을 의미한다.

185
바디매오 치유 (마태 20.29-34, 마가 10.46-52, 누가 18.35-43)

1 예수님이 여리고[1] 가까이 이르셨다. 큰 무리가 예수님을 뒤따르고
있었다. **2** 그때 앞을 보지 못하는 사람이 길가에 앉아 구걸하고 있다가,
왁자지껄한 소리를 듣고 물었다. "무슨 일이 있습니까?" **3** 그는 디매오의
아들, 바디매오[2]라는 사람이었다. **4** 어떤 사람이 일러 주었다. "나사렛
예수님이 지나가신다!" **5** 이 말을 듣고, 그가 크게 외쳤다. "다윗의 자손
예수여, 저를 불쌍히 여겨 주십시오!" **6** 앞서가는 사람이 꾸짖었다. "닥
쳐라!" **7** 그러나 아랑곳하지 않고, 그는 더욱 큰 소리로 부르짖었다. "다
윗의 자손 예수여, 저에게 자비를 베풀어 주십시오!" **8** 예수님이 걸음을
멈추시고 말씀하셨다. "그를 데려오십시오." **9** 어떤 사람이 가서 말했다.
"이제 안심하고 일어나시오. 예수님이 당신을 부르시오." **10** 그러자 그가
걸치고 있던 겉옷[3]을 훌렁 벗어 던지고, 벌떡 일어나 예수님께 나아왔
다. **11** 예수님이 물으셨다. "내게 바라는 것이 무엇입니까?" **12** 그가 대
답했다. "주여, 저도 보고 싶습니다. 보게 해 주십시오!" **13** 예수님이 불
쌍히 여기시고, 그의 눈을 어루만지시며 말씀하셨다. "이제 눈을 뜨고 밝
히 보십시오. 그대의 믿음이 그대를 구원하였습니다." **14** 그러자 그는 즉
시 시력을 회복하여 보게 되었고, 하나님께 영광을 돌리며 예수님을 따

---

1) 여리고(Jericho, 달/종려/향기의 성읍)는 요단강 서쪽 8km, 사해 북쪽 11km, 예루살렘 북동쪽 24km에 위치한 성읍이었다. 고고학적 탐사로 주전 9천 년경부터 사람이 정착한 흔적이 발견되어, 세계에서 가장 오래된 성읍으로 알려지게 되었다. 신약의 여리고는 신여리고와 구여리고로 나뉘어 있었으며, 이집트를 탈출한 이스라엘 백성이 점령하여 가나안 정복의 전초기지로 삼았던 구여리고에서, 남쪽으로 1.5km 떨어진 곳에 헤롯대왕이 정책적으로 발전시킨 신여리고가 있었다.

2) 여리고 거리의 맹인을 마태는 2명으로, 마가는 바디매오로, 누가는 어떤 사람으로 기록하였다.

3) 겉옷(Robe)은 망토처럼 소매 없이 구멍을 뚫어 어깨에 걸치고 다녔으며, 밤에는 이불로 사용하였다.

랐다. **15** 그 광경을 본 사람들도 하나님을 찬양하였다.

186
삭개오의 구원 (누가 19.1-10)

1 예수님이 여리고 거리를 지나가고 계셨다. 거기 삭개오[1]라는 사람이
있었다. 그는 돈 많은 세관장이었다. **2** 삭개오가 예수님을 보려고 애썼
으나, 워낙 키가 작은데다가 사람이 많아 볼 수가 없었다. **3** 그래서 예
수님이 지나가시는 길을 앞질러 달려가서, 길가에 있는 돌무화과나무 위
에 올라가 기다리고 있었다. **4** 예수님이 그곳에 이르러, 그를 쳐다보시
며 말씀하셨다. "삭개오여, 어서 내려오시오. 내가 오늘은 그대의 집에 묵
어야겠습니다." **5** 삭개오가 얼른 내려와서, 기뻐하며 예수님을 맞아들였
다. **6** 사람들이 보고 수군거렸다. "저 사람이 죄인의 집에 들어가 묵으려
고 하다니, 참으로 어이없는 일이 아닙니까?" **7** 삭개오가 일어나 말했다.
"주님, 제 소유의 절반을 가난한 사람에게 나눠 주겠습니다. 그리고 누군
가 속여 얻은 것이 있으면, 무엇이나 4배로 확실히 갚겠습니다." **8** 예수님
이 말씀하셨다. "오늘 이 집에 구원이 이르렀습니다. 이 사람도 아브라함
의 자손입니다. 인자는 잃어버린 사람을 찾아 구원하러 왔습니다."

1) 삭개오(Zacchaeus, 의/정결한 자)는 '깨끗하고 의로운 사람'이라는 뜻을 가진 유대 고유의 이름이다. 그러나 그는 로마가 임용한 여리고의 세관장으로, 민족을 배신한 죄인이었다. 당시 세리는 로마의 공권력을 등에 업고, 자기 마음대로 세금을 부과하여 부를 축적할 수 있었던 바, 허가받은 도둑이라는 별명을 가지고 있었다.

187
10므나의 비유 (누가 19.11-27, 도마 41)

1 그때 예수님이 비유 하나를 들어 말씀하셨다. 예수님이 예루살렘 가
까이 이르시자, 하나님의 나라가 당장 나타날 줄로 생각하는 사람이 있
었기 때문이다. **2** "어떤 귀인이 왕위를 받아 오려고 먼 길을 떠나게 되었
습니다. 10명의 종을 불러 1므나[1]씩 나눠 주며 말했습니다. '내가 돌아
올 때까지 이 돈으로 장사를 하여라.'(209) **3** 그런데 그의 백성은 그를 미
워했습니다. 그들이 사절단을 구성하여 뒤따라 보내며, 왕위를 물려줄 사
람에게 진정했습니다. '그가 우리의 왕이 되는 것을 원치 않습니다.' **4** 그러
나 귀인은 왕위를 받아 돌아왔습니다. 그리고 먼저 돈을 맡긴 종을 불러
서, 어떻게 장사를 했는지 알아보았습니다. **5** 첫째 종이 와서 말했습니다.
'주인님이 주신 1므나를 10개로 늘렸습니다.' **6** 주인이 말했습니다. '착하
고 충성된 종아, 네가 참으로 잘했다. 지극히 작은 일에 충성했으니, 네
게 10고을을 다스리는 권세를 주겠다.' **7** 둘째 종이 와서 말했습니다. '주
인님이 주신 1므나를 5개로 늘렸습니다.' **8** 주인이 말했습니다. '그래, 너
도 참 잘했다. 네게 5고을을 다스리는 권세를 주겠다.' **9** 그런데 그 다음
종은 와서 이렇게 말했습니다. '주인님, 주인님의 1므나가 여기 그대로 있
습니다. 제가 수건에 싸서 잘 간수해 두었습니다. 주인님은 엄하신 분이
라 맡기지 않은 것을 찾아가시고, 심지 않은 것을 거둬 가시기에, 제가
두려워서 이렇게 했습니다.' **10** 그러자 주인이 호통을 쳤습니다. '이 악
하고 몹쓸 종아, 내가 네 말로 너를 심판하겠다. 내가 엄한 사람이라 맡

1) 므나(Mina)는 1/60달란트에 해당하는 유대 화폐로, 헬라 화폐 100드라크마, 로마 화폐 100데나리온의 가치가 있었다. 유통된 화폐로 가장 큰 단위는 므나였고, 가장 작은 단위는 렙돈이었다. 달란트는 가장 큰 화폐였으나, 실제로 유통되지는 않았다.

기지 않은 것을 찾아가고, 심지 않은 것을 거둬 가는 줄로 알았다면, 너는 어째서 그 돈을 은행에 맡기지 않았느냐? 그랬다면 내가 와서, 이자와 원금을 함께 받을 수 있지 않았겠느냐?'
11 그리고 곁에 선 사람에게 말했습니다. '저자가 가진 1므나를 빼앗아, 10므나 가진 종에게 주어라.'
12 그러자 사람들이 말했습니다. '주인님, 그는 이미 10므나를 가지고 있습니다.'
13 그러나 주인은, '내가 말한다. 누구든지 가진 사람이 더 받을 것이고, 가지지 못한 사람은 그 있는 것마저 빼앗길 것이다. 그리고 내가 왕이 되는 것을 반대한 저 원수들을 이리 끌어내어, 내 앞에서 죽여라!' 고 했습니다."

188
마리아의 향유 (마태 26.6-13, 마가 14.3-9, 요한 11.55-57, 12.1-11)

1 유대인의 유월절이 가까웠다. 많은 사람이 자기 몸을 정결하게 하려고, 미리 시골에서 예루살렘으로 올라왔다.
2 그들이 예수님을 찾다가 성전 뜰에 모여 말했다. "여러분은 어떻게 생각합니까? 그도 명절을 지키러 올라오지 않을까요?"
3 대제사장과 바리새인이 예수님을 체포하려고, 그가 있은 곳을 아는 사람은 바로 신고하라는 명령을 내려 두었던 것이다.
4 유월절 6일 전, 예수님이 베다니에 이르셨다. 예수님이 죽은 나사로를 살리신 마을로, 나사로와 그 누이들이 살고 있었다.
5 전에 나병 환자였던 시몬의 집에서, 예수님을 위한 만찬이 베풀어졌다. 마르다는 음식을 접대하였고, 나사로는 예수님과 함께 식사하는 사람들 사이에 있었다.

6 그때 마리아가 매우 값진 향유, 곧 순수한 나드[1] 1근[2]을 가지고 와서, 식
사하시는 예수님의 머리에 붓고, 자기 머리털로 예수님의 발을 닦아 드렸
다. 그러자 온 집안이 향내로 가득하였다. **7** 예수님을 배반할 가룟 유다
와 다른 제자 몇 사람이, 분개하여 마리아를 호되게 나무랐다. "왜 이 비
싼 향유를 이렇게 허비하느냐? 300데나리온 이상에 팔아서, 가난한 사람
을 도울 수 있었을 텐데. 이게 대체 무슨 짓이냐?" **8** 유다가 이 말을 한
것은, 정말 가난한 사람을 생각해서가 아니라, 자기가 돈궤를 맡고 있으
면서, 가끔씩 그 돈을 꺼내 쓰는 도둑이었기 때문이다. **9** 예수님이 말씀
하셨다. "그대로 둬라. 어찌하여 마리아를 쳐서 괴롭히느냐? 마리아는 정
성을 다해 내게 갸륵한 일을 하였다. **10** 가난한 사람은 항상 너희 곁에
있어서, 마음만 먹으면 언제든지 도울 수 있지만, 나는 언제나 너희와 함
께 있지 않을 것이다. **11** 마리아가 이처럼 귀한 향유를 고이 간직하다가
정성껏 내게 부은 것은, 내 장례를 미리 준비하기 위한 것이다. **12** 내가
분명히 말한다. 온 세상 어디든지, 이 복음이 전파되는 곳마다, 마리아가
한 일도 알려져서 사람들이 기억하게 될 것이다." 내가 전해 준 복음을 여러분
이 굳게 잡고 헛되이 믿지 않는다면, 그 복음으로 여러분은 구원을 얻을 것입니다.(고린도전서
15.2) **13** 예수님이 베다니에 계신다는 소문을 듣고, 유대인이 떼를 지어
몰려왔다. 예수님만이 아니라, 죽었다가 살아난 나사로도 보고 싶었기
때문이다. **14** 그러자 대제사장과 바리새인이 나사로까지 죽이기로 모의
하였다. 나사로 때문에 많은 유대인이 그들을 버리고, 예수님을 믿었기
때문이다.

1) 나드(Nard)는 인도와 히말라야 산맥에서 재배되는 향나무 뿌리에서 추출되는 액체로, 수입가격이 매우 비쌌다.

2) 1근(斤)은 1리트라(Litra)로 327g쯤 되었다.

제5편 고난 사역

189
예루살렘 입성 (마태 21.1-11, 마가 11.1-11, 누가 19.28-44, 요한 12.12-19)

1 예수님이 앞장서 부지런히 예루살렘으로 올라가셨다. **2** 예루살렘
이 가까운 감람산[1] 기슭의 벳바게와 베다니 마을에 이르시자, 예수님
이 제자 2명을 불러 말씀하셨다. "너희는 맞은편 마을로 앞질러 가거
라. 거기 가면 나귀 1마리가 매여 있을 것이고, 그 곁에 아직 아무도 타
보지 않은 새끼도 있을 것이다. 그 나귀를 풀어 끌고 오너라. 누가 뭐라
고 하거든 주님이 쓰신다 하고, 쓰시고 나서 즉시 보내신다고 하라. 그
러면 바로 내어 줄 것이다." **3** 제자들이 가서 보니, 과연 길 바깥쪽 어귀
에 나귀가 매여 있었다. **4** 제자들이 그 나귀를 풀자, 거기 서 있는 사람
들이 물었다. "무슨 일이오? 왜 나귀를 푸시오?" **5** 예수님이 일러 주신 대
로 대답하자, 그들이 고개를 끄덕이며 가만히 있었다. **6** 제자들이 나귀
를 끌어와 겉옷을 벗어 등에 걸치자, 예수님이 그 위에 올라타셨다. **7** 이
리하여 예언자의 말씀이 이루어졌다. "시온의 딸아, 두려워 마라. 보라,
네 왕이 네게 오신다. 그는 온유하여 멍에 메는 짐승의 새끼, 곧 어린 나
귀를 타고 오신다." 보라, 여호와께서 땅 끝까지 선포하신다. 너희는 딸 시온에게 전하
라. '보라, 네 구원자가 오신다. 승리하신 보람으로 찾은 백성을 데리고 오신다. 수고하신 값으
로 얻은 백성을 앞세우고 오신다.'(이사야 62.11) 시온의 딸아, 크게 기뻐하라! 예루살렘의 딸
아, 환성을 올려라! 보라, 네 왕이 네게 오신다. 그는 공의로우시며, 구원을 베푸시는 분이시
다. 그는 겸손하여 나귀 새끼, 곧 어린 나귀를 타고 오신다.(스가랴 9.9) **8** 처음에는 제자
들도 이 말씀을 이해하지 못했으나, 예수님이 영광을 받으신 뒤에야 비

1) 감람(橄欖, Olive)산은 감람(올리브)나무가 무성하였다. 해발 800m에 길이는 4km쯤 되었고, 4개의 봉우리가 있었다. 성전 언덕보다 90m, 시온 언덕보다 30m 높은 곳에 위치하여, 동으로는 요단강 계곡과 사해를, 남으로는 유대 광야를, 서로는 예루살렘을 한눈에 내려다볼 수 있었다.

로소 그 말씀이 예수님에 대한 것이며, 그 기록대로 다 이뤄졌다는 사
실을 깨달았다. **9** 예수님이 예루살렘에 입성하신다는 소식을 듣고, 유
월절을 지키러 온 사람들이 겉옷을 벗어 길에 펴기도 하고, 종려나무
[1] 가지를 꺾어 길에 깔기도 하며, 손에 들고 흔들기도 하면서, 예수님
을 맞을 준비를 하였다. **10** 예수님이 감람산 비탈길 가까이 이르렀을
때, 큰 무리가 예수님을 에워싸고, 환성을 지르며 하나님을 찬양하였
다. **11** 앞서고 뒤따르는 사람들이 함께 외쳤다. "호산나![2] 다윗의 자손
이여! 주의 이름으로 오시는 분이시여!" 여호와여, 간구합니다. 이제 구원하여 주
십시오. 여호와여, 간구합니다. 이제 건져내어 주십시오.(시편 118.25) **12** "복되시다! 우
리 조상 다윗의 나라여! 이스라엘 왕이시여!" 여호와의 이름으로 오시는 분에
게 복이 있다. 여호와의 집에서 우리가 너희를 축복하였다.(시편 118.26) **13** "하늘에서 평
화! 하나님께 영광! 지극히 높은 곳에서 호산나!" **14** 또 예수님이 나사
로를 무덤 밖으로 불러내 다시 살리실 때, 그 자리에서 지켜본 사람들
이 계속 그 일을 증언하였다. **15** 이처럼 많은 사람이 예수님을 맞으러
나온 것도, 예수님이 행하신 기적을 보았거나 소문으로 들었기 때문이
다. **16** 그들 사이에 있던 바리새인이 못마땅하여 예수님께 말했다. "선생
님, 제자들을 꾸짖으시오! 왜 보고만 계시오?" **17** 예수님이 대답하셨다.
"내가 말합니다. 이 사람들이 입을 다물고 가만히 있으면, 여기 있는 돌
들이 소리를 지를 것입니다." **18** 그리고 예수님이 예루살렘 가까이 이르
렀을 때, 그 성을 바라보시고 눈물을 흘리시며 한탄하셨다. "오늘 네가
평화의 길이 무엇인지 알았다면, 얼마나 좋았겠는가? 그러나 지금 네 눈
이 감겨서, 그 길을 보지 못하는구나. **19** 그날이 이르면, 네 원수가 너

---

1) 종려(棕櫚, Palm)나무는 일명 대추야자로, 야자과에 속한 상록 교목이다. 가지 없이 5-8m 정도 자라고, 줄기에 부채 모양의 잎이 나며, 여름에 노란 꽃이 피고, 둥근 과일이 맺어 까맣게 익는다.

2) 호산나(Hosanna, 이제 구원하소서)는 구약시대에 제일(祭日)마다 읊던 구절이다.

를 향해 말뚝을 박고, 토성을 쌓고, 사방에서 몰려와 너를 쳐부수고, 성
안에 있는 네 자녀를 모조리 짓밟고, 성안에 있는 돌 하나도 돌 위에 남
겨 두지 않고 다 무너뜨릴 것이다. 하나님께서 구원하러 오신 때를 네가
깨닫지 못했기 때문이다." **20** 이윽고 예수님이 예루살렘에 도착하여 성
전으로 들어가셨다. 그러자 한바탕 소동이 일어났다. **21** "이 사람이 누구
요?" **22** "이분은 갈릴리 나사렛에서 오신 예언자 예수요!" **23** 바리새인이
고개를 설레설레 흔들며 말했다. "이제 우리의 계획은 다 수포로 돌아가
고 말았소. 저 무리를 보시오! 온 세상이 저 사람을 따르고 있소!" **24** 예
수님이 성전 경내를 두루 살펴보시자, 어느덧 날이 저물었다. 베다니로
가시려고, 12제자와 함께 성전에서 나오셨다.

190
하나의 밀알 (요한 12.20-36, 도마 50)

1 유월절 예배를 드리려고, 예루살렘에 올라온 사람 가운데 헬라인도
더러 있었다. **2** 그들이 갈릴리 벳새다 사람, 빌립에게 와서 청했다. "선생
님, 우리가 예수님을 뵙고 싶습니다." **3** 빌립이 안드레에게 가서 말하고,
안드레와 빌립이 예수님께 가서 말씀드렸다. **4** 예수님이 말씀하셨다. "인
자가 영광을 받을 때가 왔습니다. 내가 분명히 말합니다. 하나의 밀알이
땅에 떨어져 죽지 않으면 한 알 그대로 있고, 죽으면 많은 열매를 맺습니
다. 우리 주 예수 그리스도의 아버지 하나님을 찬양합니다. 하나님께서 그 크신 자비로 우리
를 거듭나게 하시고, 예수 그리스도를 죽은 사람 가운데서 다시 살리심으로, 우리에게 산 소망
을 안겨 주셨습니다.(베드로전서 1.3) **5** 자기 생명을 사랑하는 사람은 잃을 것이
며, 이 세상에서 자기 생명을 미워하는 사람은 영원히 그 생명을 보존할

것입니다. 6 누구든지 나를 섬기려면 나를 따르십시오. 나를 섬기는 사
람은 나와 함께 있을 것이며, 내 아버지께서 그를 귀히 여기실 것입니다.
7 그러나 지금 내 마음이 무척 괴로우니, 무슨 말을 더 하겠습니까? 아버
지께 이 시간을 벗어나게 해달라고 빌어야 할까요? 아닙니다. 나는 이 일
을 위하여 이때 왔습니다. 아버지여, 아버지의 이름을 영광스럽게 하십시
오!" 8 그때 하늘에서 소리가 들려왔다. "내가 이미 영광스럽게 하였고,
다시 영광스럽게 할 것이다." 9 곁에서 이 소리를 들은 사람 가운데 더러
는 천둥이 울렸다고 하였으며, 더러는 천사가 예수님께 말했다고 하였다.
10 예수님이 말씀하셨다. "이 소리가 난 것은 나를 위해서가 아니라, 여
러분을 위한 것입니다. 이제 이 세상에 심판이 임할 것입니다. 이 세상의
통치자가 쫓겨날 것입니다. 내가 땅에서 들리면, 모든 사람을 내게로 이
끌 것입니다." 11 이는 예수님이 어떠한 죽음으로 돌아가실지 미리 암시
하신 것이었다. 12 그때 사람들이 말했다. "우리는 율법에서 그리스도가
영원히 사신다고 들었습니다. 그런데 선생님은 인자가 들려야 한다고 하
십니다. 대체 그 인자가 누구입니까?" 13 예수님이 말씀하셨다. "빛이 여
러분과 함께 있을 시간도 이제 얼마 남지 않았습니다. 어둠이 여러분을
덮치기 전에 빛 가운데로 나오십시오. 그래서 어둠에 사로잡히지 않도록
하십시오. 어둠 속을 다니는 사람은, 자기가 어디로 가는지 모릅니다. 여
러분은 아직 빛이 있을 때, 그 빛을 믿고 빛의 자녀가 되십시오." 14 이
말씀을 하시고, 예수님은 그들을 떠나 몸을 숨기셨다.

191
무화과나무 교훈 (마태 21.18-22, 마가 11.12-14, 11.20-26)

1 이른 아침, 베다니에서 예루살렘으로 오실 때, 예수님이 시장기를 느
끼셨다. **2** 마침 약간 떨어진 길가에 무화과나무 하나가 있었다. 혹시 열
매가 있을까 하여 예수님이 가까이 가 보셨으나, 잎사귀만 무성하고 열
매는 없었다. 제철이 아니었기 때문이다. **3** 예수님이 나무에게 이르셨다.
"이제부터 너는 영원히 열매를 맺지 못할 것이다. 네게서 열매를 따먹을 사
람이 아무도 없을 것이다. **4** 그러자 무화과나무[1]가 곧 시들기 시작했다.
예수님의 제자들도 이 말씀을 들었다. **5** 다음날 아침, 예수님과 제자들
이 그곳을 지나가다가, 그 나무가 뿌리째 마른 것을 보았다. **6** 베드로가
문득 생각 나서 말했다. "선생님, 저것 좀 보십시오. 어제 저주하신 나무가
바싹 말라 죽었습니다." **7** 다른 제자들도 보고 놀라 서로 말했다. "어떻게
저 나무가 저리 빨리 마를 수 있을까?" **8** 예수님이 말씀하셨다. "하나님을
믿어라. 내가 분명히 말한다. 누구든지 끝내 믿고 의심하지 않으면, 내가
이 나무에게 한 일을 너희도 할 수 있을 것이다. 또 이 산더러 '번쩍 들려
바다에 빠져라!'고 하여도, 의심치 않고 믿으면 그대로 될 것이다. **9** 그러
니 내 말을 잘 들어라. 너희가 기도하고 구하는 것이 무엇이든, 이미 받은
줄로 믿어라. 그러면 그대로 이루어질 것이다. **10** 너희가 서서 기도할 때,
어떤 사람과 등진 일이 생각나거든 용서하라. 그래야 하늘에 계신 너희 아
버지께서도 너희 죄를 용서하실 것이다. 너희가 용서하지 않으면, 하늘에
계신 너희 아버지께서도 너희 죄를 용서하시지 않을 것이다."

1) 마태는 예수님이 무화과나무를 저주하시자 곧 말랐다고 기록하였으며, 마가는 다음날 그 곳을 지나면서 보니, 나무가 뿌리째 말랐다고 기록하였다.

192
성전 숙정 (마태 21.12-17, 마가 11.15-19, 누가 19.45-48, 요한 2.13-25)

1 유대인의 유월절이 가까웠다. 예수님이 예루살렘 성전에 들어가셨다.(213) **2** 소와 양과 비둘기를 파는 상인과, 화폐를 바꿔주는 환전상[1]이 성전 뜰에서 장사하고 있었다. **3** 예수님이 노끈으로 채찍을 만들어 가축을 다 몰아내시고, 환전상의 돈을 흩어 버리시며 그 상을 둘러엎으셨다.[2] **4** 그리고 비둘기 장수의 의자를 내팽개치시며 말씀하셨다. "이것을 당장 걷어치우시오. 내 아버지의 집을 시장터로 만들지 마시오. 성경에 이르기를 '내 집은 만민을 위한 만민의 기도처'라 하였소. 그런데 여러분은, 이 거룩한 성전을 장터와 강도의 소굴로 만들어 버렸소!" 내가 그들을 내 거룩한 산으로 인도하여, 기도하는 내 집에서 기쁨을 누리게 하겠다. 그들이 내 제단에 바친 번제물과 희생제물을 내가 기꺼이 받을 것이다. 내 집은 만민이 모여 기도하는 집이라 불릴 것이다.(이사야 56.7) 그래, 내 이름으로 불리는 이 성전이, 너희 눈에는 강도의 소굴로 보이느냐? 여기서 벌어진 온갖 악행을 나도 똑똑히 보았다. 나 여호와의 말이다.(예레미야 7.11) 여러분도 성령 안에서, 하나님께서 거하실 처소가 되기 위하여, 그리스도 안에서 함께 세워져 갑니다.(에베소서 2.22) **5** 그리고 아무도 장사하는 물건을 가지고, 성전 뜰을 지나다니지 못하게 하셨다. **6** 그때 제자들은, '주의 집을 향한 열정이 나를 삼키리라'고 기록된 말씀이 생각났다. 주의 집을 향한 열정이 내 안에서 불타고, 주를 모욕하는 사람의 욕설이 내게 쏟아집니다.(시편 69.9) **7** 그러자 유대인이 따지고 들었다. "당신이 무슨 권한으로 이러시오? 그 권한을 입증할 무슨 증표라

---

1) 환전상(換錢商, Money changer)은 성전세를 바치거나 제사를 드리는 사람의 편의를 위해, 로마와 헬라 등 외국 화폐를 유대 화폐로 바꿔주는 사람으로, 대제사장의 묵인 하에 엄청난 부당이득을 취하여 뇌물로 바치는 등, 하나님의 성전을 더럽혔던 것이다. 소와 양과 비둘기를 파는 상인도 예외가 아니었다.

2) 마태와 마가와 누가는 예수님의 사역 후기에 이 성전숙정 사건을 기록하였고, 요한은 초기에 기록하였다.

도 있소?" **8** 예수님이 말씀하셨다. "여러분은 이 성전을 허무시오. 나는 3
일 만에 다시 세우겠소!" **9** 유대인이 대들었다. "이 성전을 짓는데 자그
마치 46년이나 걸렸소. 그런데 당신이 3일 만에 다시 세우겠단 말이오?"
10 그러나 예수님이 말씀하신 성전은, 자기 몸을 염두에 두신 것이었다.
11 예수님이 부활하신 뒤에야 제자들도 이 말씀을 기억하고, 성경과 예
수님의 말씀을 믿었다. **12** 대제사장과 율법학자와 백성의 지도자가 소
식을 듣고, 무슨 수를 써서라도 예수님을 죽여야 한다는데 공감하여, 그
방도를 찾기 시작하였다. **13** 그러나 온 백성이 예수님의 말씀을 열심히
들으며 그 곁을 떠나지 않자, 분히 여겨 이를 갈면서도 어찌할 방법이 없
었다. **14** 그때 앞을 보지 못하는 사람과, 다리를 저는 사람이 성전 뜰에
있다가 나아와서, 예수님이 그들을 모두 고쳐 주셨다. **15** 예수님이 성전
에서 행하시는 여러 가지 놀라운 일들과, "호산나! 다윗의 자손이여!"하
며 계속해서 외치는 아이들을 보고, 대제사장과 율법학자가 더욱 화가
치밀어 크게 소리를 질렀다. "이 아이들이 뭐라고 하는지 들리지 않소?"
16 예수님이 대답하셨다. "물론, 듣고 있습니다. 그런데 주께서 어린아이
와 젖먹이의 입으로 찬양하게 하셨다는 말씀을, 여러분은 읽어 보지 못
했습니까?" 어린이와 젖먹이까지 그 입술로 주의 위엄을 찬양합니다. 주께서 원수와 복수하
는 무리를 꺾으시고, 주께 맞서는 자를 막아 낼 튼튼한 요새를 세우셨습니다.(시편 8.2) **17** 예
수님은 날마다 성전에서 가르치시고, 저녁이 되면 으레 베다니로 가서 밤
을 지내셨다. **18** 유월절을 맞아 예수님이 예루살렘에 계시는 동안, 숱한
사람이 예수님의 표적을 보고 믿었으나, 예수님은 그들의 마음을 다 알
고 계셨다. 그래서 그들에게 자신을 맡기지 않으셨다. **19** 사실 예수님은
사람의 마음속까지 다 알고 있었던 바, 어느 누구의 증언도 들으실 필요
가 없었다.

193
권한 시비 (마태 21.23-27, 마가 11.27-33, 누가 20.1-8)

1 예수님이 다시 성전에 들어가서, 백성을 가르치시며 복음을 전하셨
다. **2** 대제사장과 율법학자가 백성의 장로와 함께 와서 말했다. "당신이
무슨 권한으로 이런 일을 하시오? 누가 당신에게 그런 권한을 주었는지,
어디 한번 말해 보시오." **3** 예수님이 대답하셨다. "나도 한 가지 물어보
겠습니다. 요한의 세례가 어디서 왔습니까? 하나님께서 주셨습니까, 아니
면 사람이 주었습니까? 여러분이 대답하면, 나도 무슨 권한으로 이런 일
을 하는지 말하겠습니다." **4** 그들이 서로 의논하여 말했다. "하나님이 주
셨다고 하면 왜 그를 믿지 않았느냐고 할 것이요, 그렇다고 해서 사람이
주었다고 할 수도 없지 않소? 온 백성이 요한을 참 예언자로 여기고 있으
니, 그들이 우리를 돌로 칠 것이오." **5** 그래서 그들이 대답했다. "우리는
알지 못하오." **6** 예수님이 말씀하셨다. "그러면, 나도 무슨 권한으로 이
런 일을 하는지 말하지 않겠습니다."

194
두 아들 비유 (마태 21.28-32)

1 예수님이 유대인에게 말씀하셨다. "여러분의 생각은 어떻습니까? **2** 어
떤 사람에게 두 아들이 있었는데, 그가 먼저 맏아들[1]에게 가서 말했습니
다. '애야, 오늘 포도원에 가서 일해라.'(167) 너는 바로에게 이르라. '나 여호와가 말

1) 맏아들과 둘째 아들의 역할이 바뀐 사본도 있다.

한다. 이스라엘은 내 맏아들이다.'(출애굽기 4.22) 3 맏아들이 대답했습니다. '예, 아
버지! 가겠습니다.' 4 그러나 맏아들은 대답만 그렇게 하고, 끝내 가지 않
았습니다. 5 그가 둘째 아들에게 가서 말했습니다. '얘야, 오늘 포도원에
가서 일해라.' 6 둘째 아들이 대답했습니다. '싫습니다!' 7 그러나 둘째 아
들은 나중에 뉘우치고 갔습니다. 8 그렇다면, 이 두 아들 가운데 누가
아버지의 뜻에 순종했습니까?" 9 유대인이 대답했다. "둘째 아들이라 생
각하오." 10 예수님이 말씀하셨다. "내가 분명히 말합니다. 세리나 창녀
가 여러분보다 먼저 하나님의 나라에 들어갈 것입니다. 11 요한이 와서
바른 길을 보여 주었으나, 여러분은 끝내 믿지 않았고, 세리와 창녀는 믿
었습니다. 여러분은 그 길을 보고도 끝내 뉘우치지 않았고, 그를 믿지도
않았습니다."

195
악한 농부 비유 (마태 21.33-46, 마가 12.1-12, 누가 20.9-19, 도마 65, 66)

1 예수님이 다른 비유를 들어 말씀하셨다. "이 비유도 들어보십시오.
어떤 사람이 포도원을 일구고, 둘레에 울타리를 치고, 즙 짜는 확을 파
고, 망대까지 세워 농부들에게 세를 주고, 멀리 여행을 떠나 오래 있었습
니다. 2 포도를 거둘 때가 되자, 주인이 소출의 얼마를 받아 오라고 종
을 보냈습니다. 그러나 농부들은 그를 잡아 때리고, 빈손으로 돌려보냈
습니다. 3 주인이 다른 종을 보냈으나, 그들은 종의 머리를 때리고 모욕
하며 돌려보냈습니다. 4 주인이 또 다른 종을 보냈으나, 이번에는 돌로
쳐서 부상을 입히고 쫓아 보냈습니다. 5 주인이 많은 종을 다시 보냈으
나, 그들은 번번이 똑같은 짓을 하였으며, 심지어 죽이기까지 했습니다.

그러나 그들은 불순종하고, 주를 거역하고, 주의 율법을 등지고, 주께 돌이키려고 타이르는 예
언자까지 죽여서, 주님을 심히 모독했습니다.(느헤미야 9.26) **6** 이제 주인에게는 외아
들만 남았습니다. 주인이 마지막으로 외아들을 보내며 말했습니다. '어떻
게 하겠는가? 이제 내 사랑하는 아들을 보내야겠다. 그들이 아무리 악할
지라도, 내 외아들은 존중하겠지.' **7** 그러나 농부들은 그가 주인의 외아
들이라는 사실을 알고, 서로 의논하여 말했습니다. '이자는 주인의 상속
자다. 아예 없애 버리고, 그가 상속할 포도원을 우리가 차지하자.' **8** 그래
서 주인의 외아들은, 그들에 의해 포도원 밖으로 끌려 나가 죽게 되었습
니다. **9** 그렇다면, 포도원 주인이 돌아와서 그 악한 농부들을 어떻게 하
겠습니까?" **10** 유대인이 말했다. "그들을 모조리 잡아다가 가차 없이 죽
이고, 포도원은 제때 세를 바칠 다른 농부들에게 맡길 것이나, 어찌 그런
일이 있을 수 있겠습니까? 그런 일이 없기를 바랍니다." **11** 예수님이 그
들을 똑바로 바라보시며 말씀하셨다. "그러면, 성경에 기록된 이 말씀은
무슨 뜻입니까? '건축자[1]가 버린 돌이 집 모퉁이의 머릿돌이 되었으니, 이
는 주께서 하신 일이라 우리 눈에 기이하다.' 건축자가 버린 돌이 집 모퉁이의 머릿
돌이 되었으니, 이는 주께서 하신 일이라 우리 눈에 기이하다.(시편 118.22-23) 그러므로 주 하
나님께서 말씀하신다. "내가 시온에 주춧돌을 놓는다. 얼마나 견고한지 시험한 돌이다. 이 귀
한 돌을 모퉁이에 놓아 기초를 튼튼히 세울 터이니, 이를 의지하는 사람은 불안하지 않을 것이
다."(이사야 28.16) 여러분은 사도와 예언자의 터 위에 세워진 건물이며, 그리스도 예수가 바로
그 모퉁잇돌이십니다.(에베소서 2.20) **12** 그러므로 내가 말합니다. 여러분은 하나
님의 나라를 빼앗길 것이며, 그 나라에 합당하고 열매 맺는 다른 민족이
차지할 것입니다. **13** 무릇 이 돌 위에 떨어지는 사람은 산산이 부서질 것
이며, 이 돌 아래 깔리는 사람은 아예 가루가 되고 말 것입니다." 많은 사람
이 거기 걸려 넘어지고 다치며, 덫에 걸리듯 걸리고 사로잡힐 것이다.(이사야 8.15) 그때 쇠와

---

1) 건축자(建築者, Builder)는 흙, 나무, 돌 등으로 건물을 짓는 토수, 목수, 석수 등을 말한다.

진흙과 놋쇠와 은금이 다 부서졌으며, 여름 타작마당의 겨와 같이 바람에 날려서, 흔적도 찾아볼 수 없게 되었습니다. 그러나 그 신상을 친 돌은, 큰 산이 되어 온 땅에 가득 찼습니다.(다니엘 2.35) 그 이유가 무엇입니까? 그들은 믿음이 아니라, 행위로 의롭게 되려고 했습니다. 그들은 걸림돌에 걸려 넘어진 것입니다.(로마서 9.32) **14** 이 비유가 자기들을 겨냥한 것
임을 알아채고, 대제사장과 바리새인이 바로 예수님을 잡으려고 하였다.
15 그러나 온 백성이 예수님을 예언자로 여기고 있었던 바, 그들이 두려워서 뜻을 이루지 못한 채, 애간장만 태우다가 떠나갔다.

196
혼인 잔치 비유 (마태 22.1-14, 도마 75)

1 예수님이 다시 비유를 들어 말씀하셨다. "하나님의 나라는 자기 아
들의 혼인 잔치를 베푼 어떤 임금에 빗댈 수 있습니다. **2** 임금이 종을 보
내 초대한 사람들을 불렀으나, 그들은 하나같이 핑계를 대며 오지 않았
습니다. **3** 그래서 다른 종을 다시 보내 전했습니다. '내가 잔칫상을 차리되, 황소와 살진 짐승을 잡아 맛있는 음식을 푸짐하게 준비하였으니, 어서 잔치에 오십시오.' **4** 그러나 그 말도 대수롭지 않게 여기고, 어떤 사람
은 밭으로 가고, 어떤 사람은 장사하러 가고, 어떤 사람은 심부름 갔던 종을 잡아 때리기도 하고, 심지어 어떤 사람은 그 종을 모욕하고 죽이기
까지 했습니다. **5** 격분한 임금이 군대를 풀어서 살인자를 죽이고, 그 도
시를 불살라 버렸습니다. **6** 그리고 종들에게 다시 말했습니다. '혼인 잔치는 성대하게 준비했으나, 초대 받은 자들은 그만한 자격이 없으니, 너
희는 거리로 나가 만나는 사람마다 잔치에 초대하라.' **7** 그래서 종들이
거리로 나가서, 좋은 사람이건 나쁜 사람이건 만나는 대로 다 불러들였

습니다. 그러자 잔칫집은 손님으로 가득 찼습니다. **8** 임금이 손님을 보
러 들어왔다가, 예복[1]을 입지 않은 한 사람을 보았습니다. **9** 임금이 물
었습니다. '친구여, 그대는 어찌하여 예복을 입지 않고 여기에 들어왔소?'
기뻐하고 즐거워하며 하나님께 영광을 돌리자. 어린양의 혼인날이 이르렀다. 그 신부는 단장
을 끝냈다. 신부에게 빛나고 깨끗한 고운 모시옷을 입게 하셨다. 이 옷은 성도들의 의로운 행
실이다.(요한계시록 19.7-8) **10** 그는 아무 말도 하지 못했습니다. **11** 임금이 종
들에게 말했습니다. '이 사람의 손발을 묶어 바깥 어두운 곳으로 던져라.
거기서 슬피 울며 이를 갈 것이다.' **12** 이와 같이, 초대받은 사람은 많으
나 선택 받은 사람은 적습니다." 그러므로 주 안에 갇힌 내가 여러분에게 권합니다.
하나님께서 여러분을 불러 주셨으니, 그 뜻에 합당하게 살아가십시오.(에베소서 4.1)

197
납세 시험 (마태 22.15-22, 마가 12.13-17, 누가 20.20-26, 도마 100)

1 대제사장과 율법학자가 예수님의 말씀을 책잡아 고발하려고, 호시탐
탐 기회를 노리며 엿보고 있었다. 그때 바리새인이 예수님을 함정에 빠뜨
리려고 공모했다. "어떻게 하면 그의 말을 트집 잡아 올가미를 씌울 수 있
겠소?" **2** 그들은 궁리 끝에 밀정을 보내기로 하였다. 자기 제자를 헤롯 당
원과 예수님께 접근시켜, 의로운 사람인 양 행세케 하면서, 예수님의 말
씀을 꼬투리 잡아 총독의 치리권과 사법권에 넘기고자 하였다. **3** 그 밀정
이 예수님께 와서 말했다. "선생님, 우리는 선생님의 말씀과 가르치심이 모
두 옳다고 봅니다. 선생님은 진실하게 말씀하시고, 참되게 가르치시며, 사

1) 예복(禮服, Wedding clothes)은 깨끗하고 순결한 옷을 말한다. 혼인식에 참여하는 손님이 예복을 입지 않음은 주인에게 큰 결례였다.

람의 겉모습을 보고 판단하시지 않고, 아무에게도 얽매이지 않으신 분입니다. 그래서 우리가 선생님의 고견을 듣고자 합니다. 가이사에게 세금[1]을 바쳐야 합니까, 바치지 말아야 합니까? 어느 것이 옳은지, 저희에게 가르쳐 주십시오." **4** 그들의 간악한 속셈을 아시고, 예수님이 말씀하셨다. "위선자여, 어찌하여 나를 시험합니까? 세금으로 바치는 돈을 가져와 내게 보이십시오." **5** 그들이 데나리온[2] 1닢을 가지고 와서, 예수님께 보여 드렸다. **6** 예수님이 물으셨다. "여기에 새겨진 초상과 글이 누구의 것입니까?" **7** "가이사의 것입니다." **8** "그러면 가이사의 것은 가이사에게 주고, 하나님의 것은 하나님께 바치십시오." **9** 그러자 그들은 말문이 막혀서, 아무 트집도 잡지 못하고 예수님의 곁을 떠나갔다.

198
부활 시험 (마태 22.23-33, 마가 12.18-27, 누가 20.27-40, 도마 59)

1 같은 날, 부활[3]이 없다고 주장하는 사두개인이 와서 예수님을 시험하였다. "선생님, 선생님도 아시다시피, 모세의 법에 이런 것이 있습니다. '어떤 사람이 아내를 두고 자식이 없이 죽으으면, 그 동생이 형수와 결혼하

1) 여기서 말하는 세금은 인두세(人頭稅)다. 남자는 14세부터 65세까지, 여자는 12세부터 65세까지 누구나 1데나리온씩 황제에게 바쳐야 했다. 당시 황제는 티베리우스(주전 12년부터 주후 37년까지 재위)였고, 14년마다 식민지 국가의 인구조사를 실시해 세금을 부과하였다.

2) 데나리온(Denarius)은 로마의 은화로, 앞면에는 월계관을 쓰고 있는 티베리우스 황제의 초상과, '신적인 아우구스투스, 신의 존엄한 아들 티베리우스 황제'라는 글이 새겨져 있었고, 뒷면에는 라틴어로 '지극히 높은 사제'라는 글과, 왼손에는 올림피아의 긴 홀을, 오른손에는 감람나무 가지를 들고, 마치 평화의 화신인 양 신들의 보좌에 앉은 황태후 리비아의 초상이 새겨져 있었다.

3) 부활(復活, Resurrection)은 죽은 사람이 살아나 영생하는 것으로, 예수님이 부활의 첫 열매가 되셨다. 예수님이 살리신 나인성 과부의 독자나, 야이로의 외딸이나, 베다니 나사로는 모두 소생(甦生)한 것이다.

여 형의 대를 이어 주어야 한다.'[1] 형제가 함께 살다가 그 가운데 하나가 아들 없이 죽으면, 그 죽은 사람의 아내는 딴 집안의 남자와 결혼하지 못한다. 남편의 형제 가운데 하나가 그 여자를 아내로 맞아, 그 남편의 형제로서 의무를 다해야 한다.(신명기 25.5) **2** 그런데 선생님, 우리 가운데 7형제가 있었습니다. 맏이가 결혼해 아내와 같이 살다가 자식을 두지 못하고 죽었습니다. 그래서 둘째와 셋째, 나중에는 일곱째까지 모두 그 여인과 결혼해 살았습니다. 하지만 안타깝게도, 7형제 모두가 자식을 두지 못하고 죽었습니다. 그리고 마침내 그 여인도 죽었습니다. 이렇듯 7형제가 한 여인을 아내로 맞이하고 죽었으니, 그들이 부활할 때, 그 여인은 누구의 아내가 되겠습니까?" **3** 예수님이 대답하셨다. "여러분이 성경도 모르고, 하나님의 능력도 몰라 오해한 것입니다. 이 세상 사람은 장가도 가고 시집도 가지만, 죽었다가 부활하여 하나님의 나라에서 살 자격이 주어진 사람은, 장가도 가지 않고 시집도 가지 않습니다. 하늘의 천사[2]와 같아서 다시 죽지도 않습니다. 그들은 부활하여 하나님의 자녀가 된 것입니다. **4** 죽은 사람의 부활에 대하여 하나님께서, '나는 아브라함의 하나님이요, 이삭의 하나님이요, 야곱의 하나님이다'라고 모세의 떨기나무 이야기에서 말씀하시지 않습니까? 이는 하나님께서 죽은 사람의 하나님이 아니라, 산 사람의 하나님이라는 뜻입니다. 하나님께서 이르셨다. "나는 네 조상의 하나님, 곧 아브라함의 하나님, 이삭의 하나님, 야곱의 하나님이다." 모세는 하나님을 뵙기가 두려워서 얼굴을 가렸다.(출애굽기 3.6) **5** 그러므로 하나님의 나라에서는 모든 사람이 살아 있는 것입니다. 여러분이 크게 오해하였습니다." **6** 이 말씀을 듣고, 율법학자 몇 사람이 말했다. "선생님의 말씀이

1) 계대결혼법(繼代結婚法, Levirate)은 수혼, 수계혼, 취수혼, 형사취수제, 레비레이트혼 등으로 불렸으며, 죽은 형제의 가문과 기업을 이어 준다는 취지와, 민족의 순결성 유지와, 미망인 보호를 위해 만들어진 관습이었다. 이 제도는 아시리아를 비롯해 이스라엘 주변 국가에도 있었고, 한국 고대사회에도 있었다.

2) 천사(天使, Angel)는 영적 존재로, 하나님의 메시지를 전달하거나, 성도의 수호자로 나타난다.

옳습니다!" **7** 백성은 그 가르치심에 크게 감탄하였고, 사두개인은 더 이상 물을 엄두도 못 내고 돌아갔다.

199
계명 시험 (마태 22.34-40, 마가 12.28-34, 도마 25)

1 예수님이 사두개인의 말문까지 막아 버렸다는 소식을 듣고, 바리새인이 다시 모여 의논한 끝에, 그들 가운데 있는 한 율법학자를 내세워 재차 시험하기로 하였다. **2** 그 율법학자가 와서 질문을 던졌다. "선생님, 율법 가운데 어느 계명이 가장 크고 중요합니까?" **3** 예수님이 대답하셨다. "가장 크고 중요한 계명은 이것입니다. 이스라엘 사람은 모두 들으십시오. 우리 주 하나님께서는 유일하신 분입니다. '네 마음을 다하고, 목숨을 다하고, 뜻을 다하고, 힘을 다하여 주 너의 하나님을 사랑하라.' 이스라엘아, 들어라. 우리 하나님 여호와는 오직 유일한 분이시다. 너는 마음을 다하고, 뜻을 다하고, 힘을 다하여, 네 주 하나님을 사랑하라.(신명기 6.4-5) **4** 그리고 다음 계명은 이것입니다. '네 이웃을 네 몸과 같이 사랑하라.' 원수를 갚지 말고, 동포를 원망하지 말며, 네 이웃을 네 몸처럼 사랑하라. 나는 여호와다.(레위기 19.18) **5** 그러므로 이보다 더 크고 중요한 계명은 없습니다. 모든 율법과 예언자의 말씀이 이 두 계명에서 나온 것입니다." **6** 이 말씀을 듣고, 율법학자가 말했다. "선생님, 옳으신 말씀입니다. 우리 주 하나님은 유일한 분이시요, 그 외에 다른 신이 없다고 하신 말씀이 옳습니다. **7** 또 마음을 다하고, 지혜를 다하고, 힘을 다하여 하나님을 사랑하는 것과, 이웃을 자기 몸처럼 사랑하는 것이, 모든 번제와 희생제보다 훨씬 더 중요합니다." **8** 그가 매우 슬기롭게 대답하는 것을 보시고, 예수님이 말씀하셨다. "그대는 하나님의 나라에서

그리 멀지 않습니다." **9** 이후 감히 묻는 사람이 없었다.

200
다윗의 자손 (마태 22.41-46, 마가 12.35-37, 누가 20.41-44)

1 예수님이 성전에서 가르치실 때, 바리새인이 여전히 주변에 모여 있
는 것을 보시고, 그들에게 물으셨다. "여러분은 그리스도를 어떻게 생각
합니까? 그는 누구의 자손입니까?" **2** 그들 가운데 있던 율법학자들이 대
뜸 대답하였다. "다윗의 자손입니다." **3** 예수님이 말씀하셨다. "어째서 당
신네 율법학자들은 그리스도를 다윗의 자손이라고 생각합니까? 다윗이
성령의 감동을 받아 이렇게 말하지 않았습니까? '주께서 내 주에게 말씀
하셨다. 내가 네 원수를 네 발 아래 굴복시킬 때까지, 너는 내 오른편에
앉아 있어라.' 여호와께서 내 주에게 말씀하셨다. "내가 네 원수를 네 발판이 되게 하기까
지, 너는 내 오른쪽에 앉아 있어라."(시편 110.1) **4** 이렇듯 다윗이 그리스도를 '주'라
불렀는데, 어찌 그 자손이 되겠습니까?" 한 아이가 우리를 위해 태어났다. 우리가
한 아들을 얻었다. 그에게 주권이 있고, 그 이름은 '기묘자', '모사', '전능하신 하나님', '영존하시
는 아버지', '평화의 왕'이라 불릴 것이다.(이사야 9.6) **5** 그러자 대답하는 사람이 아무
도 없었고, 그날 이후 감히 묻는 사람도 없었다. **6** 그리고 많은 사람이
계속해서 예수님의 말씀을 즐겁게 들었다.

201
위선자 책망 (마태 23.1-36, 마가 12.38-40, 누가 20.45-47, 도마 6, 39, 74, 89, 102)

1 모든 백성이 듣고 있을 때, 예수님이 제자들에게 말씀하셨다. "율법
학자와 바리새인이 모세의 자리에 앉아 율법을 가르치고 있으니, 그들의
말은 다 듣고 지키되, 그 행실은 본받지 마라. 그들은 말만 하고 행하지
않는 위선자들이다. **2** 그들은 지기 힘든 무거운 짐을 꾸려 남의 어깨에
지우면서, 자기는 새끼손가락 하나도 까딱하려 하지 않는다. 그들의 일
은 모두 남에게 보이기 위한 것이다. **3** 그래서 그들은 이마나 팔에 성구
넣는 갑을 크게 만들어 달고, 긴 술이 달린 화려한 예복을 차려입고 다니
며, 잔칫집에 가면 상석에 앉으려 하고, 회당에 가면 높은 자리를 찾으며,
시장에 가면 인사 받기를 바라고, 랍비[1]라 불러 주기를 좋아한다. **4** 그러
나 너희는 랍비라는 소리를 듣지 마라. 너희 선생은 오직 한 분이요, 너희
는 모두 학생이다. **5** 너희는 땅에 있는 누구를 보고 아버지[2]라 부르지 마
라. 너희 아버지는 오직 한 분으로 하늘에 계신다. **6** 또 너희는 지도자라
는 말도 듣지 마라. 너희 지도자는 오직 한 분으로 그리스도시다.(184) **7** 너
희 가운데 으뜸이 되려는 사람은, 너희를 섬기는 종이 되어야 한다. 누구
든지 자기를 높이는 사람은 낮아지고, 자기를 낮추는 사람은 높아질 것
이다. **8** 율법학자와 바리새파 위선자들아, 너희에게 화가 있을 것이다.
너희는 천국으로 들어가는 문을 가로막고 서서, 너희도 들어가지 않고
들어가려는 사람마저 못 들어가게 한다. **9** 율법학자와 바리새파 위선자

1) 랍비(Rabbi, 선생)는 '나의 주', '나의 크신 분'이란 뜻으로, 예수님은 랍비라는 말을 듣지 말라고 하셨다.

2) 아버지(Father)는 히브리어 아브(Ab)와 그리스어 파테르(Fater)의 복합어로, 육신의 아버지 외에 제사장, 왕, 주인, 예언자 등에게 불렸다. 하지만 예수님은 하나님 아버지 외, 땅에 있는 사람을 아버지라 부르지 말라고 하셨다.

들아, 너희에게 화가 있을 것이다. 너희는 과부의 가산을 등쳐 먹으면서,
겉치레로 기도는 길게 한다. 그만큼 너희는 더 큰 심판을 받을 것이다.
10 율법학자와 바리새파 위선자들아, 너희에게 화가 있을 것이다. 너희는
개종자[1] 하나를 얻으려고 바다와 육지를 두루 다니다가, 막상 얻으면 너
희보다 갑절이나 더 악한 지옥자식으로 만들어 버린다. **11** 너희는 앞을
보지 못하는 인도자들이다. 너희에게 화가 있을 것이다. 너희는 성전을
두고 맹세한 것은 지키지 않아도 되지만, 성전의 황금을 두고 맹세한 것
은 반드시 지켜야 한다고 가르친다. 어리석고 눈먼 인도자들아, 어느 것
이 더 중요하냐? 황금이냐, 그 황금을 거룩하게 하는 성전이냐? 여러분은
이 시대의 풍조를 본받지 말고, 오직 마음을 새롭게 함으로써 변화를 받아, 하나님의 선하시고
기뻐하시고 완전하신 뜻이 무엇인지 분별하도록 하십시오.(로마서 12.2) **12** 또 너희는 누
구든지 제단을 두고 맹세한 것은 지키지 않아도 되지만, 제단 위에 있는
제물을 두고 맹세한 것은 반드시 지켜야 한다고 가르친다. 어리석고 눈
먼 인도자들아, 어느 것이 더 중요하냐? 제물이냐, 그 제물을 거룩하게
하는 제단이냐? 우리는 모두 너울을 벗어 버리고, 주님의 영광을 바라봅니다. 이렇게 해
서, 우리는 주님과 같은 모습으로 변화하여, 점점 더 큰 영광에 이르게 됩니다. 이것은 영이신
주께서 하시는 일입니다.(고린도후서 3.18) **13** 제단을 두고 맹세하는 것은, 제단과
그 위에 있는 모든 것을 두고 맹세하는 것이며, 성전을 두고 맹세하는 것
은, 성전과 그 위에 앉으신 분을 두고 맹세하는 것이며, 하늘을 두고 맹
세하는 것은, 하늘의 보좌와 그 위에 앉으신 분을 두고 맹세하는 것이다.
14 율법학자와 바리새파 위선자들아, 너희에게 화가 있을 것이다. 너희는

---

1) 개종자(改宗者, Proselyte/Convert)는 타종교에서 유대교로 전향한 사람을 말한다.

박하와 회향과 근채[1]에 대한 십일조[2]를 바치라는 율법은 어김없이 지키
면서, 정의와 자비와 신의와 같은 더 중요한 율법은 대수롭지 않게 여긴
다. 이것도 소홀히 여겨서는 안 되지만, 저것도 무시해서는 안 된다. 어리
석고 눈먼 인도자들아, 하루살이는 걸러내고 낙타는 통째로 삼키는 것
이 바로 너희다. **15** 율법학자와 바리새파 위선자들아, 너희에게 화가 있
을 것이다. 너희는 잔과 접시의 겉은 깨끗이 닦아 놓지만, 그 속은 탐욕
과 방종으로 가득 차 있다. 어리석고 눈먼 인도자들아, 먼저 속을 깨끗
이 닦아야 겉도 깨끗해질 것이다. **16** 율법학자와 바리새파 위선자들아,
너희에게 화가 있을 것이다. 너희는 하얗게 회칠한 무덤이다. 겉은 그럴
싸하게 보이지만, 속은 죽은 사람의 해골과 온갖 더러운 것으로 가득 차
있다. 이처럼 너희도 겉으로는 의롭게 보이나, 속에는 위선과 불법으로
가득 차 있다. **17** 율법학자와 바리새파 위선자들아, 너희에게 화가 있을
것이다. 너희는 예언자들의 무덤을 단장하고, 성인들의 기념비를 장식하
면서 말한다. '우리가 조상들 시대에 살았더라면, 예언자들을 죽이는 일
에 가담하지 않았을 것이다.' **18** 이는 너희가 예언자들을 죽인 자의 후손
임을 스스로 실토하는 것이다. 그러므로 너희는 너희 조상이 시작한 악
행을 마저 채워라. **19** 뱀 같은 자들아, 독사의 새끼들아! 너희가 어찌 지
옥의 심판을 피할 수 있겠느냐? **20** 내가 너희에게 예언자와 현인과 학
자를 보내겠다. 그러나 너희는 그들 가운데 더러는 죽이고, 더러는 십자
가에 매달고, 더러는 회당에서 채찍질하며, 이 마을 저 마을로 쫓아다니
며 핍박할 것이다. **21** 그리하여 결국은, 죄 없는 아벨의 피로부터 너희가

1) 박하(薄荷, Mint)와 회향(茴香, Dill/Anise)과 근채(芹菜, Cummin/Cumin)는 모두 식용 또는 약용식물로, 극히 작은 수입을 의미한다.

2) 십일조(十一條, Tithe)는 하나님께 드리는 수입의 1/10을 말한다. 이스라엘 백성은 모든 수입의 십일조를 레위인에게 주었고, 레위인은 그들이 받은 십일조 중에서 1/10을 다시 하나님께 드렸다.

성소와 제단 사이에서 살해한 바라갸의 아들, 사가랴의 피에 이르기까지, 이 땅에서 죄 없이 흘린 모든 피에 대한 책임이 너희에게 돌아갈 것이다.(148) **22** 내가 분명히 말한다. 이 모든 죄에 대한 형벌이, 이 세대에 내리고야 말 것이다."

202
주님의 한탄 (마태 23.37-39, 누가 13.34-35)

1 예수님이 말씀하셨다. "예루살렘아, 예루살렘아! 네가 예언자를 죽이고, 네게 파송된 사람을 돌로 치는구나! **2** 암탉이 병아리를 날개 아래 품듯, 내가 너희 자녀를 얼마나 모으려고 하였더냐? 그러나 너희는 원하지 않았다. 주께서 광야에서 야곱을 찾으셨다. 짐승의 스산한 울음소리만 들려오는 황야에서 그를 발견하여, 감싸서 보살펴 주시고, 자기 눈동자처럼 지켜 주셨다.(신명기 32.10) 새가 날개를 펴고 둥지의 새끼를 보호하듯, 만군의 주께서 예루살렘을 보호하신다. 덮어 지켜 주시고, 낚아채 건져 주시고, 쓰다듬어 아껴 주시고, 사슬을 풀어 구해 주신다.(이사야 31.5) **3** 보라, 이제 너희 집이 버림을 받아서 황폐하게 될 것이다.(205) **4** 내가 말한다. '주의 이름으로 오시는 분이 복되시다!'고 너희가 찬양할 때까지, 다시는 나를 보지 못할 것이다." 주의 이름으로 오시는 분이여, 찬양을 받으소서. 우리가 주의 집에서 너희를 축복하리라.(시편 118.26)

203
예견된 불신 (요한 12.37-50, 도마 18)

1 예수님이 그렇게 많은 표적을 사람들 앞에서 행하셨으나, 그들은 여
전히 예수님을 믿지 않았다. **2** 그래서 예언자 이사야의 말씀이 이루어졌
다. '주여! 우리가 전한 것을 누가 믿었으며, 주의 팔이 누구에게 나타났
습니까?' 우리가 들은 것을 누가 믿었으며, 주의 팔이 뉘게 나타났느냐?(이사야 53.1) **3** 그
들이 믿지 않은 이유를 이사야는 또 이렇게 말하였다. '주께서 그들의 눈
을 멀게 하시고, 그들의 마음을 무디게 하셨다. 이는 그들이 눈으로 보
고, 마음으로 깨닫고 돌이켜서, 내게 고침을 받지 못하게 하려는 것이다.'
주께서 이르셨다. "너는 가서, 이 백성에게 말하라. '너희가 듣기는 들어도 깨닫지 못하고, 보기
는 보아도 알지 못할 것이다.' 그리고 이 백성의 마음을 둔하게 하고, 귀를 어둡게 하고, 눈을 감
기게 하라. 그들이 눈으로 보고, 귀로 듣고, 마음으로 깨닫고 돌이켜, 치료를 받을까 걱정이다."
(이사야 6.9-10) **4** 이사야가 이렇게 말한 것은, 예수님의 영광을 보았기 때문
이다. 그래서 예수님을 가리켜서 이 예언을 하였던 것이다. **5** 지도자 가운
데서도 상당수가 예수님을 믿었으나, 바리새인 때문에 터놓고 말하지 못하
였다. 회당에서 출교[1)]를 당할까 두려웠기 때문이다. 그들은 하나님의 영광
보다 사람의 영광을 더 사랑했던 것이다. **6** 예수님이 큰 소리로 외치셨다.
"나를 믿는 사람은 나를 믿는 것이 아니라, 나를 보내신 분을 믿는 것이며,
나를 보는 사람은 나를 보내신 분을 보는 것입니다. **7** 나는 빛으로 세상
에 왔습니다. 무릇 나를 믿는 사람은 어둠 속에 머물지 않을 것입니다. **8**
누가 내 말을 듣고 지키지 않더라도, 나는 그를 심판하지 않습니다. 내가

---

1) 출교(黜敎, Excommunication)는 견책(비공식 징계), 자격정지(30일, 태도 불변 시 30일 추가), 무기출교, 영구출교(제명)로 이어지는 4단계가 있었다. 막상 출교를 당하게 되면, 공동체에서 쫓겨나 고립된 생활을 하다가 쓸쓸히 죽을 수밖에 없었다.

온 것은 세상을 심판하려는 게 아니라, 구원하려는 것입니다. **9** 나를 배척
하고 내 말을 받아들이지 않는 사람을 심판하시는 분이 따로 계십니다. 내
가 한 바로 이 말이, 마지막 날[1] 그를 심판할 것입니다. **10** 내 말은 내 뜻
대로 한 게 아니라, 나를 보내신 아버지께서 무엇을 어떻게 하라고 친히 명
령하신 것입니다. **11** 나는 그 명령이 영생으로 인도함을 압니다. 그러므로
나는 무엇이든지, 아버지께서 일러 주시는 대로 말합니다."

204
과부의 헌금 (마가 12.41-44, 누가 21.1-4)

1 하루는, 예수님이 헌금함 맞은편에 앉아 사람들이 헌금하는 모습을
보셨다. **2** 부자는 와서 저마다 많은 돈을 넣었으나, 한 가난한 과부는
와서 렙돈[2] 2닢, 곧 고드란트 1개를 달랑 넣었다. **3** 예수님이 제자들을
가까이 불러 말씀하셨다. "내가 분명히 말한다. 이 가난한 과부가 그 누
구보다도 더 많은 헌금을 드렸다. **4** 다른 사람은 다 넉넉한 가운데서 그
일부를 드렸으나, 이 가난한 과부는 형편이 구차한 가운데서 자기가 가
진 모든 것, 곧 생활비 전부를 드렸다." 여인이 말했다. "당신의 하나님 여호와께서 살아 계심을 두고 맹세합니다. 저는 떡이 없습니다. 다만, 뒤주에 밀가루 한 줌 정도와, 병에 기름 몇 방울이 남아 있을 뿐입니다. 보시다시피, 저는 지금 땔감을 줍고 있습니다. 이것을 가지고 가서, 저와 제 아들이 죽기 전에 마지막으로, 남아 있는 것으로 음식을 만들어 먹으려고 합

1) 마지막 날(The last day)은 예수님의 재림과 아울러 있을 최후의 심판을 말한다. 그날, 말일, 주의 날, 구속의 날, 여호와의 날 등으로 성경에 나타난다.

2) 렙돈(Lepton)은 가장 작은 헬라의 동전이고, 고드란트(Kodrantes)는 가장 작은 로마의 동전이었다. 1렙돈의 가치는 1/2고드란트에 해당하였고, 성전 규정상 1닢은 헌금하지 못해 2닢을 넣었던 것이다. 렙돈 2개는 과부가 구제금으로 받는 1일 생활비였다. 헬라 화폐는 렙돈과 드라크마(Drachma, 노동자의 1일 품삯)가 있었다.

니다." 엘리야가 말했다. "두려워하지 말고 가서, 방금 말한 대로 하십시오. 그러나 음식을 만들어, 먼저 내게 가지고 오십시오. 그 뒤에 그대와 아들이 먹을 음식을 만드십시오. 이스라엘의 하나님 여호와께서, 이 땅에 다시 비를 내려 주실 때까지, 그 뒤주의 밀가루가 떨어지지 않을 것이며, 병의 기름이 마르지 않을 것이라고 말씀하셨습니다."(열왕기상 17.12-14)

205
말세의 징조 (마태 24.1-14, 마가 13.1-13, 누가 21.5-19, 도마 71)

1 예수님이 성전[1]을 나와 얼마쯤 걸어가고 계셨다. 몇몇 사람이 성전을 가리켜 보이면서, 아름다운 돌과 헌물로 화려하게 꾸며졌다고 감탄하였다. **2** 그때 한 제자가 와서, 예수님께 말했다. "선생님, 저 큰 돌들과 웅장한 건물을 보십시오." **3** 예수님이 말씀하셨다. "내가 분명히 말한다. 너희가 보는 저 돌들이 하나도 제자리에 얹혀 있지 않고, 다 무너질 날이 올 것이다." **4** 그리고 예수님이 감람산 기슭에 앉아 성전을 바라보고 계셨다. 베드로와 야고보, 요한과 안드레가 가만히 와서 물었다. "선생님, 언제쯤 그런 일이 있겠습니까? 또 주님이 다시 오실 때와 세상이 끝날 때, 어떤 징조가 있겠습니까?" **5** 예수님이 대답하셨다. "사람에게 현혹되지 않도록 조심하라. 많은 사람이 내 이름을 앞세우고 와서, '내가 바로 그리스도다!', '때가 가까이 왔다!'고 하면서 속일 것이다. 그러나 너

1) 성전(聖殿, Temple)은 헤롯의 제3성전이었다. 주전 953년 솔로몬이 건축한 제1성전은, 주전 586년 바벨론 느부갓네살 왕에 의해 파괴되었다. 주전 516년 스룹바벨이 재건한 제2성전은, 주전 170년 그리스의 에피파네스가 손상하였고, 주전 167년 유다 마카비가 다시 회복했으나, 주전 63년 로마의 폼페이 장군에 의해 파괴되었다. 그리고 헤롯의 제3성전이 주전 20년부터 주후 63년까지, 84년에 걸쳐 크고 흰 대리석과 금장식으로 화려하게 지어졌다. 그러나 주후 70년, 로마의 티투스 장군에 의해 불태워지고, 돌 하나도 돌 위에 남지 않은 상태로 파괴되었다. 제3성전의 규모는 예루살렘 성의 1/6에 이르렀고, 성전 뜰만 14ha가 넘었으며, 성전 건축에 사용된 돌은 가로 11.4m, 세로 5.5m, 높이 4.6m나 되었다.

희는 그들을 따라가지 마라. **6** 또 여기저기서 전쟁과 난리가 났다는 소문이 들릴 것이나, 너희는 당황하지 마라. 그런 일이 반드시 일어나야 하겠지만, 그것으로 끝날 일이 아니다. **7** 민족이 민족을 거슬러 일어나고, 나라가 나라를 대적하여 일어날 것이다. 곳곳에 큰 지진이 나고, 기근이 들고, 전염병이 돌고, 하늘에서 무서운 재앙과 큰 징조가 나타날 것이다. 이 모든 일은 진통의 시작일 뿐이다. 또 번개가 치고, 요란한 소리가 나고, 천둥이 울리고, 큰 지진이 일어났습니다. 사람이 땅 위에 생긴 이래 없었던 일입니다.(요한계시록 16.18) **8** 그때 사람들이 너희를 붙잡아 공회에 넘겨주고, 회당에서 매질하고, 법정에 넘겨 감옥에 가둘 것이다. 나로 인해 너희가 총독과 제왕 앞에 서게 되고, 그들에게 증언하게 될 것이다. **9** 그러므로 너희는 '무슨 말을 어떻게 할까?'하면서, 변론할 말을 미리 궁리하지 마라. 그때 대적이 맞서거나 반박할 수 없는 구변과 지혜를 주실 것이다. 그대로 하면 된다. 말하는 이는 너희가 아니라 성령이시다. **10** 너희는 정신을 바짝 차리고, 내 말을 명심해 들어라. 사람들이 너희를 환난에 넘겨주고, 너희는 내 이름으로 인해 극심한 고통을 당하다가, 심지어 죽을 수도 있을 것이다. **11** 너희 부모와 형제와 친척과 친구까지 너희를 고발하여, 너희 가운데 몇 사람을 죽일 것이다. 그러나 그 일이 도리어 너희에게 기회가 될 것이다. **12** 너희가 내 이름으로 인해 모든 민족에게 미움을 받을 것이나, 끝까지 견디는 사람은 머리카락 하나도 상하지 않을 것이다. **13** 많은 사람이 믿음을 잃고, 서로 배반하며 미워할 것이다. 거짓 예언자가 숱하게 일어나 사람을 홀릴 것이다. **14** 세상은 타락과 방종으로 무법천지가 되어 죄악이 횡횡할 것이며, 사랑은 식어져 더 이상 찾아보기 힘들 것이다. **15** 그러나 끝까지 견디는 사람은 구원을 얻을 것이다. 너희 인내로 너희 생명을 얻을 것이다. **16** 이 천국 복음이 온 세상에 전파되어 모든 민족에게 증언되면, 그제야 끝이 올 것이다."

206

무서운 환란 (마태 24.15-28, 마가 13.14-23, 누가 21.20-24, 도마 56, 74, 80)

1 예수님이 말씀하셨다. "예루살렘이 적에게 에워싸이는 것을 보거든,
그 성의 파멸이 가까이 이른 줄을 알아라. **2** 예언자 다니엘이 말한 바,
황폐케 하는 가증스러운 우상이 거룩한 곳에 선 것을 보거든, 유대에 있
는 사람은 산으로 도망치고, 성안에 있는 사람은 성을 빠져나가라. 그는 1주 동안 뭇 백성과 더불어 굳은 언약을 맺을 것이다. 그리고 1주간 반이 지날 때, 그는 희생제사와 예물을 드리지 못하게 금할 것이다. 또 하나님께서 미워하시는 흉측한 우상을 거룩한 성전에 세울 것이다. 그러나 하나님께서 정하신 마지막 날까지, 그에게 하나님의 진노하심이 쏟아질 것이다."(다니엘 9.27) 그 군대가 성소와 요새를 짓밟고, 날마다 드리는 제사를 폐하고, 흉측한 파괴자의 우상을 그곳에 세울 것이다.(다니엘 11.31) 날마다 드리는 제사가 없어지고,
혐오감을 주는 흉측한 우상이 세워질 때부터, 1,290일이 지나야 할 것이다.(다니엘 12.11) **3**
시골에 있는 사람은 성안으로 들어가지 말고, 지붕 위에 있는 사람은 세간을 꺼내러 내려가지 말며, 밭에 있는 사람은 겉옷을 가지러 집으로 돌아가지 마라. 그때가 바로 성경에 기록된 말씀이 이루어지는 징벌의 날
이다. **4** 이 땅에 무서운 환란이 닥칠 것이고, 이 백성에게 하나님의 진노가 내릴 것이다. 그들은 칼날에 죽임을 당하거나, 포로가 되어 이방나라에 끌려갈 것이며, 예루살렘은 이방인의 시대가 끝날 때까지 그 발에 짓밟힐 것이다. 그날 임신부와 젖먹이가 딸린 여인에게 더욱 화가 미칠 것
이다. 그 일이 겨울이나 안식일에 일어나지 않도록 기도하라. **5** 창세 이
래 없었고, 앞으로 없을 정말 무서운 환란이 그들에게 닥칠 것이다. 하나님께서 그 기간을 줄여 주시지 않았다면, 살아남을 사람이 하나도 없을 것이다. 하지만 택하신 백성을 위해 하나님께서 그 기간을 줄여 주셨다. 복음의 관점에서 보면, 이스라엘 사람은 여러분이 잘 되라고 하나님의 원수가 되었으나, 선택

의 관점에서 보면, 그들의 조상 덕분에 여전히 하나님의 사랑을 받는 백성입니다.(로마서 11.28)
6 그때 누가 '그리스도가 여기 있다' 또는 '저기 있다'고 해도 믿지 마라.
'광야에 있다'고 해도 나가지 말고, '골방에 있다'고 해도 믿지 마라. 거짓
그리스도와 예언자가 나타나 이상한 표적과 기사를 행하며, 가능한 선택
받은 사람까지 홀리려고 할 것이다. **7** 그래서 내가 미리 이 일을 너희에
게 일러 주었다. 번개가 동쪽에서 치면 서쪽까지 순식간에 번쩍이듯, 인
자도 그렇게 올 것이다. 너희는 정신을 바짝 차리고 경계하라. 시체가 있
는 곳에 독수리가 모여들기 마련이다."

207
인자의 표징 (마태 24.29-44, 마가 13.24-37, 누가 21.25-38, 도마 11, 21, 103)

1 예수님이 말씀하셨다. "환난의 날이 지나가면, 해가 어두워지고, 달
이 빛을 잃고, 별들이 하늘에서 떨어지며, 천상의 세력들이 흔들릴 것이
다. 하늘의 별들과 그 성좌들이 빛을 내지 못하며, 해가 떠도 어둡고, 달도 빛을 비추지 못할 것이다.(이사야 13.10) 해와 달과 별들이 떨어져 가루가 되고, 하늘은 두루마리처럼 말릴 것이다. 포도나무 잎이 말라 떨어지듯, 무화과나무 낙엽이 지듯, 하늘에 있는 별들이 우수수 떨어질 것이다.(이사야 34.4) **2** 그리고 지상에서는, 성난 바다와 파도의 우는 소리
에 놀라, 모든 민족이 어쩔 줄 모르고 괴로워할 것이며, 사람들은 세상
에 닥쳐올 무서운 일들을 내다보고, 공포에 떨다가 기절할 것이다. **3** 그
때 인자의 표징이 하늘에서 보이고, 모든 민족이 통곡할 것이다. 그들은
인자가 큰 권능과 영광에 싸여 구름을 타고 오는 모습을 볼 것이며, 인
자는 큰 나팔소리와 함께 자기 천사들을 보낼 것이고, 천사들은 하늘 이
끝에서 땅 저 끝까지, 사방에서 택하신 사람들을 불러 모을 것이다. 내가

너와 함께 있다. 두려워하지 마라. 내가 동쪽에서 네 자손을 데려오고, 서쪽에서 너희를 모으겠
다.(이사야 43.5) 내가 뭇 민족 가운데서 내 양 떼를 데려오고, 그 여러 나라에서 그들을 모아다
가, 그들의 본고장으로 데리고 들어갈 것이다. 그리고 이스라엘 이 산과 저 산에서, 여러 시냇
가에서, 그 땅 모든 거주지에서, 내가 그들을 먹일 것이다.(에스겔 34.13) **4** 이런 일이 일어
나기 시작하거든, 인자가 문 앞에 이른 줄 알고, 너희는 일어나 머리를 높
이 들어라. 구원의 때가 가까이 이르렀기 때문이다. 그러나 우리는 하늘의 시
민입니다. 거기서 오실 구세주, 예수 그리스도를 기다립니다.(빌립보서 3.20) **5** 무화과나무
에서 교훈을 배워라. 그 가지가 연해지고 잎사귀가 돋아나면, 여름이 가
까운 줄을 알지 않느냐?(191) **6** 이와 같이 너희도 이런 일이 일어나는 것
을 보거든, 하나님의 나라가 가까이 이른 줄 알아라. 내가 분명히 말한
다. 이 세대가 지나가기 전, 이 모든 일이 일어날 것이다. 천지가 없어지
는 일이 있더라도, 내 말은 절대로 없어지지 않을 것이다.(146) **7** 그러나
그날과 그때는 아무도 모른다. 하늘의 천사들도 모르고, 아들도 모르고,
오직 아버지만 아신다. 그러므로 너희는 정신을 바짝 차리고, 항상 깨어
있어라. **8** 이는 마치, 타국으로 여행을 떠나는 사람이 집을 나설 때, 자
기 종들을 불러 권한을 주면서 일을 맡기고, 문지기에게는 항상 깨어 있
으라고 명하는 것과 같다. **9** 그러므로 깨어 있어라. 주인이 돌아올 시간
이 저녁때일지, 한밤중일지, 닭이 울 무렵일지, 이른 아침일지, 아무도 모
른다. **10** 주인이 갑자기 돌아와서, 너희가 자고 있는 모습을 보면 어떻게
되겠느냐? 그런 일이 없도록 하라. 이것은 너희뿐만 아니라 모든 사람에
게 하는 말이다. 늘 깨어 있어라. **11** 노아의 때와 같이, 인자가 올 때도
그럴 것이다. 홍수 전, 노아가 방주에 들어가는 날까지, 사람들은 먹고
마시며 장가가고 시집가며 하다가, 결국은 홍수가 나서 모두 멸망하고 말
았다. **12** 그때 두 사람이 밭에서 일하고 있어도, 하나는 데려가고 하나
는 버려둘 것이며, 두 여인이 맷돌을 갈고 있어도, 하나는 데려가고 하나

는 버려둘 것이다. 너희는 스스로 준비하고 깨어 있어라. **13** 어느 날 몇 시에 도둑이 들지 주인이 안다면, 도둑이 집을 뚫고 들어오지 못하게 깨어 지킬 것이다. 이와 같이, 인자도 너희가 생각지 않은 때 올 것이다. **14** 너희는 술 취하고 방탕하지 않도록 스스로 조심하라. 부질없는 살림살이 걱정으로 마음을 빼앗기지 않도록 하라. 그날이 덫과 같이 너희에게 들이닥치지 않게 하라. 그날은 온 세상 모든 사람에게 임할 것이다. **15** 그러므로 너희는 앞으로 일어날 이 모든 일을 겪지 않고, 인자 앞에 바로 설 수 있도록 항상 기도하며 깨어 있어라." 네가 '인내하라'는 내 말을 지켰으니, 온 세상에 환난이 닥칠 때, 나도 너를 지켜 주겠다. 환난은 땅 위에 사는 사람을 시험하기 위한 것이다.(요한계시록 3.10) **16** 예수님이 낮에는 성전에서 가르치시고, 밤에는 감람원이라는 산에서 지내셨다. 모든 백성이 예수님의 말씀을 들으려고, 이른 아침부터 성전에 모여들었다.

208
10처녀 비유 (마태 25.1-13)

1 예수님이 말씀하셨다. "그때 천국은, 처녀 10명이 등잔불을 들고 신랑[1]을 맞으러 나간 것과 같다.(196) 천사가 내게 말했습니다. "어린양의 혼인 잔치에 초대받은 사람은 복이 있다고 기록하라." 그리고 또 말했습니다. "이는 하나님의 참된 말씀이다."(요한계시록 19.9) **2** 그들 가운데 5명은 어리석고, 5명은 슬기로웠다. 어리석은 처녀는 등잔불은 가지고 나갔으나 기름은 준비하지 않았고, 슬기로운 처녀는 통에 기름을 담아 등잔불과 함께 가지고 나갔다. **3** 신랑이 늦도록 오지 않자, 처녀들은 다 졸다가 잠이 들었다. 그런데 한밤중에 외치는 소리가 들렸다. '보세요, 신랑이 옵니다. 어서 나와 맞이하세요!' **4** 그

1) 신랑(新郞, Bridegroom)은 결혼식 날 친구와 함께 신부의 집으로 갔다. 저녁에 예식을 치러 등잔불이 필요했으며, 등잔불은 신부의 친구가 준비하였다.

소리에 처녀들은 일어나 저마다 등잔불을 준비하였다. **5** 어리석은 처녀는
그제야 잘못을 깨닫고, 슬기로운 처녀에게 말했다. '우리 등잔불이 꺼져 가
니, 너희가 가진 기름을 조금만 나눠 주겠니?' **6** 슬기로운 처녀가 말했다.
'그러면 우리도 모자라고 너희도 모자랄 거야. 가게에 가서 사오는 게 낫
겠어.' **7** 어리석은 처녀가 기름을 사러 간 사이에 신랑이 왔다. 등잔불을
준비하고 있던 슬기로운 처녀는 신랑과 함께 혼인 잔치에 들어가고, 문은
닫혔다. **8** 나중에 남은 처녀들이 와서, 문을 두드리며 애원하였다. '주님,
주님, 문 좀 열어 주세요!' **9** 그러나 신랑은 대답하였다. '내가 분명히 말합
니다. 나는 여러분을 알지 못합니다.' **10** 그러므로 깨어 있어라. 인자가
언제 올지, 너희는 그날과 그때를 알지 못한다."

209
달란트 비유 (마태 25.14-30, 도마 41)

1 예수님이 말씀하셨다. "또 천국은, 어떤 사람이 여행을 떠나며 자기
종들을 불러 재산을 맡긴 것과 같다. **2** 주인이 종들의 능력에 따라서 5달
란트,[1] 2달란트, 1달란트를 주고 떠났다.(187) **3** 5달란트 받은 종은 바로 나
가서, 그 돈으로 장사하여 5달란트를 벌었다. 2달란트 받은 종도 장사하
여 2달란트를 벌었다. 그러나 1달란트 받은 종은 땅을 파고, 그 돈을 숨
겨 두었다. **4** 오랜 시간이 지나서, 주인이 돌아와 종들과 결산하였다. **5** 5
달란트 받은 종이 10달란트를 가지고 와서 말했다. '보십시오, 주인님이 맡

1) 구약시대 달란트(Talent)는 무게 단위(3,000세겔, 약 34kg)로 쓰였으나, 신약시대 달란트는 화폐 단위로 사용되었다. 1달란트의 가치는 6,000데나리온에 해당하였고, 1데나리온은 노동자의 1일 품삯이었다.

기신 5달란트로 장사하여 5달란트를 벌었습니다.' **6** 주인이 칭찬했다. '참
잘했다. 너는 과연 착하고 신실한 종이다. 네가 작은 일에 충성했으니, 내
가 큰일을 맡기겠다. 이리 와서, 네 주인과 함께 기쁨을 누려라.' **7** 2달란
트 받은 종도 4달란트를 가지고 와서 말했다. '보십시오, 주인님이 맡기
신 2달란트로 장사하여 2달란트를 벌었습니다.' **8** 주인이 칭찬했다. '참
잘했다. 너도 과연 착하고 신실한 종이다. 네가 작은 일에 충성했으니, 내
가 큰일을 맡기겠다. 이리 와서, 네 주인과 함께 기쁨을 누려라.' **9** 그런데
1달란트 받은 종은, 1달란트를 그대로 가지고 와서 말했다. '주인님, 저는
주인님이 수고도 하시지 않고, 남이 심고 뿌린 것을 거두시는 굳은 분으
로 알았습니다. 그래서 두려워 밖으로 나가 그 돈을 땅에 감춰 두었습니
다. 보십시오, 주인님의 돈이 여기 그대로 있으니 도로 받아 주십시오.'
10 그러자 주인이, '이 악하고 게으른 종아, 내가 수고도 하지 않고, 남이
심고 뿌린 것을 거두는 그런 사람인 줄 알았느냐? 그렇다면, 너는 왜 그
돈을 은행에 맡기지 않았느냐? 그렇게 했더라면, 내가 돌아와 원금과 이
자를 받았을 게 아니냐? **11** 저자가 가진 1달란트를 빼앗아, 10달란트 가
진 종에게 주어라. 무릇 있는 사람은 더 받아 풍성하게 되고, 없는 사람
은 그 있는 것마저 빼앗길 것이다. 그리고 저 무익한 종을 바깥 어두운
데로 내쫓아라. 거기서 슬피 울며 이를 갈 것이다'라고 하였다."

210
양과 염소 비유 (마태 25.31-46, 도마 42)

1 예수님이 말씀하셨다. "인자가 영광을 떨치며, 모든 천사와 함께 와
서 영광의 보좌에 앉을 것이다. 그가 큰 소리로 "너희는 하나님을 두려워하고, 그분

께 영광을 돌려라. 하나님께서 심판하실 때가 이르렀다. 하늘과 땅과 바다와 물의 근원을 만드
신 분께 경배하라"고 외쳤습니다.(요한계시록 14.7) **2** 모든 민족을 불러 모으고, 목
자가 염소[1]와 양[2]을 갈라놓듯 그들을 갈라서, 양은 오른편에, 염소는 왼
편에 둘 것이다. **3** 그때 임금이 오른편 사람에게 말할 것이다. '내 아버지
께 복 받은 자들아, 이리 와서 창세로부터 너희를 위해 준비된 나라를 상
속하라. 너희는 내가 굶주릴 때 먹을 것을 주었고, 목마를 때 마실 것을
주었고, 나그네 되었을 때 집으로 영접하였고, 헐벗었을 때 입을 것을 주
었고, 병들었을 때 돌봐 주었고, 감옥에 갇혔을 때 찾아 주었다.' **4** 이 말
을 듣고, 의인이 대답할 것이다. '주님, 우리가 언제 주님이 굶주리신 것
을 보고 음식을 드렸으며, 목마르신 것을 보고 음료를 드렸으며, 나그네
되신 것을 보고 집으로 영접하였으며, 헐벗으신 것을 보고 의복을 드렸
으며, 병드신 것을 보고 돌봐 드렸으며, 감옥에 갇히신 것을 보고 찾아뵈
었습니까?' **5** 그러면 임금이 대답할 것이다. '내가 분명히 말한다. 너희가
여기 있는 내 형제자매 가운데 가장 하찮은 사람에게 한 것이, 곧 나에
게 한 것이다.' **6** 그리고 임금이 왼편 사람에게 말할 것이다. '저주를 받
은 자들아! 나를 떠나 마귀와 그 졸개를 가두려고 마련된 영원한 불속으
로 들어가라. 너희는 내가 굶주릴 때 먹을 것을 주지 않았고, 목마를 때
마실 것을 주지 않았고, 나그네 되었을 때 집으로 영접하지 않았고, 헐벗
었을 때 입을 것을 주지 않았고, 병들었을 때 돌봐 주지 않았고, 감옥에
갇혔을 때 찾아 주지 않았다.' **7** 이 말을 듣고, 악인이 대답할 것이다. '주
님, 우리가 언제 주님이 굶주리신 것을 보고 음식을 드리지 않았으며, 목

---

1) 염소(Goat)는 양에 비해 난폭한 동물로, 죄와 불순종을 상징하였다. 낮에는 양과 염소를 함께 방목했으나, 밤에는 따로 갈라놓았다. 염소는 따뜻한 곳을 좋아했고, 양은 시원한 곳을 좋아했기 때문이다.

2) 양(羊, Sheep)은 천성이 순해 사람을 잘 따르며, 방향 감각이 둔해 길을 잘 잃는 경향이 있다. 순결, 순종, 희생 등을 상징한다.

마르신 것을 보고 음료를 드리지 않았으며, 나그네 되신 것을 보고 집으로 영접하지 않았으며, 헐벗으신 것을 보고 의복을 드리지 않았으며, 병드신 것을 보고 돌봐 드리지 않았으며, 감옥에 갇히신 것을 보고 찾아뵙지 않았습니까? **8** 그러면 임금이 대답할 것이다. '내가 분명히 말한다. 여기 있는 내 형제자매 가운데 가장 보잘것없는 사람에게 하지 않은 것이, 곧 나에게 하지 않은 것이다.' **9** 그러므로 악인은 영원한 형벌에 처해지고, 의인은 영원한 생명에 들어갈 것이다."

211
공회의 음모 (마태 26.1-5, 마가 14.1-2, 누가 22.1-2, 요한 11.47-54)

1 유월절[1]이라는 무교절이 가까웠다. 예수님이 말씀을 마치시고, 제자들에게 이르셨다. "너희도 알다시피, 이제 2일만 지나면 유월절이다. 그때 인자가 넘겨져 십자가에 달릴 것이다." **2** 그즈음, 대제사장과 율법학자와 백성의 장로가 대제사장 공관에서 공회를 열고, 아무 탈없이 예수님을 잡아 죽일 음모를 꾸몄다. "우리가 어떻게 하면 좋겠소? 그가 이렇듯 많은 표적을 행하고 있으니, 무슨 수를 써서라도 잡아 죽여야 하지 않겠소? 이대로 계속 내버려두다가는 누구나 다 그를 믿을 것이고, 로마인이 와서 이 거룩한 성전을 파괴하고, 우리의 땅과 민족을 깡그리 짓밟을 것이오." **3** 그러자 그해 대제사장 가야바가 말했다. "여러분은 그렇게도 모르시오? 한 사람이 온 백성을 위해 대신 죽는 것이, 민족 전체가 망하는 것보다 낫다는 사실을 말이오." **4** 이는 가야바가 자기 생각으로 한

1) 유월절(逾越節, Passover, 넘어가다)은 태양력으로 4월 14일 해질 무렵, 저녁 6시에 어린양을 잡아 무교병과 쓴 나물을 먹으며 시작하는 절기이고, 무교절(無酵節)은 유월절 다음날 4월 15일부터 7일간 계속되는 절기다. 성경은 8일간 이어지는 두 절기를 통틀어 유월절 또는 무교절이라 부른다.

말이 아니라, 그해 대제사장으로서, 예수님이 유대 민족만이 아니라, 사
방에 흩어진 하나님의 백성을 모아 하나가 되게 하려고, 대속의 죽음을
죽으실 것을 미리 예언한 것이다. **5** 그날부터 그들이 예수님을 잡아 죽
일 음모를 구체적으로 꾸미기 시작했다. 그러나 백성을 의식하여 말했
다. "백성이 소동을 일으킬지 모르니, 명절 기간은 피하도록 합시다." **6**
그래서 예수님은 더 이상 유대인 가운데 드러나게 다니시지 않고, 광야[1]
에서 가까운 에브라임[2]이라는 마을로 가서, 제자들과 함께 거기 머무르
셨다.

212
유다의 변심 (마태 26.14-16, 마가 14.10-11, 누가 22.3-6)

1 그때 12제자 가운데 하나인, 가룟 유다[3]가 사탄의 유혹에 빠졌다.
2 그가 대제사장을 찾아가 말했다. "내가 예수를 넘겨주면 얼마나 주겠
소?" **3** 그 말을 듣고, 대제사장이 기뻐하며 은화 30세겔[4]을 주겠다고
약속하였다. 내가 그들에게 말했다. "너희가 좋게 여기거든 내 품삯을 내게 주고, 그렇지

1) 광야(廣野, Desert)는 인적이 드문 메마른 들판으로, 시험과 고난의 장소임과 동시에, 하나님의 사랑과 긍휼이 임하는 곳이다.

2) 에브라임(Ephraim, 풍부)은 야곱의 손자이자 요셉의 아들로, 이스라엘 12지파 가운데 하나다. 모세가 죽은 뒤, 이스라엘 민족을 이끌고 가나안 땅을 정복한 여호수아, 사울과 다윗에게 기름을 부어 왕으로 삼은 사무엘, 주전 930년경 솔로몬 사후에 10지파를 이끌고 북왕국 이스라엘을 세운 여로보암 등이 에브라임 출신이다. 그러나 주전 722년, 정복자 아시리아의 혼혈정책에 의해 다른 9지파와 더불어 역사에서 사라지고 말았다.

3) 가룟 유다(Judas Iscariot)는 예수님의 12제자 가운데 하나였으나, 은전 30닢을 받고 예수님을 팔아 배반자의 대명사가 되었다.

4) 30세겔(Shekel)은 노예 1명의 몸값으로, 120데나리온에 해당하였다. 당시 유대 화폐는 게라(1/20세겔), 베가(1/2세겔), 세겔(노동자의 4일치 품삯), 므나(1/60달란트), 달란트(노동자의 6,000일 품삯)가 있었고, 로마 화폐는 고드란트(1/4앗사리온), 앗사리온(1/16데나리온), 데나리온(노동자의 1일 품삯)이 있었으며, 헬라 화폐는 렙돈(1/2고드란트)과 드라크마(1데나리온)가 있었다.

않거든 그만두어라." 그러자 그들은 내 품삯으로 은 30개를 달아 주었다.(스가랴 11.12) **4** 유
다가 그에 동의하고, 성전 경비대장과 함께 예수님을 넘겨줄 방도를 찾
았다. **5** 그때부터 유다는, 무리가 없을 때 예수님을 넘겨주려고, 기회를
엿보기 시작했다.

213

유월절 준비 (마태 26.17-19, 마가 14.12-16, 누가 22.7-13)

1 무교절 첫날이 되었다. 이날 저녁, 유월절에 쓸 어린양을 잡았다. 첫
째 달 14일 해질 무렵에 주의 유월절을 지켜야 하고, 같은 달 15일에 주의 무교절을 지켜야 하
며, 7일간 무교병을 먹어야 한다.(레위기 23.5-6) **2** 제자들이 유월절을 준비하려고
하자, 예수님이 베드로와 요한을 따로 보내시며 이르셨다. "너희가 가서,
우리가 먹을 유월절 음식을 준비하라." 이 달을 첫째 달로 삼아, 한 해를 시작하
는 달로 하라.(출애굽기 12.2) **3** 그들이 물었다. "선생님, 어디에 차리면 좋겠습
니까?" **4** 예수님이 일러 주셨다. "너희가 성안에 들어가면, 물 한 동이를
메고 가는 사람을 만날 것이다. 그가 들어가는 집으로 따라 들어가라.
5 그리고 집주인에게 말하라. '때가 되어 우리 선생님이, 제자들과 함께
유월절을 지킬 방을 알아보라고 하셨습니다.' **6** 그러면 그가 자리를 펴고
준비한 큰 다락방을 보여줄 것이다. 거기서 준비하라." **7** 제자들이 가서
보니, 과연 예수님이 말씀하신 그대로였다. 그래서 유월절 음식을 거기
에 준비하였다. 여러분은 새 반죽이 되도록, 묵은 누룩을 깨끗이 치워 버리십시오. 우리의
유월절 양이신 그리스도께서 희생되심으로써, 우리가 누룩 넣지 않은 반죽이 되었기 때문입니
다.(고린도전서 5.7)

214
마지막 만찬 (마태 26.20, 마가 14.17, 누가 22.14-16, 요한 13.1)

1 유월절 직전, 예수님이 세상을 떠나 아버지께 가실 때가 가까이 이른
줄 아시고, 세상에 있는 자기 사람을 사랑하시되, 더욱 극진히 사랑하셨
다. **2** 저녁이 되자, 예수님이 12제자와 함께 마지막 만찬을 드시려고, 베
드로와 요한이 미리 준비한 그 집으로 가셨다. **3** 예수님이 식탁에 기대
앉아 말씀하셨다. "내가 고난을 받기 전, 너희와 함께 이 유월절 음식 먹
기를 무척 원했다. 내가 말한다. 이 유월절이 하나님의 나라에서 온전히
이루어질 때까지, 다시는 이 음식을 먹지 않을 것이다."

215
섬김의 본 (요한 13.2-17)

1 저녁 먹을 때, 마귀가 벌써 시몬의 아들, 가룟 유다의 마음에 예수님
을 배반할 생각을 불어넣었다. **2** 예수님은 아버지께서 모든 것을 자기
손에 맡겨 주셨으며, 아버지의 보내심에 의해 왔다가, 아버지의 부르심에
따라 가야한다는 것을 아셨다. **3** 그래서 식사를 하시다가 일어나 겉옷
을 벗고, 허리에 수건을 두르시고, 대야에 물을 떠다가 제자의 발을 씻기
시고, 허리에 두르신 수건으로 닦아 주셨다. 젊은이여, 이와 같이 여러분도 장
로에게 순종하십시오. 모두가 서로서로 겸손의 옷을 입으십시오. 하나님께서 교만한 자를 물
리치시고, 겸손한 자에게 은혜를 주신다고 하셨습니다.(베드로전서 5.5, 잠언 3.34) **4** 시몬
베드로의 차례가 되자, 그가 말했다. "주님, 제 발도 씻기시렵니까?" **5** 예
수님이 대답하셨다. "내가 하는 일을 지금은 모르겠지만, 나중에는 알게

될 것이다.” **6** 베드로가 말했다. “아닙니다. 제 발만은 절대로 씻기지 못하
십니다.” **7** “내가 네 발을 씻기지 않으면, 너는 나와 아무 상관이 없게 된
다.” **8** “그러시다면 주님, 제 발만 아니라 손과 머리까지 씻겨 주십시오.”
9 “이미 목욕한 사람은 온몸이 깨끗하니 발만 씻으면 된다. 너희는 깨끗
하다. 그러나 다 깨끗한 것은 아니다.” **10** 예수님은 자기를 배반할 사람
을 이미 알고 계셨던 바, 그 말씀을 하셨던 것이다. **11** 예수님이 제자들
의 발을 다 씻기시고, 다시 겉옷을 걸쳐 입으시고, 자리에 돌아와 앉으
시며 말씀하셨다. “내가 지금 한 일을 이해하겠느냐? **12** 너희가 나를 선
생이라, 주라 부른다. 맞는 말이다. 내가 바로 그 사람이다. 내가 너희 주
와 선생이 되어 너희 발을 씻겨 주었으니, 너희도 서로 남의 발을 씻겨
주어야 한다. 내가 너희에게 한 대로 너희도 그리하라고, 내가 직접 섬김
의 본을 보였다. **13** 내가 분명히 말한다. 종이 주인보다 높지 않고, 보냄
을 받은 사람이 보낸 사람보다 높지 않다. 너희가 이를 알고 그대로 행하
면 복이 있을 것이다.”

216
유다의 배반 (마태 26.21-25, 마가 14.18-21, 누가 22.21-23, 요한 13.18-32)

1 모두 식사할 때, 예수님이 말씀하셨다. “이는 너희 모두를 두고 하는
말이 아니다. **2** 나는 내가 택한 사람을 다 안다. 그러나 ‘내 떡을 나눠 먹
던 자가 나를 대적하려고, 자기 발꿈치를 들었다’는 말씀은 반드시 이루
어질 것이다. 내 원수가 나를 이겼다고 거짓말하며, 기뻐하지 못하게 하십시오. 까닭 없이 나를 미워하는 자가 서로 눈짓하며, 즐거워하지 못하게 하십시오.(시편 35.19) 내가 믿던 흉허물 없는 친구, 나와 한 상에서 밥 먹던 친구조차, 나를 대적하려고 발꿈치를 들었습니다.(시

편 41.9) 까닭 없이 나를 미워하는 자가 내 머리털보다 많고, 이유 없이 나를 대적하는 자가 나
보다 강합니다. 내가 훔치지 않은 것을 억지로 물어 주게 생겼습니다.(시편 69.4) **3** 그 일이
일어나기 전에 내가 미리 너희에게 일러둠은, 그 일이 일어날 때, 내가 '바
로 그 사람'이라는 사실을 너희로 믿게 하려는 것이다. **4** 내가 분명히 말
한다. 내가 보내는 사람을 영접하는 사람은 나를 영접하는 사람이요, 나
를 영접하는 사람은 나를 보내신 분을 영접하는 사람이다." **5** 이 말씀을
하시고, 예수님은 몹시 번민하시다가 터놓고 말씀하셨다. "내가 분명히
말한다. 너희 12사람 가운데 하나가 나를 배반할 것이다." **6** 제자들은
누구를 염두에 두고 하신 말씀인지 몰라서, 서로 얼굴을 빤히 쳐다보며
말했다. "우리 중에 그런 짓을 할 자가 대체 누구일까?" **7** 그러다가 몹시
걱정이 되어 저마다 물어보기 시작했다. "주님, 설마 저는 아니겠지요?" **8** 예
수님이 대답하셨다. "지금 나와 함께 그릇에 손을 넣는 자가 나를 배반할 것
이다. 보라, 나를 넘겨줄 자의 손이 나와 함께 이 식탁 위에 있다. **9** 인자
는 성경에 기록된 대로 가지만, 인자를 넘기는 그에게는 화가 있을 것이다.
그는 차라리 태어나지 않았더라면, 자기에게 좋았을 것이다." **10** 예수님
을 배반할 가룟 유다가 말했다. "선생님, 제가 설마 그 사람이겠습니까?"
11 예수님이 대답하셨다. "그것은 네 말이다." **12** 그때 한 제자가 예수님
의 품에 비스듬히 기대고 있었다. 예수님이 사랑하시는 제자였다. **13** 시
몬 베드로가 그에게 고갯짓으로, 누구를 가리켜서 하신 말씀인지 여쭤
보라고 하였다. **14** 그 제자가 예수님의 가슴에 바싹 기대어 누우며 물었
다. "주님, 그가 누구입니까?" **15** 예수님이 대답하셨다. "내가 떡 하나를
찍어서 주는 사람이 바로 그 사람이다." **16** 그리고 예수님이 떡을 찍어
가룟 사람, 시몬의 아들 유다에게 주셨다. 유다가 그 떡을 받자마자, 사
탄이 그에게 들어갔다. **17** 예수님이 말씀하셨다. "네가 하려는 일을 속
히 하라." **18** 그러나 그 자리에 함께한 제자들은, 예수님이 무슨 뜻으로

그 말씀을 하셨는지 알지 못했다. **19** 유다가 돈을 관리하여 명절에 필요
한 무슨 물건을 사라고 하셨거나, 아니면 가난한 사람에게 무엇을 사다
가 주라고 하신 것으로 생각하였다. **20** 유다가 그 떡을 받고, 곧 밖으로
나갔다. 밤이었다. **21** 유다가 나간 뒤, 예수님이 말씀하셨다. "이제 인자
가 영광을 받게 되었고, 하나님께서도 인자를 통해 영광을 받으시게 되
었다. **22** 하나님께서 인자를 통해 영광을 받으시면, 하나님께서도 인자
를 영광스럽게 하실 것이다. 이제, 곧 그렇게 하실 것이다."

217
서열 다툼 (누가 22.24-30)

1 그때 제자들 사이에 서열 다툼이 생겨 서로 옥신각신하였다. "우리
가운데 누가 가장 큰 사람이 될 것인가?" **2** 예수님이 말씀하셨다. "이방
인의 왕은 백성 위에 군림하고, 집권자는 마치 백성의 은인인 양 행세한
다. **3** 그러나 너희는 그렇지 않다. 오히려 너희 가운데 가장 큰 자는 가
장 작은 자가 되어야 하고, 다스리는 자는 섬기는 자가 되어야 한다.(184)
4 식탁에 앉은 사람과 시중드는 사람 중에서 누가 더 큰 사람이냐? 물론
식탁에 앉은 사람이다. 그러나 나는 섬기는 사람으로 너희 가운데 와 있
다. **5** 너희는 나와 함께 온갖 시련을 다 겪었다. 내 아버지께서 나에게
나라를 맡겨 주신 것처럼, 나도 너희에게 나라를 맡겨 주겠다. **6** 그러면
너희가 내 나라 안에 들어와서, 내 식탁에 앉아 먹고 마시며, 내 보좌에
앉아 이스라엘[1)] 12지파를 다스릴 것이다."

1) 이스라엘(Israel, 하나님과 겨루어 이긴 자)은 야곱이 천사와 씨름하여 이기고 받은 새 이름이다. 나중에 야곱의 후손을 일컫는 명칭이 되었다가, 솔로몬 사후 여로보암이 10지파와 함께 세운 북왕국의 이름이 되었다. 지금은 유대인의 국가명이다.

218
성찬식 제정 (마태 26.26-30, 마가 14.22-26, 누가 22.17-20)

1 식사를 하시다가, 예수님이 잔을 들어 축사하시고 이르셨다.[1] “자,
이 잔을 받아 나눠 마셔라. 내가 분명히 말한다. 내가 하나님의 나라에
서 너희와 함께 새것으로 마시는 날까지, 다시는 포도로 빚은 것을 마시
지 않을 것이다.” **2** 이어서 떡을 들어 축사하시고, 떼어 주시며 말씀하셨
다. “자, 이 떡을 받아먹어라. 이것은 너희를 위해 주는 내 몸이다. 너희는
이 예식을 행하여 나를 기념하라.” **3** 같은 방법으로 다시 잔을 들어 말
씀하셨다. “이 잔은 많은 사람의 죄를 용서하기 위해 흘리는 나의 피, 곧
새 언약의 피다.” 율법에 따르면, 거의 모든 것이 피로 깨끗해집니다. 피 흘림이 없으면,
죄 사함이 없습니다.(히브리서 9.22) **4** 그리고 제자들과 함께 찬송을 부르시고,
감람산으로 올라가셨다.

219
새 계명 (요한 13.33-35)

1 예수님이 말씀하셨다. “내 사랑하는 자들아, 내가 너희와 함께 있을
시간도 이제 얼마 남지 않았다. 일찍이 유대인에게 말한 대로, 이제 너희
에게 말한다. 내가 가면 너희가 나를 찾을 것이나, 내가 가는 곳에 너희
는 올 수 없다. **2** 내가 너희에게 새 계명을 준다. 서로 사랑[2]하라. 내가

1) 마태와 마가는 떡을 먼저 떼고 잔을 나중에 나눈 것으로, 누가는 잔을 먼저 나누고 떡을 나중에 뗀 것으로 기록하였다. 당시 유대인은 유월절 식사를 하면서 수차례 잔을 나눴다.

2) 사랑(Love)의 그리스어 아가페(Agape)는 하나님을 향한 인간의 사랑, 인간을 향한 하나님의 사랑, 인간을 향한 인간의 사랑을 모두 포함한다.

너희를 사랑한 것처럼, 너희도 서로 사랑하라. **3** 너희가 서로 사랑하면,
이로써 너희가 내 제자임을 모든 사람이 알게 될 것이다."(215)

220
베드로의 장담 (마태 26.31-35, 마가 14.27-31, 누가 22.31-38, 요한 13.36-38)

1 그때 시몬 베드로가 물었다. "주님, 어디로 가십니까?" **2** 예수님이 대
답하셨다. "내가 가는 곳에 지금은 네가 따라올 수 없으나, 나중에는 따
라오게 될 것이다." **3** 베드로가 말했다. "주님, 어째서 지금은 제가 따라
갈 수 없습니까? 주님을 위해 목숨을 바치겠습니다." **4** 예수님이 말씀하
셨다. "시몬아, 시몬아, 네가 정말 나를 위해 목숨을 바치겠느냐? 보라!
사탄이 키로 밀을 까부르듯, 이제 너희를 손아귀에 넣어 제멋대로 다루
게 되었다. 그러나 나는 네가 믿음을 완전히 잃지 않도록 기도하였다. 네
가 뉘우치고 돌아올 때, 네 형제를 굳게 하라." **5** 그리고 제자들에게 말
씀하셨다. "성경에 이 말씀이 있다. '내가 칼을 들어 목자를 치리니, 양 떼
가 흩어지리라.' 칼아! 깨어 일어나 내 목자를 쳐라. 나와 가까운 그 사람을 쳐라. 나 만군
의 주가 하는 말이다. 목자를 쳐라. 그러면 양 떼가 흩어질 것이다. 나 또한 그 어린 것을 칠 것
이다.(스가랴 13.7) **6** 그러므로 오늘 밤, 너희가 다 나를 버릴 것이다. 그러
나 나는 다시 살아날 것이며, 너희보다 먼저 갈릴리로 가서 너희를 인도
할 것이다." **7** 베드로가 큰소리치며 말했다. "주님, 모든 사람이 다 주님
을 버릴지라도, 저는 절대로 버리지 않겠습니다. 저는 주님과 함께 감옥은
물론이고, 사형장까지도 끌려갈 각오가 되어 있습니다." **8** 예수님이 말씀
하셨다. "베드로야, 내가 분명히 말한다. 오늘 밤 닭이 2번 울기 전, 네가 3
번이나 나를 모른다고 부인할 것이다." **9** 그러자 베드로가 더욱 강경하게

주장했다. "제가 주님과 함께 죽으면 죽을지언정, 결코 주님을 부인하지
않겠습니다." **10** 그러자 다른 제자들도 똑같이 말했다. **11** 예수님이 말
씀하셨다. "내가 너희를 보낼 때, 지갑이나 가방이나 신발을 가지고 다
니지 말라고 하였다. 부족한 것이 있었더냐?" **12** "아무것도 없었습니다."
13 "그러나 이제는 지갑이나 가방이 있는 사람은 가지고 다녀라. 식량 자
루도 챙기고, 칼이 없는 사람은 겉옷을 팔아서라도 사라. **14** 내가 분명
히 말한다. 나에 대한 이 성경은 반드시 이루어질 것이다. '그는 마치 범
죄자처럼 취급당했다.' 그러므로 내가 그에게 존귀한 자와 함께 몫을 받게 하며, 강한 자와 함께 전리품을 나누게 하겠다. 그가 자기 목숨을 서슴없이 내던지고, 범죄자처럼 여겨지는 것도 마다하지 않았으며, 많은 사람의 죄를 대신 짊어지고, 그들을 살리려고 중재에 나섰기 때문이다.(이사야 53.12) **15** 과연 나에 대한 말씀은 다 이루어지고 있다." **16** 제
자들이 말했다. "주님, 보십시오. 여기 칼 2자루가 있습니다." **17** 예수님이
말씀하셨다. "그래, 됐다."

221
길과 진리와 생명 (요한 14.1-14, 도마 43, 58, 83, 84)

1 예수님이 말씀하셨다. "너희는 마음에 근심하지 마라. 하나님을 믿
고, 또 나를 믿어라. **2** 내 아버지 집에는 있을 곳이 많다. 그렇지 않으면,
내가 미리 일러 주었을 것이다. 이제 나는 너희가 있을 곳을 마련하러 간
다. 여러분이 하나님의 성전이요, 하나님의 성령이 여러분 안에 계심을 모르십니까?(고린도전서 3.16) **3** 내가 가서 너희가 있을 곳을 마련하면, 다시 와서 너희를 데
려다가, 내가 있는 곳에 너희도 함께 있게 하겠다. **4** 너희는 내가 어디로
가는지, 그 길을 알고 있다." **5** 도마가 말했다. "주님, 우리는 주님이 어디

가시는지 모릅니다. 어찌 그 길을 알겠습니까?" **6** 예수님이 대답하셨다.
"내가 바로 길이요, 진리요, 생명이다. 나를 통하지 않고는, 아버지께 올
사람이 없다. **7** 너희가 참으로 나를 알았다면, 내 아버지도 알았을 것이
다. 이제 너희는 내 아버지를 알고, 또 보았다." **8** 빌립이 말했다. "주님,
아버지를 보여 주십시오. 그러면 더 바랄 것이 없겠습니다." **9** 예수님이
말씀하셨다. "빌립아, 내가 이렇듯 오랫동안 너희와 함께 있었는데, 아직
도 나를 모른단 말이냐? 나를 본 사람은 아버지를 본 것이나 다름이 없
거늘, 어찌하여 아버지를 보여 달라고 하느냐? **10** 내가 아버지 안에 있
고, 아버지께서 내 안에 계시는 것을 믿지 못하겠느냐? 내가 너희에게 하
는 이 말도, 사실은 내가 하는 게 아니라, 내 안에 계시는 아버지께서 하
시는 것이다. **11** 내가 아버지 안에 있고, 아버지께서 내 안에 계신 것을
믿어라. 정 믿지 못하겠거든, 내가 하는 일을 보고서라도 믿어라. **12** 내
가 분명히 말한다. 누구든지 나를 믿는 사람은 내가 하는 일을 그도 할
것이요, 그보다 더 큰 일도 할 것이다. 내가 아버지께 가기 때문이다. **13**
너희가 내 이름[1]으로 무엇이든 구하면, 내가 다 이루어 주겠다. 이는 아
들을 통해 아버지께서 영광을 받으시기 때문이다. **14** 그러므로 너희는
내 이름으로 무엇이든 구하라. 그러면 내가 다 들어줄 것이다."

---

1) 이름(Name)은 그리스어 오노마(Onoma)로, 사람이나 사물을 구별하여 부르는 표시다. 성경에서는 그 사람의 인격이나 본질, 특징 등을 나타낸다. 따라서 주의 이름이나 예수의 이름, 그리스도의 이름은 하나님의 나라에 대한 소유와 지배를 의미하므로 복음의 핵심이다.

222
보혜사 약속 (요한 14.15-26, 도마 84)

1 예수님이 말씀하셨다. "너희가 나를 사랑하면, 내 계명을 지킬 것이다. **2** 내가 아버지께 구하면, 아버지께서 너희와 영원히 함께하실 다른 보혜사[1]를 보내실 것이다. 내 믿음의 자녀여, 여러분을 죄 짓지 않게 하려고, 내가 이 글을 씁니다. 혹 누가 죄를 짓더라도, 아버지 앞에서 변호해 주시는 분이 계십니다. 그분은 의로우신 예수 그리스도십니다.(요한일서 2.1) **3** 그분은 진리의 영이시다. 세상은 그분을 보지 못하고 알지 못하여 받아들일 수 없지만, 너희는 그분을 안다. 그분이 너희와 함께 계시고, 너희 안에 사시기 때문이다. 우리는 하나님께 속했습니다. 하나님을 아는 자는 우리의 말을 듣고, 하나님께 속하지 않은 자는 우리의 말을 듣지 않습니다. 이로써 우리는 진리의 영과 미혹의 영을 분별합니다.(요한일서 4.6) **4** 나는 너희를 고아[2]와 같이 버려두지 않고, 너희에게 다시 올 것이다. 조금 있으면 세상은 나를 보지 못할 것이나, 너희는 다시 보게 될 것이다. 내가 살아 있고, 너희도 살아 있을 것이기 때문이다. **5** 그날 너희는, 내가 아버지 안에 있고, 너희가 내 안에 있으며, 내가 너희 안에 있음을 깨달을 것이다.(253) **6** 누구든지 내 계명을 받아들이고 지키는 사람은, 나를 사랑하는 사람이다. 나를 사랑하는 사람은 내 아버지의 사랑을 받을 것이고, 나 또한 그를 사랑하여 그에게 나를 나타내 보일 것이다." **7** 그때 가룟 사람 아닌 다른 유다가 물었다. "주님, 저희에게는 자신을 드러내 보이시고, 세상에는 드러내 보이시지 않는 이유가 무엇입니까?" **8** 예수님이 대답하셨다. "누구든지 나를 사랑하는 사람은 내 말을 지킬 것이다. 그

1) 보혜사(保惠師, Counselor/Helper)는 그리스어 파라클레토스(Parakletos)로, 보호자, 변호사, 위로자, 상담자, 대언자, 협력자, 친구 등의 뜻이 있다.

2) 고아(孤兒, Orphan)는 부모 없는 아이를 말하나, 성경에서는 아버지가 없는 사람을 가리킨다. 당시 아버지가 없는 가족은 사회에서 가장 힘이 없는 사람이었다.

러면 내 아버지께서 그를 사랑하실 것이고, 아버지와 내가 그를 찾아가
그와 함께 살 것이다. **9** 그러나 나를 사랑하지 않는 사람은 내 말을 지
키지 않는다. 너희가 듣는 이 말은 내 말이 아니라, 나를 보내신 아버지
의 말씀이다. **10** 내가 너희와 함께 있는 동안, 이 모든 것을 들려주었다.
그러나 보혜사, 곧 아버지께서 내 이름으로 보내실 성령이 오시면, 그분
이 너희에게 모든 것을 가르쳐 주시고, 내가 너희에게 한 말을 모두 생각
나게 하실 것이다."(43, 227) 그러므로 내가 일러둡니다. 하나님의 영으로 말하는 자는 아무도 예수를 저주 받은 자라 할 수 없고, 성령으로 아니하고는 아무도 예수를 주시라 할 수 없습니다.(고린도전서 12.3)

223
주님의 평화 (요한 14.27-31)

1 예수님이 말씀하셨다. "내가 너희에게 평화[1]를 준다. 내 평화를 주는
것이다. 내가 주는 평화는 세상의 것과 다르다. 너희는 마음에 근심하지 말
고, 두려워하지 마라. **2** 내가 갔다가 다시 온다는 말을 너희가 들었다. 너
희가 나를 사랑하면, 내가 아버지께 가는 걸 기뻐할 것이다. 아버지께서 나
보다 크시기 때문이다. **3** 내가 지금 이 일을 미리 일러 주는 것은, 그 일이
일어날 때 너희로 믿게 하려는 것이다. **4** 너희와 얘기할 시간도 이제 얼마
남지 않았다. 이 세상의 통치자가 가까이 오고 있다. 하지만 그는 나를 어
떻게 할 아무 권한이 없다. **5** 다만 내가 아버지를 사랑하고, 아버지의 명대
로 내가 행함을 세상에 알리려는 것이다. 자, 일어나라. 여기를 떠나자."

---

1) 평화(平和, Peace)는 히브리어 샬롬(Shalom), 그리스어 에이레네(Eirene)로, 평안, 평강, 화평, 번영, 안녕 등을 뜻하며, 문안이나 작별 인사로 사용하였다.

224

포도나무와 가지 (요한 15.1-11, 도마 40)

1 예수님이 말씀하셨다. "나는 참 포도나무요, 내 아버지는 농부시다.
그리스도 안에는, 하나님의 모든 신성이 육신의 모습으로 충만히 머물러 있습니다.(골로새서
2.9) **2** 내게 붙어 있으면서 열매를 맺지 못하는 가지는 아버지께서 다 잘
라 내시고, 열매를 맺는 가지는 더 많은 열매를 맺게 하시려고, 깨끗이
손질하여 주신다. **3** 너희는 내 말로 이미 깨끗하게 되었으니, 나를 떠나
지 말고 내 안에 머물러 있어라. 나도 너희를 떠나지 않고 너희 안에 머
물러 있겠다. **4** 포도나무에 붙어 있지 않은 가지가 스스로 열매를 맺을
수 없듯이, 너희도 내 안에 머물러 있지 않으면 열매를 맺을 수 없다. **5** 나
는 포도나무요, 너희는 가지다. 너희가 내 안에 붙어 있고, 내가 너희 안
에 머물러 있으면, 너희가 많은 열매를 맺는다. 그러나 나를 떠나서는,
너희가 아무것도 할 수 없다. **6** 누구든지 나를 떠난 사람은, 나무에서
잘려 나간 가지처럼 버림을 받아 말라 버린다. 사람들이 그것을 모아다
가 불에 던져 태워 버린다. **7** 너희가 내 안에 있고 내 말이 너희 안에 있
으면, 너희가 무엇을 구하든지 그대로 다 이루어질 것이다. **8** 너희가 열
매를 많이 맺어 내 제자임을 드러내면, 내 아버지께서 영광을 받으실 것
이다. **9** 아버지께서 나를 사랑하신 것처럼, 나도 너희를 사랑하였다. 내
사랑 안에 머물러 있어라. **10** 내가 아버지의 계명을 지키며 그 사랑 안
에 머물러 있듯이, 너희도 내 계명을 지키면 내 사랑 안에 머물러 있을
것이다. **11** 내 기쁨을 너희 안에 있게 하고, 너희 기쁨을 넘치게 하려고,
내가 이 말을 하였다."

225
주님의 계명 (요한 15.12-17, 도마 49)

1 예수님이 말씀하셨다. "내 계명은 이것이다. 내가 너희를 사랑한 것
처럼 너희도 서로 사랑하라. **2** 친구를 위해 자기 목숨을 내놓는 것보다
더 큰 사랑은 없다. **3** 내가 너희에게 명한 것을 지키면 너희는 내 친구다.
4 이제 너희를 종이라 부르지 않고 친구라 부르겠다. 종은 주인의 일을 모
른다. **5** 나는 내 아버지께 들은 것을 너희에게 다 알려 주었다. **6** 너희가
나를 택한 것이 아니라, 내가 너희를 택하여 세웠다. **7** 너희는 세상에 나
가 열매를 맺되, 영원히 썩지 않을 열매를 맺어라. **8** 너희가 내 이름으
로 무엇이든 구하면 아버지께서 다 들어주실 것이다. **9** 서로 사랑하라.
이것이 내 계명이다."

226
세상의 증오 (요한 15.18-27, 16.1-4)

1 예수님이 말씀하셨다. "세상이 너희를 미워하면, 너희보다 먼저 나를
미워한 것이다. **2** 너희가 세상에 속했다면, 세상이 너희를 한식구로 여
겨서 사랑했을 것이나, 너희는 세상에 속하지 않았고, 오히려 내가 너희
를 세상에서 뽑아냈기 때문에, 세상이 너희를 미워하는 것이다. **3** 종이
주인보다 높지 않다고 한 말을 기억하라. 사람들이 나를 핍박했다면 당
연히 너희도 핍박할 것이고, 내 말을 지켰다면 당연히 너희 말도 지킬 것
이다. **4** 그들은 너희가 내 이름을 믿고, 또 내게 속했다는 이유로 그리
대할 것이다. 그들이 나를 보내신 분을 모르기 때문이다. **5** 내가 와서

그들에게 일러 주지 않았다면, 그들에게 죄가 없었을 것이다. 그러나 이
제 그들은 죄를 변명할 수 없게 되었다. **6** 나를 미워하는 사람은 내 아
버지도 미워한다. 내가 이제까지 아무도 하지 못한 일을 그들 가운데서
하지 않았다면, 그들에게 죄가 없었을 것이다. **7** 그러나 그들은 내가 한
일을 보고도, 나와 내 아버지를 미워하였다. 그래서 성경에 기록된 말씀
이 이루어진 것이다. '그들이 까닭 없이 나를 미워하였다.' 내 원수가 나를 이
겼다고 거짓말하며, 기뻐하지 못하게 하십시오. 까닭 없이 나를 미워하는 자가 서로 눈짓을 주
고받으며, 즐거워하지 못하게 하십시오.(시편 35.19) 이유 없이 나를 미워하는 자가 내 머리털
보다 많고, 까닭 없이 나를 대적하는 자가 너무 강합니다. 내가 훔치지 않은 것을 억지로 물어
주게 생겼습니다.(시편 69.4) **8** 내가 아버지께 청하여 너희에게 보낼 보혜사는,
아버지로부터 나오시는 진리의 영이시다. 그분이 오시면 나를 증언하실 것
이나, 너희도 처음부터 나와 함께 있었으니, 내 증인이 되어야 한다. **9** 너
희를 믿음에서 흔들리지 않게 하려고, 내가 이 말을 하였다. **10** 사람들이
너희를 회당에서 쫓아낼 뿐만 아니라, 너희를 속이고 죽이는 자들이 그
런 짓을 하고도, 그것이 하나님을 섬기는 일이라고 여길 때가 올 것이다.
11 그들은 아버지도 모르고 나도 모르므로, 그런 짓을 하고도 남을 것이
다. **12** 그때가 오면 내가 한 말을 기억하라고, 내가 너희에게 미리 일러
주는 것이다. **13** 내가 처음부터 이 말을 하지 않은 것은, 이제까지 내가
너희와 함께 있었기 때문이다."

227
성령의 사역 (요한 16.5-15)

1 예수님이 말씀하셨다. "이제 나는 나를 보내신 분께 돌아간다. 그러

나 너희는 어디로 가느냐고 묻기는커녕, 오히려 내가 이런 말을 한다고
하여 모두 슬픔에 잠겨 있다. **2** 내가 분명히 말한다. 내가 떠나가는 것이
너희에게 유익하다. 내가 가지 않으면 보혜사가 너희에게 오시지 않을 것
이다. **3** 내가 가서 보혜사를 너희에게 보내겠다. 그분이 오시면, 죄와 의
와 심판에 대하여 세상의 잘못된 생각을 꾸짖고, 바로잡아 주실 것이다.
한 사람의 범죄로 죄가 세상에 들어오고, 그 죄를 통해 죽음이 들어온 것처럼, 모든 사람이 죄
를 지은 까닭에 죽음이 모든 사람에게 미치게 되었습니다.(로마서 5.12) **4** 보혜사는 나를
믿지 않는 것이 바로 죄라고 지적하시며, 내가 아버지께 가므로 너희가
더 이상 나를 보지 못하게 되는 것이 하나님의 의라고 가르치시며, 이 세
상의 통치자가 이미 심판을 받았다는 사실을 근거로, 정말 심판을 받을
자가 누구인지 보여 주실 것이다. **5** 아직 내가 할 말이 많지만, 지금은
너희가 그 말을 알아듣지 못할 것이다. **6** 그러나 진리의 영이 오시면, 그
분이 너희를 모든 진리 가운데로 이끌어 온전히 깨닫게 하실 것이다. 육
신을 따라 사는 사람은 육신의 일을 생각하나, 성령을 따라 사는 사람은 성령의 일을 생각합니
다.(로마서 8.5) **7** 그분은 자기 뜻대로 말씀하시지 않고, 오직 들은 것만 일
러 주시며, 또 앞으로 일어날 일도 알려 주실 것이다. **8** 그분은 내 것을
받아서 너희에게 알려 주시므로, 나를 영광스럽게 하실 것이다. **9** 아버
지께 속한 것은 다 내 것이므로, 성령이 내 것을 받아서 너희에게 알려
주신다고 하였다."

228
해산의 진통 (요한 16.16-24)

1 예수님이 말씀하셨다. "조금 있으면 너희가 나를 보지 못할 것이나,

다시 조금 있으면 나를 보게 될 것이다." 거룩한 영으로는 죽은 사람 가운데서 부활하여, 권능으로 하나님의 아들로 확정되셨으니, 곧 우리 주 예수 그리스도십니다.(로마서 1.4)
2 그러자 제자들이 서로 수군거렸다. "조금 있으면 보지 못한다고 하시다가, 다시 조금 있으면 보게 된다고 하시면서, 또 그것이 아버지께 가시기 때문이라 하시는데, 그 '조금 있으면'이라는 말씀이 무슨 뜻일까? 무엇을 의미하는지 도무지 모르겠다."
3 그들이 묻고 싶어 하는 바를 아시고, 예수님이 말씀하셨다. "조금 있으면 나를 보지 못하다가, 다시 조금 있으면 나를 보게 된다는 말로 너희가 서로 묻느냐?
4 내가 분명히 말한다. 너희는 슬퍼하고 애통할 것이나, 세상은 기뻐할 것이다. 너희는 근심에 싸일 것이나, 그 근심이 기쁨으로 바뀔 것이다.
5 해산날이 가까운 여인은 자기가 겪을 진통을 생각하며 근심하나, 막상 아이를 낳으면, 사람이 세상에 태어났다는 기쁨으로 그 고통을 모두 잊어버린다.
6 이와 같이, 지금은 너희가 슬픔에 싸여 있어도, 내가 다시 너희를 볼 때 기뻐할 것이며, 아무도 그 기쁨을 빼앗지 못할 것이다.
7 그날 너희는 아무것도 내게 구하지 않을 것이다. 내가 분명히 말한다. 너희가 무엇이든 아버지께 구하면, 아버지께서 내 이름으로 주실 것이다.
8 지금까지 너희가 내 이름으로 아무것도 구하지 않았으나, 이제부터 구하라. 그러면 받을 것이다. 너희 기쁨이 충만할 것이다."

229
주님의 승리 (요한 16.25-33)

1 예수님이 말씀하셨다. "이제까지 내가 이 모든 것을 비유로 말했으나, 다시는 비유를 쓰지 않고, 아버지에 대해 밝히 일러 줄 것이다.
2 그날 너

희가 내 이름으로 아버지께 직접 구할 것이다. 내가 너희를 위해 대신 구하지 않아도 된다는 말이다. **3** 너희가 나를 사랑하고, 내가 아버지로부터 온 것을 믿기 때문에, 아버지께서 너희를 친히 사랑하시는 것이다. **4** 내가
아버지로부터 세상에 왔다가, 이제 세상을 떠나 아버지께 돌아간다." **5** 그
러자 제자들이 말했다. "이제 비유를 쓰시지 않고 명확하게 말씀하시니, 주님이 모든 것을 다 알고 계시며, 어느 누구의 질문도 받으실 필요가 없음을 깨달았습니다. 이로써 저희는, 주님이 하나님으로부터 오신 것을 믿
습니다." **6** 예수님이 말씀하셨다. "이제야 너희가 믿느냐? 그러나 보라, 너희가 뿔뿔이 흩어질 때가 오고 있다. 이미 그때가 되었다. 너희가 저마다 자기 집으로 돌아가고, 나를 혼자 버려둘 것이다. 그러나 나는 혼자 있는
게 아니다. 아버지께서 나와 함께 계시기 때문이다. **7** 내 안에서 평화를
누리라고, 내가 이 말을 하였다. 세상에서는 너희가 환난을 당하기 마련이나, 담대해라![1] 내가 세상을 이미 이겼다!"

230
주님의 기도 (요한 17.1-26, 도마 84)

1 예수님이 말씀을 마치시고, 하늘을 우러러보시며 기도하셨다. "아버
지! 이제 때가 되었습니다. 아들이 아버지의 영광을 드러내도록, 아들의 영광을 드러내 주십시오. **2** 아버지께서 아들에게 모든 사람을 다스릴 권
세[2]를 주셨으며, 아들은 아버지께서 맡겨 주신 모든 사람에게 영생을 주

1) 담대(膽大, Brave)함은 겁 없는 용기나 패기나 확신으로, 예수 그리스도의 복음을 전할 때 사용하는 말이다.
2) 권세(權勢, Authority)는 다른 사람을 복종시키는 힘으로, 모든 권세는 하나님께 있다.

게 되었습니다. **3** 영생은 유일하시고 참되신 하나님 아버지와, 또 아버
지께서 보내신 예수 그리스도를 아는 것입니다.(190) 내가 바라는 것은 그리스
도를 알고, 그분의 부활 능력을 깨닫고, 그분의 고난에 동참하여, 그분의 죽으심을 본받는 것
입니다.(빌립보서 3.10) **4** 아들은 아버지께서 맡겨 주신 일을 온전히 수행하
여, 세상에서 아버지의 영광을 드러냈습니다. **5** 아버지! 이제 아들의 영
광을 드러내 주십시오. 창세전부터 아버지 곁에서 누리던 그 영광을, 아
버지와 함께 누리게 하여 주십시오. **6** 아버지께서 세상에서 뽑아 아들
에게 맡겨 주신 이들에게, 아들이 아버지를 분명히 알려 주었습니다. 이
들은 본래 아버지의 것으로, 아버지께서 아들에게 맡겨 주셨으며, 이들
은 아버지의 말씀을 잘 지켰습니다. **7** 이제 이들은 아버지께서 아들에
게 주신 모든 것이, 아버지로부터 왔음을 알고 있습니다. **8** 아들은 아버
지께서 주신 말씀을 이들에게 전했습니다. 이들은 그 말씀을 받아들였
고, 아들이 아버지로부터 왔음을 깨달았으며, 아버지께서 아들을 보내신
것도 믿었습니다. **9** 아들이 이들을 위해 기도합니다. 세상을 위해 기도
하는 게 아니라, 아버지께서 아들에게 맡기신 이들을 위해 기도합니다.
이들은 모두 아버지의 것입니다. **10** 아들의 것은 다 아버지의 것이며, 아
버지의 것은 다 아들의 것입니다. 그래서 이들을 통해 아들의 영광이 나
타났습니다. **11** 이제 아들은 아버지께 가고, 더 이상 세상에 있지 않을
것입니다. 그러나 이들은 여전히 세상에 있을 것입니다. 거룩하신 아버
지! 아버지께서 아들에게 주신 아버지의 이름으로, 이들을 지켜 주십시
오. 아버지와 아들이 하나인 것처럼, 이들도 하나가 되게 하여 주십시오.
성령이 평화의 줄로 묶어서, 하나가 되게 하신 것을 힘써 지키십시오. 여러분이 부르심을 받을
때, 한 소망 안에서 부르심을 받은 것처럼, 몸도 하나요, 성령도 하나요, 주님도 하나요, 믿음도
하나요, 세례도 하나요, 하나님도 한 분이시니, 곧 만유의 아버지시며, 만유 위에 계시고, 만유
를 통해 일하시고, 만유 안에 계십니다.(에베소서 4.3-6) **12** 아들이 이들과 함께 있는

동안, 아버지께서 아들에게 주신 아버지의 이름으로 이들을 지켰습니다.
멸망의 자식[1] 외에는 하나도 잃지 않았습니다. 그것도 성경을 이루기 위
함이었습니다. **13** 이제 아들은 아버지께 갑니다. 아들이 세상에서 이 말
씀을 드리는 것은, 아들의 기쁨을 이들 속에 충만하게 하려는 것입니다.
14 아들이 이들에게 아버지의 말씀을 전해 주었습니다. 아들이 세상에
속하지 않은 것처럼, 이들도 세상에 속하지 않았습니다. 그래서 세상이
이들을 미워했습니다. **15** 아들이 아버지께 구함은, 이들을 세상에서 데
려가 달라는 게 아니라, 악한 자[2]로부터 지켜달라는 것입니다. **16** 아들
이 세상에 속하지 않은 것처럼, 이들도 세상에 속하지 않았습니다. **17** 진
리로 이들을 거룩하게 하여 주십시오. 아버지의 말씀은 진리입니다.(221)
여러분의 이해력이 약하므로, 내가 사람의 방식으로 말합니다. 여러분이 전에는 자기 지체를
더러움과 불법의 종으로 내주어 불법에 빠졌으나, 이제는 여러분의 지체를 의의 종으로 드려
거룩함에 이르십시오.(로마서 6.19) 평화의 하나님께서 친히 여러분을 온전히 거룩하게 하시
고, 우리 주 예수 그리스도께서 오실 때, 여러분의 영과 혼과 몸을 흠 없이 완전하게 지켜 주
시기를 빕니다.(데살로니가전서 5.23) **18** 아버지께서 아들을 세상에 보내신 것처
럼, 아들도 이들을 세상에 보냈습니다. **19** 이들을 진리로 거룩하게 하려
고, 아들도 자신을 거룩하게 하였습니다. **20** 아들은 이들만을 위해 기도
하는 것이 아닙니다. 이들이 전하는 말을 듣고, 아들을 믿는 다른 사람
을 위해서도 기도합니다. **21** 아버지! 아버지께서 아들 안에 계시고, 아
들이 아버지 안에 있는 것처럼, 그들도 하나가 되게 하시고, 아버지와 아
들 안에 있게 하여 주십시오. 그러면 아버지께서 아들을 보내신 것을 세
상이 믿게 될 것입니다. **22** 아버지와 아들이 하나인 것처럼 그들도 하나
가 되게 하려고, 아버지께서 아들에게 주신 영광을 아들도 그들에게 주

1) 멸망(滅亡, Destruction)의 자식은 예수님을 배반할 가룟 유다를 가리킨다.
2) 악한 자(Evil one)는 하나님과 성도간의 관계를 깨뜨리는 사탄, 곧 마귀를 말한다.

었습니다. **23** 아들이 그들 안에 있고, 아버지께서 아들 안에 계시듯, 그
들도 온전히 하나가 되게 하려는 것입니다. 이는 아버지께서 아들을 보
내시고 사랑하신 것처럼, 그들도 사랑하심을 세상으로 알게 하려는 것입
니다. **24** 아버지! 아버지께서 아들에게 맡기신 그들을, 아들이 있는 곳
에 함께 있도록 하여 주십시오. 창세전부터 아들을 사랑하셔서 아들에
게 주신 그 영광을, 그들도 보게 하여 주십시오. **25** 의로우신 아버지! 세
상은 아버지를 모르나, 아들은 아버지를 압니다. 그들도 아버지께서 아
들을 보내신 것을 알고 있습니다. **26** 아버지께서 아들을 사랑하신 그 사
랑이 그들 안에 있고, 아들도 그들 안에 있으려고, 아들이 그들에게 아버
지를 알게 하였으며, 앞으로도 계속 알게 할 것입니다."

231
겟세마네 기도 (마태 26.36-46, 마가 14.32-42, 누가 22.39-46)

1 예수님이 제자들과 함께 감람산으로 가셨다. **2** 겟세마네[1]라는 동산
에 이르러 말씀하셨다. "내가 저기 가서 기도하는 동안, 너희는 여기 앉아
있어라." **3** 그리고 베드로와 세베대의 두 아들, 야고보와 요한을 따로 데
려가셨다. **4** 예수님이 근심과 번민에 싸여 말씀하셨다. "지금 내 마음이
괴로워 죽을 지경이니, 너희는 여기 남아서 나와 같이 깨어 있어라." **5** 그
리고 돌을 던져 닿을 만큼 조금 더 나아가, 땅에 엎드려 기도하셨다. "아
바,[2] 아버지! 아버지께서 원하시면 무슨 일이나 다 하실 수 있습니다. 이

1) 겟세마네(Gethsemane, 기름 짜는 곳) 동산은 예루살렘에서 동쪽으로 1.2km쯤 떨어진 감람산 기슭에 있었다. 조용하고 한적한 곳으로, 예수님이 제자들과 함께 가끔씩 모여 기도하셨다.

2) 아바(Abba)는 어린이가 아버지를 친근하게 부르는 아람어로, '아빠'라는 뜻이다.

잔을 제게서 거두어 주십시오. 하지만 제 뜻대로 마시고, 아버지의 뜻대
로 하십시오." **6** 그때 하늘에서 천사가 내려와, 예수님께 힘을 북돋아 드
렸다. 예수님이 얼마나 고뇌에 차서 간절히 기도하셨던지, 땀이 핏방울처
럼 되어 땅에 떨어졌다. **7** 예수님이 기도를 마치시고 돌아와 보니, 제자들
은 모두 자고 있었다. **8** 예수님이 탄식하시며 말씀하셨다. "시몬아, 기어이
자고 있느냐? 너희가 나와 함께 잠시도 깨어 있을 수 없느냐? 유혹에 빠지
지 않게 기도하라. 마음은 간절하나 육신이 말을 듣지 않는구나!" **9** 그리
고 저만큼 다시 가서, 더욱 간절히 기도하셨다. "아버지! 제가 마시지 않고
는 이 잔이 지나갈 수 없거든, 아버지의 뜻대로 하십시오." 그리스도 안에서
미리 세우신 하나님의 계획에 따라서, 하나님의 심오한 뜻을 우리에게 알려 주셨습니다.(에베소
서 1.9) 그리스도께서 죄를 사하시려고, 단번에 영원히 유효한 제사를 드리신 뒤, 하나님 우편에
앉으셨습니다.(히브리서 10.12) **10** 예수님이 돌아와 보니, 제자들은 여전히 자고
있었다. 너무 지치고 졸려서, 그들의 눈이 저절로 감겼던 것이다. **11** 그래
서 그들을 그대로 두고, 3번째 가서 같은 말씀으로 기도하시고 돌아와 말
씀하셨다. "아직도 자고 있느냐?" **12** 제자들은 무슨 말을 해야 할지 몰라
허둥거렸다. **13** 예수님이 말씀하셨다. "그래, 됐다. 이제 때가 되어 인자가
죄인들의 손에 넘어가게 되었다. 자, 일어나 가자. 나를 넘겨줄 자가 가까
이 왔다!"

제6편 구원 사역

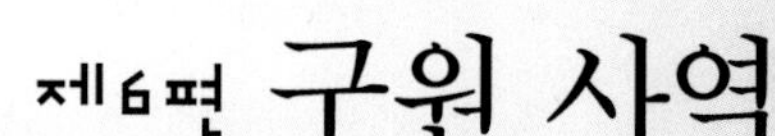

232
구원의 길 (마태 26.47-56, 마가 14.43-52, 누가 22.47-53, 요한 18.1-11)

1 예수님이 기도를 마치시고, 제자들과 함께 기드론[1] 골짜기를 건너서,
감람원이라는 동산 안으로 들어가셨다. **2** 예수님이 제자들과 가끔씩 모
이신 곳으로, 예수님을 파는 유다도 알고 있었다. **3** 예수님이 아직 말씀
하고 계실 때, 12제자 가운데 하나인 가롯 유다가 한 떼의 로마군과, 대
제사장과 바리새인이 보낸 성전 경비대를 데리고 나타났다. 그들은 창검
과 곤봉으로 무장하고, 등과 횃불을 들고 있었다.(216) **4** 유다가 그들과
미리 암호를 짜 두었다. '내가 그에게 입을 맞출 테니, 그를 단단히 붙잡
아 끌어가시오.' **5** 예수님은 자신이 당할 일을 아시고, 앞으로 나가시며
물으셨다. "친구여, 무엇하러 여기까지 왔는가?" **6** 유다가 입 맞추러 다
가오며 말했다. "선생님, 안녕하십니까?" **7** 예수님이 대답하셨다. "이 사
람아, 어서 할 일이나 하여라." **8** 유다가 와서 입을 맞추자, 예수님이 말
씀하셨다. "유다야, 네가 입맞춤으로 나를 파느냐?" **9** 그때 체포조가 달
려들었다. 예수님이 물으셨다. "누구를 찾습니까?" **10** "나사렛 예수요!"
11 "내가 '바로 그 사람'입니다." 하나님이 모세에게 말씀하셨다. "나는 스스로 있는
나다. 너는 이스라엘 자손에게 이르기를, '스스로 계신 분이 나를 너희에게 보내셨다'고 하라."
(출애굽기 3.14) **12** 예수님의 위엄에 압도되어, 그들이 뒷걸음치다가 땅에 자
빠져 나뒹굴었다. 유다가 그들 곁에 서 있었다. **13** 예수님이 다시 물으셨
다. "누구를 찾는다고 했습니까?" **14** "나사렛 예수요!" **15** "내가 '바로 그
사람'이라고 말했습니다. 이 사람들은 돌아가게 하십시오." **16** 이는 예수
님이 기도하신 말씀을 이루시기 위함이었다. '아버지께서 제게 맡기신 사

---

1) 기드론(Kidron, 백향목/흐린 시내)은 예루살렘과 감람산 사이 약 5km에 이르는 골짜기로, 예수님이 베다니를 오가시며 자주 건너다니신 곳이다.

람을 하나도 잃지 않았습니다.’ **17** 그때 사태가 심상치 않음을 깨닫고,
한 제자가 말했다. “주님, 우리가 저들을 칼로 칠까요?” **18** 그때 시몬 베
드로가 칼을 뽑아 대제사장의 종에게 휘둘러, 그의 오른쪽 귀를 베어 버
렸다. 그의 이름은 말고였다. **19** 예수님이 급히 나서 말리셨다. “멈춰라!
네 칼을 도로 칼집에 꽂아라! 칼을 쓰는 자는 다 칼로 망한다. 아버지께
서 주신 잔을 내가 받아 마셔야 하지 않겠느냐? **20** 내가 내 아버지께 청
하면, 당장 12군단 이상의 천사를 보내 주실 수 있다는 것을 너는 모르
느냐? 그러나 그렇게 되면, 이 일이 반드시 일어나야 한다는 성경이 어떻
게 이뤄지겠느냐?” **21** 그리고 말고의 귀를 어루만져 고쳐 주셨다. **22** 거
기 대제사장과 장로가 성전 경비대장과 함께 서 있는 것을 보시고, 예수
님이 말씀하셨다. “마치 강도를 잡듯이, 칼과 몽둥이를 들고 나를 잡으러
왔습니까? **23** 내가 매일 성전에 앉아 가르쳤으나, 여러분은 내게 손대지
않았습니다. 그러나 이제는 여러분의 때가 되었고, 어둠의 권세가 판치
는 때가 되었습니다. **24** 그러므로 이 일이 일어나게 된 것도, 다 성경에
기록된 예언의 말씀을 이루기 위함입니다.” 그는 학대를 받고 고문을 당했으나,
아무 말도 하지 않았다. 마치 도살장으로 끌려가는 어린양처럼, 털을 깎이며 잠잠한 어미 양처
럼, 그 입을 열지 않았다.(이사야 53.7) **25** 그리고 예수님이 자신을 그들에게 맡기
시자, 제자들이 예수님을 버리고 달아났다.(159) **26** 그때 한 청년이 맨몸
에 홑이불만 걸치고 따라왔다가, 사람들이 붙잡자 홑이불을 벗어던지고
알몸으로 달아났다.

233
안나스의 심문 (요한 18.12-14, 19-24)

1 부대장의 지휘 하에, 로마군과 성전 경비대가 예수님을 붙잡아 묶었
다. **2** 그리고 먼저 안나스에게 끌고 갔다. 그는 그해 대제사장 가야바의
장인이었다. **3** 가야바는 한 사람이 온 백성을 대신하여 죽는 것이 낫다고,
유대인에게 조언한 사람이다. **4** 대제사장이 예수님께 그 제자와 가르침에
대해 이것저것 캐물어 보았다. **5** 예수님이 대답하셨다. "나는 세상에 드
러내 놓고 버젓이 말했습니다. 모든 유대인이 모이는 회당과 성전에서 항
상 가르쳤으며, 은밀하게 말한 것은 아무것도 없습니다. 어찌하여 내게 묻
습니까? 내가 무슨 말을 하였는지, 내 말을 들은 사람에게 직접 물어보십
시오. 그들이 내가 한 말을 다 알고 있습니다." **6** 그때 경비병 하나가 곁에
서 있다가, 손바닥으로 예수님의 뺨을 후려치며 말했다. "대제사장님께 대
답하는 태도가 그게 뭐요?" **7** 예수님이 말씀하셨다. "내가 한 말에 잘못
이 있다면, 그 증거를 대시오. 내가 한 말이 옳다면, 어찌하여 나를 치시
오?" **8** 안나스가 예수님을 결박한 상태로 대제사장 가야바에게 보냈다.

234
가야바의 심문 (마태 26.57-68, 마가 14.53-65)

1 예수님을 잡은 자들이 대제사장[1] 가야바의 공관으로 예수님을 끌

1) 대제사장(大祭司長, High priest)은 1년에 1번 속죄일마다 지성소에 들어가 제사를 드렸으며, 산헤드린 공회 의장으로서 정치적, 종교적 지도자였다.

고 갔다. 대제사장과 율법학자와 장로[1]가 모두 모여들었다. **2** 베드로가
멀찌감치 떨어져 예수님을 따르다가, 대제사장 공관 안마당까지 들어가
게 되었다. 거기서 일의 결말을 보려고, 경비병과 하인들 틈에 앉아 숯불
을 쬐고 있었다. **3** 대제사장과 온 공회가 예수님을 죽이려고 증거를 찾
았으나, 아무것도 나오지 않았다. 여러 사람이 일어나 거짓 증언도 했으
나, 서로 맞지 않아 신빙성 있는 증거는 하나도 없었다. **4** 그때 목격자라
는 새로운 증인[2] 2명이 나타나 말했다. "저 사람이 손으로 지은 이 성전
을 허물고, 손으로 짓지 않은 다른 성전을 3일 만에 세우겠다고 한 말을
우리가 들었습니다." **5** 그러나 그 증언조차 서로 일치하지 않았다. **6** 그
러자 대제사장이 공회 앞에 서서 직접 심문하였다. "이들이 이렇듯 그대
에게 불리한 증언을 하잖소? 그대는 어찌하여 아무 말이 없소?" **7** 예수
님이 여전히 침묵을 지키시자, 대제사장이 다시 물었다. "내가 살아 계신
하나님께 맹세하고 명하니, 여기서 분명히 말하시오. 그대가 정말 찬양을
받으실 하나님의 아들 그리스도요?"(20) **8** 예수님이 대답하셨다. "그렇다고
당신이 말했습니다. 그러나 내가 다시 말합니다. 앞으로 인자가 전능하신
분의 오른편에 앉아 있는 것과, 하늘에서 구름을 타고 오는 것을 여러분이
볼 것입니다." **9** 그러자 대제사장이 자기 옷을 찢으며 크게 외쳤다. "이 사
람이 하나님을 모독하였소! 이제 우리에게 무슨 증인이 더 필요하겠소? 보
시오, 여러분 모두가 이 사람의 말을 직접 들었소! 어떻게 생각하시오?"

주의 이름을 모독하는 자는 반드시 죽여야 한다. 온 회중이 돌로 쳐 죽여야 한다. 주의 이름을 모독하는 자는 이스라엘 사람은 말할 것도 없고, 외국인도 반드시 죽여야 한다.(레위기 24.16)

---

1) 장로(長老, Elder)는 모세가 72장로를 세워 백성의 중재자로 삼은 데서 유래를 찾을 수 있으며, 감독과 아울러 초대교회 지도자였다. 그러나 2세기 후 사제제도와 아울러 사라졌다가, 16세기 종교개혁 이후 장로교를 중심으로 다시 생겨났다.

2) 증인(證人, Witness)은 어떤 사실을 증언하는 사람으로, 모세의 법에 따라 2명 이상이 되어야 범죄 사실을 확증할 수 있었다.

10 그들이 한목소리로 대답했다. "마땅히 죽여야 합니다!" **11** 그때 예수
님의 얼굴에 침을 뱉고, 눈을 가리고 주먹으로 치며, 손바닥으로 뺨을 때
리는 사람도 있었다. 그는 멸시받고 퇴박맞았다. 많은 간고를 겪으며 질병을 앓았다. 사
람들이 얼굴을 가리고 피해 갈 만큼 멸시를 받았으며, 우리도 덩달아 그를 업신여겼다.(이사
야 53.3) **12** 그리고 그들이 조롱했다. "그리스도야, 너를 때린 사람이 누구
냐? 어디 한번 알아맞혀 보고, 예언자 노릇이나 해라." **13** 예수님을 넘겨
받은 경비병도 손찌검을 하며 희롱하기를 마지않았다.

235
베드로의 부인 (마태 26.69-75, 마가 14.66-72, 누가 22.54-62, 요한 18.15-18, 25-27)

1 예수님이 대제사장의 집으로 끌려갈 때, 시몬 베드로와 다른 제자
하나가 멀찌감치 떨어져 뒤따라갔다. **2** 그 제자는 대제사장과 친분이
있어서, 예수님을 따라 쉽게 공관 안으로 들어갈 수 있었으나, 베드로는
그러지를 못하여 대문 밖에 서성거리고 있었다. **3** 그래서 그 제자가 문
지기 하녀에게 잘 말하여, 베드로를 안으로 데리고 들어갔다. **4** 하녀가
베드로에게 물었다. "당신도 그 사람의 제자인가요?" **5** 베드로가 대답했
다. "나는 아니오!" **6** 그때 날이 추워서, 경비병과 하인들이 바깥뜰 가운
데 숯불을 피우고 둘러앉아 있었다. 베드로도 그들 틈에 끼어 앉아 숯불
을 쬐고 있었다. **7** 빛을 안고 불을 쬐는 베드로를 빤히 쳐다보던 한 여
종이 말했다. "당신도 갈릴리 사람 예수와 함께 다녔지요?" **8** 베드로가
말했다. "아니오, 나는 정말 아니오! 무슨 말을 하는지 모르겠소!" **9** 그
리고 은근슬쩍 자리를 피해 앞뜰 출입구 쪽으로 갔다. 그때 첫닭이 울었
다. **10** 다른 여종이 곁에 있는 사람에게 말했다. "저 사람은 그들과 한패

가 틀림없어요!" **11** 그러자 사람들이 가세했다. "이제 보니, 저 사람은 틀림
없이 그 도당이요! 지금 갈릴리 사투리를 쓰고 있잖소?" **12** 그 말을 듣고,
베드로가 맞받아 소리쳤다. "내가 아니라고 분명히 말했잖소? 괜히 생사람
잡지 마시오!" **13** 그리고 1시간쯤 지나서, 베드로의 칼에 귀가 잘린 말고
의 친척 되는 대제사장의 종이 거기 있다가 말했다. "그러고 보니, 당신은
분명히 그 동산에 있었소! 내가 이 눈으로 똑똑히 보았소! 그런데 끝까지
아니라고 우길 셈이오?" **14** 그러자 베드로가 더욱 강경하게 주장했다. "아
니오! 나는 절대 아니오! 거짓말이면 천벌을 받겠소!" **15** 그때 닭이 2번째
울었다. 예수님이 고개를 돌려 베드로를 바라보셨다. **16** 베드로가 예수님
의 눈과 마주치는 순간, 예수님이 하신 말씀이 떠올랐다. '오늘 밤 닭이 2
번 울기 전, 네가 3번 나를 모른다고 부인할 것이다.' **17** 베드로는 안절부
절못하다가 그대로 밖으로 뛰쳐나가, 땅바닥에 주저앉아 한없이 울었다.

236
공회의 결의 (마태 27.1-2, 마가 15.1, 누가 22.63-71)

1 예수님을 지키는 자들이, 예수님의 눈을 가리고 뺨을 때리며 조롱
하였다. "누가 너를 때렸느냐? 어디 한번 알아맞혀 보고, 예언자 노릇이
나 해라!" **2** 이외에도 그들은 입에 담지 못할 온갖 욕설을 계속 퍼부으
며, 예수님을 모욕하였다. **3** 날이 새자, 예수님을 죽일 결의안을 공식적
으로 채택하려고, 백성의 장로들, 곧 대제사장과 율법학자로 구성된 공회
가 열렸다. 모든 공회원이 참석한 전체 회의였다. **4** 그들이 예수님을 끌
어다 법정에 세우고, 다시 물었다. "그대가 그리스도인지 아닌지, 공회 앞
에서 분명히 말하시오!" **5** 예수님이 대답하셨다. "내가 말해도 여러분은

믿지 않을 것이며, 내가 물어도 여러분이 대답지 않을 것입니다. 그러나 이제부터 인자가 전능하신 하나님의 우편에 앉게 될 것입니다." 여호와께서 내 주에게 말씀하셨습니다. "내가 네 원수를 네 발판으로 삼을 때까지, 너는 내 오른쪽에 앉아 있어라."(시편 110.1) **6** "그러면 그대가 정녕 하나님의 아들이란 말이오?"(20)
7 "그렇다고 여러분이 말했습니다." **8** 그러자 그들이 일제히 일어나 소리를 질렀다. "이제 더 이상 무슨 증언이 필요하겠소? 우리가 그 입으로 말하는 것을 직접 들었소!" **9** 그래서 공회가 예수님을 죽이기로 결의하고, 예수님을 다시 결박하여 빌라도 총독에게 넘겼다.

237
유다의 회개 (마태 27.3-10)

1 그때 배반자 유다는, 예수님께 유죄 판결이 내려진 것으로 보고, 양심의 가책을 느껴 뉘우치게 되었다. **2** 유다가 대제사장과 장로를 찾아가 은화 30개를 돌려주며 말했다. "내가 죄 없는 분의 피를 팔았소! 정말 큰 죄를 지었소!" **3** 그들이 대답했다. "그게 우리와 무슨 상관이오? 당신의 일이니 당신이 알아서 하시오!" **4** 유다가 그 돈을 성전에 내동댕이치고 물러가서, 스스로 목을 매달아 자살하였다.(262) **5** 대제사장들이 그 돈을 주워 들고 말했다. "이 돈은 핏값이니, 성전 금고에 넣어서는 안 되오." **6** 그들이 의논한 끝에, 그 돈으로 토기장이 밭을 사서 나그네의 묘지로 사용하게 하였다. 그래서 그 밭이 오늘까지 피밭(아겔다마)이라 불리게 되었다. **7** 그래서 예언자 예레미야의 말씀이 이루어졌다. '그들이 은전 30개, 곧 이스라엘 자손이 매긴 한 사람의 몸값을 받아서, 토기장이의 밭을 사는 값으로 주었으니, 이는 주께서 내게 지시하신 바와 같다.'

내가 그들에게 말했다. “너희가 좋게 여기거든 내 품삯을 내게 주고, 그렇지 않거든 그만두어라.” 그러자 그들이 은 30개를 달아 주었다. 여호와께서 내게 말씀하셨다. “은 30개는 그들이 매긴 내 몸값이니, 그것을 토기장이에게 던져 버려라.” 나는 그 돈을 여호와의 성전에서 토기장이에게 던져 주었다.(스가랴 11.12-13)

238
빌라도의 심문 (마태 27.11-14, 마가 15.2-5, 누가 23.1-7, 요한 18.28-38)

1 이른 새벽에 온 공회가 일어나, 가야바 관저에서 총독[1] 공관으로 예
수님을 끌고 갔다. **2** 그러나 그들은 깨끗한 몸으로 유월절 음식을 먹고
자 공관 안으로 들어가지 않았다. **3** 그러자 빌라도가 밖으로 나와 물었
다. “무슨 일로 이 사람을 고소하시오?” **4** 그들이 대답했다. “이 사람이
범죄자가 아니라면, 우리가 왜 총독님께 끌고 왔겠습니까?” **5** “그러면 그
를 데려가서, 당신네 법대로 재판하시오.” **6** “우리는 사람을 죽일 권한이
없지 않습니까?” **7** 이리하여 예수님이 자기 죽음에 대해 미리 암시하신
말씀이 이루어졌다.(190) **8** 그리고 그들이 예수님을 고소하기 시작했다.
“이 사람은 우리 민족을 선동해 소란을 피웠으며, 황제에게 세금을 바치
지 못하게 하였고, 자칭 그리스도, 곧 왕이라 했습니다.” **9** 그 외에도 여
러 죄목을 붙여 고소했으나, 예수님은 일체 대답지 않으셨다. 그는 굴욕을
받고 고문을 당했으나, 아무 말도 하지 않았다. 마치 도살장으로 끌려가는 어린양처럼, 털 깎는
사람 앞에서 잠잠한 어미 양처럼, 그 입을 열지 않았다.(이사야 53.7) **10** 빌라도가 예수
님께 물었다. “당신은 어찌하여 아무 말이 없소? 이들이 이렇듯 많은 죄

1) 총독(總督, Governor)은 식민지 국가를 다스리던 관리로, 사법권과 군사권을 가지고 있었다.

목으로 당신을 고소하고 있잖소?" **11** 예수님이 여전히 침묵으로 일관하
시자, 총독은 매우 이상히 여겼다. **12** 빌라도가 예수님을 공관 안으로
데려가 조용히 물었다. "당신이 유대인의 왕이오?" **13** 예수님이 대답하
셨다. "당신이 그렇게 말했습니다. 그런데 그게 당신의 생각에서 나온 것
입니까, 아니면 다른 사람이 일러 준 것입니까?" **14** "당신은 내가 유대인으
로 보이오? 당신 동족과 대제사장이 당신을 내게 넘겼소. 대체 무슨 일을
저질렀소?" **15** "내 나라는 이 세상에 속한 게 아닙니다. 내 나라가 이 세상
에 속했다면, 내 종들이 싸워서 나를 유대인의 손에 넘어가지 못하게 막았
을 겁니다. 내 나라는 이 세상에 속한 것이 아닙니다." **16** "그러면 당신이
왕이란 말이오?" **17** "그렇다고 당신이 말했습니다. 사실 나는 진리를 위해
났으며, 진리를 증언하기 위해 왔습니다. 누구든지 진리에 속한 사람은 내
말을 알아듣습니다." **18** "진리가 무엇이오?" **19** 이 말을 하고, 빌라도가 다
시 밖으로 나와 말했다. "나는 그에게서 아무 죄도 찾지 못했소!" **20** 그러
자 그들이 억지를 부리며 더욱 강경하게 말했다. "그는 갈릴리에서 시작하
여 여기 예루살렘에 이르기까지, 온 유대를 누비고 다니며 백성을 가르치
고 선동했습니다!" **21** 이 말을 듣고, 빌라도가 물었다. "그가 갈릴리 사람
이란 말이오?" **22** 빌라도는 예수님이 헤롯 안티파스의 관할에 속한 것을
알고, 마침 예루살렘에 와서 머물고 있는 헤롯에게 예수님을 넘겨주었다.

239
헤롯의 심문 (누가 23.8-12)

1 헤롯이 예수님을 보고 매우 기뻐하였다. 오래전부터 예수님의 소문
을 듣고, 만나 보고 싶었을 뿐만 아니라, 예수님이 행하시는 기적도 한번

보고 싶었기 때문이다. **2** 헤롯이 이것저것 캐물었으나 예수님은 일체 대
답하지 않으셨다. **3** 대제사장과 율법학자가 곁에 서서, 예수님을 맹렬하
게 고소하였다. **4** 헤롯과 그 호위병이 예수님을 업신여기며 조롱한 뒤,
붉고 화려한 옷을 입혀서 빌라도에게 도로 보냈다. **5** 헤롯 안티파스와
빌라도가 전에는 반목하며 원수처럼 지냈으나, 이날 서로 다정한 친구가
되었다.

240
빌라도의 판결 (마태 27.15-26, 마가 15.6-15, 누가 23.13-25, 요한 18.39-40, 19.4-16)

1 총독은 유월절마다 군중이 원하는 죄수 하나를 놓아주는 전례가 있
었다. **2** 그때 바라바[1] 예수라는, 성안에서 폭동을 일으키고 살인한 죄
로 감옥에 갇혀 있는, 소문난 죄수가 있었다. **3** 빌라도가 대제사장과 지
도자와 백성을 불러 모으자, 그들이 전례대로 죄수 하나를 놓아달라고
하였다. **4** 빌라도가 물었다. "여러분은 누구를 놓아주기 바라오? 유대인
의 왕이라는 예수요?" **5** 그들의 시기로 죄 없는 예수님을 죽이려 한다는
사실을 빌라도가 알고 있었기 때문이다. **6** 그리고 빌라도가 재판석에 앉
자 그의 아내가 전갈을 보냈다. "그 의로운 사람에게 당신은 아무 관여
도 하지 마세요. 그 사람으로 인해 제가 지난밤 꿈에 몹시 괴로웠어요."
7 그사이 대제사장과 장로가 군중을 선동하여, 바라바를 놓아달라고 소
리치게 하였다. **8** 총독이 다시 물었다. "내가 유대인의 왕을 놓아주는
게 어떻겠소?" **9** 군중이 일제히 소리쳤다. "그 사람이 아니라 바라바를

1) 바라바(Barabbas, 그 아들)는 예루살렘에서 폭동을 일으키고 수감된 살인자이자 강도였다.

놓아주시오!" **10** "그러면 유대인의 왕이라는 예수를 나더러 어떻게 하라
는 말이오?" **11** "십자가에 못 박으시오!" **12** 빌라도가 고개를 갸우뚱하
며 말했다. "도대체 무슨 일이오? 그가 무슨 나쁜 짓을 하였소? 여러분이
백성을 선동한다는 이유로 내게 끌어왔으나, 여러분이 보는 앞에서 내가
직접 심문한 결과, 여러분이 고소한 죄목은 하나도 찾지 못했소. 헤롯도
그를 심문했으나, 역시 죄를 찾지 못하고 되돌려 보냈소. 보시오, 그는
죽을 만한 죄를 지은 일이 없소. 매질이나 해서 놓아주겠소." **13** 이는 명
절을 맞아 총독이 반드시 한 사람을 놓아주어야 했기 때문이다. **14** 그들
이 일제히 아우성을 치며 미친 듯이 소리를 질렀다. "그를 십자가에 못 박
고, 바라바를 놓아주시오!" **15** 빌라도는 예수님을 놓아주고 싶어서 그렇
게 말했으나, 그들은 더욱 고래고래 소리를 지르며 악을 썼다. 빌라도가
말했다. "도대체 그가 무슨 나쁜 짓을 하였다고 이다지 안달이오? 내가
그에게서 죽일 만한 죄를 찾지 못했다고 하잖소? 매질해서 놓아줄 터이
니, 그리들 아시오!" **16** 그리고 빌라도가 예수님을 데려다가 채찍질하게
명하고, 공관 안으로 들어갔다. 그러나 군중은 악을 쓰며 계속 소리를 질
러댔다. "십자가에 못 박으시오! 십자가에 못 박으시오!" **17** 빌라도가 다
시 밖으로 나와 말했다. "보시오, 내가 그를 여러분 앞에 데려오겠소. 나
는 그에게서 아무 죄도 찾지 못했다고 분명히 말했소. 여러분은 이것을
알아주기 바라오." **18** 예수님이 가시관을 쓰고, 자주색 옷을 입고, 초라
한 모습으로 나타나시자, 빌라도가 예수님을 가리키며 소리쳤다. "자, 보
시오! 이 사람을!" **19** 대제사장과 장로가 성전 경비병과 함께 일어나 연
호했다. "십자가에 못 박으시오! 십자가에 못 박으시오! 십자가에 못 박으
시오!" 그리스도께서 우리를 위해 저주를 받으시고, 율법의 저주에서 우리를 속량하셨으니,
'나무에 달린 자마다 저주를 받았다'고 기록되었기 때문입니다.(갈라디아서 3.13) **20** 빌라도
가 빈정거리며 짜증스럽게 말했다. "당신들이 이 사람을 데려다가 십자

가에 못 박으시오! 나는 그에게서 아무 죄도 찾지 못했소!" **21** 그러자 그
들이 말했다. "우리에게도 법이 있습니다. 그에 따르면, 그는 마땅히 죽어
야 합니다. 그가 자기를 하나님의 아들이라고 했습니다." **22** 이 말을 듣
고, 빌라도가 더욱 두려움에 사로잡혀 예수님을 공관 안으로 데려가 물
었다. "당신은 어디서 왔소?" **23** 예수님이 아무 대답도 않으시자, 빌라도
가 다시 말했다. "내게도 말하지 않을 작정이오? 내게는 당신을 놓아줄
권한도 있고, 십자가에 못 박을 권한도 있다는 것을 모르시오?" **24** 예
수님이 대답하셨다. "하나님께서 주시지 않았다면, 그런 권한이 당신에
게 없었을 것입니다. 그러므로 나를 당신에게 넘겨준 사람의 죄가 더 큽
니다." **25** 이 말을 듣고, 빌라도가 다시 예수님을 놓아줄 기회를 찾았으
나, 계속해서 고함치는 군중과 대제사장 때문에 어찌할 방도가 없었다.
26 그때 대제사장이 황제를 들먹이며 총독을 겁박했다. "이 사람을 놓아
주시면, 총독님은 황제 폐하의 충신이 아닙니다. 무릇 자기를 왕이라고
하는 자는 황제 폐하를 반역하는 것이 아닙니까?" **27** 빌라도가 이 말을
듣고, 더 이상 애써 봐야 소용이 없을 뿐만 아니라, 폭동이 일어날지 모
른다는 생각이 들었다. 그래서 판결을 하기로 결심하고, 리토스트론(아람
어로 가바다, 돌로 포장한 자리)이라는 재판석[1]에 앉았다. **28** 이날은 유월절
예비일이고, 시간은 오전 6시쯤이었다. **29** 빌라도가 군중을 향해 소리쳤
다. "자, 보시오! 여러분의 왕을!" **30** 그들이 더욱 흥분해 소리쳤다. "없
애 버리시오! 죽여 버리시오! 십자가 못 박으시오!" **31** 빌라도가 퉁명스
럽게 말했다. "여러분의 왕을 나더러 십자가에 못 박으란 말이오?" **32** 대
제사장이 대답했다. "황제 폐하 외에는 우리에게 왕이 없습니다!" **33** 대
제사장과 장로가 더욱 흥분해 들고일어나자, 빌라도는 대야에 물을 떠

1) 재판석(裁判席, Judgement seat)은 총독이 재판할 때 앉던 자리로, 돌층계로 우뚝 솟게 만들었다.

다가 그들이 보는 앞에서 손을 씻으며 말했다. "나는 이 사람의 피에 대해 죄가 없으니, 당신들이 그 책임을 지시오!" **34** 그러자 사람들이 일제히 소리쳤다. "우리와 우리의 자손에게, 그 사람의 피에 대한 책임을 돌리시오!" **35** 결국은 그들의 목소리가 빌라도의 뜻을 꺾게 되었고, 빌라도는 그들 마음대로 하라고 예수님을 넘겨주었다. **36** 그리하여 폭동과 살인죄로 수감된 바라바는 석방되었고, 예수님은 십자가에 못 박히게 되었다. 여호와께서 모세에게 이르셨다. "뱀을 만들어 장대 위에 달아라. 뱀에 물린 자마다 그것을 바라보면 살 것이다." 모세가 구리로 뱀을 만들어 장대 위에 달았고, 뱀에 물린 사람은 그것을 바라보고 살아났다.(민수기 21.8-9)

241
병사들의 조롱 (마태 27.27-31, 마가 15.16-20, 요한 19.1-3)

1 총독이 재판 중에, 예수님을 데려다가 채찍질하라고 명령했다. **2** 병사가 총독 공관 안에 있는 그들의 본부(브라이도리온)로 예수님을 끌고 갔다. 온 부대원이 예수님의 주변에 둘러섰다. **3** 그들이 예수님의 옷을 벗기고, 자주색 옷을 입혔다. 가시로 면류관을 엮어 머리에 씌우고, 오른손에 갈대를 들리고, 그 앞에 무릎을 꿇고 엎드려 예를 갖추었다. "유대인의 왕, 만세!" **4** 또 예수님의 눈을 가리고, 얼굴에 침을 뱉고, 손바닥으로 뺨을 치고, 손에 들린 갈대를 빼앗아 머리를 치며, 실컷 때리고 조롱했다. **5** 그리고 예수님을 총독 앞에 끌고 나가자, 총독의 판결이 내려졌다. **6** 병사가 예수님의 신병을 인수하여, 자주색 옷을 벗기고 원래 옷을 도로 입혔다. 그리고 십자가에 못 박기 위해 끌고 나갔다.

242
골고다의 길 (마태 27.32-34, 마가 15.21-23, 누가 23.26-32, 요한 19.17, 도마 79)

1 예수님이 십자가를 지시고, 골고다[1] 언덕을 올라가고 계셨다. **2** 예수님이 길에서 쓰러지시자, 시몬이라는 사람을 붙잡아 강제로 십자가를 지우고, 예수님을 뒤따르게 하였다. 그는 시골에서 올라온 구레네(리비아 트리폴리)인으로, 알렉산더와 루포의 아버지였다. **3** 그때 큰 무리가 예수님을 따라가고 있었다. 가슴을 치며 통곡하는 여인들도 있었다. **4** 예수님이 돌이켜 말씀하셨다. "예루살렘의 딸들이여, 나를 위해 울지 말고 여러분과 여러분의 자녀를 위해 우십시오. **5** 보세요, '아기를 갖지 못하는 여인과, 아기를 낳아 보지 못한 태와, 젖을 먹여 보지 못한 가슴이 복되다'고 할 날이 올 것입니다. **6** 그때 산에다 대고 '우리 위에 무너져 내려라!'고 하며, 언덕에다 대고 '우리를 덮어 버려라!'고 할 것입니다. 이스라엘의 죄, 곧 아웬[2]의 산당이 무너지고, 가시덤불과 엉겅퀴가 자라나서 그 제단을 뒤덮을 것이다. 그때 백성이 산을 보고 "우리를 숨겨다오!", 언덕을 보고 "우리를 덮어다오!"라고 호소할 것이다.(호세아 10.8) **7** 나무가 푸를 때도 이같이 하거든, 하물며 나무가 마를 때는 오죽이나 하겠습니까?" **8** 그때 다른 죄수 2명도 십자가형을 받고, 예수님과 함께 처형장으로 끌려가고 있었다. **9** 골고다, 해골이라는 곳에 이르러, 병사가 쓸개즙(몰약)을 탄 포도주[3]를 마시라고 예수님께 드렸으나, 예수님은 맛만 보고 마시지 않으셨다. 그들이 내게 먹으라고 쓸개를 주었고, 내가 목마르다고 식초를 마시게 했습니다.(시편 69.21)

---

1) 골고다(Golgotha, 해골)는 거기 해골이 즐비하여 부르게 되었다는 설과, 그곳 지형이 해골같이 생겨서 그리 부르게 되었다는 설이 있다. 헬라어 골고다의 라틴어 번역은 갈보리(Calvary)다.
2) 아웬(Aven, 악/우상)은 이스라엘의 대표적인 우상숭배 장소를 경멸적으로 일컫는 말이다.
3) 포도주(葡萄酒, Wine)에 쓸개즙을 타서 마취제 역할을 하였으며, 십자가형을 받는 죄수에 유일하게 허락되었으나, 예수님은 그마저 사양하셨다.

243

십자가의 길 (마태 27.35-50, 마가 15.24-37, 누가 23.33-46, 요한 19.18-30)

1 예수님이 십자가[1]에 못 박혀서, 골고다 언덕에 세워졌다. 유월절 전
날 오전 9시쯤이었다. **2** 예수님의 머리 위에는 빌라도가 쓴 죄패[2]가 붙
어 있었다. '유대인의 왕, 나사렛 예수!' **3** 예수님이 달리신 곳이 도성에서
가까웠고, 히브리(아람)어와 라틴(로마)어와 그리스(헬라)어로 씌어져 많은
유대인이 그 패를 읽었다. **4** 대제사장이 빌라도에게 달려가 억지를 부렸
다. "'유대인의 왕'이라 하지 마시고, '자칭 유대인의 왕'이라고 다시 써 주십
시오!" **5** 빌라도가 말했다. "내가 쓸 것을 썼소. 이제 그만하시오!" **6** 그때
예수님과 함께 끌려간 강도[3] 2명도 십자가에 못 박혔다. 하나는 예수님
의 오른편에, 다른 하나는 예수님의 왼편에 달렸다. 그리하여 이 성경이
이루어졌다. '그는 범법자 가운데 하나와 같이 여겨졌다.' 그러므로 나는, 그
가 존귀한 자를 자기 백성으로 삼고, 강한 자를 전리품처럼 차지하게 하겠다. 그가 자기 목숨을
서슴없이 내던지고, 죄인처럼 여겨지는 것도 마다하지 않았으며, 많은 사람의 죄를 대신 짊어
지고, 그들을 속죄하려고 중재에 나섰기 때문이다.(이사야 53.12) **7** 예수님을 십자가에
못 박은 군병이, 예수님의 옷을 4몫으로 나눠서 1명이 1몫씩 차지하였
다. 그런데 속옷은 위에서 아래까지 이음새 없이 통째로 짠 것이어서, 그
들이 제비를 뽑았다. "이것은 한 통이니 찢지 말고, 누가 차지할지 제비를
뽑자!" **8** 그래서 성경이 또 이뤄졌다. '그들이 내 겉옷을 나누고, 내 속옷

---

1) 십자가(十字架, Cross)는 흉악범을 처형하는 로마의 형구였다. 수직 기둥이 수평 기둥보다 긴 라틴 십자가와, 수직 기둥과 수평 기둥이 같은 그리스 십자가와, X자형의 안드레 십자가와, T자형의 안토니우스 십자가가 있었다. 예수님이 달리신 십자가는 머리 위에 패가 붙은 것으로 봐서 라틴 십자가로 짐작된다.

2) 죄패(罪牌, The written charge)는 죄목과 죄수의 이름을 써서 알린 판이었다.

3) 예수님의 오른편 강도는 데스마이, 왼편 강도는 게스타이로 전해진다. 데스마이는 회개하여 구원을 받았으나, 게스타이는 회개하지 않아 구원을 받지 못했다.

을 두고 제비를 뽑았다.' 그들이 내 겉옷을 나누고, 내 속옷을 두고 제비를 뽑습니다.(시
편 22.18) **9** 예수님의 옷을 제비 뽑아 나눠 가진 군병이, 십자가 밑에 앉아
예수님을 지키고 있었다. **10** 그들을 보시고, 예수님이 기도하셨다. "아버
지, 이 사람들의 죄를 용서해 주십시오. 자기가 하는 일을 모르고 있습
니다." **11** 지나가던 사람이 머리를 설레설레 흔들며 예수님을 모욕했다.
"아하, 성전을 허물고 3일 만에 다시 짓겠다던 이 사람아! 자네가 정말 하
나님이 세우신 그리스도라면, 어서 십자가에서 내려와 보게나. 자네의
목숨부터 구해야지 않겠나?" **12** 예수님을 정죄한 대제사장과 율법학자
와 장로도 비아냥거렸다. "저 사람이 다른 사람은 구원하고, 정작 자기는
구원하지 못하는군. 이스라엘 왕 그리스도야, 지금 당장 십자가에서 내
려와 보아라. 그러면 우리라고 믿지 않을 수 있겠나?" **13** 그러자 어떤 사
람이 거들었다. "저 사람이 하나님의 아들이라고 하면서 하나님을 의지
했으니, 어디 한번 두고 봅시다. 하나님께서 원하시면, 지금 당장 구해 주
시지 않겠소?" **14** 백성은 십자가 옆에서 구경을 하고, 그 지도자는 예수
님을 비웃으며 계속 조롱하였다. **15** 십자가 밑에 있던 군병도 가세했다.
"당신이 유대인의 왕이라면, 당연히 당신의 목숨부터 구해야지. 안 그런
가?" **16** 예수님과 함께 십자가에 달린 강도들도 예수님을 모독했다. "당신
은 그리스도가 아니오? 당신도 구원하고, 우리도 구원해 보시오!" **17** 그때
한 강도가 뉘우치고, 다른 강도를 나무랐다. "너도 십자가형을 받고 있는
주제에, 하나님이 두렵지 않느냐? 우리는 죄를 지어 벌을 받아도 마땅하
지만, 이분은 무엇을 잘못했는가?" **18** 그리고 그가 예수님께 부탁했다.
"예수님, 당신의 나라에 들어가실 때, 저를 꼭 기억해 주십시오." **19** 예수
님이 대답하셨다. "내가 분명히 말합니다. 그대는 오늘, 나와 함께 낙원에
있을 것입니다." **20** 예수님의 십자가 곁에는, 예수님의 어머니와, 이모와,
글로바의 아내 마리아와, 막달라 마리아가 서 있었다. **21** 예수님이 자기

어머니와 사랑하는 제자가 곁에 서 있는 것을 보시고, 먼저 어머니에게
말씀하셨다. "어머니, 이 사람이 어머니의 아들입니다." **22** 그리고 그 제
자에게 말씀하셨다. "이분이 네 어머니시다." **23** 그때부터 그가 예수님의
어머니를 자기네 집으로 모셨다. **24** 낮 12시부터 해가 빛을 잃어 오후 3
시까지 어둠이 온 땅을 뒤덮었고, 성전의 휘장은 한가운데가 찢어져 두
폭이 되었다. **25** 오후 3시쯤, 예수님이 크게 외치셨다. "엘리 엘리 라마
사박다니?" 이 말은 '나의 하나님, 나의 하나님, 어찌하여 나를 버리셨나
이까?'라는 뜻이다. 나의 하나님, 나의 하나님, 어찌하여 나를 버리십니까? 왜 그리 멀
리 계셔서, 살려 달라고 울부짖는 내 소리를 듣지 않으십니까?(시편 22.1) 하나님께서 죄를 모
르시는 분에게, 우리 대신 죄를 짊어지게 하셨습니다. 이는 우리로 그리스도 안에서 하나님의
의가 되게 하시려는 것입니다.(고린도후서 5.21) 그가 우리 죄를 몸소 지시고 나무에 달리셨습
니다. 이는 우리로 죄에 대해 죽고, 의에 대해 살게 하려는 것입니다. 그가 채찍에 맞음으로 여
러분이 나음을 얻었습니다.(베드로전서 2.24) **26** 거기 서 있던 어떤 사람이 말했다.
"보십시오, 저 사람이 엘리야를 부르고 있습니다!" **27** 그러자 다른 사람이 가
세했다. "어디 가만히 두고 봅시다. 엘리야가 와서 그를 십자가에서 내려 주는
지." **28** 예수님은 모든 일이 끝났음을 아시고, 성경을 이루시려고 말씀하셨
다. "내가 목마르다." **29** 그러자 어떤 사람이 재빨리 달려가, 해면(스펀지)에 포
스카(신포도주)[1]를 듬뿍 적셔서, 우슬초(갈대)[2] 끝에 매달아 예수님의 입에
갖다 대었다. 거기 포스카가 가득히 담긴 그릇이 있었다. 그들이 나더러 먹
으라고 쓸개를 주었고, 내가 목마르다고 식초를 마시게 했습니다.(시편 69.21) **30** 예수님이
조금 맛보시고 말씀하셨다. "이제 다 이루었다!" **31** 그리고 마지막 힘을
다해 크게 부르짖었다. "아버지, 제 영혼을 아버지께 맡깁니다!" **32** 이 말

---

1) 포스카(Posca)는 신포도주에 계란과 물을 섞어 만든 로마군의 휴대용 음료수였다.

2) 우슬초(牛膝草/쇠무릎, Hyssop)는 담벼락이나 바위틈에 자라는 작은 식물로, 꽃과 잎에 향취가 있으며, 식용이나 약용으로 사용하였다. 제사 의식 때 물에 적셔 뿌림으로써 자기 몸을 정결케 하였다.

씀을 하시고, 예수님은 머리를 떨어뜨리시며 숨을 거두셨다.

244
찢어진 휘장 (마태 27.51-56, 마가 15.38-41, 누가 23.47-49)

1 예수님이 돌아가실 때, 성전의 휘장이 위에서 아래까지 두 폭으로
찢어졌다. 예수님이 휘장을 찢어 새로운 살길을 우리에게 열어 주셨습니다. 그 휘장은 그
분의 육체입니다.(히브리서 10.20) **2** 그리고 땅이 흔들리고, 바위가 갈라지고,
무덤[1]이 열리고, 잠자던 성도들의 몸이 많이 살아났다. **3** 그들은 예수
님이 부활하신 뒤 무덤에서 나와, 거룩한 성에 들어가 많은 사람에게 나
타났다. **4** 백부장과 예수님을 지키던 군병이, 갑자기 일어난 지진과 그
모든 일을 보고 몹시 두려워하였다.[2] **5** 예수님이 크게 소리를 지르시며
숨을 거두시는 것을 보고, 백부장이 하나님께 영광을 돌리며 말했다.
"이분은 정말 하나님의 아들이셨어! 참으로 의로운 분이셨어!" **6** 구경하
러 모인 사람들도 그 일어난 일련의 일을 보고, 가슴을 치며 집으로 돌
아갔다. **7** 예수님을 알고 지내던 사람들과, 예수님을 섬기며 갈릴리에서
따라온 여인들도 멀리서 이 일을 지켜보았다. **8** 그들 중에는 막달라 마
리아, 작은 야고보와 요셉의 어머니 마리아, 세베대 아들의 어머니 살로
메도 있었다. **9** 이들은 갈릴리에서 예수님을 따르며 섬겼고, 또 예루살
렘에서 온 여인들도 있었다.

---

1) 무덤(Grave)은 천연동굴이나 인조동굴에 시신을 안장하고, 출구에 큰 돌을 굴려 봉하는 방식으로 만들었다. 지진이 일어날 경우 쉽게 열렸다.

2) 예수님이 돌아가실 때 거기 서 있던 백부장은 론지누스(Longinus)였으며, 이후 신실한 그리스도인이 되었다고 전해진다. 베드로복음서에는 그를 페트로니우스(Petronius)라고 기록하였다.

245
흘리신 보혈 (요한 19.31-37)

1 예수님은 유월절 준비일[1]에 돌아가셨고, 다음날은 특별한 안식일이
었다. **2** 유대인은 이날 유월절에 시체를 십자가에 두지 않으려고, 시신
의 다리를 꺾어서 치워 달라고 빌라도에게 요청하였다. **3** 그래서 군병이
가서, 예수님과 함께 십자가에 달린 죄수 2명의 다리를 차례로 꺾었다.
4 그러나 예수님은 이미 돌아가신 것을 보고, 다리를 꺾지 않는 대신, 한
병사가 창으로 예수님의 옆구리를 찌르니, 피와 물이 바로 쏟아져 나왔
다. 이제 우리가 그리스도의 피로 하나님과 올바른 관계가 되었으니, 그리스도의 은혜로 하
나님의 진노에서 벗어나게 될 것은 너무나 자명합니다.(로마서 5.9) 우리는 그리스도 안에서,
하나님의 풍성한 은혜로, 그 피로 구속, 곧 죄 사함을 얻었습니다.(에베소서 1.7) 예수님도 자기
피로 백성을 거룩하게 하시려고, 성문 밖에서 고난을 당하셨습니다.(히브리서 13.12) 여러분도
아시다시피, 여러분의 조상이 물려준 헛된 행실에서 해방된 것은, 은이나 금 같이 썩어질 것으로
되지 않고, 흠 없고 티 없는 어린양의 피, 곧 그리스도의 귀한 피로 되었습니다.(베드로전서 1.18-
19) **5** 이는 목격자의 증언이므로 이 증언은 참되다. 그는 자기 말이 진실하
다는 것을 알고 있으며, 여러분을 믿게 하려고 이 증언을 하였다. **6** 그리
하여 이 성경이 이루어졌다. '그 뼈가 하나도 꺾이지 않을 것이다.' 고기는 반
드시 한집에서 먹고, 고기를 가지고 집밖으로 나가지 마라. 뼈를 꺾지도 마라.(출애굽기 12.46) 다
음날 아침까지 아무것도 남겨서는 안 되며, 뼈다귀 하나라도 부러뜨려서는 안 된다.(민수기 9.12)
뼈마디 하나하나 다 지켜 주시니, 어느 것 하나도 부러지지 않을 것이다.(시편 34.20) **7** 또 다
른 성경에 이 말씀도 있다. '그들은 자기가 찌른 사람을 쳐다볼 것이다.' 내
가 다윗 집안과 예루살렘 사람에게 은혜와 용서를 구하는 마음을 부어 주리니, 그들이 찔러 상

1) 준비일(準備日, The day of preparation)은 안식일 전날로, 안식일에 먹을 양식을 준비하고, 옷을 빨고, 몸을 정결하게 하였다.

처 입은 나를 보고, 외아들이나 맏아들을 잃은 듯이 슬피 울 것이다.(스가랴 12.10)

246
빌려진 무덤 (마태 27.57-61, 마가 15.42-47, 누가 23.50-56, 요한 19.38-42)

1 유대인의 마을 아리마대[1] 출신으로, 요셉이라는 사람이 하나님의 나라를 기다리고 있었다. 그는 명망 높은 공회원으로 부자였으며, 선하고 의로운 사람이었다. **2** 요셉도 예수님의 제자였으나, 유대인을 의식하여 숨기고 있었다. 하지만 공회의 일방적 결정과 행동에 따르지 않고, 하나님의 뜻을 우선시하였다. **3** 날이 저물기 시작하자, 요셉이 빌라도 총독에게 황급히 달려가, 예수님의 시신을 내어 달라고 하였다. **4** 빌라도는 예수님이 벌써 죽었는지 미심쩍어서, 백부장을 불러 정말 죽었는지 확인하고 시신을 내주었다. **5** 아리마대 요셉의 이 행동은, 유대인의 지도자로서 상당한 위험과 부담을 감수해야 했다. **6** 또 일찍이 예수님을 찾은 적이 있는 니고데모도, 몰약[2]에 침향[3]을 섞어 만든 방부제를 100근[4]쯤 가지고 왔다. 그도 공회원으로 부자였으며, 인품이 고상한 사람이었다.(26) **7** 이들이 예수님의 시신을 모셔다가, 유대의 풍속에 따라 미리 준비한 향료를 바르고, 고운 삼베로 싸서 정성껏 장례를 치렀다. **8** 마침 예수님이 십자가에 달리신 골고다 언덕 부근에 작은 동산이 있었고, 그 안에 아직 아무도 매장한 일이 없는 새 무덤이 있었다. 요셉이 자기를 위

1) 아리마대(Arimathea, 높은 곳)는 히브리어 라마타임(Ramathaim)의 그리스어 음역으로, 사무엘의 고향이다.
2) 몰약(沒藥, Myrrh)은 난초과의 소교목에서 나는 방향성 수액으로, 고가의 수입품이었다.
3) 침향(沈香, Aloe)은 침향나무에서 채취한 천연향료로, 몰약과 섞어 방부제로 사용했다.
4) 100근(斤)은 100리트라로, 약 33kg쯤 되었다. 1근은 327.45g이다.

해 바위를 뚫어 만든 무덤이었으나, 예수님을 위해 기꺼이 내어 드렸던
것이다. 그는 폭력을 행하지 않고 거짓말을 하지 않았으나, 그 무덤은 악인과 함께 있었고,
죽어서 부자와 함께 들어가게 되었다.(이사야 53.9) **9** 이날은 유월절 준비일이고 다
행히 가까운 곳에 무덤이 있어서, 가까스로 예수님을 거기 모실 수가 있
었다. **10** 그리고 그들은 무덤 입구에 큰 돌을 굴려 막아 두었다. 안식일
에 접어드는 어둑어둑한 시간이었다. **11** 그때 갈릴리에서 예수님을 따라
온 막달라 마리아, 야고보와 요셉의 어머니 마리아가 무덤 맞은편에 앉아
서, 그들이 예수님의 시신을 어떻게 안장하는지 지켜보고 있었다. **12** 그리
고 여인들은 집으로 돌아가서, 향료[1]와 향유를 미리 준비해 두고, 계명에
따라 안식일을 지켰다.

247

봉인된 무덤 (마태 27.62-66)

1 준비일 다음날, 특별한 안식일이 되었다. **2** 대제사장과 바리새인이
빌라도에게 가서 말했다. "총독 각하, 세상을 미혹하던 그 거짓말쟁이가
살아 있을 때, 3일 만에 자기가 살아난다고 말한 것을 우리가 기억하고
있습니다. 그러니 적어도 3일까지, 무덤을 단단히 지키라고 명령해 주십
시오. **3** 그 제자들이 시체를 훔쳐다 감추어 놓고, 그가 죽은 사람 가운
데서 다시 살아났다고 할지 모릅니다. 그러면 이번의 속임수가, 처음의
것보다 더 나쁜 영향을 미치게 될 것입니다." **4** 빌라도가 말했다. "경비병
을 데리고 가서, 여러분이 재주껏 지키시오." **5** 그래서 그들이 가서 돌을

1) 향료(香料, Spice)는 액체로 된 방향제로, 몰약, 육계, 창포, 계피 등이 있었다.

봉인하고, 경비병을 세워 무덤을 단단히 지켰다.

248
열려진 무덤 (마태 28.1-8, 마가 16.1-8, 누가 24.1-11, 요한 20.1)

1 안식일이 지나고, 이레의 첫날 동틀 무렵이었다. **2** 막달라 마리아와
야고보의 어머니 마리아와 살로메가, 예수님께 바르기 위해 향료를 미리
사 두었다가, 무덤으로 가지고 가면서 서로 말했다. "우리를 위해 누가 무
덤을 막아둔 돌을 굴려 줄까요?" **3** 그때 갑자기 큰 지진이 일어나더니,
주님의 천사가 하늘에서 내려와 돌을 굴려 내고 그 위에 앉았다. 천사
의 모습은 번개와 같았고, 옷은 눈처럼 희었다. **4** 무덤을 지키던 경비병
이 보고 무서워 떨다가, 결국은 까무러쳐 죽은 사람처럼 되었다. **5** 여인
들이 무덤에 도착해 보니, 그 돌이 이미 굴려져 있었다. 엄청나게 큰 돌이
었다. **6** 그런데 무덤 안으로 들어가 보니, 예수님의 시신이 보이지 않았
다. **7** 막달라 마리아가 황급히 무덤을 빠져나와, 시몬 베드로와 예수님
이 사랑하시던 제자에게 달려갔다. **8** 그때 갑자기 희고 찬란한 옷을 입
은 천사가 나타나, 여인들 우편에 앉아 있었다. 그들이 보고 깜짝 놀라,
얼굴을 땅에 대고 납죽이 엎드렸다. **9** 천사가 말했다. "무서워하지 마세
요. 나는 여러분이 십자가에 못 박히신 예수님을 찾는 줄 압니다. 그러
나 그분은 여기 계시지 않고, 전에 말씀하신 대로 살아나셨습니다. 살아
계신 분을 죽은 사람 가운데서 찾아서야 되겠습니까? 예수님은 우리의 범죄
로 인해 죽임을 당하시고, 우리를 의롭게 하시려고 살아나셨습니다.(로마서 4.25) 그리스도께
서 다시 살아나지 않으셨다면, 여러분의 믿음도 헛되고, 여러분은 여전히 죄 가운데 있을 것입
니다.(고린도전서 15.17) **10** 이리 와서, 그분이 누우셨던 곳을 보세요. 그리고

갈릴리에 계실 때, 여러분에게 하신 말씀을 기억해 보세요. '인자가 죄인
들의 손에 넘겨져서 십자가에 못 박히고, 3일째 되는 날 다시 살아날 것
이다.' **11** 그러니 여러분은 빨리 가서, 그분의 제자들과 베드로에게 전
하세요. '예수님이 다시 살아나 여러분보다 먼저 갈릴리로 가실 터이니,
거기서 그분을 뵙도록 하세요.' 나는 이 말을 전하러 왔습니다." **12** 여
인들이 예수님의 말씀은 생각났으나, 너무 무섭기도 하고 떨리기도 하
여 선뜻 일어나지 못한 채, 넋을 잃고 가만히 엎드려 있다가, 단숨에 무
덤을 빠져나와 달음질치기 시작했다. 그러나 겁에 질려서 아무 말도 하
지 못했다. **13** 그럼에도 한편은 기쁨에 넘쳐서, 11사도와 다른 모든 사
람에게 가서 이 사실을 알렸다. 그들은 막달라 마리아를 포함하여, 요안
나, 야고보의 어머니 마리아, 그리고 다른 여인들도 있었다. **14** 그러나 사
도들은 그 말이 어처구니없게 들려서, 여인들을 믿지 않았다.

249
사라진 시신 (누가 24.12, 요한 20.2-10)

1 예수님이 무덤에 묻힌 뒤, 제자들은 실의에 빠져 있었다. **2** 그때 막
달라 마리아가 허겁지겁 달려와서, 시몬 베드로와 예수님이 사랑하시던
제자에게 말했다. "누가 우리 주님을 무덤에서 가져갔나 봐요! 어디에 두
었는지 모르겠어요!" **3** 베드로와 요한이 다짜고짜 무덤을 향해 달음질치
기 시작했다. 두 사람이 같이 뛰었으나, 요한이 먼저 무덤에 도착하였다.
4 요한이 몸을 굽혀 수의가 흩어져 있는 것을 보았으나, 무덤 안으로 들어
가지는 않았다. **5** 시몬 베드로가 뒤따라와서 단숨에 무덤 안으로 들어갔
다. 예수님의 몸을 쌌던 수의는 한쪽에 흩어져 있었고, 머리를 쌌던 수건

은 따로 개켜져 있었다. **6** 그제야 요한도 무덤 안에 들어가 보고, 예수
님의 시신이 사라진 것을 믿었다. **7** 하지만 그들은, 예수님이 죽은 사람
가운데서 다시 살아나야 한다는 말씀을 여전히 깨닫지 못했다. **주께서 내
생명을 죽음의 세계에 버려두지 않으시고, 주의 거룩한 자를 썩지 않게 하실 것입니다.(시편
16.10)** **8** 그래서 제자들은 무엇인가 이상히 여기면서, 그들이 있던 곳으로
돌아갔다.

250

주님의 부활 (마태 28.9-10, 마가 16.9-11, 요한 20.11-18)

1 안식 후 첫날 이른 새벽에, 예수님은 부활하여 막달라 마리아에게
가장 먼저 나타나셨다. 마리아는 7 귀신이 들렸다가, 예수님에 의해 깨
끗이 나은 여인이었다. **2** 베드로와 요한이 무덤을 떠난 뒤에도 마리아
는 무덤 밖에 서서 계속 울고 있었다. 그러다가 몸을 구푸려 무덤 안을
들여다보니, 흰옷 입은 두 천사가 예수님의 시신을 모셨던 머리맡과 발
치에 앉아 있었다. **3** 천사가 물었다. "자매여, 어찌하여 울고 있습니
까?" **4** 마리아가 대답했다. "누가 주님을 가져갔습니다. 어디에 두었는
지 몰라서요." **5** 그리고 뒤돌아서 예수님이 서 계신 것을 보았으나, 그
분이 예수님이신 줄 몰랐다. **6** 예수님이 물으셨다. "자매여, 어찌하여
울고 있습니까? 그대는 누구를 찾고 있습니까?" **7** 마리아는 그가 동산
지기인 줄 알고 말했다. "저, 혹시 당신이 그분을 옮겨 놓았거든, 어디
다 두었는지 말씀해 주세요. 제가 모셔 갈게요." **8** 예수님이 마리아를 친
근하게 부르셨다. "마리아!" **9** 마리아가 급히 몸을 돌려, 예수님의 발을
붙잡고 절하며 소리쳤다. "라보니!" 이 말은 아람어로 '선생님'이란 뜻이다.

10 예수님이 말씀하셨다. "마리아, 나를 계속 붙잡고 있지 마라. 내가 아
직 아버지께 올라가지 않았다." 11 그리고 이르셨다. "너는 내 형제들에
게 가서, 내가 내 아버지 곧 너희 아버지, 내 하나님 곧 너희 하나님께
올라간다고 하여라." 12 마리아가 단숨에 달려가서, 슬픔에 잠겨 울고
있는 제자들에게 이 소식을 전했다. "제가 부활하신 주님을 뵈었어요!"
13 그리고 예수님이 일러 주신 말씀도 전해 주었으나, 그들은 예수님이
살아나셨다는 말은 물론이고, 마리아가 예수님을 뵈었다는 말조차 믿지
않았다. 14 한편 예수님은, 다른 여인들에게도 갑자기 나타나 인사하셨
다. "평안하세요?" 15 여인들이 다가와서 예수님의 발을 붙잡고 절했다.
16 예수님이 말씀하셨다. "이제 두려워하지 마세요. 가서, 내 형제들에
게 갈릴리로 가라고 전하세요. 거기서 그들이 나를 볼 것입니다." 거룩하게 하시는 분과 거룩하게 되는 사람이 모두 한 근원에서 났습니다. 그러므로 예수님은 그들을 형제자매라고 부르시기를 부끄러워하지 않으셨습니다.(히브리서 2.11) 우리 주 예수 그리스도의 아버지 하나님을 찬양합니다. 하나님께서 그 크신 자비로 우리를 거듭나게 하시고, 예수 그리스도를 죽은 사람 가운데서 다시 살리심으로써, 우리에게 산 소망을 안겨 주셨습니다.(베드로전서 1.3)

251
매수된 진실 (마태 28.11-15)

1 여인들이 무덤을 떠난 뒤, 혼절한 경비병이 정신을 차리고 깨어났다.
2 경비병 가운데 몇 사람이 성안으로 들어가, 그 일어난 일을 대제사장에
게 자세히 보고했다. 3 대제사장이 장로들과 함께 의논한 끝에, 그들에
게 많은 돈을 집어 주며 말했다. "너희는 이렇게 말하라. '우리가 잠든 한

밤중에, 예수의 제자들이 와서 그 시체를 훔쳐갔다!' **4** 혹시 이 말이 총
독의 귀에 들어가더라도, 우리가 잘 말하여 너희에게 아무 피해가 없도
록 하겠다." **5** 그래서 경비병이 돈을 받고 시키는 대로 하였더니, 그 소문
이 오늘까지 유대인 사이에 널리 퍼져 있다.

252
엠마오 동행 (마가 16.12-13, 누가 24.13-35)

1 그날 제자 가운데 두 사람이, 예루살렘에서 30리[1]쯤 떨어진 엠마오[2]
라는 마을로 내려가고 있었다. **2** 그들이 최근 일어난 일에 대해 서로 얘
기하며 토론할 때, 예수님이 다가와 나란히 걸으셨다. **3** 그러나 그들은
눈이 가려 예수님을 알아보지 못했다. **그러므로 이제부터 우리는, 아무도 육체의
잣대로 알려고 하지 않습니다. 전에는 우리가 육체의 잣대로 그리스도를 알았으나, 이제는 그
렇지 않습니다.(고린도후서 5.16) 내가 바라는 것은 그리스도를 알고, 그 부활의 능력을 깨닫
고, 그 고난에 동참하여, 그 죽으심을 본받는 것입니다.(빌립보서 3.10)** **4** 예수님이 물으셨
다. "길을 가면서 무슨 이야기를 서로 나누었습니까?" **5** 그들이 침통한
표정을 지으며 걸음을 멈추고, 글로바라는 사람이 말했다. "당신도 예루
살렘에 머물다가 오시면서, 최근에 일어난 일을 혼자만 모르신다는 말씀
입니까?" **6** "무슨 일이 있었습니까?" **7** "나사렛 예수님의 일입니다. 그분
은 하나님과 백성 앞에서, 그 하신 일이나 말씀에 있어서 큰 능력을 보이
신 예언자였습니다. 그런데 우리 대제사장과 지도자가 그분을 총독에게

1) 30리(里)는 60스타디온(Stadion)으로 11km쯤 되었다. 1스타디온은 400규빗으로 182m다.
2) 엠마오(Emmaus, 온천)는 어딘지 명확하지 않다. 그곳으로 가던 제자는 글로바와 그의 아내 마리아로 짐작된다.

넘겨 사형선고를 받게 하였고, 결국은 십자가에 못 박아 죽였습니다. 그
분이 이스라엘을 구원하실 것이라고, 우리는 잔뜩 기대하고 있었는데 말
입니다. 그러나 그분은 이미 처형을 당하셨고, 그 일이 있은 지도 벌써 3
일이 되었습니다. 그런데 우리 가운데 있던 여인들이 깜짝 놀라게 했습
니다. 그들이 새벽에 무덤을 찾아갔다가, 그분의 시신은 보지 못하고 돌
아와 하는 말이, 그분이 살아나셨다고 천사가 일러 주었다는 것입니다.
그리고 우리 동료 몇 사람도 무덤에 달려가 보았는데, 과연 무덤은 비어
있었고, 그분은 볼 수 없었습니다." **8** "그대들은 참으로 어리석기도 합니
다. 예언서의 말씀이 그렇게도 믿기가 어렵습니까? 그리스도가 영광을
받으시기 전, 마땅히 그런 고난을 받아야 하지 않습니까?" 비천한 것으로 심고
영광스러운 것으로 살아나며, 약한 것으로 심고 강한 것으로 살아납니다.(고린도전서 15.43) **9** 그
리고 예수님이 율법서와 예언서를 전반적으로 인용하여, 자기에 대한 기록
을 자세히 설명해 주셨다. **10** 그러자 어느덧 그들이 가려던 엠마오 마을
가까이 이르렀다. 그런데 예수님이 더 멀리 가시려는 듯하자, 그들이 한
사코 말리며 말했다. "이제 날이 저물어 저녁이 되었으니, 여기서 우리와
함께 묵었다가 가십시오." **11** 그래서 예수님이 그들과 함께 집으로 들어
가 식탁에 앉으셨다. 그리고 떡을 들어 축사하시고 떼어 주셨다. 그때 그
들의 눈이 밝아져서 예수님을 알아보았다. **12** 그러나 예수님은 그들의
눈앞에서 사라지고, 더 이상 보이시지 않았다. 주님은 영이십니다. 주님의 영이
계신 곳에는 자유가 있습니다.(고린도후서 3.17) **13** 그들이 서로 말했다. "길에서 주
님이 우리에게 말씀하시며 성경을 풀어 주실 때, 우리의 마음이 얼마나
뜨거운 감동을 받았던가?" **14** 그리고 바로 일어나 예루살렘으로 되돌아
갔다. **15** 거기 11사도와 여러 사람이 모여서, 예수님의 이야기를 나누고
있었다. "주님이 정말 다시 살아나 시몬에게 나타나셨습니다." 게바에게 보
이시고, 다음으로 12제자에게, 그리고 500명이 넘는 형제에게 일시에 보이셨습니다. 그 가운

데 더러는 세상을 떠났으나, 대다수가 지금도 살아 있으며, 이후 야고보에게 나타나셨고, 그 다
음으로 모든 사도에게, 마지막으로 달을 채우지 못하고 태어난 자와 같은 나에게도 나타나셨
습니다.(고린도전서 15.5-8) **16** 그래서 그들도 길에서 있었던 일과, 주님이 떡을
떼어 주실 때 그분을 알아보게 된 이야기를 자세히 들려주었다. **17** 그러
나 그 말도 믿지 않는 사람이 있었다.

253
주님의 방문 (누가 24.36-43, 요한 20.19-23)

1 제자들이 아직 이야기하고 있을 때, 예수님이 갑자기 나타나 인사하
셨다. "너희에게 평화가 있기를!" **2** 제자들은 유대인이 두려워서 문을 모
두 닫아걸고 있었다. 안식 후 첫날 저녁이었다. **3** 너무 놀랍기도 하고 무
섭기도 하여, 제자들은 유령을 보고 있는 줄로 생각하였다. **4** 예수님이
말씀하셨다. "왜 그리 놀라고 의심을 품느냐? 내 손과 발을 만져 보아라.
바로 나다. 유령은 살과 뼈가 없으나, 너희가 보다시피 나는 다 있다." **5** 그
리고 양손과 발과 옆구리를 보여 주셨다. 제자들은 너무 기뻐서 오히려 믿
기지 않았다. **6** 제자들이 여전히 어리둥절한 모습을 보이자, 예수님이 물
으셨다. "여기 먹을 것이 좀 있느냐?" **7** 이에 구운 생선 한 토막을 갖다
드리자, 그들이 보는 앞에서 받아 잡수셨다. **8** 그리고 예수님이 다시 말
씀하셨다. "너희에게 평화가 있기를! 아버지께서 나를 보내신 것처럼, 나
도 너희를 보낸다." **9** 이 말씀을 하시고, 예수님이 제자들을 향해 숨을
내쉬며 말씀하셨다. "성령을 받아라! 너희가 누구의 죄든지 용서하면 그
죄가 용서될 것이요, 용서하지 않으면 그 죄가 그대로 있을 것이다." 성경
에 '첫 사람 아담은 생명이 있는 영이 되었다'고 기록한 바와 같이, 마지막 아담은 생명을 주는
영이 되셨습니다.(고린도전서 15.45)

254
도마의 의심 (마가 16.14, 요한 20.24-29)

1 12제자 가운데 디두모 도마는, 예수님이 오셨을 때 그 자리에 없었
다. **2** 그래서 다른 제자들이 일러 주었다. "우리가 부활하신 주님을 뵈
었습니다." **3** 도마가 대답했다. "나는 내 눈으로 그 손에 있는 못 자국
을 보고, 내 손가락으로 그 못 자국을 만져 보고, 내 손을 그 옆구리에
넣어 보지 않고는 도저히 믿지 못하겠습니다." **4** 그리고 8일이 지나 제
자들이 다시 모여 음식 먹을 때, 그 자리에 도마도 있었다. **5** 그때도 모
든 문이 잠겨 있었으나, 예수님이 그들 가운데 갑자기 나타나 인사하셨
다. "너희에게 평화가 있기를!" **6** 그리고 도마에게 말씀하셨다. "네 손가
락으로 내 손을 만져 보고, 네 손을 내밀어 내 옆구리에 넣어 보라. 그
리고 믿음 없는 자가 되지 말고, 믿는 자가 되라." **7** 도마가 그 자리에
풀썩 주저앉으며 말했다. "나의 주님! 나의 하나님!" **8** 예수님이 말씀하
셨다. "너는 나를 보아야만 믿느냐? 보지 않고 믿는 사람이 더 복이 있
다." **9** 그리고 제자들의 마음이 완고하여 도무지 믿으려 하지 않는 것을
책망하셨다. **10** 예수님이 살아나신 것을 목격한 사람들의 말도 그들이
믿지 않았기 때문이다.

255
주님의 조반 (요한 21.1-14)

1 그 후 예수님이 디베랴 호숫가에 다시 나타나셨다. 그 경위는 이러하
다. **2** 시몬 베드로, 디두모라는 도마, 갈릴리 가나 사람 나다나엘, 세베

대의 아들들, 그리고 다른 제자 2명이 함께 있었다. **3** 시몬 베드로가 말
했다. "나는 고기를 잡으러 가겠소." **4** 그러자 다른 제자들이 따라나섰
다. "우리도 같이 가겠습니다." **5** 그래서 그들이 함께 배를 탔으나, 그날
밤 아무것도 잡지 못했다. **6** 동틀 무렵, 예수님이 호숫가에 서 계셨으나
제자들은 알아보지 못했다. **7** 예수님이 물으셨다. "얘들아, 무엇을 좀 잡
았느냐?" **8** 제자들이 대답했다. "아무것도 못 잡았습니다."(120) **9** 예수님
이 이르셨다. "그물을 배 오른편에 던져라. 그러면 좀 잡을 것이다." **10** 제
자들이 그대로 하였더니, 너무 많은 고기가 잡혀서 그물을 끌어올릴 수가
없었다. **11** 예수님이 사랑하시던 제자가 베드로에게 말했다. "저분은 주
님이십니다!" **12** 그 말을 듣자마자, 베드로가 벗은 몸에 겉옷만 두르고,
그냥 물속으로 뛰어들었다. **13** 다른 제자들은 배에 탄 채, 고기가 잔뜩
담긴 그물을 끌면서 호숫가로 나왔다. 배가 육지에서 약 90m(200규빗) 정
도밖에 떨어져 있지 않았기 때문이다. **14** 제자들이 육지에 올라와 보니,
숯불이 피워져 있었다. 그 위에 생선이 놓여 있었고, 떡도 있었다. **15** 예
수님이 말씀하셨다. "지금 잡은 생선을 좀 가져오너라." **16** 시몬 베드로
가 배에 올라가 그물을 끌어내렸다. 그물 안에는 큼직큼직한 고기가 153
마리 들어 있었다. 그렇게 고기가 많았으나, 그물은 찢어지지 않았다.
17 예수님이 다시 말씀하셨다. "와서, 아침을 먹어라." **18** 주님이 분명하
셨기에 누구시냐고 묻는 사람이 없었다. **19** 예수님이 가까이 와서, 제
자들에게 떡도 나눠 주시고 생선도 주셨다. **20** 이는 예수님이 부활하
여 제자들에게 3번째 나타나신 것이다.

256

베드로의 회복 (요한 21.15-23)

1 제자들이 식사를 마치자, 예수님이 베드로에게 물으셨다. "요한의 아
들 시몬아, 네가 이들[1]보다 나를 더 사랑[2]하느냐?" **2** 베드로가 대답했
다. "주님, 그렇습니다. 제가 주님을 사랑하는 줄 주님께서 아십니다." **3**
예수님이 이르셨다. "내 어린양을 먹여라." **4** 예수님이 2번째 물으셨다.
"요한의 아들 시몬아, 네가 나를 사랑하느냐?" **5** 베드로가 대답했다. "주
님, 그렇습니다. 제가 주님을 사랑하는 줄 주님께서 아십니다." **6** 예수님
이 이르셨다. "내 양을 쳐라." 여러분 가운데 있는 하나님의 양 떼를 먹이십시오. 그
들을 잘 돌보십시오. 억지로 할 것이 아니라, 하나님의 뜻을 따라 자진해서 하고, 더러운 이익
을 탐하여 할 것이 아니라, 기쁜 마음으로 하십시오.(베드로전서 5.2) **7** 예수님이 3번째
물으셨다. "요한의 아들 시몬아, 네가 나를 사랑하느냐?" **8** 예수님이 3번
이나 똑같은 질문을 하시자, 베드로가 불안에 휩싸여 근심하며 대답했
다. "주님, 주님은 모든 것을 다 아십니다. 제가 주님을 사랑하는 줄 주님
께서 아십니다." **9** 예수님이 이르셨다. "내 양을 먹여라. 내가 분명히 말
한다. 네가 젊어서는 스스로 옷 입고 원하는 곳으로 다녔으나, 늙어서는
남들이 네 팔을 벌리고 묶어서, 네가 원하지 않는 곳으로 끌어갈 것이
다." 이는 우리 주 예수 그리스도께서 내게 일러 주신 대로, 내가 육신의 장막을 벗을 때가
멀지 않음을 알기 때문입니다.(베드로후서 1.14) **10** 이 말씀은, 베드로가 장차 어떤
죽음으로 하나님께 영광을 돌릴 것인가를, 예수님이 암시하신 것이었다.

1) 이들(These)은 나머지 6제자를 가리킬 수도 있고, 배와 고기잡이 등을 모두 포함한 말일 수도 있다.

2) 사랑(Love)은 그리스어로 아가페, 필레오, 스톨케, 에로스 등이 있다. 여기서 예수님의 처음 2번 질문은 아가파오(Agapao)로, 3번째는 필레오(Phileo)로 하셨으며, 베드로는 3번 모두 필레오로 대답하였다. 아가파오는 하나님의 사랑을, 필레오는 친구나 사제 간의 사랑을 의미하나, 기자는 확연히 구분하여 사용하지 않았다.

11 그리고 예수님이 베드로에게 다시 이르셨다. "나를 따라라." **12** 그때
베드로가 돌이켜, 예수님이 사랑하시는 제자가 따라오는 것을 보았다.
그는 마지막 만찬 때, 예수님의 가슴에 기대어 '주님, 주님을 배반할 사
람이 누구입니까?'라고 묻던 제자다. **13** 그 제자를 보고, 베드로가 물었
다. "주님, 이 사람은 어찌 되겠습니까?" **14** 예수님이 이르셨다. "내가 다
시 돌아올 때까지, 그가 살아 있기를 내가 바란다고 한들, 그게 너와 무
슨 상관이 있느냐? 너는 나를 따라라." **15** 이 말씀 때문에, 그 제자는 죽
지 않을 것이라는 소문이 형제들 사이에 퍼지게 되었으나, 사실은 그렇
게 말씀하신 것이 아니었다.

257
마지막 분부 (마태 28.16-20, 마가 16.15-18, 누가 24.44-49)

1 11제자가 갈릴리로 가서, 예수님이 일러 주신 산에 이르렀다. 거기
서 예수님을 뵙고 경배하였으나, 의심하며 머뭇거리는 사람도 있었다.
2 예수님이 와서 말씀하셨다. "하늘과 땅의 모든 권세가 내게 주어졌다.
그러므로 너희는 가서 모든 민족을 제자로 삼아, 아버지와 아들과 성령
의 이름으로 세례를 주고, 내가 너희에게 분부한 모든 것을 가르쳐 지키
게 하라. 보라, 내가 세상 끝 날까지 항상 너희와 함께 있을 것이다." 무
릇 그리스도 예수와 연합하여 세례를 받은 우리는, 그리스도의 죽으심과 연합하여 세례를
받은 줄 알지 못합니까?(로마서 6.3) 우리는, 유대인이나 그리스인이나, 종이나 자유인이나,
다 한 성령으로 세례를 받아 한 몸이 되었고, 또 다 한 성령을 마시게 되었습니다.(고린도전
서 12.13) 누구든지 그리스도와 연합하여 세례를 받은 사람은, 그리스도로 옷을 입은 사람입
니다.(갈라디아서 3.27) **3** 또 제자들이 모인 자리에서 예수님이 말씀하셨다.

"너희는 온 세상을 두루 다니며, 모든 사람에게 복음을 전파하라. 누구든지 믿고 세례를 받는 사람은 구원을 얻을 것이며, 믿지 않는 사람은 심판을 받을 것이다. 믿는 사람에게는 이런 표적이 따를 것이다. 내 이름으로 귀신을 내쫓고, 새 방언을 말하고, 손으로 뱀을 집어 들고, 무슨 독을 마셔도 해를 받지 않고, 아픈 사람에게 손을 얹으면 나을 것이다. 내가 전에 너희와 함께 있을 때, 나를 두고 기록된 율법서와, 예언서와, 시편의 모든 일이 반드시 이루어져야 한다고 하였다. 바로 이를 두고 한 말이다." 피조물은 하나님의 자녀들이 나타나기를 간절히 기다리고 있습니다.(로마서 8.19) 그리스도의 십자가 피로 평화를 이루어, 그리스도로 말미암아 만물, 곧 땅에 있는 것이나 하늘에 있는 것이나, 다 그리스도와 화목하게 되기를 기뻐하셨습니다.(골로새서 1.20)

4 그리고 성경을 깨닫게 하시려고, 제자들의 마음을 열어 주시며 예수님이 다시 말씀하셨다. "성경에 그리스도가 고난을 받고 죽었다가 3일째 다시 살아난다고 하였으며, 또 그리스도의 이름으로 회개하면 죄 사함을 받게 된다는 복음이, 예루살렘에서 시작해 모든 민족에게 전파된다고 하였다. 너희가 이 모든 일의 증인이다. 보라, 내가 내 아버지께서 약속하신 성령을 너희에게 보내 주겠다. 그러므로 너희는 위로부터 오는 능력을 받을 때까지, 예루살렘에 머물러 있어라."(263) 예수님은 우리의 범죄로 인해 죽임을 당하시고, 우리를 의롭게 하시려고 살아나셨습니다.(로마서 4.25) 이후 내가 내 영을 모든 사람에게 부어 주겠다. 너희 아들딸은 예언을 하고, 너희 늙은이는 꿈을 꾸고, 너희 젊은이는 환상을 볼 것이다. 그때 또 내 영을 남종과 여종에게도 부어 주겠다.(요엘 2.28-29)

258
주님의 승천 (마가 16.19-20, 누가 24.50-53)

1 그리고 예수님이 베다니로 가서, 손을 들어 제자들을 축복하셨다.
2 예수님이 축복하시며 하늘로 올라가시자, 제자들은 엎드려 경배하였
다. **3** 제자들이 크게 기뻐하며 예루살렘으로 돌아가, 날마다 성전에 머
물며 하나님을 찬양하였다. **4** 예수님은 승천하여 하나님 우편에 앉으셨
고, 제자들은 사방으로 나가서 곳곳에 복음을 전하였다. 믿음의 창시자요,
완성자신 예수님을 바라봅시다. 그는 자기 앞에 있는 기쁨을 내다보고, 부끄러움을 개의치 않
고 십자가를 참으셨습니다. 그래서 예수님은 하나님의 보좌 오른편에 앉으셨습니다.(히브리서
12.2) **5** 주님이 제자들과 함께 일하시며, 여러 가지 표적이 따르게 하시
자, 제자들이 전하는 말씀이 확증되었다. 지금 우리가 말하는 요지는, 이런 대
제사장이 우리에게 계시다는 것입니다. 그는 지극히 크고 높으신 분의 보좌 오른편에 앉아 계
십니다.(히브리서 8.1) 옛적부터 계신 분이 그에게 권세와 영광과 나라를 주셔서, 민족과 언어
가 다른 뭇 백성이 그를 경배하게 하셨다. 그 권세는 영원하여 사라지지 않을 것이며, 그 나라
는 멸망하지 않을 것이다.(다니엘 7.14)

259
주님의 증인 (누가 1.1-4, 요한 20.30-31, 21.24-25)

1 예수님의 사역을 처음부터 목격하고, 그분의 말씀을 직접 들은 증인
들이, 그 일을 기록하려고 손을 댄 사람이 많았다. **2** 예수님의 사랑을
받은 제자는, 예수님이 그리스도시며, 하나님의 아들이심을 믿게 하고,
또 그렇게 믿어 주님의 이름으로 생명을 얻게 하려고, 복음서를 기록하

였다. 우리는 그의 증언이 참됨을 알고 있다. **3** 또 어떤 사람은 예수님의 사역을 처음부터 자세히 조사한 바가 있어, 구도자에게 예수님의 이야기가 틀림없는 사실임을 증언하려고, 복음서를 기록하였다. **4** 그 외에도 주님의 증인이 남긴 복음서가 수없이 많고, 주님이 제자들 앞에서 행하신 일도 많아서, 그 모든 것을 낱낱이 다 기록한다면, 이 세상을 가득히 채우고도 남을 것이다.

260
재림의 약속 (요한계시록 22.12-17, 20-21)

1 예수님이 말씀하셨다. "보라! 내가 속히 가겠다. 내가 상을 가지고 가서, 너희가 행한 대로 갚아 주고 베풀 것이다. 나는 알파와 오메가[1]요, 처음과 마지막이요, 시작과 끝이다. 자기 옷을 깨끗이 빠는 사람은 복이 있다. 그들은 생명나무[2] 열매를 먹을 것이며, 성문을 통해 그 성으로 들어갈 것이다. 그러나 악하고, 마술을 행하고, 음란하고, 살인하고, 우상을 숭배하고, 거짓말을 일삼는 자는, 성 밖에 그대로 남을 것이다. 나 예수는, 이 모든 말을 전하기 위해 온 교회에 천사를 보냈다. 나는 다윗의 뿌리[3]에서 나온 그 자손이요, 빛나는 새벽별[4]이다."(200) **그러나 하나님께서 빛 가운데 계신 것처럼, 우리가 빛 가운데 살아가면, 우리는 서로 사귐을 가지게 되고, 하나님의 아들 예수님의**

---

1) 알파와 오메가(Alpha and Omega)는 헬라어 알파벳의 첫 글자와 마지막 글자로, 처음과 마지막이라는 뜻이다.
2) 생명나무(Tree of life)는 에덴동산 중앙에 선악과와 함께 있던 나무로, 아담과 이브는 범죄로 그 열매를 먹을 수 없었으나, 예수 그리스도의 속죄와 구원으로, 이제는 누구나 먹을 수 있게 되었다.
3) 다윗의 뿌리(Root of David)는 유대인의 그루터기에서 나온 새로운 가지, 메시아를 말한다.
4) 새벽별(Morning star)은 샛별, 곧 금성으로, 예수 그리스도를 가리킨다.

피가 우리를 모든 죄에서 깨끗하게 하실 것입니다.(요한일서 1.7) **2** 성령님과 신부[1]가 말
씀하십니다. "오십시오!" **3** 이 말씀을 듣는 사람도 외치십시오. "오십시오!"
4 목마른 사람은 누구나 와서 마시십시오! **5** 생명수[2]를 마시되, 마음껏
마시십시오! **6** 이 증언을 하신 예수님이 말씀하십니다. "그렇다! 내가 속
히 가겠다!" **7** 아멘, 주 예수님! 어서 오십시오! 마라나타![3] **8** 주 예수님의
은혜가 모든 사람에게 있기를 빕니다. 아멘.

1) 신부(新婦, Bride)는 성도를 상징한다. 성도는 신랑 되신 예수님의 신부로서, 순결하고 아름답게 단장해야 한다는 뜻이다.
2) 생명수(生命水, Water of life)는 하나님께서 은혜로 주신 영원한 생명을 상징한다.
3) 마라나타(Maranatha)는 아람어로 '주여, 어서 오소서'라는 뜻이다. 초대교회 그리스도인의 통상적 인사말이자 기도였다.

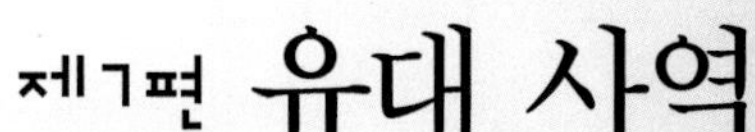

제7편 유대 사역

261
증인의 길 (사도 1.1-11, 도마 51)

1 데오빌로[1]여, 먼젓번 글에서 예수님이 행하시고 가르치신 모든 것,
곧 예수님이 친히 뽑아 세우신 사도들에게 성령으로 지시하시고, 승천
하실 때까지의 일을 소상히 기록했습니다. **2** 예수님은 죽으셨다가 다시
살아나, 자신이 살아 계심을 여러 가지 확실한 증거로 보여 주셨고, 40
일 동안 사도들에게 자주 나타나 하나님의 나라에 대한 말씀을 들려주
셨습니다. **3** 하루는, 예수님이 사도들과 함께하신 자리에서 분부하셨습
니다. "너희는 예루살렘을 떠나지 말고, 내가 전에 일러 준 대로, 내 아
버지의 약속을 기다려라. 요한은 물로 세례를 주었으나, 너희는 얼마 안
가서 성령으로 세례를 받을 것이다." **4** 사도들이 물었습니다. "주님, 이
스라엘 나라를 회복시켜 주실 때가 바로 지금입니까?" **5** 예수님이 대답
하셨습니다. "그때와 시기는 아버지의 권한에 두셨으니, 너희가 알 바 아
니다. 그러나 성령이 너희에게 임하시면 너희가 권능을 받고, 예루살렘
과 온 유대와 사마리아와, 땅 끝까지 이르러 내 증인이 될 것이다." **6** 이
말씀을 하시고, 예수님은 사도들이 보는 앞에서 승천하셨으며, 이내 구
름[2]에 싸여서 그 모습이 보이시지 않았습니다. **7** 예수님이 승천하시는
동안, 사도들은 하염없이 하늘만 쳐다보고 있었습니다. **8** 그때 흰옷 입
은 두 사람이 갑자기 사도들 곁에 나타나 말했습니다. "갈릴리 사람들이
여, 어찌하여 여기 서서 하늘만 쳐다보고 있습니까? 여러분 곁을 떠나
승천하신 예수님은, 여러분이 본 그대로 다시 오실 것입니다."

1) 데오빌로(Theophilus, 하나님의 벗)는 각하라는 존칭을 쓴 것으로 봐서, 바울의 전도를 받고 신자가 된 로마의 관리라는 설도 있고, 형제와 같은 칭호를 쓰지 않은 것으로 봐서, 예수님의 사역을 연구하는 구도자를 말한다는 사람도 있다.

2) 구름(Cloud)은 하나님의 임재와 영광을 상징한다.

262
부활의 증인 (사도 1.12-26)

1 이후 사도들은 감람산에서 예루살렘으로 돌아왔다. 이 산은 안식일
에 걸을 수 있는 거리[1]에 있었다. **2** 사도들이 성안으로 들어와 묵고 있
는 2층 다락방으로 올라갔다. 그들은 베드로, 요한, 야고보, 안드레, 빌
립, 도마, 바돌로매, 마태, 알패오의 아들 야고보, 열심당원 시몬, 야고보
의 아들 유다였다. **3** 그 자리에는 예수님의 어머니 마리아와, 다른 여러
여인들과, 예수님의 동생들도 있었다. 그들은 모두 한마음으로 기도에
힘썼다.(217) **4** 그즈음 사람들이 120명쯤 모인 자리에서 베드로가 일어
나 말했다. "형제자매 여러분, 예수님을 잡아간 자들의 앞잡이가 된 유
다에 대하여, 성령님이 다윗의 입을 통해 미리 예언하신 말씀이 그대로
이루어졌습니다. 그는 우리와 함께 사도의 직무를 맡았으나, 불의한 삯
으로 밭을 사고, 그 밭에 거꾸로 떨어져 배가 터지고 창자가 쏟아져 죽
었습니다. 이 일은 예루살렘 사람이 다 알고 있으며, 그들의 말(아람어)로
그 밭을 '아겔다마'라 하니, '피밭'이라는 뜻입니다. **5** 시편에 '그의 거처
를 황폐하게 하여 아무도 살지 못하게 하소서'라 하였고, 또 '그 직분을
다른 사람이 차지하게 하소서'라고 했습니다. 그들의 거처가 황폐하게 하시며,
그 장막에 사는 자가 없게 하소서.(시편 69.25) 그의 연수를 짧게 하시고, 그 자리를 다른 사
람이 차지하게 하소서.(시편 109.8) **6** 그러므로 주 예수님이 우리와 함께 지내시
는 동안, 요한이 세례를 베풀 때부터 예수님이 우리를 떠나 승천하실 때
까지, 늘 우리와 함께 다닌 사람 중에서 하나를 세워, 우리와 함께 부활

1) 안식일 길은 200규빗으로, 1km쯤 되었다. 당시 거리 단위는 하룻길(30-40km), 밀리온 (1.48km), 스타디온(182m), 갈대(2.67m), 길(1.8m), 규빗(45.6cm), 뼘(23cm), 손바닥 (7.5cm), 손가락(1.9cm) 등이 있었다.

의 증인으로 삼아야 할 것입니다." 7 그래서 사도들이 두 사람, 바사바[1]
또는 유스도라고 하는 요셉과 맛디아를 추천하였다. 8 그리고 기도하였
다. "모든 사람의 마음을 다 아시는 주님, 이 두 사람 가운데 누구를 택
하여 봉사와 사도의 직무를 맡기셨는지 보여 주십시오. 유다는 이 직무
를 버리고 자기 갈 곳으로 갔습니다." 9 기도를 마치고, 두 사람에게 제
비를 뽑게 하였더니 맛디아가 뽑혔다. 그래서 그가 다른 11사도와 함께
사도의 수에 들게 되었다. 숫염소 2마리를 놓고 제비를 뽑아, 주께 바칠 염소와 아사셀에게 바칠 염소를 결정해야 한다.(레위기 16.8) 주께서 모세에게 명하신 대로 그들이 제비를 뽑아서, 9지파와 2지파로 나뉜 1지파의 반쪽에게 땅을 유산으로 나눠 주었다.(여호수아 14.2) 사울이 말했다. "제비를 뽑아서, 나와 내 아들 요나단 가운데 누가 죄인인지 가려라." 그러자 요나단이 걸렸다.(사무엘상 14.42)

263
성령의 강림 (사도 2.1-13)

1 오순절[2]이 되어 모두 한자리에 모여 있었다. 너희가 밭에 씨를 뿌려 거둔 곡식의 첫 열매로 맥추절을 지켜라. 또 밭에서 가꾼 곡식을 거둬들이는 연말에 수장절을 지켜라.(출애굽기 23.16) 안식일 다음날, 곧 너희가 곡식을 흔들어 바친 그날부터 7주간을 채우고, 7번째 안식일 다음날까지 더해 50일째 되는 날, 너희는 햇곡식을 제물로 바쳐라.(레위기

1) 바사바(Barsabbas, 맹세/안식의 아들)와 요셉(Joseph, 이김/더하심)은 히브리 이름이고, 유스도(Justus, 정의/정직)는 로마식 이름이다. 그는 예루살렘 총회에서 결의한 서신을 가지고, 실라와 함께 안디옥으로 간 사람으로 보인다.(300)

2) 오순절(五旬節, Pentecost)은 '50일째'라는 뜻으로, 이스라엘 3대 명절 가운데 하나며, 유월절 주간의 안식일부터 계산하여 50일째 되는 날이다. 유월절 기간 중 처음 익은 열매를 드리기 시작하여, 추수가 모두 끝나는 7주간(49일)을 지킨다고 하여 칠칠절, 또는 맥추절, 초실절로 불리기도 한다. 예수님이 부활하시고 50일째 되는 날이자, 승천하시고 10일째 되는 날 성령님이 강림하셨다.

23.15-16) **2** 갑자기 세찬 바람 같은 소리가 하늘에서 나더니, 그들이 앉아 있는 온 집안을 가득 채웠다. **3** 그리고 혓바닥 같은 불길이 갈래갈래 갈라지며 나타나더니, 각 사람 위에 임하였다. **4** 그러자 모두가 성령을 충만히 받아, 성령이 시키시는 대로 외국어로 말하기 시작했다. 유대인이든 헬라인이든, 종이든 자유인이든, 우리가 다 한 성령으로 세례를 받아 한 몸이 되었고, 또 모두 한 성령을 마시게 되었습니다.(고린도전서 12.13) **5** 그때 세계 각 나라에서 온 경건한 유대인이 예루살렘에 머물고 있었다. 그들이 이 소리를 듣고 모여들었다가, 제자들이 하는 말이 자기네 나라말로 들리자 어안이 벙벙하였다. **6** 그들은 너무 놀랍기도 하고 신기하기도 하여 말했다. "보십시오! 지금 말하고 있는 저들은 다 갈릴리 사람이 아닙니까? 그런데 우리가 각자 태어난 지방의 말로 듣고 있지 않습니까? 우리는 바대인[1], 메대인[2], 엘람인[3]이고, 메소포타미아, 유대, 갑바도기아, 본도, 아시아, 브루기아, 밤빌리아, 이집트, 그리고 구레네에 가까운 리비아 여러 지방에 사는 사람이며, 또 로마에서 방문한 나그네, 곧 유대인과 유대교로 개종한 이방인도 있고, 크레타인과 아라비아인도 있지 않습니까? 그런데 지금 저들이 말하고 있는 하나님의 큰일을, 우리 각자의 말로 듣고 있지 않습니까?" **7** 그들이 당황하여 서로 얼굴을 쳐다보며 말했다. "이게 도대체 어찌된 일입니까?" **8** 그러나 어떤 사람은 제자들을 조롱하며 빈정거렸다. "저들이 새 술에 잔뜩 취했군!"

---

1) 바대인(Parthians)은 스키타이인의 한 갈래로, 카스피해 남동쪽 지방에 살던 파르티아인이다.
2) 메대인(Medes, 헤아림)은 야벳의 후손으로, 카스피해 남서쪽 지방에 살던 메디아 사람이다.
3) 엘람인(Elamite, 고지)은 셈의 아들로, 페르시아만 북쪽에 살던 엘람 사람이다.

264

오순절 설교 (사도 2.14-42)

1 베드로가 11사도와 함께 일어나서, 목소리를 높여 엄숙히 선포했다. **2** "유대인과 예루살렘 시민 여러분, 제 말을 들어 주시기 바랍니다. 지금은 아침 9시입니다. 어떻게 술에 취할 수 있겠습니까? 여러분의 생각처럼 우리는 술에 취한 것이 아닙니다. **3** 오늘 일어난 일은, 하나님께서 예언자 요엘[1]을 시켜서 하신 말씀을 이루신 것입니다. 하나님께서 말씀하셨습니다. '마지막 날, 내가 내 영을 모든 사람에게 부어 주겠다. 너희 자녀는 예언을 하고, 너희 청년은 환상을 보고, 너희 노인은 꿈을 꿀 것이다. 그날 내가 내 영을 내 남종과 여종에게 부어 주리니, 그들도 예언할 것이다. 또 내가 위로 하늘에서는 기사를 나타내고, 아래로 땅에서는 징조를 보이리니, 피와 불과 짙은 연기가 일어나고, 해는 빛을 잃어 어두워지고, 달은 핏빛처럼 붉어질 것이다. 그리고 마침내 주의 크고 영화로운 날이 이를 것이다. 그러나 누구든지 주의 이름을 부르는 사람은 구원을 얻을 것이다.'(227) 그 다음에, 내가 모든 사람에게 내 영을 부어 주겠다. 너희 자녀는 예언을 하고, 너희 노인은 꿈을 꾸고, 너희 청년은 환상을 볼 것이다. 그때 너희 하인과 하녀에게도, 내가 내 영을 부어 주겠다. 그날 하늘과 땅에 징조를 보이리니, 피와 불과 연기구름이 일어나고, 해가 어두워지고, 달이 핏빛처럼 붉어질 것이다. 크고 두려운 주의 날이 이르기 전, 이런 끔찍스러운 일이 먼저 일어날 것이다. 그러나 주의 이름을 부르는 사람은 누구나 다 구원을 받을 것이다.(요엘 2.28-32) 여호와여, 내가 저 깊은 구덩이에서 주의 이름을 불렀습니다.(예레미야애가 3.55) **4** 이스라엘 동포 여러분, 제 말을 들어 보십시오. 나사렛 예수님은 하나님의 권위를 가지고 오신 분이었습니다. 하나님께서 여러 가

1) 요엘(Joel, 여호와는 하나님)은 브두엘의 아들로, 요엘서를 통해 회개를 선포한 예언자다.

지 능력과 기사와 표적으로 그를 여러분에게 증언하셨습니다. 이 일은
여러분 가운데서 행하셨기 때문에 여러분도 잘 아실 것입니다. **5** 이 예
수님이 버림을 받으신 것은, 하나님께서 미리 아시고 정하신 계획에 따라
이루어진 일이었고, 여러분은 법 없는 자들의 손을 빌려 십자가에 못 박
아 죽였습니다. 그러나 하나님께서 그를 죽음의 고통에서 풀어 다시 살
리셨습니다. 죽음의 세력에 계속 사로잡혀 계실 분이 아니었기 때문입니
다. 그리스도는 세상이 창조되기 전부터 예정되어, 여러분을 위해 마지막 때 나타나셨습니
다.(베드로전서 1.20) **6** 다윗이 예수님에 대해 말했습니다. '나는 내 앞에 계
신 주를 항상 뵙습니다. 주께서 내 오른편에 계시니, 내가 흔들리지 않습
니다. 그러기에 내 마음은 기쁨에 넘치고, 내 혀는 즐거워 노래하며, 내
육신은 소망 속에 살 것입니다. 주께서 내 영혼을 죽음의 세계에 버려두
지 않으시고, 주의 거룩한 종을 썩지 않게 지켜주실 것입니다. 주께서 내
게 생명의 길을 알려 주셨으니, 나는 주를 모시고 항상 기쁨에 넘칠 것입
니다.' 주님은 언제나 나와 함께 계시는 분, 그가 내 곁에 계시니 나는 흔들리지 않습니다. 주
님, 참으로 감사합니다. 내 마음이 기쁨으로 가득 차고, 내 몸이 아무 위험을 느끼지 않음은, 주
께서 나를 보호하셔서 죽음의 세력이 내 생명을 삼키지 못하게 하셨고, 주님의 거룩한 자를 죽
음의 세계에 버리지 않으셨기 때문입니다. 주님이 몸소 생명의 길을 내게 보여 주시니, 주님을
모시고 사는 삶이 기쁨으로 넘칩니다. 주님이 내 곁에 계시니, 이 즐거움은 영원토록 이어질 것
입니다.(시편 16.8-11) **7** 형제 여러분, 저는 우리 조상 다윗에 대해 분명히 말
할 수 있습니다. 다윗은 죽어 장사되었고, 그의 무덤은 오늘까지 우리 땅
에 남아 있습니다. 다윗도 예언자로서, 자기 후손을 세워 왕위에 앉혀 주
시겠다고 약속하신 하나님의 말씀을 알고 있었습니다. 그래서 그리스도
의 부활을 내다보며 말했습니다. '하나님께서 그를 죽음의 세계에 버리지
않으시고, 그의 육신을 썩지 않게 하셨다.' **8** 바로 이 말씀대로, 하나님께
서 예수님을 다시 살리셨습니다. 이 일에 대해 우리가 모두 증인입니다.

하나님께서 예수님을 높여 우편에 앉히시고, 약속하신 성령을 주셨으며,
예수님은 그 성령을 다시 우리에게 부어 주셨습니다. 그래서 지금 여러
분이 이런 일을 보기도 하고, 듣기도 하는 것입니다. 예수님을 죽은 사람 가운
데서 살리신 분의 영이 여러분 안에 거하시면, 그분이 여러분 안에 거하시는 자기 영으로 여러
분의 죽을 몸도 살리실 것입니다.(로마서 8.11) 예수님이 죽었다가 다시 사신 것을 우리가 믿는
다면, 하나님께서 예수님 안에서 잠든 사람도 예수님과 함께 데리고 오실 것입니다.(데살로니
가전서 4.14) **9** 다윗은 하늘에 올라가지 못했으나 분명히 말했습니다. '하나
님께서 내 주에게 말씀하시기를, 내가 네 원수를 네 발아래 굴복시킬 때
까지, 너는 내 오른편에 앉아 있어라.' 하나님께서 내 주에게 말씀하시기를, "내가
네 원수를 네 발판이 되게 하기까지, 너는 내 오른쪽에 앉아 있어라"고 하셨습니다.(시편 110.1)
10 그러므로 이스라엘 온 집은 확실히 아십시오. 여러분이 십자가에 못
박은 이 예수님을 하나님께서 주와 그리스도가 되게 하셨습니다." **11** 그
들이 이 말을 듣고 마음이 찔려서, 베드로와 사도들에게 물었다. "형제
여, 우리가 어떻게 해야 합니까?" **12** 베드로가 대답했다. "회개하십시오.
그리고 각자 예수 그리스도의 이름으로 세례를 받으십시오. 그러면 여
러분도 죄 사함을 받고, 성령님을 선물로 받을 것입니다. 이 약속은 여
러분과 여러분의 자녀와, 먼 데 있는 모든 사람, 곧 주 우리 하나님께서
부르시는 모든 사람에게 주신 약속입니다." 하나님께서 여러분에게 성령을 주
시고, 여러분 가운데서 능력을 행하심이, 여러분이 율법을 지키기 때문입니까? 아니면 복음
을 듣고 믿기 때문입니까?(갈라디아서 3.5) **13** 베드로는 이외에도 여러 가지 증거
를 들어 설득하며 권했다. "이 패역한 세대에서 벗어나 구원을 받으십시
오!" **14** 그날 베드로의 말을 받아들인 사람이 세례를 받았고, 신자의
수가 약 3천 명이나 늘어났다. **15** 그들은 사도들의 가르침을 받아 서로
교제하고, 성찬을 나누며 기도에 힘썼다.

265
초대교회 성도 (사도 2.43-47)

1 사도들을 통해 기사와 표적이 많이 나타나자, 모든 사람에게 두려운
마음이 생겼다. 2 믿는 사람이 다함께 지내며, 모든 물건을 서로 통용하
고, 자기 재산과 소유를 팔아 각 사람의 필요에 따라 나눠 주었다. 3 그
리고 날마다 마음을 같이하여 성전에 모이기를 힘쓰고, 집집마다 돌아
가며 떡을 떼며, 순수한 마음으로 기쁘게 음식을 나눠 먹고, 하나님을
찬양하였다. 라오디게아에 있는 형제자매와, 눔바와, 그 가정교회에 안부를 전합니다.(골로새서 4.15) 우리의 자매 압비아와, 우리와 함께 군사가 된 아킵보와, 그대의 가정교회에 이 편지를 씁니다.(빌레몬서 1.2) 4 그러자 교회는 온 백성에게 호감을 사게 되었
고, 주님은 날마다 구원받는 사람을 더하여 주셨다.

266
앉은뱅이 치유 (사도 3.1-26)

1 어느 날 오후 3시, 기도[1] 시간에 베드로와 요한이 성전으로 올라가
고 있었다. 2 앉은뱅이로 태어난 장애인을 사람들이 떠메고 와서, 성전
으로 들어가는 사람에게 구걸을 시키려고, 날마다 '미문[2]'이라는 성전 문
곁에 앉혀 놓았다. 3 베드로와 요한이 성전에 들어가는 것을 보고, 그
가 손을 내밀어 구걸하였다. 두 사도가 눈여겨보고 말했다. "우리를 보시

1) 경건한 유대인은 하루에 3번씩(오전 9시, 정오, 오후 3시) 정기적으로 기도하였다.
2) 미문(美門, Beautiful gate)은 예루살렘 성전 동편에 있었고, 이 문을 통해 기드론 골짜기를 지나면 바로 감람산이다. 고린도 건축양식으로 아름답게 지어져 그리 불렀으며, 지금은 '황금문(Golden gate)'이라 부른다.

오!" **4** 그는 무엇을 얻으려니 생각하고, 두 사도를 빤히 쳐다보았다. **5** 베
드로가 말했다. "은과 금은 내게 없으나, 내게 있는 것으로 그대에게 주겠
습니다. 나사렛 예수 그리스도의 이름으로 일어나 걸으십시오!" **6** 그리고
그의 오른손을 잡아 일으키자, 그 발과 발목에 힘이 생겨 벌떡 일어나 걷
기 시작했다. 그가 두 사도와 함께 성전으로 들어가며, 걷기도 하고 뛰기
도 하면서 하나님을 찬양하였다. **7** 그가 걸어 다니며 하나님을 찬양하는
모습을 보고, 또 '미문'에 앉아 구걸하던 바로 그 거지라는 사실을 알고, 사
람들이 심히 놀라 이상히 여겼다. **8** 그리고 그가 베드로와 요한의 곁을
떠나지 않고, '솔로몬의 행각[1]'에 계속 머물러 있자, 사람들이 소문을 듣
고 몰려들었다. **9** 베드로가 그들을 보고 말했다. "이스라엘 백성 여러분,
어찌하여 이 일로 놀라십니까? 왜 그런 눈으로 우리를 유심히 쳐다보십
니까? 마치 우리가 우리의 능력이나 경건으로, 이 사람을 걷게 하기나 한
것처럼 말입니다. **10** 아브라함[2]과 이삭과 야곱의 하나님, 곧 우리 조상
의 하나님께서 그의 종, 예수님을 영화롭게 하셨습니다. 그러나 여러분
은 예수님을 넘겨주었고, 빌라도가 예수님을 놓아주기로 판결했음에도
끝까지 거부했습니다. 그러므로 하나님께서 그를 지극히 높이시고, 모든 이름 위에 뛰
어난 이름을 그에게 주셨습니다.(빌립보서 2.9) **11** 여러분은 거룩하고 의로운 예수
님을 거절하고, 도리어 살인자를 놓아주라고 요청하여 생명의 근원이신
주님을 죽였습니다. 그러나 하나님께서 그를 죽은 사람 가운데서 다시
살리셨습니다. 우리는 이 일에 대한 증인입니다. **12** 지금 여러분이 보시
는 대로 이 사람은, 바로 그 예수님의 이름으로 낫게 된 것입니다. 예수님

1) 솔로몬의 행각(Solomon's porch)은 성전 동쪽에 162개의 원기둥으로 세워졌으며, 지붕과 기둥만 있고 벽은 없었다.

2) 아브라함(Abraham, 열국의 아버지)과 이삭(Isaac, 웃음)과 야곱(Jacob, 거짓말쟁이)은 주전 2천 년경 활동한 히브리인의 족장이다. 아브라함은 유일신 야훼 하나님을 섬기는 셈족종교, 곧 유대교, 그리스도교, 이슬람교 등에서 존경받는 인물이며, 이삭은 아브라함과 사라의 아들이고, 야곱은 이삭과 리브가 사이에서 태어난 이스라엘 12지파의 조상이다.

의 이름을 믿는 믿음의 힘으로 나은 것이며, 예수님을 믿는 믿음의 힘이 여러분 앞에서, 이 사람을 완전히 낫게 한 것입니다. **13** 형제여, 여러분의 지도자와 마찬가지로, 여러분도 예수님이 누구신지 모르고 그런 줄로 압니다. 하지만 하나님께서 예언자의 모든 입을 빌려서, 그리스도가 고난을 당해야 한다고 미리 선포하신 것을 그와 같이 이루셨습니다. **14** 그러므로 여러분은 회개하고 돌이켜 죄 씻음을 받으십시오. 주님께서 여러분의 죄를 깨끗이 씻어 주실 것입니다. **15** 그러면 여러분도 주님 앞에서 편히 쉴 때가 있을 것이며, 주께서 여러분을 위해 미리 정하신 그리스도를 다시 보내실 것입니다. **16** 그러나 예수님은, 하나님께서 오래전부터 거룩한 예언자를 통해 말씀하신 대로, 만물을 회복하실 때까지 하늘에 머물러 계실 것입니다. 그날 이새의 뿌리에서 한 싹이 나와 만민의 깃발로 세워질 것이며, 열방이 그에게 돌아와 그가 있는 곳이 영화롭게 될 것이다.(이사야 11.10) **17** 모세가 말했습니다. '주 하나님께서 너희를 위하여, 너희 형제 가운데서 나와 같은 예언자 하나를 세우실 것이다. 그러므로 너희는 그의 말에 귀를 기울여야 한다. 누구든지 그 말을 듣지 않는 사람은 하나님의 백성 가운데서 끊어질 것이다.' 주 너희 하나님께서 너희 동족 가운데서, 나와 같은 예언자 하나를 일으켜 세워 주실 것이니, 너희는 그 말을 들어야 한다.(신명기 18.15) 그가 내 이름으로 말할 때, 누구든지 내 말을 듣지 않으면, 내가 그에게 벌을 내릴 것이다.(신명기 18.19) **18** 또 사무엘[1)]과 그 뒤를 이은 여러 예언자도, 모두 이때를 가리켜 예언했습니다. **19** 여러분은 그 예언자의 후손이요, 하나님께서 여러분의 조상과 맺으신 언약의 자손입니다. **20** 하나님께서 아브라함에게 말씀하셨습니다. '네 후손으로 말미암아 땅 위의 모든 족속이 복을 받을 것이다.' 하나님께서 아브라함과 그 자손에게 약속을 주실 때, 여러 사람을 가리켜 '자손들에게' 하시지 않고, 오직 한 사람을 가리켜 '네

---

1) 사무엘(Samuel, 여호와께 구함)은 주전 11세기경 활동한 이스라엘 지도자요, 예언자요, 제사장이요, 마지막 사사다. 그에 의해 사울과 다윗이 기름부음을 받고 왕이 되었다.

자손에게'라고 하셨습니다. 그는 곧 그리스도십니다.(갈라디아서 3.16) 너를 축복하는 사람에
게 내가 복을 주고, 너를 저주하는 사람에게 내가 저주를 내릴 것이다. 땅에 사는 모든 민족이
너로 말미암아 복을 받을 것이다.(창세기 12.3) **21** 그래서 하나님께서 먼저 여러분
을 위해 그 종을 다시 살려 보내셨습니다. 여러분을 하나도 빠짐없이 악
한 길에서 돌아서게 하여, 그를 통해 복을 받게 하시려고 말입니다."

267
공회의 위협 (사도 4.1-22)

1 베드로와 요한이 아직 말하고 있을 때, 제사장과 성전 경비대장과
사두개인이 몰려왔다. **2** 그들은 두 사도가 예수님의 부활을 가르치고
전한다는 이유로 격분해 붙잡았으나, 날이 이미 저물어 다음날까지 감
옥에 가둬 두었다. **3** 그러나 사도들의 말을 듣고 믿는 사람이 많이 늘
어나서, 남자 어른만 5천 명쯤 되었다. **4** 이튿날 유대인 지도자와 장로
와 율법학자가 예루살렘에 모였다. 대제사장 안나스를 포함해 가야바,
요한, 알렉산더, 그리고 대제사장 가문의 어른이 모두 모였다. **5** 그들이
두 사도를 앞에 세우고 물었다. "그대는 무슨 권세와 누구의 이름으로
이런 일을 하였소?" **6** 베드로가 성령이 충만하여 담대하게 말했다. "백
성의 지도자와 장로 여러분, 오늘 우리가 여기서 심문을 받는 것이, 나면
서부터 걷지 못한 장애인에게 베푼 선한 일과, 또 그가 어떻게 낫게 되었
는지에 대한 문제라면, 여러분과 이스라엘 모든 백성은 이것을 아셔야 합
니다. **7** 이 사람은, 여러분이 십자가에 못 박아 죽였으나, 하나님께서 다
시 살리신 나사렛 예수 그리스도의 이름으로 완전히 낫게 되어, 지금 여
러분 앞에 서 있습니다. **8** 이 예수님은 여러분 건축자가 버린 돌로서, 집

모퉁이의 머릿돌이 되셨습니다.(195) 건축자들이 내버린 돌이 집 모퉁이의 머릿돌
이 되었다.(시편 118.22) **9** 이 예수님 외에는, 어느 누구로도 구원받을 수 없습
니다. 하늘 아래 구원받을 만한 다른 이름을 하나님께서 주신 일이 없
습니다." **10** 공회[1]원들은 베드로와 요한을 제대로 배우지 못한 하찮은
사람으로 알았다가, 이렇듯 담대히 말하는 것을 보고 놀라지 않을 수
없었다. **11** 또 그들은 두 사도가 전에 예수님과 함께 다니던 사람인 것
도 알게 되었으나, 고침 받은 사람이 사도들 곁에 서 있는 것을 보고,
더 이상 할 말이 없었다. **12** 그들이 사도들을 잠시 회의장 밖으로 내보
내고, 서로 의논했다. "이들을 어떻게 하면 좋겠소? 이들이 주목할 만한
표적을 행한 것은 예루살렘 시민이 다 아는 사실이고, 우리도 부인할 수
가 없지 않소? 그러니 이 소문이 백성 사이에 더 이상 퍼지지 못하게, 다
시는 예수의 이름으로 말하지도 말고 가르치지도 말라고, 단단히 경고해
두는 것이 좋을 듯하오." **13** 그래서 그들이 베드로와 요한을 다시 불러
들여, 예수님의 이름으로 말하지도 말고 가르치지도 말라고, 엄중히 경고
하고 놓아 주었다. **14** 그러나 사도들은 말했다. "우리가 하나님의 말씀을
듣지 않고 여러분의 말을 듣는 것이, 하나님께서 보시기에 옳은 일인지
스스로 판단해 보십시오. 우리는 보고 들은 것을 말하지 않을 수 없습
니다." **15** 그때 두 사도가 베푼 기적을 보고, 모든 백성이 하나님께 영
광을 돌리고 있었던 바, 그들은 어찌할 방도를 찾지 못하고, 다시 위협
만 하고 사도들을 놓아주었다. **16** 이 기적으로 고침 받은 사람은 40세
가 약간 넘었다.

---

1) 공회(公會, Sanhedrin)는 72명의 지도자로 구성된 유대인 최고의 의결기구로, 입법, 사법, 행정, 종교 등 모든 사무를 관장하였다.

268

한마음 기도 (사도 4.23-31)

1 베드로와 요한이 풀려나, 바로 동료에게 갔다. 대제사장과 장로의 말
을 모두 전해 주었다. **2** 그들이 듣고, 소리를 높여 한마음으로 기도했다.
“하늘과 땅과 바다와, 그 안에 있는 모든 것을 지으시고 주관하시는 주
여, 주의 종 우리 조상 다윗의 입을 빌려 성령으로 말씀하셨습니다. ‘어
찌하여 이방인이 날뛰며, 뭇 백성이 헛된 일을 꾀하는가? 세상의 왕들이
들고일어나며, 통치자들이 함께 모여 주와 그리스도를 대적하는가?’ 어찌
하여 뭇 나라가 공모하며, 어찌하여 뭇 민족이 헛된 일을 꾸미는가? 어찌하여 세상의 왕들이
나서고, 어찌하여 통치자들이 음모를 꾸미며, 주와 ‘기름 부음 받은 자’를 거역하여 이르기를,
“이 족쇄를 벗어 던지자. 동여맨 이 사슬을 끊어 버리자”고 하는가?(시편 2.1-3) **3** 그런데 과
연, 헤롯 안티파스와 본디오 빌라도가 주께서 기름 부어 세우신 그리스
도 예수를 거슬러, 이방인과 이스라엘 백성이 작당해 음모를 꾸몄으니,
주의 권능과 뜻대로 미리 정하신 일을, 이곳 예루살렘에서 그대로 이루
었습니다. **4** 주여, 이제 그들의 위협을 받고 있는 주의 종들을 보살펴 주
십시오. 주의 종들이 조금도 굴하지 않고 담대히 주의 말씀을 전하게 하
십시오. 주께서 권능의 손을 펴서 병을 낫게 하시고, 주의 거룩한 종 예
수의 이름으로 기사와 표적을 행하게 하십시오.” **5** 그들이 기도를 마치
자 모인 곳이 진동하였고, 모두가 성령으로 충만하여 하나님의 말씀을
담대히 전했다.

269
공동체 생활 (사도 4.32-37)

1 모든 성도가 한마음 한뜻이 되어, 자기 소유를 자기 것이라 주장하지 않고, 모든 것을 내놓고 공동으로 사용하였다. **2** 사도들은 큰 능력으로 주 예수님의 부활을 계속해서 증언하였고, 하나님께서는 성도들에게 더욱 큰 은혜를 베풀어 주셨다. **3** 성도 가운데 생활이 어려운 사람이 하나도 없었다. 땅이나 집을 가진 사람이 팔아 그 돈을 사도들 앞에 갖다 놓았고, 사도들은 각 사람의 필요에 따라 그 돈을 나눠 주었다.(150, 164, 168, 181) 너는 이 세상 부자에게 명하여, 교만하지 말고, 덧없는 재물에 소망을 두지 말고, 오직 우리에게 모든 것을 풍성히 주시고 누리게 하시는, 하나님께 소망을 두라고 하라.(디모데전서 6.17) **4** 사도들이 바나바,[1] 곧 '위로의 아들'이라 부른 키프로스 출신의 레위 사람 요셉도, 자기 땅을 팔아 그 돈을 사도들 앞에 갖다 놓았다.

270
아나니아 사건 (사도 5.1-11)

1 아나니아[2]라는 사람이 아내 삽비라와 함께 자기 땅 일부를 팔았다. 그런데 그 값의 얼마를 떼어 감춰 놓고, 나머지만 사도들 앞에 갖다 바쳤다. 그 내막을 삽비라도 알고 있었다. **2** 베드로가 아나니아를 꾸짖었

---

1) 바나바(Barnabas, 위로의 아들)는 위로와 격려와 권면하는 사람에게 붙인 별명이다. 그는 키프로스 출신 유대인으로, 본명은 요셉이었다. 심성이 착하고 믿음과 성령이 충만하였다.

2) 아나니아(Ananiah, 은혜/시온)와 삽비라(Sapphira, 즐거움) 부부는 소유에 대한 미련을 버리지 못하고, 성령을 속여 공동체를 기만하였다. 당시 교회는 유무상통 공동체로, 순결성 유지가 가장 중요하였다.

다. “아나니아는 들으시오! 어찌하여 그대 마음이 사탄에게 홀려서, 성령
님을 속이고 땅값 얼마를 떼어 감춰 놓았소? 그 땅은 팔기 전에도 그대
의 것이었고, 판 뒤에도 그대가 마음대로 할 수 있었지 않소? 그런데 왜
그런 마음을 먹었소? 그대는 사람을 속인 게 아니라, 하나님을 속인 것
이오!” **3** 아나니아가 이 말을 듣고, 그 자리에 쓰러져 숨졌다. 이 소문을
듣고, 사람들이 크게 두려워하였다. **4** 그때 청년들이 들어와, 시신을 싸
매고 나가 묻었다. **5** 그리고 3시간쯤 지나, 그의 아내 삽비라가 그 일어
난 일을 알지 못하고 들어왔다. **6** 베드로가 물었다. “그대와 남편 아나니
아가 땅을 판값이 이것뿐이오? 어디 바른대로 말해 보시오.” **7** 삽비라가
대답했다. “예, 그게 전부입니다.” **8** 베드로가 말했다. “어쩌자고 그대 내외
는 서로 짜고, 주님의 영을 시험하려고 하였소? 보시오! 그대의 남편을 묻
은 사람의 발이 이제 막 문 앞에 이르렀으니, 이번에는 그대를 메고 나갈
것이오!” **9** 그러자 삽비라도 베드로의 발 앞에 거꾸러져 죽었다. 그때 청
년들이 들어와 삽비라가 죽은 것을 보고, 메어다가 그 남편 곁에 묻었다.
10 온 교회는 물론이고, 믿지 않는 사람까지 이 소문을 듣고 몹시 두려워
하였다.

271
교회의 성장 (사도 5.12-16)

1 사도들은 백성 가운데 많은 기적과 표적을 일으켰고, 성도들은 한마
음으로 솔로몬 행각에 모이곤 하였다. **2** 다른 사람은 감히 그 모임에 들
지 못했고, 백성은 그들에게 칭찬을 아끼지 않았다. 그러면서 남녀 성도
의 수가 점점 불어나 큰 무리를 이루었다. **3** 심지어 사람들은, 베드로가

지나갈 때 그의 그림자라도 덮일까 바라고, 들것과 자리에 환자를 눕혀
길거리로 메고 나왔다. **4** 예루살렘 근방의 여러 마을에서도, 숱한 사람
이 병든 사람과 악귀 들린 사람을 데리고 모여들었으며, 그들은 모두 고
침을 받았다.

272
공회의 박해 (사도 5.17-33)

1 그러자 대제사장과 그 추종자 사두개인이 시기하여 들고일어나, 사
도들을 붙잡아 감옥에 가두었다. **2** 그런데 그날 밤, 주님의 천사가 감옥
문을 열고, 사도들을 밖으로 데리고 나오며 말했다. "너희는 성전으로
가서, 이 생명의 말씀을 백성에게 마저 전하라!" **3** 이 말을 듣고, 사도들
이 새벽에 성전으로 들어가 가르치기 시작했다. **4** 그때 대제사장 일행
이 도착하여 공회와 이스라엘 장로를 소집하고, 감옥으로 사람을 보내
사도들을 데려오게 하였다. **5** 그들이 감옥에 갔다가 돌아와 보고했다.
"저희가 가서 보니, 감옥 문은 단단히 잠겨 있었고, 문마다 간수가 지키
고 서 있었습니다. 그런데 막상 문을 열고 들어가 보니, 안에는 아무도
없었습니다." **6** 이 말을 듣고, 대제사장과 성전 경비대장이 크게 당황했
으며, 또 어떤 일이 더 터질지 몰라 더욱 긴장하였다. **7** 그때 누가 들어
와 말했다. "보십시오! 감옥에 가둔 그 사람들이 성전 뜰에 서서 백성을
가르치고 있습니다!" **8** 그러자 경비대장이 부하를 데리고 가서, 사도들
을 붙잡아 왔다. 그러나 백성이 돌을 던질까 싶어 폭력은 쓰지 않았다.
9 그들이 사도들을 끌어다 공회 앞에 세우자, 대제사장이 물었다. "우리
가 그 사람의 이름으로 가르치지 말라고, 그렇게 주의를 주지 않았소?

그런데 그대들은 온 예루살렘에 그 가르침을 퍼뜨리고 다니며, 게다가 그 사람의 피에 대한 책임을 우리에게 뒤집어씌우려 하고 있으니, 대체 어찌된 일이오?" **10** 베드로와 다른 사도들이 대답했다. "사람에게 순종하기보다 하나님께 순종하는 것이 마땅하다고, 우리가 이미 말씀드렸지 않습니까? **11** 우리 조상의 하나님께서 여러분이 나무에 달아 죽인 예수님을 다시 살리시고, 높이 올려 우편에 앉히셨습니다. 그리고 이스라엘을 회개시켜 죄 사함을 받게 하시려고, 우리의 왕과 구세주로 삼으셨습니다. 그러므로 하나님께서 그를 지극히 높이시고, 모든 이름 위에 뛰어난 이름을 그에게 주셨습니다.(빌립보서 2.9) **12** 우리는 이 일의 증인입니다. 하나님께서 그에게 순종하는 사람에게 주신 성령님도, 그 일의 증인이십니다." **13** 이 말을 듣고, 공회원들은 화가 머리끝까지 치밀어, 사도들을 당장 끌어내 죽이려고 하였다.

273
가말리엘 권고 (사도 5.34-42)

1 그때 공회의 분위기가 심상치 않음을 깨닫고, 가말리엘[1]이라는 바리새인이 자리에서 일어났다. 그는 유대의 최고 교법사로서, 온 백성의 존경을 한몸에 받고 있었다. **2** 그가 사도들을 잠시 밖으로 나가게 하고 말했다. "이스라엘 형제여, 우리가 이 사람들을 조심스럽게 다루는 것이 좋

1) 가말리엘(Gamaliel, 하나님의 보수/급료)은 유대인의 유전을 체계화시킨 힐렐의 손자이자, 시몬의 아들이었다. 산헤드린 의장을 역임한 고문이었고, 유대 최고의 교법사로서 바울의 스승이었다. 주후 70년경, 그의 말년에 그리스도인이 되었다는 설이 있다.

겠습니다. 얼마 전, 드다[1]가 일어나 자기를 대단한 인물인 양 주장하자,
400명이나 되는 사람이 그를 따랐습니다. 그러나 그가 죽임을 당하자,
그 추종자는 뿔뿔이 흩어지고 말았습니다. **3** 또 인구조사를 할 때도, 갈
릴리 사람 유다[2]가 나타나 많은 사람을 꾀어 반란을 도모했으나, 그 역
시 죽임을 당했으며, 그의 추종자 또한 모두 흩어져 아무 일도 아닌 것
으로 끝났습니다. **4** 그러니 제가 드리고 싶은 말씀은, 이번에도 저들을
간섭하지 말고, 그냥 내버려두자는 것입니다. **5** 그 목적이나 행동이 사
람에서 비롯된 것이라면, 그들은 당연히 망할 것입니다. 그러나 만일 하
나님께서 허락하신 것이라면, 아무도 그 일을 막을 수 없고, 우리가 도리
어 하나님을 대적하는 사람이 될지도 모릅니다." **6** 그러자 공회가 그 권
고를 선하게 받아들여, 사도들을 매질한 뒤, 예수의 이름으로 말하는 것
을 엄히 금하고 놓아주었다. **7** 그런데 사도들은, 예수님의 이름을 위해
모욕당한 것을 특권으로 여기고, 오히려 기뻐하며 공회를 물러 나왔다.
8 그리고 그들은 성전에 있든지 집에 있든지, 날마다 가르치고 전하기를
쉬지 않았다. "예수님이 그리스도십니다!"

274
7전도자 선출 (사도 6.1-7)

1 그즈음, 제자의 수가 부쩍 늘어났다. 그런데 그리스어를 사용하는 유
대인이 히브리어를 사용하는 유대인에게 불만을 터뜨렸다. 매일 식량을

1) 드다(Theudas, 칭찬)는 헤롯대왕 사후에 일어난 여러 반역 사건 가운데 하나를 주동했던 인물로 추정된다.
2) 유다(Judas, 찬송)는 주후 6년에 백성을 꾀어 모반했다가 망한 사람이다.

배급 받을 때, 본토 과부에 비해 외국 과부가 소홀히 여김을 받았기 때
문이다. **2** 12사도가 제자들을 모두 불러 말했다. "우리가 식량을 배급
하는 일에 골몰하기보다, 하나님의 말씀을 가르치는 일에 치중하는 것이
옳다고 봅니다. 형제 여러분, 여러분 가운데 신망이 두텁고 성령과 지혜
가 충만한 사람 7명을 뽑으십시오. 그들에게 이 일을 맡기고, 우리는 기
도하고 말씀을 전하는 일에 전념하겠습니다." **3** 이 제안을 모든 사람이
선하게 받아들여, 믿음이 좋고 성령이 충만한 사람 7명[1]을 뽑아 사도들
앞에 세웠다. 그들은 스데반, 빌립, 브로고로, 니가노르, 디몬, 바메나, 그
리고 유대인으로 개종한 안디옥 사람 니골라였다. **4** 그러자 사도들이 기
도하고, 그들의 머리 위에 손을 얹어 안수하였다. **5** 그리하여 하나님의
말씀은 더욱 널리 퍼져 나갔고, 예루살렘의 제자 수도 부쩍 늘어났으며,
제사장 중에서도 이 믿음을 받아들인 사람이 많았다.(80)

275
스데반의 활동 (사도 6.8-15)

1 스데반[2]은 은혜와 능력이 충만하여, 큰 기사와 표적을 민간에 행하
였다. **2** 그때 구레네, 알렉산드리아, 길리기아, 아시아 등에서 온 유대인
으로 구성된, 이른바 '리버디노[3]'라는 자유인의 회당에 속한 몇 사람이
들고일어나, 스데반과 논쟁을 벌였다. **3** 그러나 성령과 지혜가 충만한 스

1) 7전도자(傳道者, Evangelist)는 사도를 돕기 위해 교회가 뽑아 세운 일꾼으로, 모두 그리스인이었다.
2) 스데반(Stephen, 면류관)은 사도 못지않은 사역을 수행하다가, 교회 역사상 최초의 순교자가 되었다.
3) 리버디노(Libertino, 자유인)는, 주전 1세기 폼페이우스(Pompeius) 장군의 유대정벌 때, 로마로 끌려가 노예생활을 하던 유대인의 후손으로, 나중에 해방되어 자유인이 되었다.

데반을 그들이 당할 수가 없었다. **4** 그러자 돈을 주고 무리를 매수하여
헛소문을 퍼뜨리게 하였다. "스데반이 모세와 하나님을 모독하는 것을
우리가 들었습니다." **5** 이렇듯 백성과 장로와 율법학자를 분노하게 만든
뒤, 그들이 스데반을 붙잡아 공회 앞으로 끌고 갔다. **6** 그리고 거짓 증인
을 내세워 말하였다. "이 거룩한 성전과 율법을 거슬러, 이 사람이 쉴 새
없이 험담을 늘어놓았습니다. 또 나사렛 예수가 이곳을 헐고, 모세가 우
리에게 전해 준 규례를 뜯어고칠 것이라고 했습니다." **7** 그러자 공회에
앉은 사람들의 시선이 일제히 스데반에게 쏠렸고, 그때 스데반의 얼굴은
마치 천사와 같았다.

276
스데반의 설교 (사도 7.1-53)

1 대제사장이 스데반에게 물었다. "이 사람들의 말이 사실이오?" **2** 스
데반이 말했다. "부형 여러분, 제 말을 들어 보십시오. 우리 조상 아브라
함이 하란에서 살기 전, 아직 메소포타미아에 있을 때, 영광의 하나님께
서 나타나 말씀하셨습니다. '네 고향과 친척을 떠나, 내가 네게 보여 줄
땅으로 가라.' 여호와께서 아브람에게 말씀하셨다. "너는 네 고향과 친척과 아버지의 집
을 떠나서, 내가 네게 보여 줄 땅으로 가라.(창세기 12.1) **3** 그래서 아브라함은 갈대아
[1] 땅을 떠나 하란[2]으로 가서 살았습니다. **4** 거기서 그의 아버지가 죽
은 뒤, 하나님께서 지금 여러분이 사는 이 땅으로 옮기셨습니다. **5** 그러

1) 갈대아(Chaldea)는 유브라데강과 티그리스강 사이에 있는 지방으로, 점성술이 발달하였다.
2) 하란(Haran, 산골 사람)은 메소포타미아 북쪽에 있는 도시로, 우상숭배와 무역이 성행하였다.

나 하나님께서는, 여기서 발붙일 만한 땅도 주시지 않고, 그와 그 후손에
게 이 땅을 주시겠다고 약속하셨습니다. 그때 아브라함은 아직 자식이
없었습니다. **6** 그리고 하나님께서 말씀하셨습니다. '네 자손이 이국땅에
서 나그네가 되어, 400년간 학대를 받으며 종살이할 것이다. 그러나 내
가 그 민족을 벌하리니, 그 뒤에 이곳으로 돌아와 나를 섬길 것이다.' 여
호와께서 아브람에게 말씀하셨다. "너는 분명히 알라. 네 자손이 이방에서 객이 되어 그들을 섬
길 것이며, 그들은 네 자손을 400년간 괴롭힐 것이다. 그러나 내가 그 나라를 반드시 벌하리
니, 그 뒤에 네 자손이 많은 재물을 가지고 나올 것이다.(창세기 15.13-14) **7** 또 하나님께서
아브라함에게 언약의 표시로 할례를 주셨습니다. 그래서 아브라함이 이삭
을 낳아 8일 만에 할례를 베풀었고, 이삭도 야곱에게 그렇게 하였으며, 야
곱도 우리 조상 12족장에게 할례를 행하였습니다. **8** 그런데 우리 족장이
요셉을 시기하여 이집트의 노예로 팔아 버렸습니다. **9** 그러나 하나님께
서 요셉과 함께하여 그 숱한 어려움에서 구해 주셨습니다. 또 그에게 은혜
와 지혜를 주셔서, 이집트 왕 바로의 신임을 얻게 하였습니다. 그리하여 이
집트 왕은 요셉을 총리로 세워서, 이집트와 왕궁을 다스리게 하였습니다.
10 그때 이집트와 가나안 땅에 큰 가뭄이 들어 재난이 극심했습니다. 우
리 조상도 먹을거리가 없었습니다. **11** 야곱은 이집트에 곡식이 있다는 소
문을 듣고, 먼저 우리 족장을 그곳에 보냈습니다. **12** 그리고 그들이 2번째
갔을 때, 요셉이 형들에게 자기 정체를 밝혔으며, 이집트 왕 바로도 요셉
의 가족에 대해 알게 되었습니다. **13** 이 일이 있은 뒤 요셉이 사람을 보
내어, 자기 아버지 야곱을 비롯해 75명의 가족을 전부 이집트로 불렀습
니다. 이집트에 요셉의 아들 2명이 있었고, 이집트로 간 야곱의 가족은 모두 70명이었다.(창
세기 46.27) 요셉은 이미 이집트에 있었고, 야곱 슬하의 자손은 모두 70명이었다.(출애굽기
1.5) **14** 그리하여 야곱과 우리 족장이 이집트로 내려가게 되었으며, 그들

은 거기서 살다가 모두 죽었습니다. **15** 그 후 그들의 유해는 세겜[1]으로
옮겨져, 아브라함이 하몰[2]의 자손에게서 사 두었던 무덤에 안장되었습니
다. **16** 그리고 하나님께서 아브라함에게 약속하신 때가 가까워지자, 이
집트의 우리 민족은 크게 번성하여 그 수가 엄청 불어났습니다. **17** 그
때 요셉을 알지 못하는 새 왕이 등극하여 이집트를 다스리게 되었습니
다. **18** 그는 우리 민족을 교묘히 속여 우리 조상을 학대하였고, 갓난아
기를 강제로 버리게 하여 살아남지 못하게 하였습니다. **19** 바로 그즈음,
모세가 태어났습니다. 그는 평범한 아기가 아니었고, 하나님이 보시기에
그 용모가 아주 준수했습니다. **20** 모세의 부모가 3개월 동안 집에서 몰
래 키우다가, 더 이상 숨길 수가 없어 강에 버리게 되었습니다. 그때 바로
의 딸[3]이 건져다가 자기 아들로 삼아 길렀습니다. **21** 모세는 이집트 사
람의 모든 지혜와 학문을 배웠고, 그 말과 행동에 뛰어난 능력을 갖추게
되었습니다. 모세가 여호와께 아뢰었다. "주여, 죄송합니다. 저는 원래 말재주가 없는 사
람입니다. 예전에도 그랬고, 주께서 종에게 말씀하시는 지금도 그렇습니다. 저는 말이 어눌하
고 혀도 둔합니다."(출애굽기 4.10) **22** 모세가 40세가 되어 이스라엘 백성의 사정
을 살펴보다가, 자기 동족을 돌볼 생각을 하게 되었습니다. **23** 하루는,
이스라엘 사람이 이집트 사람에게 학대받는 것을 보고, 모세가 그를 보
호하러 갔다가, 이집트 사람을 죽여 그 원한을 풀어 주었습니다. **24** 모
세는 하나님께서 자기를 통해 동족을 구원하신다는 것을, 동족이 깨달
은 줄로 생각하였으나, 그들은 미처 깨닫지 못했습니다. **25** 다음날, 이

---

1) 세겜(Shechem, 목/어깨/등)은 사마리아의 그리심산과 에발산 사이에 있는 성읍으로, 예루살렘 북쪽 67km쯤에 있었다.

2) 하몰(Hamor, 나귀)은 가나안 땅의 히위족 사람으로, 야곱의 딸 디나를 강간한 세겜의 아버지다.

3) 바로(Pharaoh, 큰집/태양)의 딸은 핫셉수트(Hatshepsut, 가장 고귀한 숙녀) 공주로 추정되며, 투트모스 1세의 정실부인에서 태어난 외동딸로, 가장 강력한 시대에 이집트를 통치하였다.

스라엘 사람끼리 서로 싸우는 것을 보고, 모세가 그들을 화해시키려 했
습니다. '여보시오, 그대는 한 형제가 아닙니까? 어찌 서로 해치려고 합니
까?' **26** 그러자 동무를 해치려고 시비를 건 사람이 모세를 떠밀며 대들
었습니다. '누가 당신을 우리의 지도자나 재판관으로 세웠소? 어제는 이
집트 사람을 죽이더니, 오늘은 나를 죽일 참이오?' 그러자 그가 대들었다. "누
가 당신을 우리의 지도자나 재판관으로 세웠소? 당신이 이집트 사람을 죽이더니, 이제 나도 죽
일 작정이오?" 모세는 일이 탄로 난 것을 알고 두려워하였다.(출애굽기 2.14) **27** 이 말을 듣
고, 모세는 이집트를 떠나 미디안[1] 땅으로 도망쳤습니다. 거기서 나그네
생활을 하며 아들 2명을 낳았습니다. **28** 40년이 지난 뒤, 모세가 시내산
근처의 광야에 있을 때, 천사가 가시나무 떨기 불꽃 속에 나타났습니다.
우리의 연수가 70세요, 강건하면 80세라도, 그 연수의 자랑은 수고와 슬픔뿐이요, 빠르게 지
나가니 마치 날아가는 것 같습니다.(시편 90.10) **29** 모세가 그 광경을 보고 놀랍게
여겨서, 자세히 보려고 가까이 다가갔습니다. 그때 주의 음성이 들렸습니
다. '나는 네 조상의 하나님, 곧 아브라함의 하나님, 이삭의 하나님, 야곱
의 하나님이다.' 하나님이 말씀하셨다. "나는 네 조상의 하나님, 곧 아브라함의 하나님, 이
삭의 하나님, 야곱의 하나님이다." 모세는 하나님을 뵙기가 두려워 자기 얼굴을 가렸다.(출애굽
기 3.6) **30** 모세는 두렵고 떨려서, 얼굴을 들어 쳐다보지도 못했습니다. 그
때 주께서 말씀하셨습니다. '네 신을 벗어라. 네가 서 있는 곳은 거룩한 땅
이다.' 하나님이 말씀하셨다. "이리 가까이 오지 마라. 네가 서 있는 곳은 거룩한 땅이다. 네 신
을 벗어라."(출애굽기 3.5) **31** 나는 내 백성이 이집트 땅에서 학대받는 것을 똑똑
히 보았고, 그 신음소리도 들었다. 그래서 내가 그들을 구원하려고 내려왔
다. 자, 가라. 내가 너를 이집트로 보낸다.' "이제 가라. 내가 너를 바로에게 보내어,

1) 미디안(Midian, 다툼/심판)은 아브라함의 3번째 아내 그두라에서 태어난 4번째 아들로, 아브라함에 의해 그 형제와 함께 동방으로 보내졌다. 그곳은 모압 북쪽에서 에돔 남쪽에 이르는 사막지대로 추정된다.

내 백성 이스라엘 자손을 이집트에서 이끌어 내겠다."(출애굽기 3.10) **32** 이 모세로 말하
면, 이스라엘 백성이 '누가 당신을 우리의 지도자나 재판관으로 세웠소?'라
며 배척한 사람입니다. 그러나 하나님께서 가시나무 떨기 불꽃 속에 나
타난 천사의 능한 손에 붙여, 이 모세를 이스라엘의 지도자와 해방자로
세워 보내셨습니다. **33** 그래서 모세는 이집트에서, 홍해[1]에서, 광야에
서, 40년간 여러 가지 기적과 표적을 행하며 자기 백성을 인도했습니다.
34 바로 이 모세가, 이스라엘 백성에게 이 말을 한 사람입니다. '하나님께
서 너희 동족 가운데서 나와 같은 예언자를 세워 보내 주실 것이다.' 주
너희 하나님께서 너희 동족 가운데서, 나와 같은 예언자 하나를 일으켜 세워 주실 것이다. 너
희는 그의 말을 들어야 한다.(신명기 18.15) **35** 또 모세는 시내산[2]에서, 우리 조상
과 함께 광야에서 회중으로 모여 있을 때, 그에게 말하는 천사와 우리 조
상 사이의 중재자가 되어서, 살아 계신 하나님의 말씀을 전해 주었습니
다. **36** 그러나 우리 조상은 모세의 말을 듣지 않고, 오히려 그를 저버리
고 이집트로 돌아갈 궁리를 했습니다. **37** 그들이 아론에게 말했습니다.
'우리를 인도할 신을 만들어 주시오. 우리를 이집트에서 인도한 모세는
어떻게 되었는지 전혀 소식이 없소.' 모세가 산에서 오랫동안 내려오지 않자, 백성
이 아론에게 몰려가 말했다. "일어나 우리를 인도할 신을 만들어 주십시오. 우리를 이집트 땅에
서 올라오게 한 모세는 어떻게 되었는지 모르겠습니다."(출애굽기 32.1) **38** 그래서 그들이
송아지 모양의 우상을 만들어 제물을 바치고, 자기 손으로 만든 것을 섬기
며 즐거워했습니다. **39** 그러자 하나님께서 그들을 외면하시고, 하늘의 별
들을 섬기게 내버려두었습니다. **40** 이는 예언서에 기록된 바와 같습니다.

---

1) 홍해(Red sea, 갈대바다)는 아프리카와 아라비아 반도 사이의 좁고 긴 바다로, 북쪽이 두 갈래로 나눠져 서측은 수에즈만, 동측은 아카바만으로 되어 있다.

2) 시내(Sinai, 나무가 무성한 곳)산은 모세가 십계명을 받은 곳으로, 호렙(Horeb, 건조한 곳) 산이라 불리기도 한다. 시내반도 남쪽에 있는 산으로 보이며, 2개의 봉우리가 있어 그렇게 불렸던 것으로 짐작된다.

'이스라엘 족속아, 너희가 광야에서 40년간 있을 때, 내게 희생[1]과 예물을
바친 적이 있느냐? 너희는 너희가 만든 몰록[2]의 신당과, 레판[3]의 우상을
떠메고 다니며 섬겼다. 그러므로 내가 너희를 바벨론 저편으로 옮길 것
이다.' "이스라엘 족속아, 너희가 광야에서 40년을 지내는 동안, 내게 희생제물과 곡식제물
을 바친 일이 있느냐? 이제 너희가 왕으로 떠받드는 식굿의 신상과, 너희 별신 기윤의 신상을
짊어지고 갈 것이다. 이것은 너희가 만들어 섬긴 우상이다. 그러므로 내가 너희를 다마스쿠스
저 너머로 사로잡혀 가게 할 것이다." 만군의 하나님, 주 여호와의 말씀이다.(아모스 5.25-27)
41 우리 조상은 광야에서 증거의 장막을 가지고 있었습니다. 하나님께서
분부하신 양식대로 모세가 만든 것입니다. **42** 이 장막을 우리 조상이
물려받았고, 하나님께서 쫓아내신 이방인의 땅을 차지할 때, 여호수아가
가지고 들어가 다윗 시대까지 그 땅에 있었습니다. **43** 다윗은 하나님의
은혜를 받아서, 야곱의 집을 위해 하나님의 처소를 짓게 해 달라고 간구
했습니다. 그러나 하나님을 위해 집을 지은 사람은 솔로몬이었습니다. **44**
그러나 지극히 높으신 하나님께서는, 사람의 손으로 지은 집에 계시지 않
습니다. **45** 이는 예언자가 말한 바와 같습니다. '주께서 말씀하셨다. 하늘
은 내 보좌요, 땅은 내 발판이다. 너희가 나를 위해 무슨 집을 짓겠으며,
내가 쉴만한 곳이 어디 있겠느냐? 내가 이 모든 것을 다 내 손으로 짓지
않았느냐?' 주께서 말씀하셨다. "하늘은 내 보좌요, 땅은 내 발판이다. 너희가 나를 위해 무슨
집을 짓겠으며, 어디에다 나를 쉬게 하겠느냐?"(이사야 66.1) 여러분도 성령 안에서 하나님이 거
하실 처소가 되려고, 그리스도 안에서 함께 세워져 가고 있습니다.(에베소서 2.22) **46** 목이 곧
고 마음과 귀가 꽉 막혀서, 하나님의 말씀에 귀를 기울이지 않는 사람들
이여, 여러분도 여러분의 조상과 같이 항상 성령님을 거역하고 있습니다.

---

1) 희생(犧牲, Sacrifice)은 하나님과의 교제나 속죄를 위해 바치는 제물을 뜻한다.
2) 몰록(Moloch, 맹세의 신)/몰렉(Molech)은 황소머리에 두 팔을 벌리고 서 있는 암몬족의 우상이다.
3) 레판(Rephan, 별의 신)은 바벨론 토성신의 이름으로, 이집트 사람이 섬기던 별의 우상이다.

47 여러분의 조상이 핍박하지 않은 예언자가 어디 한 사람이라도 있었습
니까? **48** 그들은 의인이 올 것을 예언한 사람을 죽였고, 이제 여러분은
바로 그 의인을 배반하고 죽였습니다. **49** 여러분은 천사가 전해 준 율
법을 받기만 하고, 지키지는 않았습니다."

277
스데반의 순교 (사도 7.54-60)

1 이 말을 듣고 격분하여, 그들이 스데반을 노려보며 이를 갈았다. **2** 그
때 스데반은 성령이 충만하여 하늘을 우러러보았다. 하나님의 영광과 하
나님의 오른편에 서 계신 예수님이 보였다. 아들은 하나님의 영광의 광채시요,
하나님의 본체의 형상이십니다. 자신의 능력의 말씀으로 만물을 보존하시고, 죄를 깨끗케 하
시며, 지극히 높은 곳에 계신 분의 오른편에 앉으셨습니다.(히브리서 1.3) **3** 스데반이 외
쳤다. "보십시오! 하늘이 열려 있고, 하나님의 오른편에 인자가 서 계십
니다!" **4** 그러자 그들이 귀를 막고 크게 소리를 지르며, 일제히 달려들
어 스데반을 성 밖으로 끌어내 돌로 치기 시작했다. **5** 그때 증인들이 자
기 겉옷을 벗어서, 사울[1)]이라는 청년의 발 앞에 두었다. **6** 그들이 계속
돌을 던지자, 스데반이 기도하였다. "주 예수님, 제 영혼을 받아 주십시
오!" **7** 그리고 무릎을 꿇고 크게 외쳤다. "주 예수님, 이 죄를 저들에게
돌리지 마십시오!" **8** 이 말을 하고, 스데반은 조용히 눈을 감았다.

---

1) 사울(Saul, 희망/소원)은 사도 바울의 본래 이름이다. 스데반의 순교 현장에서 반대자로 나타나 교회를 핍박하는 자로 열심을 내다가, 다마스쿠스로 가는 길에서 부활하신 예수님을 만나 극적으로 회심하였다.

278
사울의 핍박 (사도 8.1-3)

1 사울이 스데반의 죽음을 마땅히 여겼다. 2 그날 예루살렘 교회에 큰 핍박이 일어나, 사도를 제외한 모든 사람이 유대와 사마리아 지방으로 뿔뿔이 흩어졌다. 3 경건한 사람들이 스데반의 장례를 치르고, 그의 죽음을 애석히 여기며 크게 울었다. 4 그러나 사울은, 아예 교회를 쓸어버리려고 집집마다 돌아다니며, 남녀를 가리지 않고 모조리 끌어내 감옥에 보냈다.

279
빌립의 전도 (사도 8.4-13)

1 스데반의 순교를 계기로 흩어진 신자들이, 사방을 두루 다니며 복음을 전하게 되었다. 2 빌립[1]은 사마리아 성에 내려가 그리스도를 전했다. 그의 말을 듣고 표적을 본 사람들이, 하나같이 빌립에게 주의를 기울였다. 3 숱한 사람에게 붙었던 더러운 귀신이 울부짖으며 떠나갔고, 많은 중풍 병자와 지체장애인이 고침을 받았다. 그리하여 그 성에 큰 기쁨이 있었다. 4 그곳에 시몬이라는 사람이 있었다. 그는 오래전부터 마술을 부려 사마리아 사람을 놀라게 하였고, 스스로 위대한 사람인 양 행세하며 우쭐대고 있었다. 5 그래서 각계각층의 사람이 그를 따르며 말했다. "이 사람은 정말 하나님의 큰 능력자다!" 6 시몬이 마술로 오랫동안 그들의 마음을 매혹하여, 그들이 그 꽁무니를 따라다니며 그렇게 말했던

1) 빌립(Philip, 말을 사랑하는 자)은 사도 빌립이 아니라, 사도들이 안수하여 세운 7전도자 가운데 하나다.

것이다. **7** 그러다가 빌립이 나타나서, 예수 그리스도의 이름으로 하나님
의 나라에 대한 복음을 전하자, 남녀가 모두 그 말을 믿고 세례를 받았
다.(29) 하나님의 나라는 먹고 마시는 것이 아니라, 성령 안에서 누리는 의와 평화와 기쁨입니
다.(로마서 14.17) **8** 그러자 마침내 시몬도 믿고 세례를 받았다. 그가 줄곧 빌
립을 따라다니며, 큰 표적과 능력이 잇따라 일어나는 것을 보고 놀랐다.

280
마술사 시몬 (사도 8.14-25)

1 사마리아인이 하나님의 말씀을 받아들였다는 소식을 듣고, 예루살
렘의 사도들이 베드로와 요한을 보냈다. **2** 베드로와 요한이 사마리아로
내려가서, 그들에게 성령이 내리시기를 기도하였다. **3** 사마리아인은 주
예수님의 이름으로 세례는 받았으나, 아직 성령은 받지 못하였다. 그리스
도 안에는 신성의 모든 충만이 육체의 모습으로 거합니다.(골로새서 2.9) **4** 그래서 베드로
와 요한이 그들에게 손을 얹자, 그들이 성령을 받았다. **5** 마술사 시몬이
보고, 사도들에게 돈을 주며 말했다. "내게도 그 권능을 주시오. 내가 손
을 얹는 사람도 성령을 받게 해 주시오." **6** 베드로가 말했다. "당신이 하
나님의 선물을 돈으로 살 수 있다고 생각했으니, 당신은 그 돈과 함께 망
할 것이오. 당신의 마음이 하나님 앞에서 바르지 못하니, 이 일에 대한
당신의 분깃이나 자리는 없소. 그러니 당신은 마음에 품은 악한 생각을
버리고, 주님께 기도하시오. 혹시 주님께서 당신의 악한 생각을 용서해
주실지 모르오. 그러나 내가 보기에, 당신은 악의가 가득하고 불의에 얽
매여, 그 마음이 심히 비뚤어져 있소." **7** 그러자 시몬이 슬피 울며 말했
다. "지금 하신 말씀이 내게 조금도 미치지 않도록, 나를 위해 기도해 주

십시오.” **8** 두 사도가 주님의 말씀을 증언하고 선포한 뒤, 사마리아인의
여러 마을에 들러 복음을 전하며 예루살렘으로 돌아갔다.

281
에티오피아 내시 (사도 8.26-40)

1 그때 주님의 천사가 빌립에게 나타나 일러 주었다. “일어나 남쪽으로,
예루살렘에서 가사[1]로 내려가는 길로 가라. 그곳은 인적이 드문 광야 길
이다.” **2** 빌립이 일어나 길을 가다가, 한 내시[2]를 만났다. 그는 에티오피
아 여왕 간다게[3]의 재정을 맡은 고위 관리로, 예배하러 예루살렘에 왔다
가 돌아가는 길에, 마차에 앉아 예언자 이사야의 글을 읽고 있었다. **3** 성
령님이 빌립에게 말씀하셨다. “저 마차로 가까이 다가가라.” **4** 빌립이 그에
게 달려가, 예언자 이사야의 글 읽는 소리를 듣고 물었다. “지금 읽고 계
시는 말씀을 이해하십니까?” **5** 그가 대답했다. “풀어 주는 사람이 없으
니, 어찌 이해할 수 있겠습니까?” **6** 그리고 빌립에게 권하였다. “이 마차
에 올라앉으십시오.” **7** 그가 읽던 성경은 이 구절이었다. ‘그는 도살장으
로 끌려가는 양처럼, 털 깎는 자 앞에서 잠잠한 새끼 양처럼, 그 입을 열
지 않았다. 그는 굴욕을 당하면서 공평한 재판을 받지 못한 채, 이 땅에
서 그의 생명을 빼앗겼으니, 누가 이 세대의 악함을 말로 표현할 수 있겠
는가?’ 그는 굴욕을 당하고 고문을 당했으나, 아무 말도 하지 않았다. 마치 도살장으로 끌려

1) 가사(Gaza, 견고)는 블레셋 5대 도시 가운데 하나로, 교통과 상업이 발달하였다.
2) 내시(內侍, Eunuch)는 예배에 참석할 자격이 없었으나, 이방인과 내시도 구원을 받게 된다는 이사야의 예언이 성취된 것이다.
3) 간다게(Candace, 노예의 왕)는 에티오피아 여왕의 호칭이었다. 로마의 가이사, 이집트의 파라오와 같다.

가는 어린양처럼, 털 깎는 사람 앞에서 잠잠한 어미 양처럼, 그는 입을 열지 않았다. 그가 강제
로 끌려가 재판을 받고 처형을 당했으나, 땅에서 그의 생명이 끊어진 것을 보고, 그가 죽임당
한 것은 내 백성의 죄악 때문이라고, 어디 중얼거리기라도 한 사람이, 이 세대 가운데서 있었
느냐?(이사야 53.7-8) **8** 그가 빌립에게 물었다. "이는 누구를 두고 한 말입니
까? 예언자 자신입니까, 아니면 다른 사람입니까?" **9** 빌립이 입을 열어,
이 글에서 시작하여 예수님에 대한 복음을 자세히 들려주었다. **10** 그리
고 길을 따라 가다가, 물 있는 곳에 이르러 그가 말했다. "보십시오, 여
기 물이 있습니다. 나도 세례를 받았으면 하는데, 무슨 거리낌이라도 있
습니까?" **11** 빌립이 대답했다. "당신이 진심으로 믿으면, 세례를 받을 수
있습니다." **12** 그가 말했다. "예수 그리스도가 하나님의 아들이심을 내
가 믿습니다." **13** 그리고 마차를 세우게 하고, 빌립과 함께 물에 내려가
세례를 받았다. **14** 그들이 물에서 나오자, 주님의 영이 순식간에 빌립
을 데리고 가셨다. 그래서 그는 더 이상 빌립을 볼 수 없었지만, 기쁨에
차서 가던 길을 계속 갔다. **15** 이후 빌립은 아소도(아스돗)[1]에 나타났고,
여러 성을 두루 다니며 복음을 전하다가, 마침내 가이사랴에 이르렀다.

282
사울의 회심 (사도 9.1-25)

1 한편 사울은, 여전히 주님의 제자를 위협하며 살기를 띠고 있었다.

1) 아소도(Azotus, 견고한 곳)는 아스돗(Ashdod)의 그리스어 음역으로, 여호수아 시대의 거인, 아낙자손이 살던 팔레스타인 북쪽지방이다.

그가 대제사장에게 가서, 다마스쿠스[1] 여러 회당으로 가져갈 공문을 요
청하였다. **2** 그리스도의 도를 따르는 사람을 만나기만 하면, 남녀를 가
리지 않고 모조리 결박하여, 예루살렘으로 끌어올 생각이었다. **3** 사울
이 길을 떠나 다마스쿠스 가까이 이르렀을 때, 갑자기 하늘에서 강렬한
빛이 내려와 그를 둘러 비추었다. **4** 그가 땅에 엎드러지자, 하늘에서 음
성이 들려왔다. "사울아, 사울아! 네가 어찌하여 나를 핍박하느냐?" 몸은
하나이나 많은 지체가 있고, 지체는 많으나 한 몸임과 같이, 그리스도도 그러합니다.(고린도전
서 12.12) **5** 사울이 물었다. "주여, 누구십니까?" **6** "나는 네가 핍박하는 예
수다. 일어나 시내로 들어가라. 네게 할 일을 일러 줄 사람이 있을 것이
다." **7** 사울과 같이 가던 사람들은 소리만 들리고 아무도 보이지 않자,
말을 못하고 멍하게 서 있었다. **8** 사울이 일어나 눈을 떠 보았으나, 아무
것도 보이지 않았다. 그래서 함께 가던 사람의 손에 이끌려 다마스쿠스
시내로 들어갔다. **9** 사울은 3일 동안 아무것도 보지 못한 채, 먹지도 않
고 마시지도 않았다. **10** 그때 아나니아[2]라는 주님의 제자가 다마스쿠스
에 있었다. 주님이 환상 가운데 그를 부르셨다. "아나니아!" **11** 그가 대답
하였다. "주님, 제가 여기 있습니다." **12** "어서 일어나 '곧은 길'이라는 거
리로 가서, 유다의 집에 있는 다소[3] 사람 사울을 찾아라. 그가 지금 기도
하면서, 아나니아라는 사람이 들어와 자기에게 손을 얹어 시력을 회복시
켜 주는 환상을 보았다." **13** "주님, 제가 그 사람에 대해서 들은 바가 많
습니다. 그가 예루살렘에 있는 주님의 제자들에게 적잖은 해를 끼쳤다고
합니다. 더구나 그는 주님의 이름을 부르는 사람들을 모조리 결박해 예

---

1) 다마스쿠스(Domascus)는 해발 600m 고원지대에 세워진 시리아(Syria)의 수도였고, 예루살렘에서 북동쪽으로 240km 떨어진 거리에 있었다. 아라비아인에 의해 동방의 진주라고 불린 세계 최고(最古)의 도시다.

2) 아나니아(Ananiah, 시온/은혜)는 다마스쿠스에 사는 유대인으로, 주님의 제자였다.

3) 다소(Tarsus, 기쁨)는 소아시아 남동쪽에 있는 길리기아의 수도였다. 시리아와 소아시아 길목에 위치한 교통의 요충지였고, 헬라문명이 발달하였다.

루살렘으로 잡아가려고, 대제사장의 권한을 받아서 여기까지 왔다고 합니다." **14** "가라, 그는 내가 택한 그릇이다. 내 이름을 이방인과 왕과 이스라엘 백성 앞에 널리 전할 사람이다. 내 이름을 위해 그가 얼마나 많은 고난을 받아야 하는지, 내가 그에게 보여 줄 것이다." 토기장이가 진흙 한 덩이를 가지고 하나는 귀히 쓸 그릇을, 하나는 천히 쓸 그릇을 만들 권리가 없겠습니까?(로마서 9.21) 우리는 이 보물을 질그릇에 가지고 있습니다. 이는 큰 능력이 하나님께 있는 것이지, 우리에게 있는 것이 아님을 보여 주시려는 것입니다.(고린도후서 4.7) 모든 성도 가운데 가장 작은 자보다 더 작은 나에게 이 은혜를 주신 것은, 헤아릴 수없는 그리스도의 풍성함을 이방인에게 전하게 하시고, 만물을 창조하신 하나님 안에 영원 전부터 감춰져 있는 비밀의 경륜이 어떠한지, 모든 사람에게 드러내시기 위함입니다.(에베소서 3.8-9) 나는, 하나님께서 여러분을 위해 하나님의 말씀을 남김없이 전하라고 맡기신 사명에 따라, 교회의 일꾼이 되었습니다.(골로새서 1.25) **15** 아나니아가 유다의 집을 찾아와 사울에게 손을 얹고 말했다. "사울 형제, 나는 주님의 심부름으로 왔습니다. 그분은 그대가 여기 오는 길에 나타나신 주 예수님이십니다. 그분이 나를 보내어 그대의 눈을 뜨게 하고, 성령을 충만히 받게 하라고 분부하셨습니다." **16** 그러자 즉시 사울의 눈에서 비늘 같은 것이 떨어져 나갔고, 시력이 회복되어 다시 보게 되었다. 사울이 일어나 세례를 받고, 음식을 먹은 뒤 기운을 되찾았다. **17** 사울이 다마스쿠스 제자들과 함께 며칠 지내다가, 여러 회당을 찾아 예수님이 하나님의 아들이라 선포하기 시작했다. **18** 그 말을 듣는 사람이 다 놀라 말했다. "아니, 저 사람은 예루살렘에서 주님의 이름을 부르는 사람을 마구잡이로 잡아 해를 끼친 자가 아닙니까? 또 저자가 여기 온 것도, 주님의 제자를 잡아 대제사장에게 끌어가기 위함이 아닙니까?" **19** 그러나 사울은 더욱 힘을 얻어 예수님이 그리스도라 증언하여, 다마스쿠스에 사는 유대인을 당혹하게 만들었다. **20** 그렇게 여러 날이 지나자, 유대인이 사울을 죽이려고 음모를 꾸몄다. 그리고 모든 성문

을 밤낮으로 철통같이 지키고 서 있었다. **21** 그러나 사울은 그들의 음모
를 알게 되었고, 그의 제자들이 야밤의 틈을 타서, 사울을 광주리에 담
아 성 밖으로 달아 내렸다.

283
바나바의 천거 (사도 9.26-31)

1 사울이 예루살렘에 올라가 제자들과 사귀려고 하였으나, 그들은 사
울의 개종을 믿을 수가 없어 여전히 두려워하였다. **2** 그때 바나바가 사
울을 데리고 사도들에게 가서, 그가 다마스쿠스로 가는 길에서 어떻게
주님을 뵈었으며, 주님이 그에게 무슨 말씀을 하셨고, 또 그가 다마스쿠
스에서 예수님의 이름을 담대히 전한 이야기를 자세히 들려주었다. **3** 그
래서 사울은 제자들과 함께 지내게 되었고, 예루살렘을 자유롭게 드나
들며 주님의 이름을 담대히 전하게 되었다. **4** 사울이 그리스 출신 유대
인과 대화도 하고 토론도 벌였으나, 그들은 사울을 죽이려고 음모를 꾀했
다. 교우들이 그 사실을 눈치 채고, 사울을 가이사랴에 데려갔다가, 다시
다소로 보냈다. **5** 그러는 동안, 유대와 갈릴리와 사마리아의 모든 교회
가 안정이 되어 든든히 세워져 나갔고, 주님을 경외하는 마음과 성령의
위로로 정진하여 그 수가 점점 더 늘어났다.

284
애니아 치유 (사도 9.32-35)

1 그때 베드로는 사방을 두루 다니다가, 룻다[1]에 사는 성도를 방문하
였다. **2** 거기서 애니아라는 사람을 만났다. 그는 중풍으로 8년 동안 자
리에 누워 있었다. **3** 베드로가 말했다. "애니아, 예수 그리스도께서 그대
를 고치십니다. 일어나 자리를 정돈하십시오." **4** 그러자 곧 애니아가 일
어났다. **5** 그를 보고, 룻다와 사론[2]의 사람이 다 주님께 돌아왔다.

285
다비다 소생 (사도 9.36-43)

1 욥바[3]에 다비다라는 여제자가 있었다. 그리스어로 도르가며, 사슴
이라는 뜻이다. **2** 도르가는 선행과 구제 사업을 많이 하는 여성이었다.
3 그 무렵에 도르가가 병들어 죽었다. 사람들이 그 시신을 씻어 2층 다
락방에 안치하였다. **4** 그리고 욥바에서 그리 멀지 않은 룻다에 베드로
가 있다는 소식을 듣고, 제자들이 2명을 베드로에게 보내 속히 와 달라
고 청하였다. **5** 베드로가 일어나 그들과 함께 욥바로 갔다. 베드로가 도
착하자 사람들이 2층 다락방으로 안내했다. 모든 과부가 베드로 곁에 서
서 울며, 도르가가 살았을 때 만든 속옷과 겉옷을 모두 보여 주었다. **6** 베
드로가 사람들을 방에서 다 내보내고, 무릎을 꿇고 기도한 뒤, 시신을 향
해 몸을 돌려 말했다. "다비다, 일어나세요!" **7** 그러자 다비다가 눈을 뜨
고, 베드로를 바라보며 일어나 앉았다. **8** 베드로가 손을 내밀어 다비다를

1) 룻다(Lydda, 장식)는 예루살렘 북서쪽 40km쯤에 있는 베냐민 지파의 성읍으로, 지금은 룻(Ludd)이다.

2) 사론(Sharon, 평원)은 갈멜산에서 욥바까지, 지중해를 따라 남북으로 80km쯤 이어진 평야지역이다.

3) 욥바(Joppa, 아름답다)는 룻다에서 서쪽으로 18km쯤 떨어진 해안 도시로, 야파(Jaffa) 또는 야포(Yafo)로 알려져 있다. 지금은 텔아비브(Tel Aviv)에 합병되었다.

일으켜 세우고, 성도와 과부를 다 불러들여, 다시 살아난 다비다를 보여 주었다. **9** 이 일이 온 욥바에 알려지면서, 많은 사람이 주님을 믿게 되었다. **10** 베드로는 한동안 욥바에서, 무두장이 시몬의 집에 머물러 있었다.

286
고넬료의 경건 (사도 10.1-8)

1 가이사랴에 고넬료라는 사람이 있었다. '이탈리아 부대'에 배속된 로마군의 백부장이었다. **2** 그는 경건하여 온 가족이 하나님을 경외하였고, 가난한 사람에게 아낌없이 나눠 주며 항상 하나님께 기도하였다. **3** 어느 날 오후 3시쯤, 고넬료가 기도하다가 환상을 보았다. 하나님의 천사가 와서 자기를 부르는 소리를 똑똑히 들었다. "고넬료!" **4** 고넬료가 천사를 쳐다보고, 겁에 질려 말했다. "주여, 무슨 일이십니까?" **5** 천사가 대답했다. "네 기도와 자선이 하나님께 상달되어 기억하신 바가 되었다. 지금 욥바로 사람을 보내어 베드로라는 시몬을 불러 오너라. 그는 바닷가에 있는 무두장이 시몬의 집에 머물고 있다." **6** 천사가 이 말을 하고 떠나자, 고넬료가 집안 하인 2명과 경건한 부하 1명을 불러, 자초지종을 들려주고 욥바로 보냈다.

287
베드로의 환상 (사도 10.9-23)

1 이튿날 정오쯤, 고넬료가 보낸 사람들이 욥바 가까이 이르렀을 때,

베드로는 옥상에 올라가 기도하려는 참이었다. **2** 그때 점심이 준비되고
있었는데, 베드로가 시장기를 느끼고 무엇을 좀 먹었으면 하다가, 비몽
사몽간에 환상을 보게 되었다. **3** 하늘이 열리면서, 큰 보자기 같은 그
릇이 네 귀퉁이에 끈이 달려 땅으로 드리워져 내려왔다. 그 안에는 네
발 가진 온갖 짐승과, 기어 다니는 것과, 공중의 새가 골고루 들어 있었
다. **4** 그때 하늘에서 음성이 들려왔다. "베드로야, 일어나 잡아먹어라."
5 베드로가 말했다. "주님, 절대 그럴 수 없습니다. 저는 속되고 부정한
것을 이제까지 먹어 본 적이 없습니다." **6** 그러자 2번째 음성이 들려왔
다. "하나님께서 깨끗하게 하신 것을 속되다고 하지 마라." **7** 이런 일이
3번 있은 뒤, 그 보자기 같은 그릇이 다시 하늘로 올라갔다. **8** 베드로
가 이 환상을 보고, 무슨 뜻인지 몰라 어리둥절하고 있을 때, 고넬료가
보낸 사람들이 시몬의 집을 찾아와 문 앞에 서 있었다. **9** 그들이 문밖
에 서서 큰 소리로 물었다. "베드로라는 시몬이 여기 묵고 있습니까?"
10 베드로가 그 환상에 대해 골몰할 때, 성령님이 말씀하셨다. "시몬아,
지금 세 사람이 너를 찾아왔다. 일어나 내려가라. 그들은 내가 보냈으
니, 의심하지 말고 함께 가라." **11** 베드로가 내려가 말했다. "내가 바로
그 사람입니다. 무슨 일로 오셨습니까?" **12** 그들이 대답했다. "우리는
고넬료라는 로마군 백부장이 보낸 사람입니다. 그는 의인으로 하나님을
경외하며, 모든 유대인에게 존경을 받고 있습니다. 그가 선생님을 집으
로 모셔다가 하나님의 말씀을 들으라는, 거룩한 천사님의 지시를 받고
우리를 보냈습니다." **13** 베드로가 그들을 맞아들여 하룻밤을 묵게 하였
다. **14** 그리고 다음날 일어나, 가이사랴로 떠날 채비를 하였다. 욥바의
형제 몇 사람이 따라나섰다.

288
베드로의 설교 (사도 10.24-48)

1 그 다음날, 베드로가 가이사랴에 들어갔다. **2** 고넬료는 자기 친척과
가까운 친구를 모아 기다리고 있다가, 베드로가 온다는 소리를 듣고 급
히 마중을 나가 그 발 앞에 엎드려 절하였다. **3** 그러자 베드로가 급히
일으켜 세우며 말했다. "일어나십시오. 나도 사람입니다." **4** 그리고 두 사
람이 함께 이야기를 나누며 집안으로 들어갔다. **5** 거기 이미 많은 사람
이 모여 있는 것을 보고, 베드로가 말했다. "여러분도 아시다시피, 유대
인이 이방인과 사귀거나 가까이하는 것은 율법에 어긋나는 일입니다. 그
런데 하나님께서 그 어떤 사람도 속되거나 부정하지 않다고 일러 주셨습
니다. 그래서 여러분이 사람을 보냈을 때, 제가 사양치 않고 기꺼이 따라
왔습니다. 그런데 무슨 일로 저를 부르셨습니까?"(287) **6** 고넬료가 대답
했다. "그러니까 4일 전 이맘때, 제가 집에서 오후 3시 기도를 드리고 있
었습니다. 그때 갑자기 눈부신 옷을 입은 사람이 제 앞에 나타나 말했습
니다. '고넬료, 네 기도와 자선이 하나님께 상달되어 기억하신 바가 되었
다. 지금 욥바로 사람을 보내어 베드로라는 시몬을 불러 오너라. 그는 바
닷가에 있는 무두장이 시몬의 집에 머물고 있다.' 그래서 제가 선생님께
사람을 보냈습니다. 정말 잘 오셨습니다. 이제 우리는 하나님 앞에 모였
으니, 주님께서 선생님을 통해 하시는 말씀이 무엇인지 귀담아 듣겠습니
다."(286) **7** 베드로가 말했다. "이제 제가 참으로 깨달았습니다. 하나님을
경외하고 의롭게 사는 사람은, 하나님께서 그 어떤 차별도 하시지 않고,
모두 다 받아 주신다는 사실을 말입니다. 그러므로 율법의 행위로, 하나님 앞에
서 의롭다고 인정받을 육체가 없습니다. 율법으로는 죄를 깨달을 뿐입니다.(로마서 3.20) 사람
이 율법의 행위로 의롭게 되는 것이 아니라, 예수 그리스도를 믿음으로 의롭게 되는 것을 알고,

우리도 그리스도 예수를 믿었습니다. 이는 우리가 율법을 지키는 행위로가 아니라, 그리스도를 믿는 믿음으로 의롭다는 인정을 받으려는 것입니다. 율법의 행위로는 아무도 의롭게 될 수 없기 때문입니다.(갈라디아서 2.16) **8** 하나님께서 예수 그리스도를 통하여, 평화의 복음을 이스라엘 백성에게 선포하셨습니다. 바로 이 예수님이 만유의 주요, 만민의 주님이십니다. 여러분이 아시는 대로, 이 일은 요한이 세례를 선포한 뒤, 갈릴리에서 시작하여 온 유대지방에 걸쳐 이루어졌습니다.
9 하나님께서 나사렛 예수에게 성령과 능력을 기름 붓듯 부어 주시고, 그와 함께하셨습니다. 그래서 예수님은 사방을 두루 다니시며 선한 일을 행하시고, 마귀에게 짓눌린 사람을 모두 고쳐 주셨습니다. **10** 우리는 예수님이 유대와 예루살렘에서 행하신 이 모든 일의 증인입니다. **11** 사람들은 예수님을 십자가에 매달아 죽였으나, 하나님께서는 그를 3일 만에 다시 살리시고, 우리에게 나타나게 하셨습니다. **12** 그러나 예수님은 모든 사람에게 나타나신 것이 아니라, 미리 택하여 증인으로 세우신 우리에게 나타나셨습니다. 우리는 죽은 사람 가운데서 부활하신 예수님과 함께 먹기도 하고 마시기도 했습니다. 예수님을 죽은 사람 가운데서 살리신 분의 영이 여러분 안에 거하시면, 그리스도 예수님을 죽은 사람 가운데서 살리신 분께서, 여러분 안에 거하시는 자기 영으로 여러분의 죽을 몸도 살리실 것입니다.(로마서 8.11) 예수님이 죽으셨다가 다시 사신 것을 믿는다면, 예수님 안에서 잠자는 사람들도 하나님께서 예수와 함께 데리고 오실 것입니다.(데살로니가전서 4.14) **13** 이 예수님이 우리에게 명하시기를, 하나님께서 자기를 산 자와 죽은 자의 심판자로 정하신 것을, 사람들에게 선포하고 증언하라 하셨습니다. 이 예수님을 두고, 그를 믿는 사람은 누구나 그 이름으로 죄 사함을 받는다고, 예언자들도 다 증언했습니다." **14** 베드로가 이 말을 할 때, 그 자리에 모인 사람들에게 성령이 내려오셨다. **15** 베드로와 함께 온 유대인 신자들이, 성령님의 은사가 이방인에게 내리는 것을 보고 깜짝 놀랐다. 그들이 방언을 하며, 하나님을 찬양하는 소리를

들었기 때문이다. **16** 그때 베드로가 말했다. "이 사람들도[1] 우리와 같이
성령님을 선물로 받았으니, 물로 세례 주는 것을 누가 막을 수 있겠습니
까?" 우리가 유대인이든 헬라인이든, 종이든 자유인이든, 모두 한 성령으로 세례를 받아 한
몸이 되었고, 한 성령을 마시게 되었습니다.(고린도전서 12.13) **17** 그리고 그들에게 예수
그리스도의 이름으로 세례를 받으라고 명하였다. **18** 그들은 베드로에게
며칠만 더 머물러 달라고 간청하였다.

289
베드로의 간증 (사도 11.1-18)

1 사도와 유대에 있는 신자가, 이방인도 하나님의 말씀을 받아들였다
는 소식을 들었다. **2** 그래서 베드로가 예루살렘에 올라갔을 때, 할례를
주장하는 신자가 그를 비난했다. "당신이 할례 받지 않은 사람의 집에
들어가서, 그들과 음식까지 함께 먹었다면서요?" 개를 조심하십시오. 악한 일
꾼을 조심하십시오. 할례를 주장하는 사람을 조심하십시오.(빌립보서 3.2) **3** 베드로가 그
동안 있었던 일을 차근차근 설명하였다. "제가 욥바에서 기도하다가, 비
몽사몽간에 환상을 보았습니다. 큰 보자기 같은 그릇이 네 귀퉁이에 끈
이 달려 하늘에서 드리워져 내려왔습니다. **4** 그 속을 자세히 들여다보
니, 네발 가진 짐승과, 야생동물과, 파충류와, 조류가 골고루 들어 있었
습니다. **5** 그때 하늘에서 음성이 들려왔습니다. '베드로야, 일어나 잡아
먹어라!' **6** 제가 말했습니다. '주님, 절대 그럴 수 없습니다. 저는 속되고
부정한 것을 이제까지 먹어 본 적이 없습니다.' **7** 하늘에서 또 음성이 들

1) 고넬료(Cornelius, 뻘)를 포함하여 그의 친척과 친구는 주후 40년경 세례를 받고, 이방인 가운데 최초로 신자가 되었다.

려왔습니다. '하나님께서 깨끗하게 하신 것을 속되다고 하지 마라.' **8** 이
런 일이 3번 있은 뒤, 그 보자기 같은 그릇이 다시 하늘로 올라갔습니다.
9 그때 내가 묵고 있는 집에 가이사랴에서 보낸 사람 3명이 찾아왔습니
다. **10** 그리고 성령님이 주저하지 말고 그들과 함께 가라고 하셨습니다.
그래서 여기 있는 6명의 형제와 함께, 고넬료라는 사람의 집으로 갔습니
다. **11** 고넬료는 자기 집에서 기도하다가, 욥바에 있는 나를 불러다가 자
기와 집안사람이 다 구원[1]의 말씀을 들으라고, 천사나 나타나 일러 주었
다는 이야기를 들려주었습니다. **12** 그래서 제가 입을 열어 말하기 시작
하였더니, 성령님이 처음 우리에게 내려오신 것처럼, 그들에게도 내려오
셨습니다. **13** 그때 나는 주님의 말씀이 생각났습니다. '요한은 물로 세례
를 주었으나, 너희는 성령으로 세례를 받을 것이다.' **14** 우리가 주 예수
그리스도를 믿을 때 받은 그 선물[2]을, 하나님께서 그들에게도 똑같이 주
셨던 것입니다. 그런데 내가 누구라고 감히 하나님의 뜻을 거역하겠습니
까?" **15** 이 말을 듣고, 그들은 할 말이 없어 잠잠히 있다가, 하나님께 영
광을 돌리며 입을 열었다. "그렇다면, 이방인에게도 회개[3]하고 생명에 이
르는 길을, 하나님께서 허락하신 것이 아닙니까?" **그들은 지각이 어두워져 있
고, 무지함과 완악함이 그들 속에 있어서, 하나님의 생명에서 떠나 있습니다.(에베소서 4.18)
그는 제사장의 신분을 규정한 율법에 따라 제사장이 되신 것이 아니라, 썩지 않는 생명의 힘을
따라 되셨습니다.(히브리서 7.16)**

---

1) 구원(救援, Salvation)은 속전을 지급하고 노예를 해방시켜 주는 것이다. 예수님이 죄인을 대신해 피를 흘려 죽으심으로, 죄와 죽음, 사탄의 권세로부터 인류를 해방시킨 사건을 말한다.

2) 선물(膳物, Gift)은 하나님의 은혜로, 죄인에게 허락하신 성령, 구원, 생명, 의(義) 등을 말한다.

3) 회개(悔改, Repentance)는 그리스어 메타노이아(Metanoia)로, 단순히 슬픔을 고백하는 차원이 아니라, 생각을 바꿔서 그리스도를 구세주로 받아들이는 행위를 말한다.

290
바나바의 사역 (사도 11.19-30)

—

1 스데반의 일로 핍박을 받아 뿔뿔이 흩어진 사람들이, 페니키아[1]와
키프로스[2]와 안디옥[3]까지 가서 유대인을 찾아 말씀을 전했다. **2** 그들
중에 키프로스와 구레네[4] 출신 몇 사람이, 안디옥에 이르러 헬라인에
게 주 예수님을 전했다. **3** 주님의 손길이 그들과 함께하시자, 많은 사람
이 믿고 주님께 돌아왔다. **4** 예루살렘 교회가 그 소식을 듣고, 바나바
를 안디옥으로 파송하였다. **5** 바나바가 안디옥에 가서 하나님의 은혜가
내린 것을 보고, 크게 기뻐하며 모든 사람에게 권하였다. "마음을 굳게
먹고 끝까지 주님을 의지하십시오!" **6** 바나바는 심성이 착하고 성령과
믿음이 충만한 사람이었다. 그래서 더욱 많은 사람이 주님을 믿게 되었
다. **7** 그리고 바나바가 다소로 가서, 사울을 찾아 안디옥에 데리고 왔다.
8 바나바와 사울이 1년간 안디옥에 머물며, 여러 모임을 갖고 많은 사람을
가르쳤다. 그때 안디옥 제자가 처음으로 '그리스도인'이라 불리게 되었다.
9 그즈음, 예언자 몇 사람이 예루살렘에서 안디옥으로 내려왔다. **10** 그들
가운데 아가보[5]라는 사람이 성령님의 감동을 받아서, 로마 전역에 큰 기
근이 들 것이라 예언하더니, 그 기근이 글라우디오 황제 때 들었다. **11** 그
래서 제자들이 각기 형편에 따라서, 유대에 있는 형제들을 돕기로 하였다.

---

1) 페니키아(Phoenicia, 종려)는 지중해 북동쪽 해안 지방으로, 레바논산맥을 끼고 있으며, 항구도시 두로와 시돈이 있었다.

2) 키프로스(Cyprus, 구리/아름답다)는 지중해 동부에 있는 섬으로, 바나바의 고향이었다.

3) 안디옥(Antioch, 병거)은 예루살렘 북쪽 480km쯤 시리아에 있었으며, 터키 동남부에 있는 소도시 안타카(Antakya)로 알려져 있다. 비시디아 안디옥은 터키 중부에 있었으나, 지금은 폐허로 흔적만 남아 있다.

4) 구레네(Cyrene, 담)는 이집트 서쪽에 있는 북아프리카의 도시로, 주전 630년경 헬라인이 세웠으며, 그리스어를 사용하는 유대인이 살고 있었다.

5) 아가보(Agabus)는 로마 전역에 큰 기근이 들고, 바울이 예루살렘에 올라가 잡힌다고 예언하였다.

12 그렇게 모은 구제금을, 바나바와 사울 편으로 예루살렘 교회 장로에게 보냈다.

291
야고보의 순교 (사도 12.1-5)

1 그 무렵, 헤롯(아그립바 1세)이 박해의 손을 뻗쳐, 교회에 속한 몇 사람을
해쳤다. 그가 먼저 요한의 형 야고보를 칼로 죽였다. **2** 이 일을 유대인이
기뻐하는 것을 보고, 베드로도 잡아들였다. 무교절 기간이었다. **3** 헤롯이
베드로를 감옥에 가두고, 4인조 경비병 4개조에 맡겨 지키게 했다. **4** 유월
절이 지나면, 백성 앞에 끌어내 공개적으로 재판하고 죽일 속셈이었다.
5 그래서 베드로는 감옥에 갇혔고, 교회는 그를 위해 하나님께 간절히
기도했다.

292
베드로의 탈옥 (사도 12.6-19)

1 헤롯이 베드로를 백성 앞에 끌어내기로 한 전날 밤이었다. **2** 베드
로는 쇠사슬 2개에 묶여서 2명의 군인 틈에 끼어 잠들어 있었고, 경비
병은 옥문을 지키고 서 있었다. **3** 그때 주님의 천사가 갑자기 나타나
며 감방이 환하게 비쳤다. 천사가 베드로의 옆구리를 쳐서 깨우며 말
했다. "어서 일어나라!" **4** 그러자 베드로의 양쪽 손목에 묶인 쇠사슬
이 풀어지며 벗겨졌다. **5** 천사가 다시 말했다. "허리띠를 매고, 신을 신

어라!" **6** 베드로가 그렇게 하자, 천사가 또 말했다. "겉옷을 두르고,
나를 따라오너라!" **7** 베드로가 천사를 따라 감옥을 나오면서도, 그
것이 생시가 아니고, 환상을 보고 있으려니 생각하였다. **8** 1번 초소
와 2번 초소를 지나 시가지로 통하는 철문에 이르자, 그 문이 저절로
열렸다. **9** 그래서 바깥으로 나와 거리의 한 구간을 지나자, 어느새 천
사는 사라지고 보이지 않았다. **10** 그제야 베드로가 제정신이 들어 말
했다. "이제야 내가 분명히 알겠다. 주님이 천사를 보내 헤롯의 손아귀
와 유대인의 흉계에서 나를 구해 주신 것을!" **11** 베드로가 마가라는 요
한의 어머니 마리아[1]의 집으로 갔다. 거기 많은 사람이 모여 기도하
고 있었다. **12** 베드로가 대문을 두드리자, 로데라는 여자아이가 문간
으로 나왔다. **13** 로데가 베드로의 목소리를 알아듣고, 너무 기뻐서 문
을 열어 주는 것도 잊은 채, 도로 달려 들어가 소리를 질렀다. "베드로
가 대문 밖에 와 있어요!" **14** 사람들이 말했다. "얘가 미쳤구나!" **15** 로
데가 계속 주장했다. "정말 베드로가 밖에 와 있어요!" **16** 그래도 그들
은 믿지 못하고 말했다. "그렇다면, 베드로의 천사겠지!"(124) **모든 천사는
구원의 상속자가 될 사람을 섬기라고, 하나님께서 보내신 섬기는 영이 아닙니까?**(히브리서
1.14) **17** 베드로가 계속해서 문을 두드리자, 그들이 문을 열어 보고 화들
짝 놀랐다. **18** 베드로가 조용히 하라고 손짓하고, 주님이 자신을 탈옥시
킨 경위를 설명했다. **19** 그리고 거기를 떠나 다른 곳으로 가면서 말했다.
"이 일을 야고보[2]와 다른 형제에게도 알려 주십시오." **20** 날이 새자, 베드
로가 없어진 일로 군인들 사이에 적잖은 소동이 벌어졌다. **21** 헤롯이 수

---

1) 마리아(Mary, 높다)는 히브리어 '미리암'의 그리스어 음역이다. 구약시대의 미리암은 모세의 누나(출애굽기 15.20)와 예델의 딸(역대상 4.17)이 있고, 신약시대의 마리아는 예수님의 어머니 마리아(3), 막달라 마리아(76), 베다니 마리아(142), 글로바의 아내 마리아(243), 마가의 어머니 마리아(292), 로마의 마리아(로마서 16.6)가 있다.

2) 야고보(James, 발뒤축을 잡음)는 예수님의 젖동생으로, 예수님의 부활 후 제자가 되었으며, 예루살렘 교회의 총회를 주관하는 기둥과 같은 역할을 수행하였다.

하를 풀어 샅샅이 찾았으나 행방이 묘연하자, 경비병을 문초하고 그들을
대신 죽이라고 하였다. **22** 그 후 헤롯은 유대를 떠나서, 가이사랴로 내려
가 한동안 거기 머물렀다.

293

헤롯의 죽음 (사도 12.20-25)

1 두로와 시돈 사람이 헤롯(아그립바 1세)[1]에게 몹시 노여움을 사고 있었
다. 그래서 뜻을 모아 헤롯을 찾아왔다. **2** 그들이 먼저 왕의 침실 시종
블라스도를 설득해 사귀어 놓고, 그를 통해 헤롯에게 화친을 요청했다.
3 헤롯의 영토에서 나는 식량을 그들이 공급받았기 때문이다. **4** 약속한
날, 헤롯이 용포를 걸쳐 입고, 보좌에 좌정하여 연설하였다. **5** 그러자 그
들이 소리를 질렀다. "이는 사람의 소리가 아니라, 신의 소리요!" **6** 그런
데 헤롯이 하나님께 영광을 돌리지 않았다. 그래서 주님의 천사가 내리
쳐 그는 벌레에 먹혀 죽고 말았다. **7** 그러나 하나님의 말씀은 더욱 흥왕
하여, 믿는 사람의 수가 점점 더 늘어났다. **8** 바나바와 사울은 예루살렘
에서 부조하는 일을 마치고, 마가라는 요한을 데리고 안디옥으로 돌아
왔다.

1) 헤롯의 죽음에 대하여, 유대 역사가 요세푸스(Josephus, 주후 37-100년경)는 이렇게 기록하였다. '헤롯 아그립바 1세가 은으로 만든 옷을 입고 행사에 참석했으며, 그 옷이 햇빛에 반사하여 번쩍거리며 빛을 발하자 아첨꾼들이 신이라 소리를 질렀으며, 그 소리를 들은 헤롯이 갑자기 복통을 호소하며 쓰러져서 5일 만에 죽었다. 그때 그의 몸에서 벌레가 나왔다.'

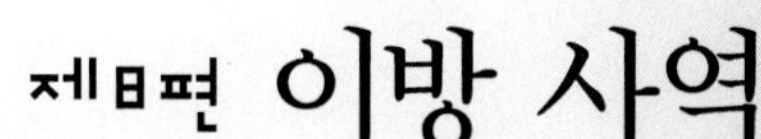

제8편 이방 사역

294

1차 선교 여행 (사도 13.1-12)

1 안디옥[1] 교회에 예언자와 교사가 있었다. 그들은 바나바, 니게르라
는 시므온, 구레네 사람 루기오, 분봉왕 헤롯 안티파스의 젖동생 마나
엔, 사울이다. **2** 그들이 금식하며 주께 예배를 드릴 때, 성령님이 이르셨
다. "바나바와 사울을 따로 세워라. 내가 그들에게 맡길 일이 있다." **3** 그
래서 그들이 다시 금식하고 기도한 뒤, 두 사람에게 안수하여 떠나보냈
다. **4** 바나바와 사울이 성령님의 인도로 실루기아[2]에 내려가, 거기서 배를
타고 키프로스로 건너갔다. **5** 살라미[3]에 이르러, 유대인의 여러 회당에
서 하나님의 말씀을 전했다. 마가라는 요한이 그들을 수행하였다. **6** 그들
이 섬을 두루 돌아 바보[4]에 이르렀다. 거기서 바예수라는 유대인 마술사
를 만났다. 그는 거짓 예언자로서, 총독 서기오 바울의 시종이었다. **7** 총
독은 매우 영리한 사람이었다. 바나바와 사울을 청해 하나님의 말씀을
듣고자 하였다. **8** 그런데 엘루마(박수)라는 그 마술사가, 총독의 개종을
막으려고 두 사도를 훼방하였다. **9** 그래서 바울이라는 사울이, 성령으
로 충만하여 그를 쏘아보며 말했다. "너, 거짓과 죄악으로 가득 찬 악마
의 자식아! 나쁜 짓만 골라서 하는 정의의 원수야! 네가 언제까지 주님
의 바른길을 굽게 하고 훼방할 셈이냐? 보라! 이제 주님의 손이 너를 내
리쳐서, 너는 한동안 눈이 멀어 빛을 보지 못할 것이다." **10** 그러자 즉시
안개와 어둠이 내리덮어, 그는 앞을 더듬으며 손을 잡아 줄 사람을 찾았

---

1) 안디옥(Antioch)은 이방 사역의 중심지였고, 예루살렘은 유대 사역의 중심지였다.
2) 실루기아(Seleucia, 흰빛)는 시리아 안디옥의 항구로, 지금은 셀루기예(Seluqiyeh)다.
3) 살라미(Salamis, 던짐)는 키프로스 동쪽 끝의 항구로, 유대인이 많았으며 상업이 발달하였다.
4) 바보(Paphos, 대문)는 키프로스 서남쪽의 성으로, 여기서 사울이 이름을 고쳐 바울이라 하였다.

다. **11** 그 광경을 지켜본 총독은 결국 믿게 되었고, 주의 가르침에 깊은
감명을 받았다.

295
비시디아 전도 (사도 13.13-52)

1 바울과 바나바가 바보에서 배를 타고, 밤빌리아[1] 지방의 버가[2]로 건너갔다. 거기서 마가 요한이 그들을 떠나 예루살렘으로 돌아갔다.(301)

나와 함께 갇힌 아리스다고와, 바나바의 생질 마가가 여러분에게 문안합니다. 마가가 가거든 잘 영접하라는 지시를, 여러분은 이미 받은 줄 압니다.(골로새서 4.10) 누가만 나와 함께 있다. 네가 올 때 마가를 데리고 오라. 그는 내 일에 요긴한 사람이다.(디모데후서 4.11)

2 그들은 버가에서 더 나아가 비시디아[3] 안디옥에 이르렀다. 거기서 안식일을 맞아 회당에 들어가 앉았다. **3** 율법서와 예언서의 낭독이 끝난 뒤, 회당 관리자가 바울과 바나바에게 전갈을 보냈다. "형제여, 혹시 권면할 말씀이 있거든 하십시오." **4** 바울이 일어나 손짓하며 말했다. "이스라엘 사람과 하나님을 경외하는 이방인 여러분, 제 말을 들어주시기 바랍니다.
5 이스라엘 백성의 하나님께서 우리 조상을 택하시고, 이국땅 이집트에 머물러 있을 때 강한 민족이 되게 하셨으며, 큰 권능으로 거기서 이끌어 내셨습니다. **6** 그리고 광야에서 40년간 그들의 온갖 소행을 참으시고, 가나안 땅 7족속을 멸하신 뒤, 그 땅을 기업으로 주시기까지 약 450

1) 밤빌리아(Pamphylia, 잡종)는 소아시아 남부의 해안지방으로, 바울의 전도 여행 시 루기아와 합병되어 로마의 식민지였다.
2) 버가(Perga, 망대)는 밤빌리아 지방의 종교 중심지로, 아데미 여신의 신전이 있었다.
3) 비시디아(Pisidia)는 소아시아 밤빌리아 북쪽에 있는 산악지방으로, 주전 25년경 로마의 식민지가 되었다.

년 걸렸습니다. **7** 이후 하나님께서 예언자 사무엘의 시대까지 사사[1]를 세워 주시다가, 그들이 왕을 요구하자 베냐민[2] 지파 기스의 아들, 사울[3]을 왕으로 세워서, 40년간 다스리게 하셨습니다. **8** 그리고 사울을 폐하신 뒤, 다윗을 왕으로 세우시며 말씀하셨습니다. '내가 이새의 아들 다윗을 보니, 내 마음에 꼭 맞는 사람이다. 그가 내 뜻을 다 이룰 것이다.' 이제 왕의 나라는 오래가지 못할 것입니다. 왕이 여호와의 명령을 지키지 않았기 때문입니다. 여호와께서 그 마음에 맞는 사람을 찾아서, 그 백성을 다스릴 영도자로 세우셨습니다.(사무엘상 13.14) 내가 내 종 다윗을 찾아서, 내 거룩한 기름을 그에게 부어 주었다.(시편 89.20) **9** 하나님께서 약속하신 대로, 다윗의 자손 중에서 구세주를 보내 주셨습니다. 그분이 바로 예수님이십니다. **10** 예수님이 오시기 전, 요한이 먼저 모든 이스라엘 백성에게 회개의 세례를 선포했습니다. **11** 그리고 요한은, 자기 사역이 거의 끝날 무렵에 말했습니다. '여러분은 나를 누구라고 생각합니까? 나는 그리스도가 아닙니다. 그분은 내 뒤에 오십니다. 나는 그분의 신발끈을 풀어 드릴 자격도 없는 사람입니다.' **12** 아브라함의 자손과 하나님을 경외하는 이방인 형제 여러분, 하나님께서 이 구원의 말씀을 우리에게 보내셨습니다. **13** 그런데 예루살렘 사람과 그 지도자가 예수님을 알아보지 못하고 정죄하여, 결국은 그들이 안식일마다 읽던 예언서의 말씀을 그대로 이루었습니다. **14** 그들은 예수님을 죽일 만한 근거를 하나도 찾지 못했으나, 빌라도에게 강요해 예수님을 죽이게 했습니다. **15** 이와 같이, 예수님에 대해 기록된 말씀을 다 이행한 뒤, 그들은 예수님을

---

1) 사사(士師, Judge)는 가나안 땅에 들어가서, 왕이 세워지기까지 이스라엘 백성을 다스린 12명의 지도자를 말한다. 평상시에는 백성의 재판관으로, 비상시에는 군사 지도자로 활동하였다.

2) 베냐민(Benjamin, 오른손의 아들)은 야곱의 12번째 아들로 라헬이 그를 낳다가 죽었으며, 바울이 그 후손이었다.

3) 사울(Saul, 소원/희망)은 이스라엘의 초대 왕으로 승승장구했으나, 하나님의 명령에 불순종하여 버림을 받았다.

나무에서 내려다가 무덤에 두었습니다. 그러나 하나님께서는, 죽은 사람
가운데서 예수님을 살리셨습니다. **16** 그 후 여러 날 동안, 예수님은 갈
릴리에서 예루살렘까지 동행한 자기 사람들에게 나타나셨습니다. 그들
이 지금 이 백성에게 예수님을 증언하고 있습니다. **17** 우리도 하나님께
서 우리 조상에게 약속하신 이 복음을 여러분에게 전하려고 왔습니다.
18 하나님께서 예수님을 다시 살리심으로, 그 자손인 우리에게 약속이
이루어지게 하셨습니다. 이는 시편 2편에 기록된 바와 같습니다. '너는
내 아들이다. 내가 오늘 너를 낳았다.' 내가 이제 주의 칙령을 선포한다. 주께서 내
게 이르셨다. "너는 내 아들이다. 내가 오늘 너를 낳았다."(시편 2.7) 거룩한 영으로는 죽은 사
람 가운데서 부활하여, 권능으로 하나님의 아들로 선포되셨으니, 곧 우리 주 예수 그리스도십
니다.(로마서 1.4) **19** 하나님께서 예수님을 죽은 사람 가운데서 다시 살려 썩
지 않게 하셨습니다. 그래서 미리 말씀하신 것이 있습니다. '내가 다윗에
게 약속한 거룩하고 확실한 복을 너희에게 주겠다.' 너희는 귀를 기울이고, 내
게 와서 들어라. 그러면 너희 영혼이 살리라. 내가 너희와 영원한 언약을 맺으리니, 곧 다윗에
게 허락한 확실한 은혜다.(이사야 55.3) **20** 또 다른 시편에서 말씀하셨습니다. '주
께서 주의 거룩한 자를 썩지 않게 하실 것이다.' 주께서 내 영혼을 죽음의 세계
에 버려두지 않으시고, 주의 거룩한 자를 썩지 않게 하셨습니다.(시편 16.10) **21** 다윗은 한
평생 하나님을 잘 받들어 섬기다가, 결국 잠들어 자기 조상 곁에 묻혀 썩
고 말았습니다. 그러나 하나님께서 죽은 사람 가운데서 다시 살리신 분
은 썩지 않았습니다. **22** 그러므로 형제 여러분, 바로 이 예수님을 통하
여 죄 사함의 복음이 여러분에게 선포되고 있음을 알아야 합니다. **23** 이
제 예수님을 믿는 사람은, 모세의 율법으로 의롭게 될 수 없던 모든 죄에
서 풀려나게 되었으며, 누구나 의롭다는 인정을 받게 되었습니다. **24** 예
언서에 기록된 말씀이 있습니다. '보라, 너희 비웃는 자들아! 너희는 놀라
고 망하여라. 내가 너희 시대에 한 일을 행하겠다. 누가 너희에게 그 일

을 일러 주어도, 너희는 도무지 믿지 않을 것이다.' 너희는 여러 나라를 잘 살
펴보아라. 놀라고 질겁할 일이 벌어질 것이다. 너희 생전에, 내가 그 일을 행할 것이다. 누가 너
희에게 말해 주어도, 너희는 도저히 믿지 못할 것이다.(하박국 1.5) **25** 그러므로 이 일이
여러분에게 미치지 않도록 조심하십시오." **26** 두 사도가 회당에서 나올
때, 다음 안식일에도 이 말씀을 해 달라고 사람들이 부탁했다. **27** 집회
가 끝난 뒤, 유대인과 유대교로 개종한 경건한 이방인 가운데 많은 사람
이 바울과 바나바를 따랐으며, 두 사도가 그들과 이야기를 나누며 권했
다. "하나님의 은혜 가운데 늘 머물러 계십시오." **28** 그리고 다음 안식일,
그 도시 사람이 거의 다 주님의 말씀을 들으려고 모여들었다. **29** 그 무리
를 보고 시기심이 북받쳐서, 유대인이 바울과 바나바가 하는 말을 반박하
고 비방하였다. **30** 그러나 두 사도는 담대히 말했다. "우리는 하나님의
말씀을 여러분에게 먼저 전하지 않을 수 없습니다. 그런데 여러분은 그
말씀을 배척하고, 스스로 영원한 생명을 얻기에 합당치 못한 사람인 양
여기므로, 이제 우리는 이방인에게 갑니다. **31** '내가 너를 이방인의 빛으
로 삼았으니, 너를 들어 땅 끝까지 구원하게 하려는 것이다. 너는 온 세
상을 비추는 구원의 등불이 되어라.' 나 여호와가 의를 이루려고 너를 불렀다. 내가
네 손을 잡아 지켜 주며, 너를 세워 백성의 언약과 이방의 빛이 되게 할 것이다.(이사야 42.6)
주께서 말씀하신다. "네가 내 종이 되어 야곱의 지파를 일으키고, 이스라엘 가운데 살아남은
자를 돌아오게 하는 것은, 네게 오히려 쉬운 일이다. 내가 너를 뭇 민족의 빛으로 삼아, 땅 끝까
지 내 구원이 이르게 하겠다."(이사야 49.6) **32** 그래서 주께서 우리에게 이 말씀을
주시고, 그렇게 하라고 명하셨던 것입니다." **33** 이 말을 듣고, 이방인이
기뻐하며 하나님의 말씀을 찬양하였다. 영원한 생명을 얻기로 정해진 사
람은 다 예수님을 믿었다. **34** 그리하여 주의 말씀이 그 지방 전체에 두
루 퍼졌다. **35** 그러나 유대인은, 이방인 출신의 경건한 귀부인과 그 도시
의 지도층 인사를 선동하여 바울과 바나바를 핍박하다가, 결국은 두 사

도를 그 지방에서 강제로 내쫓았다. **36** 그러자 바울과 바나바는 발에
묻은 먼지를 털어 버리고, 이고니온[1]으로 갔다. **37** 비시디아 제자들은
계속해서 기쁨과 성령을 가득 차 있었다.

296
이고니온 전도 (사도 14.1-7)

1 바울과 바나바는 이고니온에서도, 유대인의 회당에 들어가 복음을
전했다. **2** 유대인과 헬라인이 많이 믿었으나, 끝내 마음을 열지 않은 일
부 유대인이 이방인을 부추겨서, 믿는 사람에게 나쁜 감정을 품게 하였
다. **3** 사도들은 오랫동안 거기 머물며 주님을 의지해 담대히 말씀을 전
했고, 주님은 그들의 손으로 표적과 기사를 행하게 하시어, 그들이 전하
는 은혜의 말씀을 확증시켜 주셨다. **4** 그러자 그 도시 사람들이 두 편
으로 나뉘어, 유대인을 지지하기도 하였고, 사도들을 지지하기도 하였
다. **5** 그런데 이방인과 유대인이 그 지도자와 합세하여, 바울과 바나바
를 핍박하며 돌로 치려는 움직임을 보였다. **6** 두 사도가 그 낌새를 알아
채고, 루가오니아[2]의 두 도시 루스드라[3]와 더베, 그리고 그 부근으로 피
신하였다. **7** 사도들은 거기서도 줄곧 복음을 전했다.

---

1) 이고니온(Iconium, 양의 가슴)은 소아시아 중부의 성읍으로 루가오니아의 수도였다. 시리아에서 에베소와 로마로 가는 길목에 위치하여 상업이 발달하였고, 지금은 터키의 코냐(Konya)다.

2) 루가오니아(Lycaonia, 양의 가슴)는 루가오니아 부족이 살던 소아시아 중부 지방으로, 루스드라와 더베 등의 도시가 있었다.

3) 루스드라(Lystra, 양의 무리)는 루가오니아 지방의 도시로 이고니온 남쪽에 있었으며, 더베(Derbe)는 그 위치가 불명확하다.

297

루스드라 전도 (사도 14.8-20)

1 루스드라에 발을 쓰지 못하는 한 장애인이 있었다. 그는 앉은뱅이
로 태어나 한 번도 걸어 본 적이 없었다. **2** 그가 바울의 말을 귀담아 듣
고 있었다. 바울이 그를 주목하다가, 고침 받을 만한 믿음이 그에게 있음
을 보고, 크게 외쳤다. "그대의 발로 똑바로 일어서시오!" **3** 그러자 그 사
람이 벌떡 일어나 걷기 시작했다. **4** 무리가 보고, 루가오니아의 말로 소
리쳤다. "신들이 사람의 모습으로 내려오셨다!" **5** 그리고 바나바를 '제우
스'[1]라 부르고, 바울을 '헤르메스'[2]라 불렀다. 바울이 주로 말하는 역할
을 맡았기 때문이다. **6** 게다가 성 밖에 있는 제우스 신전의 제사장은, 황
소 몇 마리와 화환을 성문 앞에 가지고 와서, 무리와 함께 제사를 드리
려고 하였다. **7** 이 말을 듣고, 바나바와 바울이 옷을 찢으며 무리 속으
로 뛰어들어 외쳤다. "여러분 왜 이러십니까? 우리도 여러분과 똑같은 사
람입니다. 우리가 여러분에게 복음을 전하는 것도, 여러분이 이런 헛된
일을 버리고, 하늘과 땅과 바다와 그 안에 있는 모든 것을 지으신, 살아
계신 하나님께 돌아오라고 하는 일입니다. **8** 하나님께서 과거에는 모든
민족을 자기 방식대로 살아가게 내버려두셨으나, 그렇다고 해서 그 존재
를 드러내지 않으신 것은 아닙니다. 하늘에서 비를 내려 때마다 열매를
맺게 하시고, 풍성한 먹을거리를 공급해 여러분의 마음을 기쁨으로 가
득 채워 주셨습니다." **9** 두 사도가 이 말로 간신히 그들을 말려서, 제물
을 바치지 못하게 하였다. **10** 그때 안디옥과 이고니온의 유대인이 거기

1) 제우스/쓰스(Zeus, 빛나다)는 그리스 신화의 최고신으로, 로마의 주피터(Jupiter)다.
2) 헤르메스/허메(Hermes)는 제우스의 막내아들로, 언어를 지배하는 신이다. 로마의 상업신 메르쿠리우스(Mercurius)다.

까지 몰려와서, 무리를 부추겨 바울을 향해 돌을 던지게 하였다. 그리고
돌에 맞은 바울이 죽은 줄 알고, 도시 밖으로 끌어내 버렸다. **11** 그러나
제자들이 그 주변에 모여들었을 때, 바울은 깨어나 성안으로 들어갔다.
12 그리고 다음날, 바울은 바나바와 함께 더베로 떠났다.

298
안디옥 귀환 (사도 14.21-28)

1 바울과 바나바가 더베에서 복음을 전해 많은 제자를 얻고, 루스드
라와 이고니온을 거쳐 안디옥(비시디아)으로 되돌아갔다. **2** 두 사도는 가
는 곳마다 제자의 마음을 굳게 하였고, 끝까지 믿음을 지키라고 격려했다.
"우리가 하나님의 나라에 들어가려면, 반드시 많은 어려움을 겪어야 합니
다." **3** 그리고 교회마다 장로를 세워서, 금식하고 기도하며 그들이 믿는
주님께 장로를 부탁했다. 나는 여러분 장로에게, 같은 장로로서, 또 그리스도의 고난의
증인이며, 앞으로 나타날 영광을 함께 누릴 사람으로서 권면합니다. 여러분 가운데 있는 하나
님의 양 떼를 잘 돌보십시오. 억지로 할 것이 아니라, 하나님의 뜻에 따라 자진해서 하고, 더러
운 이익을 탐하여 할 것이 아니라, 기쁜 마음으로 하십시오. 여러분에게 맡겨진 사람을 지배하
려 하지 말고, 양 떼의 모범이 되십시오.(베드로전서 5.1-3) **4** 사도들이 비시디아를 거
쳐 밤빌리아 버가에서 말씀을 전하고, 앗달리아[1]로 내려가 배를 타고 안
디옥(시리아)으로 돌아갔다. **5** 이 안디옥은, 온 교회가 하나님의 은총을
빌며, 선교의 임무를 맡겨 두 사도를 파송한 곳으로, 이제 그들이 임무를
마치고 귀환한 것이다. **6** 바울과 바나바가 교회 신자를 모두 불러 모으

1) 앗달리아(Attalia, 고상)는 소아시아 남단에 있는 최대의 항구도시로, 지금은 안탈리아(Antalya)다.

고, 하나님께서 함께하신 모든 일과, 이방인에게 믿음의 문을 열어 주신
것을 보고했다. **7** 그리고 그들은 제자들과 함께 오랫동안 안디옥에 머물
렀다.

299
예루살렘 회의 (사도 15.1-21)

1 유대에서 내려온 몇 사람이 안디옥에서 가르치고 있었다. "여러분은
모세의 법대로 할례를 받아야 구원을 얻습니다." **2** 이 문제로, 바울과 바
나바 두 사도와 그들 사이에 적잖은 충돌과 논쟁이 벌어졌다. **3** 그래서
안디옥 교회가 바울과 바나바, 그리고 신자들 가운데 몇 사람을 예루살
렘에 보내어, 사도와 장로의 생각은 어떤지 알아보게 하였다. **4** 그들이
교회의 전송을 받고 길을 떠나, 페니키아와 사마리아 지방을 거쳐 가며
이방인이 회개하고 하나님께 돌아온 이야기를 그곳 신자들에게 들려주
었다. 그들이 매우 기뻐하였다. **5** 그들이 예루살렘에 이르러 사도와 장
로를 포함해 온 교회의 환영을 받고, 하나님께서 그들과 함께 행하신 일
을 모두 보고하였다. **6** 그때 바리새파 출신의 신자 몇 사람이 일어나
말했다. "이방인도 할례를 받고, 모세의 법을 지키게 해야 합니다." **7** 그
래서 이 문제를 의논하려고, 사도와 장로가 회의를 열었다. 하나님의 아들
은 그 몸인 교회의 머리십니다. 그는 근원이시요, 죽은 사람 가운데서 맨 먼저 살아나신 분이
십니다. 이는 그가 친히 만물 가운데 으뜸이 되시려는 것입니다.(골로새서 1.18) **8** 오랜 시간
을 토론한 끝에 베드로가 일어나 말했다. "형제여, 여러분이 아시는 대
로, 얼마 전 하나님께서 여러분 가운데서 나를 택해 이방인에게 보내셨
고, 또 내 입을 통해 그들도 복음을 듣고 믿게 하셨습니다. 사람들의 마

음을 다 아시는 하나님께서 우리와 마찬가지로, 이방인에게도 성령을 주
시고 인정하셨던 것입니다. **9** 하나님께서 그 믿음을 보시고 그들의 마
음을 깨끗케 하셨으며, 그들과 우리 사이에 아무 차별을 두시지 않았습
니다. 그런데 지금 여러분은, 어찌하여 우리 조상이나 우리가 질 수 없던
멍에를 이방인 신자에게 지워서, 하나님을 시험하려고 하십니까? 우리가
우리 주 예수님의 은혜로 구원을 받는다면, 그들도 우리와 같이, 우리 주
예수님의 은혜로 구원을 얻는다고 믿습니다." 나는 하나님의 은혜를 헛되게 하지
않습니다. 의롭게 하심이 율법으로 되는 것이라면, 그리스도께서 헛되이 죽으신 것입니다.(갈
라디아서 2.21) **10** 그러자 회중은 잠잠해졌고, 바울과 바나바는 하나님께서
그들을 통해 이방인 가운데서 행하신 표적과 기사에 대해 모두 보고했
다. **11** 두 사도가 보고를 마치자, 야고보가 일어나 말했다. "형제여, 내
말을 들어 보십시오. 하나님께서 처음으로 이방인 가운데서 자기 백성을
어떻게 부르셨는지, 시몬 베드로가 말해 주었습니다. **12** 그 일은 예언자
의 말씀과 일치합니다. '이 일이 있은 뒤, 내가 돌아와 무너진 다윗의 집
을 새로 짓겠다. 허물어진 곳을 수리해 다시 반듯하게 세우겠다. 그러면
남은 사람과 나를 경외하는 모든 이방인이 나를 찾을 것이다. 이는 오래
전부터 이 모든 일을 하시는 하나님의 말씀이다.' "그날 내가 무너진 다윗의 장
막을 일으키고, 그 터진 울타리를 고치며, 허물어진 곳을 메워서, 다시 옛날처럼 세울 것이다.
그래서 에돔의 남은 사람과, 내게 속한 모든 민족을 이스라엘 백성이 차지하게 될 것이다." 이
는 이 일을 이루실 여호와의 말씀이다.(아모스 9.11-12) **13** 그러므로 내 생각에는, 우
리가 하나님께 돌아오는 이방인 형제를 힘들게 해서는 안 된다고 봅니
다. 다만 우상에게 바쳐진 더러운 음식을 삼가하고, 음란한 행동을 피하
고, 목매어 죽인 짐승의 고기와 피를 멀리 하라고, 그들에게 편지[1]를 써

---

1) 편지(便紙, Letter)는 공문서의 성격을 띤 서신으로, 수신인과 발신인, 문안, 본문, 작별인사로 쓰였다.

보내는 것이 좋겠습니다. 예로부터 어느 도시에서나, 모세의 법을 선포하고 해석하는 사람이 있었는데, 그들이 안식일마다 회당에서 이 글을 읽어 왔습니다."

300
교회의 서신 (사도 15.22-35)

1 사도와 장로가 온 교회와 의논하여, 대표를 뽑아 바울과 바나바와
함께 안디옥에 보내기로 결정했다. 그래서 뽑힌 사람은 형제 가운데 지
도자인 바사바라는 유다와 실라였다. 내가 신실한 형제로 여기는 실루아노의 도
움을 받아서, 여러분에게 간단히 썼습니다. 이는 여러분을 격려하고, 이것이 하나님의 참된 은
혜임을 증언하여, 여러분을 그 은혜 안에 굳게 세우려는 것입니다.(베드로전서 5.12) **2** 교회
가 유다와 실라 편에 이 서신을 써 보냈다. "여러분의 형제인 사도와 장
로가 안디옥과 시리아와 길리기아에 있는 이방인 형제에게 문안합니다.
우리 중에 있는 몇 사람이 여러분에게 가서, 우리가 시키지도 않은 말
을 해서 여러분을 혼란에 빠뜨리고, 마음을 상하게 했다는 소식을 들었
습니다. 그래서 우리가 몇 사람을 대표로 뽑아, 사랑하는 형제 바나바
와 바울과 함께 보내기로 의견 일치를 보았습니다. 바나바와 바울은 우
리 주 예수 그리스도의 이름을 위해 자기 목숨을 내놓은 사람입니다.
3 이제 우리가 이 서신의 내용이 사실임을 분명히 하려고, 유다와 실라를
우리의 대표로 여러분에게 보냅니다. 이들이 직접 말로 전하겠지만, 꼭 필
요한 몇 가지 외에는 여러분에게 아무 짐도 지우지 않으려는 것이 성령님
의 뜻이고, 또 우리의 생각입니다. 그러니 우상에게 바쳐진 음식과, 피와
목매어 죽인 짐승의 고기와, 음행만은 멀리 하십시오. 이 조항만 지키면

모든 것이 잘 될 것입니다. 안녕히 계십시오." **4** 그들이 교회의 전송을 받
고 안디옥으로 내려가서, 신자를 모두 불러 모으고 이 서신을 전해 주었
다. **5** 교회가 이 서신을 읽고, 사도와 장로의 권면을 기쁘게 받아들였다.
6 유다와 실라도 예언자여서, 여러 가지 말로 신자를 격려하고 힘을 북돋
아 주었다. 그들은 얼마 동안 안디옥에 머물다가, 교회의 전송을 받고 예
루살렘으로 돌아갔다. 실라는 거기 머무는 것을 기뻐하였다. **7** 그리고
바울과 바나바는 계속 안디옥에 머물면서, 다른 여러 사람과 함께 주님
의 말씀을 가르치고 전하였다.

301
2차 선교 여행 (사도 15.36-41)

1 며칠 뒤, 바울이 바나바에게 말했다. "우리가 주님의 말씀을 전한 곳으
로 다시 찾아가서, 그들이 어떻게 지내고 있는지 살펴봅시다." **2** 그때 바나
바는 마가라는 요한을 데려가자고 했으나, 바울은 그를 데려가는 것이 좋
지 않다고 생각했다. 마가가 지난번 여행에서 끝까지 함께하지 않고, 밤빌
리아에서 그들을 떠났기 때문이다.(295) **3** 이 일로 그들은 심한 언쟁을 벌
이다가, 결국 헤어져서 따로 여행하게 되었다. **4** 바나바는 마가와 함께 배
를 타고 키프로스로 떠났으며, 바울은 실라를 택하여 주님의 은혜를 빌어
주는 교회의 전송을 받고, 안디옥을 떠나 시리아[1]와 길리기아[2] 지방에 있
는 여러 교회를 두루 다니며, 그들에게 힘을 북돋아 주었다.

1) 시리아(Syria, 고상)는 팔레스타인 북쪽의 큰 나라로, 남은 이스라엘, 북은 길리기아, 동은 메소포타미아, 서는 지중해 연안이며, 다마스쿠스, 안디옥, 실루기아 등의 큰 도시가 있다.
2) 길리기아(Cilicia, 돌을 굴림)는 소아시아 동남쪽과 지중해 동북 연안으로, 동은 야마누스 산맥, 북서는 타우로스산맥, 남은 지중해이며, 수도는 바울의 고향 다소이다.

302
디모데 할례 (사도 16.1-5)

1 바울이 더베에 들렀다가 루스드라로 갔다. 거기 디모데[1]라는 제자가
있었다. 그의 어머니는 신앙이 돈독한 유대인이고, 아버지는 헬라인이었
다. **2** 디모데는 루스드라와 이고니온 형제에게 평판이 좋았다. **3** 그래서
바울은 전도 여행에 디모데를 데려가고 싶었다. 그런데 그의 아버지가 헬
라인이라는 사실을 아는 그 지방 유대인을 생각하여, 그를 데려다가 먼
저 할례를 베풀었다. 나와 함께 있는 디도는 헬라인이나, 할례를 강요받지 않았습니
다.(갈라디아서 2.3) 그리스도 예수 안에서는, 할례를 받거나 안 받는 것이 문제가 되지 않습니
다. 가장 중요한 것은, 사랑으로 역사하는 믿음입니다.(갈라디아서 5.6) **4** 그리고 바울 일
행은 여러 도시를 두루 다니며, 예루살렘의 사도와 장로가 정한 규정을
전하며 지키라고 하였다. **5** 그래서 교회는 더욱 믿음이 굳건해졌고, 그
수도 날마다 늘어났다.

303
바울의 환상 (사도 16.6-10)

1 성령님이 아시아 지방에서 말씀을 전하지 못하게 막으셨다. **2** 그래

1) 디모데(Timothy, 하나님 공경/영예)는 루스드라 출신으로, 바나바와 바울의 1차 전도 여행 때 믿은 것으로 보이며, 바울이 믿음의 아들이라고 칭찬한 사람이다. 외조모 로이스와 어머니 유니게의 신앙을 이어받았다.

서 바울 일행은 브루기아[1]와 갈라디아[2] 지방을 두루 다니다가, 무시아[3] 가까이 이르러 비두니아[4]로 들어가려고 하였다. **3** 그러나 예수님의 영이 그것도 허락지 않아서, 무시아를 지나 드로아[5]로 내려갔다. **4** 거기서 밤에, 바울이 신비로운 환상을 보았다. 마케도니아[6] 사람 하나가 바울 앞에 서서 도움을 청했다. "마케도니아로 건너와서 우리를 도와주십시오." **5** 바울이 그 환상을 본 뒤, 일행은 서둘러 마케도니아로 떠날 채비를 하였다. 그들에게 복음을 전하라고, 하나님께서 부르신 것으로 확신했기 때문이다.

304

빌립보 전도 (사도 16.11-15)

1 바울 일행은 드로아에서 바다로 나가 배를 타고, 곧장 사모드라게[7]로 갔다가, 이튿날 네압볼리[8]를 거쳐서 빌립보[9]에 이르렀다. **2** 빌립보는

1) 브루기아(Phrygia, 박토)는 소아시아 중부 할리스(Halys)강 서쪽의 광대한 고원지대로, 서남은 비옥하고, 북동은 초원이 발달하였다. 라오디게아, 골로새 등의 큰 성읍이 있었다.
2) 갈라디아(Galatia, 희다)는 소아시아 중부에 위치한 고원지대로, 로마의 주(州)였다.
3) 무시아(Mysia, 죄인)는 소아시아 북서쪽에 위치한 지방으로, 로마의 령(領)이었다.
4) 비두니아(Bithynia, 복종)는 소아시아 북서쪽에 있는 고산지대로, 흑해 연안에 있었다.
5) 드로아(Troas, 관통)는 소아시아 북서쪽의 에게해 연안에 있는 항구로, 마케도니아로 들어가는 관문이었다.
6) 마케도니아(Macedonia, 숭배)는 소아시아 서쪽 발칸반도 중부지방으로, 알렉산더가 아버지 빌립 2세로부터 물려받은 왕국이다. 빌립보, 데살로니가, 베뢰아 등의 도시가 있었다.
7) 사모드라게(Samothrace, 드라게의 높은 봉우리)는 드로아와 네압볼리 중간쯤에 있는 에게해의 작은 섬이다.
8) 네압볼리(Neapolis, 새 성읍)는 마케도니아 동해안에 있는 항구로, 빌립보 동남쪽에 있었다. 지금의 이름은 카발라(Kavalla)다.
9) 빌립보(Philippi, 말)는 마케도니아에서 가장 큰 도시로, 알렉산더의 아버지 빌립 2세가 자기 이름을 붙여 세운 도시다. 지금은 휠리베드직(Filibedjik, 작은 빌립보)이라는 터만 남아 있다.

로마의 식민지로, 마케도니아 지방에서 첫째가는 도시였다. 일행은 그곳에
서 며칠을 머물렀다. **3** 안식일에 유대인의 기도처가 있음직한 곳을 찾아
성문 밖 강가로 나갔다. 거기 모여든 여인들에게 말씀을 전했다. **4** 그 자
리에 루디아[1]라는 여인도 있었다. 두아디라[2]에서 온 자색 옷감 장수로서,
하나님을 경외하는 사람이었다. **5** 그때 주님께서 루디아의 마음을 여시
고, 바울의 말을 귀담아 듣게 하셨다. **6** 루디아가 자기 집안 식구와 세례
를 받고 말했다. "저를 주님의 참된 신자로 여기시면, 저희 집에 오셔서 머
물러 주십시오." **7** 그리고 일행을 강권하여 자기네 집으로 데려갔다.

305
빌립보 투옥 (사도 16.16-40)

1 하루는, 바울 일행이 기도처로 가다가 귀신 들린 여종 하나를 만났
다. 그 아이는 점을 쳐서 자기 주인들에게 큰 돈벌이를 시켜 주고 있었
다. **2** 그 아이가 일행을 졸졸 따라다니며 소리를 질렀다. "이들은 지극히
높으신 하나님의 종으로, 여러분에게 구원의 길을 전하고 있습니다!" **3** 여
러 날을 그렇게 소리를 지르며 성가시게 따라다니자, 바울이 참다못해 돌
아서 그 귀신에게 소리쳤다. "예수 그리스도의 이름으로 내가 명한다! 그
아이에게서 썩 나오라!" **4** 그러자 귀신이 즉시 나갔다. **5** 여종의 주인들
은 돈벌이의 희망이 끊어진 것을 알고, 바울과 실라를 붙잡아 광장에 있
는 법정으로 끌고 갔다. **6** 그들이 바울과 실라를 치안관 앞에 세우고 말

1) 루디아(Lydia, 생산)는 자색 옷감 장수로, 루디아 지방의 두아디라 출신이다. 바울의 설교를 듣고 최초로 그리스도인이 된 유럽인이다.

2) 두아디라(Thyatira, 희생)는 서머나 북동쪽, 버가모 동남쪽에 있는 성읍으로, 상업이 크게 발달하였다. 지금은 아키사르(Akhisar)다.

했다. “이들은 유대인으로, 우리 도시에서 소란을 피웠습니다. 우리 로마
시민은 도저히 받아들일 수도 없고, 실천할 수도 없는 이상한 풍속을 전
하고 있습니다.” **7** 거기 모인 무리까지 가세하여 일제히 공격하자, 치안
관이 바울과 실라의 옷을 찢고 매질하라고 하였다. **8** 그들이 바울과 실
라를 실컷 매질하여 감옥에 가두고, 교도관에게 명하여 단단히 지키라
고 하였다. **9** 교도관이 치안관의 명령에 따라 바울과 실라를 깊은 감방
에 가두고, 발에 차꼬를 단단히 채웠다. **10** 한밤중에 바울과 실라가 기
도하고 하나님을 찬송하자, 죄수들이 귀담아 들었다. 그러므로 나는 그리스
도를 위하여, 약함과 모욕과 궁핍과 핍박과 곤경을 겪어도 기뻐합니다. 내가 약할 때 오히려 강
하기 때문입니다.(고린도후서 12.10) **11** 그때 갑자기 큰 지진이 일어나서, 감옥을
온통 뒤흔들어 놓았다. 옥문이 다 열리고, 죄수를 묶은 쇠사슬이 다 풀
어졌다. **12** 교도관이 졸다가 깨어 옥문이 다 열린 것을 보고, 죄수들이
벌써 도망친 줄 생각하여 칼을 뽑아 자결하려고 하였다. **13** 그때 바울이
큰 소리로 외쳤다. “여보시오, 당신 몸을 해치지 마시오! 우리가 다 여기
있소! 어서 칼을 거두시오!” **14** 교도관이 등불을 들고 부리나케 달려 들
어와, 온몸을 부들부들 떨며 바울과 실라 앞에 엎드렸다. **15** 그리고 그
들을 밖으로 데려가 물었다. “두 분 선생님, 제가 어떻게 해야 구원을 얻
겠습니까?” **16** 바울과 실라가 대답했다. “주 예수님을 믿으십시오. 그러
면 그대와 그대 집안이 구원을 얻을 것입니다.”(29) **17** 그리고 하나님의
말씀을 그와 그 집에 있는 모든 사람에게 들려주었다. **18** 그러자 그날
밤, 교도관이 두 사람을 데려다가 매 맞은 상처를 씻어 주고, 그 자리에
서 그와 온 가족이 세례를 받았다. **19** 그리고 두 사람을 자기 집으로 데
려가 음식을 대접하고, 그와 온 집안이 하나님을 믿게 된 것을 크게 기
뻐하였다. **20** 다음날 아침, 치안관이 부하를 보내 두 사람을 풀어 주라
고 하였다. **21** 교도관이 바울에게 말했다. “치안관이 두 분 선생님을 풀

어 주라고 전령을 보냈습니다. 이제 나와서 평안히 가십시오." **22** 바울
이 그들에게 말했다. "로마 시민인 우리를 재판도 하지 않고, 공개석상에
서 마구 때리고 감옥에 처넣었다가, 이제 와서 슬그머니 내보내겠다는 겁
니까? 안 됩니다. 치안관이 직접 와서 우리를 석방하라고 하시오!" **23** 전
령이 가서 그대로 보고하자, 치안관이 깜짝 놀라 두려워하였다. **24** 그래
서 치안관이 직접 와서 두 사람을 위로하고, 밖으로 데려가 그 도시를 떠
나 달라고 청하였다. **25** 바울과 실라가 루디아의 집으로 가서, 신자들을
만나 격려하고 빌립보를 떠났다.

306
데살로니가 전도 (사도 17.1-9)

1 바울과 실라가 암비볼리[1]와 아볼로니아[2]를 거쳐서, 데살로니가[3]에
이르렀다. 거기는 유대인의 회당이 있었다. **2** 바울은 자기 관례대로 회
당에 들어가서, 세 안식일에 걸쳐 성경을 가지고 강론하였다. **3** 그리스
도가 반드시 고난을 받고, 죽은 사람 가운데서 살아나야 한다는 것을 성
경으로 증언하고 말했다. "제가 여러분에게 전하는 이 예수님이 바로 그
리스도십니다." **4** 유대인 가운데 몇 사람이 감화를 받아 바울과 실라를
따랐고, 하나님을 경외하는 많은 헬라인과 적잖은 귀부인도 그 말을 믿
었다. **5** 그러자 이를 시기한 유대인이 거리의 불량배를 모아 패거리를

1) 암비볼리(Amphipolis, 강물로 둘러싸인 성)는 에게해 북안, 빌립보 남서쪽에 있는 마케도니아 성읍으로, 스트리몬(Strymon)강이 빙 둘러 흐르고 있어 붙여진 이름이다.
2) 아볼로니아(Apollonia, 아볼로에 속한 곳)는 암비볼리와 데살로니가 사이에 있는 마케도니아 성읍으로, 지금은 폴리나(Pollina)다.
3) 데살로니가(Thessalonica, 하나님의 승리)는 마케도니아 성읍으로, 교통의 요충지로 상업 중심지였다.

만들고, 떼를 지어 다니며 소요를 일으켜 도시를 혼란에 빠뜨렸다. **6** 유
대인이 바울과 실라를 군중 앞에 끌어내려고 야손[1]의 집을 습격했다. 그
러나 그들을 찾지 못하자, 야손과 다른 신자 몇 사람을 시의 관원에게 끌
고 가서 크게 외쳤다. "세상을 온통 시끄럽게 하던 자들이 여기까지 들
어왔습니다. 그런데 야손이 그들을 자기 집으로 맞아들였습니다. 그들은
모두 예수라고 하는 다른 왕이 있다고 하면서, 가이사의 칙령을 거역하
고 있습니다." **7** 군중과 시의 당국자가 이 말을 듣고 소동하였다. 그러나
당국자는 보석금을 받고, 야손과 다른 신자를 놓아주었다.

307
베뢰아 전도 (사도 17.10-15)

1 그날 밤, 데살로니가 형제들이 서둘러 바울과 실라를 베뢰아[2]로 보
냈다. 그들이 베뢰아에 이르러 유대인의 회당으로 들어갔다. **2** 베뢰아
사람은 데살로니가 사람보다 인품이 고상하여, 간절한 마음으로 말씀을
받아들이고, 그 말이 사실인지 알아보려고 날마다 성경을 연구하였다.
3 그래서 그들 가운데 많은 사람이 믿게 되었고, 지체 높은 그리스 귀부
인과 남성도 적잖이 믿었다. **4** 그런데 데살로니가 유대인들은, 바울이
하나님의 말씀을 베뢰아에서도 전한다는 소문을 듣고, 거기까지 쫓아와
무리를 선동해 소란을 피웠다. **5** 그러자 베뢰아 형제들이 바울을 급히
바닷가로 피신시켰다. 그러나 실라와 디모데는 베뢰아에 그대로 남아 있

1) 야손(Jason, 병 나은 자)은 바울과 실라 일행을 영접한 데살로니가 교인이다.
2) 베뢰아(Berea, 무겁다)는 데살로니가 서쪽의 베르미우스 산기슭에 위치한 마케도니아 도시로, 세공업이 발달한 공업도시였다. 지금은 베리아(Berria)다.

었다. **6** 그들이 아테네[1]까지 바울과 함께 갔다가, 가급적 실라와 디모데
도 빨리 오게 하라는 바울의 전갈을 받아서, 베뢰아로 돌아갔다.

308
아테네 전도 (사도 17.16-34)

1 바울이 아테네에서 실라와 디모데를 기다리는 동안, 온 도시가 우상
으로 가득 찬 것을 보고 매우 격분하였다. **2** 그래서 바울은 회당에서 유
대인과 이방인 신자와 더불어 토론을 벌였고, 광장에서 만나는 사람과
날마다 변론하였다. **3** 어떤 에피쿠로스[2] 철학자와 스토아[3] 철학자도 바
울과 토론을 벌였다. 그들 가운데 어떤 사람이 말했다. "이 말쟁이가 도
대체 무슨 소리를 하려고 하는가?" **4** 또 어떤 사람은 말했다. "외국 신들
을 선전하는 사람인 모양이야." **5** 바울이 예수님과 그 부활에 대한 복음
을 전하고 있었기 때문이다. **6** 그들이 바울을 붙잡아 아레오바고[4] 법정
으로 데려가 말했다. "당신이 소개하는 새 교훈이 무엇이오? 우리가 듣
기에 생소한 것이니, 알아듣기 쉽게 좀 자세히 설명해 보시오." **7** 아테네
사람과 거기 사는 외국인은, 새것이라면 무엇이나 듣고 이야기하는 것으
로 세월을 보내고 있었다. **8** 바울이 아레오바고 가운데 서서 말했다. "아

1) 아테네(Athens, 도착)는 아가야의 수도로, 문명과 철학의 중심지였다. 지금은 그리스의 수도다.
2) 에피쿠로스(Epicurus, 도움) 학파는 에피쿠로스(주전 341-270)가 주창한 이론으로, 쾌락이 인생의 목표라고 보았으며, 신은 존재하나 인간의 삶에 관여하지 않는다는 자연신론 입장을 취했다.
3) 스토아(Stoa, 행랑) 학파는 제논(Zenon, 주전 340-265)이 아테네 광장(아고라)에서 가르치던 이론으로, 로고스, 만민평등, 이성주의, 형제사상 등을 강조했으며, 범신론적 입장에서 하나님을 우주의 정신으로 보았다.
4) 아레오바고(Areopagus, 아레스의 언덕)는 아테네 아크로폴리스(높은 곳에 세워진 도시) 서북쪽에 있는 바위 언덕을 말한다. 여기서 주로 재판을 하여 법정으로 불리게 되었다.

테네 시민 여러분, 제가 보기에 여러분은 여러 모로 종교심이 풍부한 사
람입니다. 제가 두루 다니며 여러분의 신전을 살펴보다가, '알지 못하는
신에게'[1]라고 새겨진 제단까지 보았습니다. **9** 이처럼 여러분이 미처 알
지 못하고 섬기는 그 신을, 이제 제가 알려 드리겠습니다. 바로 우주와
그 가운데 있는 모든 것을 창조하신 하나님이십니다. **10** 하나님은 천지
의 주재시므로, 사람이 지은 신전에 계시지 않으십니다. 또 무엇이 부족
하신 것처럼, 인간의 손으로 섬김을 받으시는 분도 아닙니다. 오히려 모
든 사람에게 생명과 호흡과 모든 것을 주시는 분이십니다. **11** 하나님께
서 인류의 모든 족속을 한 혈통으로 만드시고, 온 땅에 살게 하셨습니
다. 또 그들의 연대와 경계도 미리 정해 주셨습니다. **12** 이는 누구나 하
나님을 찾게 하시려는 것입니다. 이제 누구나 하나님을 더듬어 찾기만
하면 손쉽게 만날 수 있습니다. 사실 하나님은 그리 멀리 계시지 않고,
누구에게나 가까이 계십니다. **13** 우리는 하나님 안에서 살고 움직이며
존재합니다. 여러분의 시인 가운데 어떤 사람이 말했듯이, 우리는 하나님
의 자녀입니다. **14** 그러므로 우리가 하나님의 자녀이니, 금이나 은이나
돌에다가 사람의 기술이나 고안으로 새겨 만든 형상 따위를 신으로 여겨
서는 안 됩니다. **15** 하나님을 몰랐던 시대에는 그대로 눈감아 주셨으나,
이제는 어디서나 모든 사람에게 회개하라고 명하십니다. **16** 과연 하나님
께서 미리 세우신 사람을 통해 세상을 공의로 심판하실 날을 정하셨고,
그분을 죽은 사람 가운데서 다시 살리심으로, 모든 사람에게 믿을 만한
증거를 주셨습니다." **17** 죽은 사람이 부활한다는 말에 어떤 사람은 조롱
하고 비웃었으나, 그 이야기를 다시 듣고 싶다는 사람도 있었다. **18** 바울
이 연설을 마치고 나오자, 디오누시오라는 아레오바고 판사와, 다마리라

1) '알지 못하는 신에게(To an unknown god)'의 제단은, 여러 신을 섬기다가 혹시 빠뜨릴 경우, 그 신의 노여움을 살까 두려워서 만든 것이었다.

는 부인과, 그 밖에 다른 몇 사람이 바울을 따르며 예수님을 믿었다.

309
고린도 전도 (사도 18.1-11)

1 이후 바울은 아테네를 떠나 고린도[1]로 갔다. 거기서 본도 출신의 유대인 아굴라[2]를 만났다. **2** 아굴라는 얼마 전, 그의 아내 브리스길라와 함께 이탈리아에서 내려온 사람이다. 글라우디오[3] 황제가 '모든 유대인은 로마를 떠나라'고 칙령을 내렸기 때문이다. 그리스도 예수 안에서 나의 동역자인, 브리스가와 아굴라에게 안부를 전해 주십시오.(로마서 16.3) **3** 바울이 그들을 찾아가 함께 일하며 지냈다. 바울도 그들과 같이 천막을 만드는 일을 하였기 때문이다.(317) 형제자매 여러분, 여러분은 우리의 수고와 고생을 기억할 겁니다. 우리는 여러분의 짐이 되지 않으려고, 밤낮으로 일하며 하나님의 복음을 전했습니다.(데살로니가전서 2.9) **4** 바울은 안식일마다 회당에 들어가 토론하며, 유대인과 헬라인을 설득하려고 애썼다. **5** 실라와 디모데가 마케도니아에서 내려와 합류하자, 바울은 아예 말씀을 전하는 일에 전념하며, 예수님이 그리스도라고 밝히 증언하였다. **6** 그러나 유대인이 대들며 욕설을 퍼붓자, 바울은 자기 옷의 먼지를 털면서 단호히 말했다. "여러분이 망해도 그것은 여러분

1) 고린도(Corinth, 뿔)는 그리스의 항구로, 상업과 무역이 발달하였다. 주전 27년 아우구스투스 황제에 의해 아가야 지방의 수도가 되었고, 정치와 종교 중심지로 번창하였다.
2) 아굴라(Aquila/Agulla, 독수리)는 본도 태생 유대인으로, 로마에서 노예생활을 하다가 자유인이 되었으며, 로마의 명문대가 출신 브리스길라(Priscilla)와 결혼하여, 기술을 가진 아굴라와 돈과 인맥을 가진 브리스길라가 천막 제조업과 가죽 공예점을 함께 운영하였으며, 로마와 고린도, 에베소 등에 그 지점이 있었다고 한다. 그들은 초대교회에서 가장 아름답고 모범적인 부부였다.
3) 글라우디오(Claudius, 유명함)는 제4대 로마황제(주후 41-54년 재위)로, 크레스투스(Chrestus)의 선동으로 유대인이 계속 폭동을 일으키자, 49년경 유대인 추방령을 내렸다.

의 책임이지, 내 잘못이 아닙니다. 나는 이제 이방인에게 갑니다." **7** 그리
고 바울은 그곳을 떠나 디도[1] 유스도라는 사람의 집으로 갔다. 그는 하
나님을 경외하는 이방인으로, 그 집은 회당 바로 옆에 있었다. **8** 바울의
설교를 듣고, 회당장 그리스보와 그 집안사람이 다 예수님을 믿었으며,
그 밖에도 많은 고린도 사람이 믿고 세례를 받았다. **9** 어느 날 밤, 바울
의 환상 가운데 주님이 나타나 말씀하셨다. "두려워하지 마라. 잠자코 있
지 말고, 계속해서 전하라. 내가 너와 함께 있으니, 아무도 너를 해치지
못할 것이다. 이 도시에 내 백성이 많다." **10** 그래서 바울은 1년 6개월 동
안 고린도에 머물며, 그들에게 하나님의 말씀을 가르쳤다.

310
갈리오 총독 (사도 18.12-17)

1 갈리오[2]가 아가야[3] 지방의 총독으로 있을 때, 유대인이 일제히 들고일
어나 바울을 고소하였다. **2** 그들이 바울을 법정으로 끌어가 말했다. "이
사람이 율법을 어기며 하나님을 섬기라고 백성을 선동했습니다." **3** 바울이
입을 열어 변명하려고 하자, 갈리오가 가로막으며 말했다. "유대인 여러
분, 이 사건이 크든 작든 무슨 범죄나 악행에 관련된 일이라면, 내가 여러
분의 송사를 들어주어야 마땅할 것이나, 이 문제가 언어와 명칭과 여러

1) 디도(Titus, 공경)는 헬라인으로, 바울의 전도를 받고 그리스도인이 되었으며, 바울의 동역자로 복음을 전했다.

2) 갈리오(Gallio)는 스페인 수사학자이자 갑부였던 마르쿠스 안네우스 세네카(M. A. Seneca)의 아들이자, 스토아 철학자이자 정치가였던 루카우스 안네우스 세네카의 동생이었다. 그는 글라우디오 황제가 통치하던 시대에 로마로 가서, 로마의 수사학자 루키우스 유니우스 갈리오의 양자가 되었다가, 51년경 아가야 지방의 총독으로 부임하였다.

3) 아가야(Achaia, 형제)는 로마의 마케도니아 속주로, 데살로니가 남쪽, 그리스 전역을 차지하였다.

분의 율법에 관한 것이면, 여러분이 알아서 스스로 해결하시오. 나는 그
런 일에 재판관이 되고 싶지 않소." **4** 이 말을 하고, 총독이 그들을 법정
에서 내쫓았다. **5** 그러자 유대인이 회당장 소스데네[1]를 붙잡아 법정 앞
에서 마구 때렸다. 그러나 갈리오는 그 일에 조금도 관여하지 않았다.

311

3차 선교 여행 (사도 18.18-23)

1 바울은 고린도에 얼마간 더 있다가, 배를 타고 시리아로 떠났다. 브리
스길라와 아굴라가 동행하였다. **2** 그런데 바울은 일찍이 서원한 것이 있
어서, 겐그레아[2]에서 머리를 깎았다. **3** 에베소[3]에 도착하여, 바울은 브
리스길라와 아굴라를 거기 남겨 두고, 혼자 회당에 들어가 유대인과 토
론하였다. **4** 여러 사람이 좀 더 머물러 달라고 하였으나, 바울은 사양하
며 말했다. "하나님의 뜻이라면 다시 돌아오겠습니다." **5** 그리고 배를 타
고 에베소를 떠나 가이사랴에 도착했다. 예루살렘으로 올라가 교회를
문안하고, 안디옥(시리아)으로 내려갔다. **6** 한동안 안디옥에 머물다가, 바
울은 다시 길을 떠났다. 갈라디아와 부르기아 지방을 두루 다니며, 모든
제자에게 힘을 북돋아 주었다.

1) 소스데네(Sosthenes, 권세를 힘입어 평화를 누림)는 고린도 회당장으로, 바울에 대한 고소가 기각되자, 유대인이 책임을 물어 그를 때렸다. 그는 갈리오 재판 후 회심하여 바울의 동역자가 되었다.

2) 겐그레아(Cenchrea, 조/수수)는 고린도에서 조금 떨어진 사론만의 항구로, 그리스와 아시아 무역의 중심지였다.

3) 에베소(Ephesus, 인내)는 아시아의 항구도시로, 남쪽에 밀레도, 북쪽에 서머나가 있었으며, 상업과 종교의 중심지였다.

312

아볼로의 사역 (사도 18.24-28)

1 알렉산드리아[1] 출신의 아볼로[2]라는 유대인이 에베소에 왔다. 그는
학식이 높아 언변이 좋았고, 성경에 능통하였다. 내가 말하는 바는, 여러분이
저마다 바울파니, 아볼로파니, 게바파니, 그리스도파니 한다는 것입니다.(고린도전서 1.12) 어
떤 사람은 바울파니, 또 어떤 사람은 아볼로파니 한다면, 여러분이 육에 속한 사람이 아니고
무엇입니까?(고린도전서 3.4) **2** 아볼로는 일찍 주님의 도를 배워 잘 알고 있었
고, 열심히 전도하며 예수님에 대해 정확히 가르쳤으나, 요한의 세례만 알
고 있었다. **3** 브리스길라와 아굴라 부부가 회당에서 담대히 가르치는 아
볼로의 말을 듣고, 그를 집으로 데려다가 하나님의 도에 대해 더 자세히
설명해 주었다. **4** 아볼로가 아가야 지방으로 건너가고 싶어 하는 것을
알고, 에베소 형제가 그를 격려하며, 아가야 제자에게 그를 영접하라고
편지를 써 보냈다. **5** 그가 아가야에 가서, 하나님의 은혜로 신자가 된 많
은 사람에게 큰 도움을 주었다. **6** 아볼로가 예수님이 그리스도임을 성경
으로 증언하여, 공중 앞에서 유대인과 열정적으로 토론한 끝에, 그들의
주장을 보기 좋게 물리쳤기 때문이다.

---

1) 알렉산드리아(Alexandria, 돕는 자)는 주전 332년경, 알렉산더(Alexander)가 나일강 하구에 세운 도시로, 유대인이 번성하여 전체 인구의 1/3이나 되었으며, 상업과 학문이 크게 발달하였다. 주전 280년경, 히브리어 성경을 그리스어로 번역한 70인역(LXX)이 편찬된 곳이다.

2) 아볼로(Apollos, 침략자)는 고대 학문의 도시, 알렉산드리아 출신의 유대인으로, 고린도와 아가야 지방의 신자에게 큰 도움을 주었다.

313
에베소 전도 (사도 19.1-10)

1 아볼로가 고린도에 있을 때, 바울은 소아시아[1] 북부 지방을 거쳐
에베소에 이르렀다. **2** 바울이 몇몇 제자를 만나 물어보았다. "여러분이
믿을 때, 성령을 받았습니까?" **3** 그들이 대답했다. "아니오, 우리는 성령
이 있다는 말도 듣지 못했습니다." **4** "그러면 무슨 세례를 받았습니까?"
5 "요한의 세례입니다." **6** "요한이 회개의 세례를 베풀면서 말하기를, 자
기 뒤에 오시는 분을 믿으라고 하였습니다. 그분이 바로 예수님이십니
다." **7** 이 말을 듣고, 그들이 바로 주 예수님의 이름으로 세례를 받았다.
바울이 그들에게 손을 얹자 성령이 내리셨고, 그들이 방언과 예언을 하
였다. 모두 12명쯤 되었다. **8** 바울이 3개월 동안 회당을 드나들며, 하나
님의 나라에 대해 강론도 하고, 토론도 벌이며, 담대히 말씀을 전했다.
9 그러나 어떤 사람은 마음이 완고하여 믿기를 거부하고, 회중 앞에서
공공연히 바울의 가르침을 비난하였다. 그래서 바울은 그들과 손을 끊
고, 제자들을 따로 데려가서 날마다 두란노[2] 학원에서 가르쳤다. **10** 바
울이 2년간 이 일을 계속하자, 아시아 지방의 유대인과 헬라인이 다 주
님의 말씀을 듣게 되었다.

---

1) 소아시아(小Asia)는 로마제국 행정구역의 주(州)였다. 아시아 대륙 서부에 돌출한 반도로, 북쪽은 흑해, 서쪽은 에게해, 남쪽은 지중해에 둘러싸여 있으며, 터키의 대부분을 차지한다.
2) 두란노(Tyrannus, 주권)는 에베소의 철학자나 율법학자로 짐작된다.

314
스게와의 아들 (사도 19.11-20)

1 하나님께서 바울을 통해 특별한 기적을 행하셨다. 누가 바울의 손수
건이나 앞치마를 가져다가 환자 위에 얹기만 해도 병이 낫고 악령이 떠나
갔다. **2** 그때 귀신 축출가로 행세하며 떠돌아다니는 어떤 유대인이, 주
예수님의 이름을 빙자해 귀신을 쫓아내려고 시도하였다. "바울이 전하
는 예수의 이름으로 명한다! 귀신아, 그에게서 나가라!" **3** 스게와라는 유
대인의 제사장 아들 7명도 그런 짓을 하였는데, 귀신이 말했다. "나는 예
수도 알고 바울도 안다. 그런데 너희는 누구냐?" **4** 그리고 악귀 들린 사
람이 그들에게 달려들어 옷을 찢고 때려눕히자, 그들은 벗은 몸에 상처
만 입고, 집밖으로 뛰쳐나가 도망을 쳤다. **5** 이 일이 에베소 유대인과 이
방인에게 알려지자, 모두 두려움에 사로잡혀 주 예수님의 이름을 높이
찬양하였다. **6** 그리고 많은 신자가 와서 자기 죄를 자백하고 공개했으
며, 마술사[1]는 자기 책을 가지고 나와 모든 사람이 보는 앞에서 불태워
버렸다. 그 책값이 무려 5만 드라크마나 되었다. **7** 이리하여 주의 말씀
은 점점 더 줄기차게 퍼져 나갔고, 더욱 세력을 발휘하였다.

315
에베소 소동 (사도 19.21-41)

1 이 일이 있은 뒤, 바울은 마케도니아와 아가야 지방을 거쳐서 예루

1) 마술사(魔術師, Magician)는 술객이나 술사, 요술, 점쟁이, 박수, 신접자, 초혼자 등을 말한다.

살렘에 가기로, 영 안에서 작심하고 말했다. "내가 예루살렘에 갔다가,
로마에도 꼭 가봐야겠다." **2** 그리고 바울은 자기를 돕는 사람 중에서, 디
모데와 에라스도 두 사람을 마케도니아로 먼저 보내고, 자기는 아시아에
얼마간 더 머물러 있었다. **3** 그 무렵, 에베소에서 그 도(복음)[1]로 말미암
아 큰 소동이 일어났다. **4** 데메드리오[2]라는 은장이가, 아데미[3] 신상의
모형을 만들어 직원에게 적잖은 돈벌이를 시켜 주고 있었다. **5** 그가 하
루는, 직원과 동업자를 모두 불러 놓고 말했다. "여러분도 아시다시피, 우
리는 이 사업으로 잘 살아왔습니다. 그런데 바울이라는 자가 사람이 만
든 것은 신이 아니라고 하면서, 여기 에베소뿐만 아니라 아시아 온 지방
에서 숱한 사람을 설득하여, 그들의 마음을 돌려놓았다는 소문을 여러
분도 들었을 겁니다. 그러니 이대로 두다가는, 우리의 사업이 심각한 타
격을 입을 뿐만 아니라, 위대한 아데미 여신의 신전도 명성이 실추되어,
아시아와 온 세계가 숭배하는 여신의 위엄마저 땅에 떨어질 것입니다."
6 그들이 이 말을 듣고, 화가 치밀어 올라 고래고래 소리를 질렀다. "에베
소 사람의 아데미 여신은 위대하다!" **7** 그러자 도시는 순식간에 큰 혼란
에 빠져들었고, 군중이 바울과 동행한 마케도니아 사람 가이오[4]와 아리
스다고[5]를 붙잡아 일제히 연극장으로 몰려갔다. **8** 그때 바울이 군중 속
으로 들어가고자 하였으나 제자들이 말렸고, 또 평소 바울과 친하게 지
내는 아시아 지방의 관리들도 사람을 보내어, 바울더러 위험하니 연극

---

1) 도(道, Way)는 바울이 가르치고 전한 예수 그리스도의 복음을 일컫는 말이다.
2) 데메드리오(Demetrius, 백성의 어머니)는 아데미 여신의 신상과 신전의 모형을 만들어 파는 은세공업자였다.
3) 아데미(Artemis, 큰어머니)는 가로 129m, 세로 73m의 신전에 세워진 거대한 여신상으로, 제우스(쓰스)의 딸이자 아폴로의 쌍둥이 자매다. 여러 개의 유방을 가지고 있었던 바, 다산을 상징하는 모신이 되었다.
4) 가이오(Gaius)는 마케도니아 사람으로, 바울의 첫 번째 고린도 방문 때 개종하였다.
5) 아리스다고(Aristarchus, 선한 정치)는 데살로니가 사람으로, 에베소 소동 때 체포되었다가 석방되어, 바울의 3차 전도 여행 마지막 동행자가 되었다.

장 안으로 들어가지 말라고 권했다. **9** 연극장 안에서 어떤 사람은 이렇
게 외치고, 또 어떤 사람은 저렇게 외치는 통에 장내는 아수라장이 되
었고, 자기가 무엇 때문에 모여들었는지 모르는 사람이 태반이나 되었
다. **10** 그때 유대인이 알렉산더라는 사람을 앞으로 밀어내자, 군중 가
운데 몇 사람이 그를 끌어내 세우며 다그쳤다. 그러자 알렉산더가 조용
히 하라고 손짓하며 변명하려고 하였다. **11** 그러나 군중은 그가 유대
인인 줄 알고, 일제히 일어나 2시간 동안 한목소리로 외쳐댔다. "에베소
사람의 아데미 여신은 위대하다!" **12** 마침내 에베소 시장이 군중을 진정
시키고 말했다. "에베소 시민 여러분, 우리의 도시 에베소가 위대한 아데
미 여신의 신전과, 제우스가 내린 그 신상의 수호자가 된 것을 모르는 사
람이 어디 있습니까? 이는 아무도 부인할 수 없는 사실입니다. 그러니 여
러분은 마음을 가라앉히고, 경솔한 행동을 삼가 주시기 바랍니다. 여러
분이 여기 끌고 온 이 사람들은, 우리 신전의 물건을 훔친 일도 없고, 우
리의 여신을 모독한 일도 없습니다. **13** 그러므로 데메드리오와 그 직원
여러분이 누구를 걸어 송사할 일이 있으면, 법정도 열려 있고 총독도 있
으니, 거기 가서 정식으로 고소도 하고 맞고소도 해야 할 것입니다. 그
밖에 여러분이 제기하고 싶은 다른 문제가 또 있다면, 그것도 정식 집회
에서 옳고 그름을 가려야 할 것입니다. 특별한 사유도 없이 일어난 오늘
의 이 소요로 인해, 우리가 문책당할 수도 있습니다. 그럴 경우, 이 불법
집회에 대해 우리는 변명할 여지가 없습니다." **14** 시장이 이렇게 말하고,
그 모임을 해산시켰다.

316
유두고 사건 (사도 20.1-16)

1 에베소에서 소동이 그치자, 바울은 신자를 불러 격려하고, 작별 인
사를 나눈 뒤 마케도니아로 떠났다. **2** 바울이 마케도니아 지방을 두루
지나가며 신자를 만나 격려하고, 그리스에 이르렀다. **3** 그리스에서 3개
월쯤 있다가, 배를 타고 시리아로 떠나려 하였다. 그런데 유대인이 바울
을 해치려고 흉계를 꾸며서, 바울은 마케도니아를 거쳐 돌아가기로 결심
했다. **4** 바울과 아시아까지 동행한 사람은, 베뢰아 사람 부로의 아들 소
바더, 데살로니가 사람 아리스다고와 세군도, 더베 사람 가이오, 디모데,
아시아 사람 두기고와 드로비모였다. **5** 이들이 먼저 드로아에 가서, 바
울을 기다리고 있었다. **6** 그런데 바울의 일행은 무교절 뒤에 배를 타고
빌립보를 떠나서, 5일이 지나 드로아에 있는 그들과 합류하여, 거기서 7
일을 지냈다. **7** 주간의 첫날, 떡을 떼려고 모두 한자리에 모였다. 바울은
다음날 떠날 예정이어서, 시간 가는 줄 모르고 한밤중까지 강론을 계속
하였다. **8** 그들이 모인 다락방[1]에는 등불이 많이 켜져 있었다. **9** 그때
유두고라는 청년이 창문에 걸터앉아 있었다. 바울의 이야기가 오랫동안
계속되자, 졸음을 이기지 못하고 깜빡 잠이 들었다가, 그만 3층에서 떨어
지고 말았다. 사람들이 급히 내려가 일으켜 보았으나, 이미 죽어 있었다.
10 바울이 뛰어 내려가, 그 위에 엎드려 몸을 껴안고 말했다. "여러분, 가
만히 계십시오. 아직 목숨이 붙어 있습니다!" **11** 그리고 다시 위층으로
올라가 떡을 떼어 먹고, 날이 새기까지 이야기를 계속 나누다가 길을 떠
났다. **12** 사람들은 살아난 청년을 집에 데려가서, 한없는 위로를 받았

1) 다락방(Upper room)은 평평한 옥상에 만든 방으로, 여러 사람이 모여 식사하거나 기도할 수 있는 공간이었다.

다. **13** 바울이 앗소까지 걸어가겠다고 하여, 일행만 배를 타고 앗소로
갔다. **14** 앗소에서 바울을 만나 배에 태우고, 미둘레네[1]로 갔다. **15** 그
리고 이튿날 그곳을 떠나 기오[2] 맞은편에 이르렀고, 다음날 사모[3]에 들
렀다가, 그 다음날 밀레도[4]에 도착했다. **16** 바울은 아시아 지방에서 지
체하지 않으려고, 에베소에 들리지 않기로 했다. 가능한 오순절에 맞춰
예루살렘에 도착하려고 서둘렀다.

317
밀레도의 눈물 (사도 20.17-38)

1 바울이 밀레도에서, 에베소로 사람을 보내 교회 장로들을 불렀다.
2 그들이 도착하자, 바울이 말했다. "내가 아시아에 들어온 첫날부터 지
금까지, 어떻게 지내왔는지 여러분이 잘 아실 것입니다. **3** 그동안 유대
인의 음모로 온갖 시련을 겪으면서도, 숱한 눈물과 겸손으로 주님을 섬
겨 왔습니다. **4** 또 여러분에게 유익한 것이라면 하나도 빼놓지 않고,
공중 앞에서나 여러분의 집에서나 주저하지 않고 전하며 가르쳤습니
다. **5** 유대인이나 헬라인이나 똑같이 회개하고 하나님께 돌아와야 하
며, 우리 주 예수님을 믿어야 한다고 엄숙히 선포했습니다. **6** 보십시오,
이제 나는 성령에 매여서 예루살렘으로 갑니다. 거기서 무슨 일을 당할

---

1) 미둘레네(Mitylene, 종말)는 유럽과 아시아를 잇는 에게해의 큰 섬으로, 로마인의 휴양지로 인기가 있었으나, 주후 152년경 지진으로 파괴되었다.

2) 기오(Kios/Chios, 뱀)는 에게해 동쪽의 섬으로, 지금은 터키의 스키오(Schio)다.

3) 사모(Samos, 높은 곳)는 에베소 앞쪽 작은 섬으로, 철학자 피타고라스의 출생지다.

4) 밀레도(Miletus, 피난민)는 소아시아 남쪽에 있는 에베소의 외항이다. 주전 6세기까지 번영을 누렸던 이오니아(Ionia)의 수도였고, 탈레스(Thales)를 포함해 많은 철학자를 배출한 곳이다.

지 아무것도 모릅니다. 주님과 합하는 사람은 주님과 한 영이 됩니다.(고린도전서 6.17)
7 다만 내가 아는 바는, 어느 도시에 들어가든지 환난과 투옥이 기다리
고 있다고, 성령이 내게 일러 주신다는 것입니다. **8** 그러나 내가 달려갈
길을 다 가고, 주 예수님께 받은 사명, 곧 하나님의 은혜의 복음을 전하
는 일을 마칠 수만 있다면, 내 목숨을 조금도 아끼지 않을 것입니다. **9** 보
십시오, 내가 이제까지 여러분 가운데 드나들며 줄곧 하나님의 나라를 선
포했으나, 다시는 여러분이 내 얼굴을 보지 못할 것입니다. **10** 그래서 오
늘 여러분에게 엄숙히 선포합니다. 여러분 가운데서 누가 구원을 받지
못해도, 그것은 내 책임이 아닙니다. **11** 내가 하나님의 계획을 빠짐없이
여러분에게 모두 전해 주었기 때문입니다. **12** 그러니 여러분은 늘 자신
을 살피고, 주님의 양 떼를 잘 돌보십시오. 성령이 여러분을 감독자로 세
우시고, 하나님께서 자기 아들의 피로 사신 교회를 보살피게 하셨습니
다. **13** 내가 떠난 뒤, 사나운 이리들이 여러분 가운데 들어와, 양 떼를
마구 해치려고 할 것입니다. **14** 여러분 가운데서도 그와 같은 사람이 나
타나서, 그릇된 것을 가르치고, 신자를 꾀어 자기를 따르게 하며, 진리를
왜곡시킬 것입니다. **15** 그러므로 여러분은 정신을 바짝 차리고, 항상 깨
어 있어야 합니다. 내가 3년 동안 밤낮으로 쉬지 않고, 눈물로 여러분 각
사람을 훈계하던 것을 잊지 마십시오. **16** 나는 이제 하나님과 그 은혜
의 말씀에 여러분을 맡깁니다. 하나님의 말씀은 여러분을 든든히 세울
수 있고, 거룩함을 입은 모든 사람 가운데서 기업을 받게 하실 것입니다.
17 나는 누구의 은이나 금이나 옷을 탐낸 적이 없습니다. **18** 여러분이
아시는 대로, 나와 내 일행은 필요한 것을 손수 벌어서 썼습니다. **19** 이
처럼 내가 매사에 모범을 보였으니, 여러분도 열심히 수고하여 어려운 사
람을 도와주십시오. '주는 것이 받는 것보다 복이 있다'고 하신 주 예수
님의 말씀을 꼭 명심하십시오." **20** 이 말을 하고, 바울은 장로들과 함께

무릎을 꿇고 기도하였다. **21** 그리고 서로 입맞춤으로 석별의 정을 나누
며, 바울을 껴안고 소리 내어 실컷 울었다. **22** 다시는 자기 얼굴을 보지
못할 것이라는 바울의 말로, 장로들은 더욱 슬퍼하며 배 타는 곳까지 바
울을 전송하였다.

318
예루살렘 여행 (사도 21.1-16)

1 바울 일행이 에베소 장로와 작별한 뒤, 배를 타고 곧장 고스[1]로 갔
다. **2** 이튿날 로도[2]에 들렀다가, 바다라[3]로 갔다. 거기서 페니키아로 건
너가는 배를 만나 타고 떠났다. **3** 키프로스 섬을 왼편에 두고 시리아로
항해하여 두로에 닿았다. 거기서 화물을 내리기로 되어 있었다. **4** 두로
에서 제자들을 찾아 7일을 지냈다. 그들이 성령의 감동을 받아, 예루살
렘에 올라가지 말라고 바울을 간곡히 말렸다. **5** 그러나 예정된 날에 일
행이 여행길에 오르자, 모든 제자가 처자식을 데리고 마을 밖까지 따라
나와 전송하였다. **6** 모두가 함께 바닷가에서 무릎을 꿇고 기도하였다.
그리고 작별 인사를 나눈 뒤, 일행은 배에 오르고, 그들은 집으로 돌아
갔다. **7** 두로를 떠나 돌레마이[4]에 이르러 항해를 마쳤다. 거기서 신자를
만나 문안하고, 그들과 함께 하루를 보냈다. **8** 일행이 이튿날 길을 떠나
가이사랴에 이르러, 일곱 전도자 가운데 하나인 빌립의 집에 들어가 그

1) 고스(Cos, 양)는 소아시아, 이집트, 시리아로 통하는 해로의 요지에 있는 돌고래 모양의 섬으로, '의학의 아버지'라 불리는 히포크라테스의 고향이다.
2) 로도(Rhodes, 장미)는 에게해에서 크레타(Creta) 다음으로 큰 섬이다.
3) 바다라(Patara, 통역)는 로도 오른편에 있는 루기아의 중요한 항구다.
4) 돌레마이(Ptolemais, 상업 용무)는 일반적으로 '프톨레마이스'로 불리며, 베니게의 지중해 연안, 갈릴리 서해안에 있는 항구다. 옛 이름은 '아코(Akko)'이고, 지금은 '아크레(Acre)'다.

와 함께 머물렀다. 9 빌립에게 결혼하지 않은 딸이 4명 있었는데, 모두
예언자였다. 10 거기서 여러 날 지내는 동안, 아가보라는 예언자가 유대
에서 내려왔다. 11 아가보가 바울의 허리띠를 가져다가 자기 손발을 묶
고 말했다. "예루살렘의 유대인이 이 허리띠 임자를 이렇게 동여매어, 이
방인에게 넘겨줄 것이라고 성령님이 말씀하십니다." 12 이 말을 듣고 일
행과 그곳 사람들이, 예루살렘에 올라가지 말라고 바울을 간곡히 말렸
다. 13 그러나 바울은 단호하였다. "왜들 이렇게 울면서 제 마음을 아프
게 하십니까? 저는 주 예수님의 이름을 위해 예루살렘에서 결박당할 것
은 물론, 죽을 각오도 돼 있습니다." 14 아무리 권해도 바울이 받아들이
지 않자, 그들은 더 이상 말리지 않고 말했다. "주님의 뜻대로 이뤄지기를
빕니다." 15 그리고 며칠 뒤, 일행은 행장을 꾸려 예루살렘으로 올라갔
다. 16 가이사랴의 몇 제자가 동행하여, 일행이 묵을 나손의 집으로 안
내하였다. 나손은 키프로스 출신으로, 오래전에 신자가 된 사람이었다.

319
야고보 방문 (사도 21.17-26)

1 바울 일행이 예루살렘에 도착하자, 형제들이 따뜻하게 맞아 주었다.
2 이튿날, 바울이 일행과 함께 야고보를 방문했다. 모든 장로가 거기 와
있었다. 3 바울이 장로들에게 문안하고, 하나님께서 자기 사역을 통해
이방인 가운데서 행하신 일을 자세히 보고했다. 4 그들이 바울의 보고
를 듣고, 하나님께 영광을 돌리며 말했다. "형제여, 그대도 알다시피 유대
인 가운데 신자가 수없이 많고, 그들 모두가 율법에 열성적입니다. 5 그
런데 그들이 소문으로 듣기에는, 그대가 이방인 가운데 사는 모든 유대

인에게 모세의 율법을 저버리고, 자기 아들에게 할례도 베풀지 말며, 유
대인의 관습도 따르지 말라고 가르친다는 것입니다. 그리고 그대가 여기 온
것도, 그들 모두가 곧 알게 될 터인데, 이 일을 어쩌면 좋겠습니까? **6** 그대는
우리가 일러 주는 대로 하십시오. 우리 가운데 서원한 사람이 4명 있습니다.
그대가 이들을 데리고 가서, 이들과 함께 정결의식을 행하고, 그대가 비
용을 들여 이들의 머리를 깎게 하십시오. 그러면 그대에 대한 소문이 사
실이 아니고, 그대도 율법을 지키며 산다는 것을 그들도 알게 될 것입니
다. **7** 이방인 신자에게는, 우상에 바쳐진 음식과, 피와 목매어 죽인 짐
승의 고기와, 음행을 피하면 된다고, 우리가 결의한 것을 이미 편지로 써
보냈습니다." **8** 이튿날, 바울이 서원한 사람 4명을 데리고 가서 그들과
함께 정결의식을 행하고, 성전으로 올라가 정결기간이 끝나는 날짜와 각
자 예물 바칠 날짜를 신고했다. 유대인을 얻으려고, 그들에게는 내가 유대인처럼 되
었습니다. 율법 아래 있지 않지만, 율법 아래 있는 사람을 얻으려고, 그들에게는 내가 율법 아
래 있는 사람처럼 되었습니다.(고린도전서 9.20)

320
체포된 바울 (사도 21.27-40)

1 7일간의 정결기간이 거의 끝날 즈음, 아시아에서 온 몇몇 유대인이
성전 뜰에 있는 바울을 보았다. **2** 그들이 무리를 선동하여 바울을 붙잡
고 소리쳤다. "이스라엘 동포 여러분, 우리를 도와주십시오. 이자는 가는
곳마다 우리 민족과 율법과 성전을 비방하며 가르칩니다. 게다가 이제는
이방인까지 성전에 데리고 와서, 이 거룩한 곳을 더럽혀 놓았습니다." **3** 그
들이 전에 에베소 사람 드로비모가 바울과 함께 시내에 있던 것을 보고,

바울이 그를 성전 안에 데려온 줄로 생각했던 것이다. **4** 그러자 온 도시가
소란해졌고, 사람들이 몰려들었다. 그들이 바울을 붙잡아 성전 밖으로 끌
고 나가자, 성전 문이 곧 닫혔다. **5** 그들이 바울을 죽이려 할 때, 예루살
렘 시내에서 폭동이 일어나, 온 도시가 소요에 휘말렸다는 보고가 로마
군 천부장[1]에게 올라갔다. **6** 천부장이 즉시 백부장과 병사를 거느리고
현장으로 달려갔다. 그들이 천부장과 병사를 보고 폭행을 멈추었다. **7** 천
부장이 다가가 바울을 체포하고, 2개의 쇠사슬로 단단히 묶으라고 명령했
다. 그리고 그가 누구며, 무슨 일을 저질렀는지 알아보려고 하였다. **8** 그
러나 사람들이 저마다 다른 소리를 하고 소란을 피워서, 사건의 진상을
제대로 파악할 수가 없었다. 그래서 바울을 병영 안으로 데려가라고 명
령하였다. **9** 바울이 층계에 이르렀을 때, 무리가 하도 난폭하게 굴어서,
병사가 바울을 둘러메고 올라가야 했다. **10** 무리가 계속해서 따라오며
소리를 질렀다. "그자를 죽여라! 그놈을 없애 버려라!" **11** 병사가 병영 안
으로 들어갈 즈음, 바울이 천부장에게 말했다. "제가 한 말씀 드려도 되
겠습니까?" **12** 그러자 천부장이 말했다. "당신이 그리스말을 할 줄 아시
오? 그러면 얼마 전 폭동을 일으키고, 4천 명의 자객을 이끌고 광야로
나간 그 이집트인이 당신이오?" **13** 바울이 대답했다. "아닙니다. 저는 길
리기아 다소에서 태어난 유대인으로, 그 유명한 도시의 시민입니다. 제가
저들에게 한마디 하게 허락해 주십시오." **14** 천부장이 허락하자, 바울이
층계 위에 서서 손을 흔들어 무리를 진정시키고, 히브리어로 말하기 시
작하였다.

---

1) 천부장(千夫長, Commander of thousand)은 1천 명의 부하를 거느린 로마군 부대장으로, 군령권과 재판권을 가지고 있었다.

321
바울의 연설 (사도 22.1-30)

1 바울이 말했다. "부형 여러분, 이제 제가 해명하겠습니다. 들어 주시
기 바랍니다." **2** 바울이 히브리어로 연설하자, 사람들은 이내 조용해졌
고, 바울은 계속해서 말했다. **3** "저는 유대인입니다. 길리기아 다소에
서 태어났으며, 이 도시 예루살렘에서 자랐습니다. 가말리엘 선생님 문
하에서 우리 조상의 율법에 따라 엄격한 교육을 받았고, 오늘 여기 모이
신 여러분 못지않게 열성적으로 하나님을 섬겼습니다.(107) 나는 내 동족 가
운데 나와 같은 또래의 많은 사람보다 유대교에 앞장섰으며, 내 조상의 전통에 대해서도 훨씬
더 열성적이었습니다.(갈라디아서 1.14) **4** 그래서 저는 이 도를 따르는 사람을 죽
이기까지 하였으며, 남녀를 가리지 않고 모조리 잡아 감옥에 처넣었습
니다. **5** 이 말이 사실인지 아닌지는, 대제사장과 모든 공회원이 증언하
실 것입니다. **6** 저는 그들로부터 다마스쿠스 우리 동포에게 보낼 공문
을 받아 길을 떠났습니다. 거기 있는 신자까지 모조리 잡아다가 예루살
렘에서 처벌하려고 했습니다. **7** 그런데 정오쯤, 다마스쿠스 가까이 이르
렀을 때, 갑자기 하늘에서 강렬한 빛이 내려와 제 주변을 둘러 비추었습
니다. **8** 저는 너무 놀라 땅바닥에 엎드러졌습니다. 그때 하늘에서 소리
가 들려왔습니다. '사울아, 사울아! 네가 왜 나를 핍박하느냐?' **9** 엉겁결
에 제가 되물었습니다. '주여, 당신은 누구십니까?' **10** 그분이 대답하셨
습니다. '나는 네가 핍박하는 나사렛 예수다.' **11** 그때 제 일행은 빛은 보
면서도, 그분의 음성은 듣지 못했습니다. **12** 제가 물었습니다. '주여, 제
가 어떻게 해야 합니까?' **13** 주께서 대답하셨습니다. '일어나 다마스쿠
스로 들어가라. 거기서 네가 할 일을 모두 일러 줄 것이다.' **14** 그 빛의
광채로 저는 앞을 보지 못하게 되었고, 동행자의 손에 이끌려 다마스쿠

스로 들어갔습니다. **15** 그곳에 아나니아라는 사람이 살고 있었습니다. 그
는 율법을 지키는 경건한 사람이었고, 다마스쿠스에 사는 모든 유대인에
게 존경을 받았습니다. **16** 그가 찾아와 곁에 서서 말했습니다. '사울 형제,
눈을 뜨고 다시 보시오.' **17** 그 즉시 저는 눈을 뜨고, 그를 쳐다보았습니
다. **18** 아나니아가 말했습니다. '우리 조상의 하나님께서 그대를 택하여 그
분의 뜻을 알게 하시고, 의로우신 그분을 보게 하시고, 그분의 입에서 나
오는 음성을 듣게 하셨습니다. 이제 그대는 그분의 증인이 되어서, 그대가
보고 들은 모든 일을 전할 것입니다. 그러니 이제 망설일 까닭이 어디 있
겠습니까? 어서 일어나 주님의 이름을 부르고, 세례를 받으십시오. 그러면
죄 사함을 받을 것입니다.' 그리스도와 연합하여 세례를 받은 우리가 모두, 그리스도의
죽으심과 연합하여 세례를 받은 줄 알지 못합니까? 그러므로 우리는 그리스도의 죽으심과 연합
하여 세례를 받음으로써, 그분과 함께 묻혔습니다. 이는 그리스도께서 아버지의 영광으로 죽은
사람 가운데서 살리심을 받은 것처럼, 우리도 새로운 생명 가운데서 살게 하려는 것입니다. 우리
가 그리스도의 죽으심과 같은 죽음으로 그분과 연합한 사람이 되었다면, 우리는 분명히 그리스
도의 부활하심과 같은 부활로 그분과 연합한 사람이 될 것입니다.(로마서 6.3-5) 여러분은 세례
로 그리스도와 함께 묻혔고, 또한 그를 죽은 사람 가운데서 일으키신 하나님의 능력을 믿는 믿
음으로, 그리스도 안에서 그리스도와 함께 일으키심을 받았습니다.(골로새서 2.12) **19** 이후
저는 예루살렘으로 돌아와 성전에서 기도하고 있었습니다. 그때 환상 가
운데 주님이 말씀하셨습니다. '너는 속히 예루살렘을 떠나라. 이곳 사람
들은 네 증언을 받아들이지 않을 것이다.' **20** 그래서 제가 말했습니다.
'주님, 제가 회당마다 찾아다니며 주님을 믿는 사람을 붙잡아 감옥에 가
두고, 매질한 것을 그들도 알고 있습니다. 그리고 주님의 증인 스데반이 피
를 흘리고 죽을 때도, 제가 곁에 서서 그 일에 찬성했으며, 그를 죽이는 자
들의 옷까지 지켜 주었습니다.' **21** 그러나 주님은, '그래도 가거라. 내가 너
를 멀리 이방인에게 보낼 것이다'고 말씀하셨습니다." **22** 여기까지 바울의

말을 듣다가, 사람들이 갑자기 소리를 질렀다. "저자를 죽여라! 저놈을 없
애 버려라!" **23** 그리고 미친 듯이 고함을 지르며 옷을 벗어 던지고 공중
에 티끌을 날렸다. **24** 그때 천부장이 명하였다. "그를 병영 안으로 데려가
라!" **25** 그리고 사람들이 왜 그렇게 아우성을 치는지, 또 그 이유가 무엇
인지 알아보려고, 바울을 채찍질하여 심문하라고 하였다. **26** 병사가 채찍
질하려고 바울을 눕혀 가죽끈으로 기둥에 묶자, 바울이 곁에 서 있는 백
부장에게 말했다. "로마 시민을 재판도 하지 않고, 이렇게 채찍질하는 법이
어디 있소?" **27** 백부장이 천부장에게 가서 보고했다. "이제 어찌하시렵니
까? 이 사람은 로마 시민입니다." **28** 천부장이 와서 바울에게 물었다. "내
게 바른대로 말하시오. 당신이 정말 로마 시민이오?" **29** 바울이 대답했다.
"그렇소!" **30** 천부장이 말했다. "나는 많은 돈을 들여서 시민권을 얻었소."
31 바울이 말했다. "나는 태어나면서부터 시민권을 가지고 있었소!" **32** 그
때 바울을 심문하려는 사람이 물러갔으며, 천부장도 그를 결박한 일로 두
려워하였다. **33** 이튿날, 천부장은 유대인이 무슨 일로 바울을 고소하는지
그 진상을 확실히 알아보려고, 대제사장과 온 공회를 소집했다. 그리고 바
울의 결박을 풀어 그들 앞에 데려다 세웠다.

322
공회의 논쟁 (사도 23.1-11)

1 바울이 공회를 똑바로 쳐다보며 말했다. "형제 여러분, 나는 이날 이
때까지 범사에 양심[1]을 따라서, 오로지 하나님만 섬기며 살아왔습니다."

1) 양심(良心, Conscience)은 선악을 분별하는 도덕적 기준의 인식으로, 지정의 가운데 정서적 부분에 해당한다. 성령 안에서 죄를 책망하고, 바르게 살도록 인도한다.

2 이 말에, 대제사장 아나니아가 바울 곁에 서 있는 사람에게 그 입을 치
라고 명하였다. **3** 바울이 말했다. "회칠한 벽이여, 하나님께서 당신을 치
실 것이오! 당신이 율법대로 나를 재판한다고 거기 앉아서, 오히려 율법
을 어기고 나를 치라고 하시오?" **4** 바울 곁에 선 사람이 말했다. "어디라
고 감히 하나님의 대제사장을 모욕하오?" **5** 바울이 말했다. "형제여, 나
는 그가 대제사장인 줄 몰랐소. 성경에 '네 백성의 지도자를 모욕하지
말라'고 하였소." 하나님을 모독하지 말고, 네 백성의 지도자를 저주하지 마라.(출애굽기
22.28) **6** 그때 바울은 그들의 일부가 사두개인이요, 일부는 바리새인임을
알고, 큰 소리로 외쳤다. "내 형제여! 나는 바리새파 사람이요, 바리새인
의 아들입니다. 내가 지금 심문을 받는 것은, 죽은 사람의 부활에 대한
소망 때문입니다." **7** 바울이 이렇게 말하자, 바리새파와 사두개파 사이에
다툼이 생겨 공회가 양쪽으로 갈라졌다. **8** 사두개파는 부활도 없고 천
사도 없고 영의 존재도 없다고 주장하였으나, 바리새파는 그 모든 것이
있다고 인정했기 때문이다. **9** 그래서 장내가 갑자기 소란해지며 큰 소동
이 일어났다. 바리새파에서 율법학자 몇 사람이 일어나 바울을 두둔하고
나섰다. "이제 보니, 이 사람은 아무 잘못이 없소. 혹시 영이나 천사가 그
에게 나타나 말했다면, 여러분은 어쩌겠소?" **10** 싸움이 점점 커지자, 바
울이 그들에게 찢겨 죽을까 싶어서 천부장이 부하에게 명했다. "내려가
서 그를 빼앗아 병영 안으로 데려가라!" **11** 그날 밤, 주님이 바울 곁에 서
서 말씀하셨다. "대담하라! 네가 예루살렘에서 나를 증언한 것처럼, 로
마[1]에서도 증언해야 한다." 나는 그리스도와 함께 십자가에 못 박혔습니다. 이제 사는 것은 내가 아닙니다. 그리스도께서 내 안에 사시는 것입니다. 내가 지금 육신 안에 사는 것은, 나를 사랑하여, 나를 위하여 자기 몸을 내주신, 하나님의 아들을 믿는 믿음 안에서 사는 것입니다.(갈라디아서 2.20)

---

1) 로마(Rome, 세력)는 이탈리아 반도를 중심으로 일어난 당시 최대의 제국이다.

323
유대인의 음모 (사도 23,12-22)

1 날이 새자, 유대인이 작당하여 음모를 꾸몄다. 바울을 죽이기 전에는
먹지도, 마시지도 않겠다고 맹세한 사람이 40명 넘었다. **2** 그들이 대제
사장과 장로에게 가서 말했다. "우리가 바울을 죽이기 전에는, 아무것도
입에 대지 않기로 굳게 맹세했습니다. 그러니 여러분은 공회와 짜고, 바
울을 좀 더 자세히 심문하겠다는 구실로, 그를 여러분 앞에 데려다 달라
고 천부장에게 청원하여 주십시오. 우리는 이미, 그가 이곳에 이르기 전
에 죽여 버릴 만반의 준비를 갖춰 두었습니다." **3** 그런데 바울의 조카가
그 음모를 전해 듣고, 서둘러 병영으로 달려가 바울에게 알렸다. **4** 바울
이 한 백부장을 불러 말했다. "이 청년을 천부장에게 데려다 주십시오.
그에게 전할 말이 있습니다." **5** 백부장이 그를 데리고, 천부장에게 가서
보고했다. "죄수 바울이 저를 불러서, 이 청년을 대장님께 데려다 주라고
부탁했습니다. 그가 무슨 드릴 말씀이 있다고 합니다." **6** 천부장이 그의
손을 잡고, 아무도 없는 조용한 곳으로 가서 물었다. "내게 전할 말이 무
엇이오?" **7** 청년이 말했다. "유대인이 바울을 좀 더 자세히 심문하겠다는
구실로, 내일 그를 공회에 데려다 달라고 대장님께 청원키로 했습니다.
그러나 대장님은 그들의 말을 들어주지 마십시오. 바울을 죽이기 전에는
먹지도 않고 마시지도 않겠다고 맹세한 사람 40여명이, 지금 길목에 매
복해 바울을 기다리고 있습니다. 그들은 바울을 죽일 만반의 준비를 갖
추고, 대장님의 승낙만 떨어지기를 기다리고 있습니다." **8** 천부장이 그를
돌려보내며 단단히 주의를 주었다. "이 정보를 나에게 제공했다는 말을,
아무에게도 누설하지 마시오."

324

호송된 바울 (사도 23.23-35)

1 천부장이 백부장 2명을 불러 명령했다. "보병 200명, 창병 200명, 기
병 70명을 무장시켜서, 오늘 밤 9시에 가이사랴[1]로 떠날 준비를 하라.
또 바울을 벨릭스[2] 총독에게 안전하게 호송할 수 있도록, 그를 태울 짐
승도 마련하라." **2** 그리고 천부장이 편지를 써 주었다. "글라우디오 루
시아가 벨릭스 총독 각하께 문안드립니다. 이 사람은 유대인에게 붙잡혀
살해될 뻔했습니다. 그런데 그가 로마 시민임을 알고, 제가 병력을 동원
해 구했습니다. 그리고 유대인이 무슨 이유로 그를 고소하는지 알아보려
고, 그들의 공회로 데려갔습니다. 그런데 그것이 그들의 율법에 관한 문
제였지, 사형이나 징역에 해당하는 죄가 아니었습니다. 그러나 유대인이
그를 암살하려는 음모를 꾸민다는 정보가 있어, 각하께 바로 이 사람을
보내는 바입니다. 그리고 고소인에게도, 이 사건에 대해 각하께 직접 고
소하라고 일러두었습니다. 안녕히 계십시오." **3** 그리하여 밤에 병사가 바
울을 데리고, 안디바드리[3]까지 갔다. **4** 그리고 날이 밝자, 기병대에 바울
의 호송을 맡기고, 다른 병사는 병영으로 돌아갔다. **5** 기병대가 가이사
랴에 도착해 총독에게 편지를 전달하고, 바울을 데려다가 그 앞에 세웠
다. **6** 총독이 편지를 읽고, 바울에게 물었다. "어느 지방 출신이오?" **7** 바
울이 대답했다. "길리기아 지방입니다." **8** 총독이 말했다. "그대를 고소하
는 사람들이 오는 대로, 그대의 말을 들어 보겠소." **9** 그리고 바울을 헤롯

---

1) 가이사랴(Caesarea, 가이사의 성)는 헤롯대왕이 가이사 아우구스투스를 존경하는 뜻으로, 12년 동안의 공사 끝에 주전 13년경 완공한 항구도시다.

2) 벨릭스(Felix, 즐거움/행복)는 주후 52년부터 60년까지 유대를 다스린 로마의 총독이다. 잔인하고 탐욕스러운 성품의 소유자로, 결국은 가이사랴 시민의 고소로 소환되었다.

3) 안디바드리(Antipatris)는 주전 9년경, 헤롯대왕이 자기 아버지 안디파테르(Antipater)를 기념하기 위해 만든 계획도시로, 예루살렘에서 가이사랴까지 이어진 도로 중간쯤에 있었다.

의 궁전에 가두어 지키라고 하였다.

325
더둘로의 논고 (사도 24.1-9)

1 그리고 5일 뒤, 대제사장 아나니아가 장로와 더둘로[1]라는 변호사를
대동하고, 가이사랴에 내려와 총독에게 바울을 고소하였다. **2** 바울이
불려 나오자, 더둘로의 논고가 시작되었다. "벨릭스 각하! 우리는 각하의 탁월하신 지도력 덕분에, 오랫동안 태평성대를 누리고 있습니다. 또한 각하의 선견지명으로, 이 나라는 여러 방면에서 많은 개혁을 이루었습니다. 그래서 저희는 언제 어디서나 각하의 공로를 높이 인정하며, 항상 감사해 마지않습니다. 이제 더 이상 각하께 폐를 끼쳐 드리지 않으려고, 간단히 몇 말씀만 드리겠습니다. 부디 관용을 베푸시어, 저희 말을 너그러
이 들어주시기 바랍니다. **3** 저희가 알아본 결과, 이 사람은 몹쓸 전염병
같은 존재입니다. 온 세상에 흩어져 사는 유대인을 선동하여, 소란을 일으키는 나사렛 이단[2]의 괴수입니다. 심지어 그가 성전까지 더럽히려고 했습니다. 그래서 저희가 그를 붙잡아, 율법대로 재판하려고 했습니다. 그런데 천부장 루시아가 와서, 그를 저희 손에서 강제로 빼앗아 갔습니
다. 그리고 각하께 직접 고소하라고 했습니다. **4** 사건의 전말이 이러하
오니, 각하께서 친히 조사해 보시면, 이 모든 내용이 사실임을 아실 것입

1) 더둘로(Tertullus, 거짓말쟁이)는 벨릭스 총독에게 바울을 고소하려고, 유대인이 고용한 로마의 변호사였다.

2) 이단(異端, Heresy)이라는 그리스어 '하이레시스(Hairesis)'는 '선택'이나 '선택된 의견'을 뜻했으나, 정통 신앙에 맞지 않은 논리를 펴거나, 가르치는 무리를 지칭하는 말로 바뀌었다. 초대교회 이단은 영지주의, 가현설, 군주신론, 아리우스주의 등이다.

니다.” **5** 그러자 유대인들이 가세하여, 더둘로의 논고가 모두 사실이라고 주장하였다.

326
바울의 변론 (사도 24.10-23)

1 더둘로의 논고가 끝나자, 총독이 바울에게 말하라고 손짓하였다. **2** 바
울이 변론하기 시작했다. “저는 각하께서 여러 해 동안 이 나라의 재판권
을 행사해 오신 것으로 알고 있습니다. 이제 기쁜 마음으로 제 자신을 변
호하고자 합니다. **3** 제가 예배를 드리러 예루살렘에 올라간 지 12일밖에
되지 않습니다. 이는 각하께서 조사해 보시면 금방 아실 수 있습니다.
4 그리고 저를 고소하는 저분들은, 제가 성전이나 회당, 거리 등에서 누
구와 논쟁하거나, 군중을 선동해 모은 것을 본 적이 없습니다. **5** 그래서
지금 제가 한 일을 들어 고소하고 있지만, 각하께 아무 증거도 제시하지
못하는 것입니다. **6** 그러나 각하께 이것만은 시인합니다. 저분들이 이단
이라고 하는 그 도를 따라 우리 조상의 하나님을 섬기고, 율법과 예언서
의 기록을 제가 다 믿는다는 것입니다. **7** 또 저분들과 같이 하나님께 소
망을 두고 있으며, 그 소망이 이루어지기를 기다리고 있습니다. 다름 아
닌 장차 의인과 악인이 다 부활한다는 것입니다. 이제 그리스도께서 죽은 사
람 가운데서 다시 살아나, 잠든 사람의 첫 열매가 되셨습니다.(고린도전서 15.20) 땅속 티끌 가
운데서 잠자는 사람도 많이 깨어날 것이다. 그들 가운데 어떤 사람은 영원한 생명을 얻을 것이
며, 또 어떤 사람은 수치와 함께 영원히 모욕을 당할 것이다.(다니엘 12.2) **8** 그래서 저는
하나님과 사람 앞에서, 항상 깨끗하고 거리낌 없는 양심을 지키려 애쓰
고 있습니다. **9** 저는 여러 해 동안 예루살렘을 떠나 있다가, 제 민족에게

구제금을 전달하고, 하나님께 예물을 바치려 다시 돌아왔습니다. **10** 제
가 성전에서 정결의식을 행하고, 예물 바칠 날짜를 신고할 때, 저분들이
성전에 있는 저를 보았지만, 그때 제 주변에는 군중도 없었고, 전혀 소란
스럽지도 않았습니다. **11** 다만 아시아에서 온 유대인 몇 사람이 그 자리
에 있었는데, 혹시 저를 고소할 일이 있다면, 그들이 각하 앞에 와서 고
소해야 마땅할 것입니다. **12** 그렇지 않다면, 제가 유대인 공회 앞에 섰을
때 무슨 죄를 찾아냈는지, 저분들이 밝혀야 할 것입니다. **13** 저는 다만
저분들 앞에 서서, 죽은 사람의 부활에 대한 문제로 제가 심문을 받는다
고, 한마디 외쳤을 뿐입니다." **14** 그러자 그 도에 대해 익히 알고 있던 벨
릭스가 재판을 연기하였다. "천부장 루시아가 오면, 그때 가서 이 사건을
처리하겠소." **15** 그리고 총독이 백부장을 불러 명했다. "이 사람을 지키
되 어느 정도의 자유를 주고, 친구나 친척의 뒷바라지를 허락하라."

327
구금된 바울 (사도 24.24-27)

1 며칠 뒤, 벨릭스가 유대인 아내 드루실라[1]와 함께 와서, 바울을 불
러내 그리스도 예수를 믿는 믿음에 대하여 들었다. **2** 바울이 정의와 절
제와 장차 임할 심판에 대해 설명하자, 벨릭스가 두려워하며 말했다. "이
제 됐으니 그만 돌아가시오. 시간이 나면 다시 부르겠소."(210) 나는 죽은 자
들이 큰 자나 작은 자나 할 것 없이, 다 그 보좌 앞에 서 있는 것을 보았습니다. 그리고 책들이
펼쳐져 있었는데, 다른 책, 곧 생명의 책도 있었습니다. 죽은 자들은 그 책에 기록된 대로, 자기

1) 드루실라(Drusilla, 이슬 내림)는 헤롯 아그립바 1세의 막내딸로, 아그립바 2세와 버니게의 동생이었다. 주후 37년경 태어난 드루실라는 절세미인이었고, 그 미모에 반한 벨릭스가 끈질긴 설득 끝에 3번째 아내로 맞았다.

가 행한 대로 심판을 받았습니다.(요한계시록 20.12) **3** 동시에 벨릭스는, 바울에게 뇌
물을 받을 요량으로, 수시로 불러내 이야기를 나누곤 했다. **4** 그렇게 2
년이 지난 뒤, 벨릭스 총독의 후임으로 보르기오 베스도가 부임하였다.
5 그때까지 벨릭스는 유대인의 환심을 사려고, 바울을 감옥에 가두어 두
었다.

328
바울의 상소 (사도 25.1-12)

1 베스도[1]는 부임한 지 3일 뒤, 가이사랴에서 예루살렘으로 올라갔다.
2 대제사장과 유대인 지도자가 바울을 고소하며 줄곧 졸랐다. "우리에게
은전을 베푸시는 셈치고, 바울을 예루살렘으로 이송해 주십시오." **3** 그
들은 길목에 사람을 매복시켰다가, 바울을 죽일 속셈이었다. **4** 베스도
가 대답했다. "바울은 가이사랴에 갇혀 있고, 나도 곧 그리로 가야 하니,
그에게 무슨 잘못이 있거든, 여러분의 대표자가 나와 함께 가서, 그곳에
서 고소하도록 하시오." **5** 베스도가 예루살렘에서 8일인가 10일쯤 있다
가 가이사랴로 내려가, 이튿날 바로 법정을 열어 바울을 데려오게 하였
다. **6** 바울이 나오자, 예루살렘에서 내려온 유대인들이 그를 에워싸고,
여러 가지 무거운 죄목을 걸어 고소했다. 그러나 그 죄를 입증할 만한
증거는 하나도 대지 못했다. **7** 바울이 항변했다. "저는 유대인의 율법이
나 성전은 물론이고, 가이사[2]에게 죄를 지은 일이 없습니다." **8** 베스도

---

1) 베스도(Festus, 명절/기쁨)는 주후 60년 부임하여 62년에 죽은 비운의 총독으로, 훌륭한 행정관이자 재판관이었다.

2) 가이사(Caesar)는 로마의 황제 가이우스 율리우스 시저(Gaius Julius Caesar)의 성(姓)으로, 그를 존경하는 존칭으로 사용하다가, 나중에 황제의 칭호가 되었다.

가 유대인의 환심을 사려고 바울에게 물었다. "예루살렘에 가서, 이 사건
에 대하여 내게 재판을 받겠소?" **9** 바울이 대답했다. "저는 지금 가이사
의 법정에 서 있습니다. 당연히 여기서 재판을 받아야 합니다. 각하께서
도 아시다시피, 저는 유대인에게 조금도 잘못한 일이 없습니다. 제가 무
슨 나쁜 짓을 하였거나 죽을 만한 죄를 지었다면, 사형도 마다하지 않겠
습니다. 그러나 그들이 고소한 내용이 사실이 아니라면, 아무도 저를 그
들에게 넘겨줄 수 없습니다. 저는 가이사에게 상소[1]합니다." **10** 베스도
가 배심원과 상의하여 선고했다. "그대가 가이사에게 상소했으니, 가이사
에게 갈 것이오!"

329

아그립바 심문 (사도 25.13-27)

1 며칠 뒤, 아그립바[2] 왕과 버니게가 새로 부임한 베스도 총독을 예방
하였다. **2** 그들이 가이사랴에서 여러 날 머무는 동안, 베스도가 바울의
사건을 왕에게 소개하였다. "이곳에 벨릭스가 인계한 죄수 하나가 있습
니다. 내가 예루살렘에 갔더니, 대제사장과 유대인 장로가 그를 고소하
며, 유죄 판결을 내려 달라고 청했습니다. 그러나 나는, 피고가 원고 앞
에서 항변할 기회도 주지 않고 먼저 넘겨주는 것은, 로마의 관례에 아니

1) 상소(上疏, Appeal)로 바울은 안전하게 로마로 가게 되었으며, 로마 감옥에서 골로새서, 에베소서, 빌립보서, 빌레몬서를 썼다. 이어 디모데전서, 디도서를 썼으며, 2번째 투옥되어 유언서격인 디모데후서를 썼다. 데살로니가전서와 후서, 갈라디아서, 로마서, 고린도전서와 후서 등은 로마로 가기 전에 썼던 것으로 보인다.

2) 아그립바(Agrippa, 독자)는 헤롯대왕의 증손자로, 정식 이름은 마르쿠스 율리우스 아그립바 2세(Marcus Julius Agrippa 2)다. 버니게는 아그립바의 1살 아래 누이로, 벨릭스 전 총독의 아내 드루실라의 언니다.

라고 일러 주었습니다. **3** 그래서 그들이 나와 함께 여기까지 오게 되었
는데, 지체하지 않고 바로 다음날 법정을 열어 그를 데려오게 했습니다.
그때 고소인이 일어나 여러 가지 죄목을 늘어놓기는 하였으나, 내가 짐
작한 그런 죄는 하나도 없었습니다. 그들의 다툼은 단지 자기네 종교 문
제로, 예수라는 죽은 사람을 두고 서로 의견을 달리할 뿐이었습니다.
바울은 그 예수가 다시 살아났다고 주장했습니다. **4** 나는 이 사건을 어
떻게 처리할까 하고 망설이다가, 그에게 예루살렘에 가서 이 사건에 대
하여 내게 재판을 받을 의향이 있느냐고 물어 보았습니다. 그러자 바울
이 황제의 판결을 받겠다고 상소하여, 그를 로마로 보낼 때까지 가두어
두라고 했습니다." **5** 아그립바가 말했다. "나도 그 사람의 말을 한번 들
어 보고 싶습니다." **6** 베스도가 대답했다. "내일 그렇게 하십시오." **7** 이
튿날, 아그립바 왕과 버니게가 모든 위엄과 격식을 갖추고, 군 지휘관과
그 도시 요인과 함께 재판정에 들어섰다. 그러자 베스도의 명령으로 바
울이 불려 나왔다. **8** 베스도가 말했다. "아그립바 전하와 이 자리에 참
석하신 내빈 여러분, 지금 여러분이 보고 계시는 이 사람은, 예루살렘과
가이사랴의 모든 유대인이 더 이상 살려 둬서는 안 된다고 소리치며 내
게 청원한 사람입니다. 그런데 내가 조사한 바로는, 그에게 죽일 만한 죄
가 없었습니다. 하지만 그가 황제께 상소하여, 그를 로마에 보내기로 결
정했습니다. **9** 그런데 황제께 써 보낼 확실한 자료가 없습니다. 그래서
오늘 이 자리에서, 그를 다시 심문하여 황제께 올릴 자료를 얻을까 하고,
여러분 앞에, 특히 아그립바 전하 앞에 이 사람을 불러내 세웠습니다.
죄수를 보내면서 구체적인 혐의를 밝히지 않는 것은 이치에 맞지 않는다
고 봅니다."

330
바울의 해명 (사도행전 26.1-32)

1 그때 아그립바가 바울에게 말했다. "그대에게 해명할 기회를 주겠소."
2 바울이 손을 들어 인사하고, 그간의 사정을 말하기 시작했다. "아그립
바 전하, 오늘 제가 전하 앞에서, 유대인이 저를 걸어 고소한 사건에 대하
여, 다시 해명하게 된 것을 다행으로 여깁니다. 특히 전하께서는, 유대인
의 풍속과 쟁점을 잘 알고 계시기에 더욱 그렇습니다. 아무쪼록 제 말을
너그러이 들어주시기 바랍니다. **3** 제가 어릴 때부터 제 고향과 예루살렘
에서 어떻게 살아왔는지, 유대인들이 다 알고 있습니다. 그들은 제가 오
래전부터 우리 종교의 가장 엄격한 바리새파 사람으로, 어떻게 살아왔는
지 마음만 먹으면 얼마든지 증언할 수 있습니다. **4** 그런데 제가 지금 이
재판정에 서 있는 것은, 하나님께서 우리 조상에게 하신 약속에 소망을
두고 있기 때문입니다. 이는 우리 12지파가 밤낮으로 열심히 하나님을
섬기며, 이뤄지기를 간절히 바라고 있습니다. **5** 전하, 바로 이 소망 때문
에 제가 유대인에게 고소를 당한 것입니다. 하나님께서 죽은 사람을 다
시 살리신다는 것을 어찌하여 믿지 못할 일로 여기는지, 저는 도무지 모
르겠습니다. **6** 사실 저도 한때는, 나사렛 예수를 대적하는 일에 발 벗고
나서야 한다는 생각으로, 예루살렘에서 그 일에 손을 대었습니다. 저는
대제사장의 권한을 받아 많은 성도를 잡아 감옥에 가두었고, 그들을 처
형하는 일에 앞장섰습니다. 그리고 회당마다 찾아가 그들에게 벌을 주었
고, 강제로 예수를 부인하고 저주하게 만들었습니다. 심지어 그들에 대
한 분노가 극에 달하여, 외국의 여러 도시까지 찾아가 그들을 핍박했습
니다. **7** 그러한 일로 한번은, 제가 대제사장의 권한을 위임받아 다마스
쿠스로 내려갔습니다. 전하, 그런데 정오쯤 되어 길을 가다가 보니, 하늘

에서 태양보다 더 눈부신 빛이 나와서, 저와 일행을 둘러싸며 비추었습니
다. **8** 우리가 땅에 엎드러지자, 히브리말로 음성이 들렸습니다. '사울아,
사울아! 네가 왜 나를 핍박하느냐? 가시채[1]를 뒷발질해 봐야 너만 아
플 뿐이다.' **9** 제가 물었습니다. '주님, 누구십니까?' **10** 주님이 대답하
셨습니다. '나는 네가 핍박하는 예수다. 이제 일어나 네 발로 똑바로 서
라. 내가 네게 나타난 것은, 너를 내 일꾼으로 삼아서, 오늘 네가 본 것
과 장차 네게 보일 일의 증인이 되게 하려는 것이다. 내가 유대인과 이
방인의 손에서 너를 구하여, 다시 그들에게 보낼 것이다. 이제 너는 그
들의 눈을 뜨게 하고, 어둠에서 빛으로, 사탄의 권세에서 하나님의 품
으로 돌아오게 하고, 나를 믿어 거룩하게 된 사람이 받아 누릴 복을 그
들도 받게 하라.' 그리스도 안에는 신성의 모든 충만이 육체의 모습으로 거합니다.(골로
새서 2.9) 여러분에게 썩지 않고, 더러워지지 않고, 낡지 않는 유산을 주셨습니다. 이는 여러
분의 몫으로 하늘에 간직되어 있습니다.(베드로전서 1.4) **11** 그러므로 아그립바 전하,
그때부터 저는 이 하늘의 계시를 거역하지 않고, 우선 다마스쿠스 사람
에게, 다음은 예루살렘과 온 유대인에게, 그 다음은 이방인에게, 회개하
고 하나님께 돌아와 그에 합당한 행실을 보이라고 선포했습니다. **12** 제
가 이런 일을 한다고 해서, 유대인이 성전에서 저를 붙잡아 죽이려고 했
습니다. 그러나 저는 이날 이때까지 하나님의 도우심을 받으며, 높은 사
람이나 낮은 사람이나, 누구에게나 제가 믿는 바를 증언하고 있습니다.
13 저는 모세와 예언자가 장차 그렇게 되리라고 기록한 것 외에는, 아무
것도 말하지 않았습니다. 그들은 그리스도께서 고난을 받으시고, 죽은
사람 가운데서 먼저 부활하여, 이스라엘 백성과 이방인에게 구원의 빛을
선포하신다고 했습니다." **14** 바울이 여기까지 말하자, 베스도 총독이 바

1) 가시채(Goad)는 소를 몰기 위해 만든 가시 달린 채찍이다. 뾰족한 나무 막대기에 쇠나 뼈를 박아 사용하였다.

울의 말을 가로막으며 소리쳤다. “바울아, 네가 미쳤구나! 네 많은 학문
이 너를 미치게 하였다!” **15** 바울이 대답했다. “베스도 각하, 저는 미치
지 않았습니다. 제가 드리는 말씀은 어디까지나 사실이며, 아주 맑고 깨
끗한 정신으로 하는 말입니다. 이는 어느 한쪽 구석에서 일어난 일이 아
니므로, 제가 자신 있게 말씀드리는 것입니다. **16** 아그립바 전하께서도,
이 일에 대해 잘 알고 계시리라 생각합니다. 아그립바 전하, 예언자를 믿
으십니까? 물론 믿으시는 줄 압니다.” **17** 아그립바가 말했다. “그대가 이
짧은 시간에 나를 설복하여, 그리스도인으로 만들 수 있다고 생각하는
가?” **18** 바울이 대답했다. “짧은 시간이든 긴 시간이든, 전하뿐만 아니라
지금 제 말을 듣고 계시는 모든 분들이, 저와 같이 되기를 하나님께 빕니
다. 이 쇠사슬만 제외하고 말입니다.” **19** 그때 아그립바가 일어나자, 베스
도 총독과 버니게, 그리고 그들과 함께 앉은 사람이 다 일어났다. 그들이
밖으로 나가며 서로 말했다. “이 사람은 사형을 당하거나, 감옥에 갇힐 만
한 일은 하지 않았소.” **20** 아그립바가 베스도에게 말했다. “이 사람이 황
제께 상소하지 않았다면, 석방될 수도 있었을 텐데요.”

331
로마 여행 (사도 27.1-12)

1 죄수를 배에 태워 이탈리아에 보내기로 결정되자, 바울과 다른 죄수
몇 사람이 친위대 소속의 율리오라는 백부장에게 넘겨졌다. **2** 그들은 아
시아 연안을 따라 항해하는 아드라뭇데노[1] 배를 타고 떠났다. 마케도니

1) 아드라뭇데노(Adramyttium, 죽음의 공회)는 소아시아 북서쪽 아드라뭇데노만에 있는 무시아의 해양이다. 지금은 에드레미트(Edremit)다.

아 지방의 데살로니가 사람 아리스다고도 그 배에 동승하였다. **3** 이튿
날 배가 시돈에 닿았다. 율리오가 바울에게 친절을 베풀어, 친구를 만나
필요한 물건을 공급받아도 좋다고 허락하였다. **4** 시돈을 떠나 항해하다
가 역풍을 만났다. 키프로스 섬을 바람막이로 삼아 북쪽 해안을 따라 행
선하다가, 길리기아와 밤빌리아 앞바다를 가로질러, 루기아[1] 지방의 무
라[2]에 상륙했다. 거기서 이탈리아로 가는 알렉산드리아 배를 만나, 백부
장이 일행을 그 배에 옮겨 태웠다. **5** 며칠간 느린 항해 끝에, 겨우 니도[3]
앞바다에 이르렀다. 그러나 맞바람 때문에 더 이상 나아가지 못하고, 크
레타[4] 섬을 바람막이로 삼아 간신히 살모네 앞바다를 지나갔다. **6** 그리
고 크레타 섬 남해안을 따라 어렵게 행선하여, 라새아 성에서 가까운 미
항(美港)에 닿았다. 거기서 많은 시간을 빼앗긴 데다가, 금식하는 절기[5]
도 이미 지나 항해하기에 무척 어려운 때가 되었다. **7** 그래서 바울이 권
했다. "여러분, 제가 보기에 지금 항해를 계속하다가는 재난을 당할 우려
가 있습니다. 배와 하물의 손실만이 아니라, 우리의 목숨까지 위태로울
수 있습니다." **8** 그러나 백부장은 바울의 말보다 선장과 선주의 말을 더
믿었다. 게다가 그 항구가 겨울을 나기에 적합하지도 않았고, 대다수 사
람이 어떻게 해서라도 뵈닉스[6]에 가서 겨울을 나자고 했기 때문이다. 뵈
닉스는 남서쪽과 북서쪽이 트인 크레타 섬의 항구였다.

---

1) 루기아(Lycia, 매우 덥다)는 소아시아 남서부 해안에 위치한 산악지대로, 밤빌리아 서쪽에 있었다.
2) 무라(Myra, 몰약)는 루기아 지방의 남쪽 연안에 있는 무역항으로, 루기아의 수도였다.
3) 니도(Cnidus, 찔레)는 소아시아 서남단의 도리스반도 끝에 있는 성읍으로, 포도 산지로 유명했다.
4) 크레타/그레데(Crete, 버림)는 지중해 남쪽의 섬으로, 지중해 무역의 중심지였고, 미노아 문명이 발달했다. 크레타는 시칠리아, 사르데냐, 키프로스 다음으로 지중해에서 4번째 큰 섬으로, 베네치아어로 칸디아(Candia)다.
5) 금식하는 절기는 속죄일(贖罪日)을 가리킨다.
6) 뵈닉스(Phoenix, 종려나무)는 지중해의 크레타 섬 남쪽에 있는 항구다.

332
유라굴로 태풍 (사도 27.13-26)

1 때마침 순한 남풍이 불어왔다. 사람들은 뜻대로 잘 되었다고 생각하
며, 닻을 올리고 크레타 섬 해안으로 바싹 붙어 항해하였다. **2** 그런데 얼
마 가지 않아서, 그 섬에서 유라굴로[1]라는 태풍이 불어닥쳤다. 배가 폭
풍에 휘말려 방향을 잡지 못하고 표류하기 시작했다. **3** 사람들은 모든
것을 체념하고 있다가, 가우다[2]라는 작은 섬 남쪽까지 배가 밀려갔을
때, 간신히 끌고 가던 거룻배를 바로잡을 수 있었다. 그 섬이 어느 정도
바람막이가 되었기 때문이다. **4** 선원들이 거룻배를 갑판 위에 끌어올리
고, 부서지지 않게 밧줄로 선체를 동여맸다. 그리고 그대로 가다가는 리
비아 해안에 돌출한 모래톱(스르디스)에 걸릴까 싶어서, 돛을 내리고 계속
바람에 떠밀려 다녔다. **5** 다음날, 폭풍에 시달리다 못해 하물을 바닷속
으로 집어 던졌다. 3일째는 배의 장비와 기구까지 모두 바다에 던져 버렸
다. 여러 날 동안 해와 별이 보이지 않고 사나운 폭풍만 계속 몰아치자,
사람들은 살아남을 가망이 전혀 없다고 생각했다. **6** 그때 바울이 일어
나서, 오랫동안 아무것도 먹지 못하고 시달려 온 사람들에게 말했다. "여
러분, 제 말대로 미항을 떠나지 않았다면, 이런 재난과 손실은 당하지 않
았을 것입니다. 그러나 이제라도 기운을 내십시오. 배는 잃겠지만 여러
분의 목숨은 하나도 잃지 않을 것입니다. **7** 지난밤, 제 하나님 곧 제가
섬기는 하나님의 천사가 제 곁에 서서 일러 주었습니다. '바울아, 두려워
하지 마라. 네가 반드시 황제 앞에 서야 한다. 하나님께서 너와 함께 항

1) 유라굴로(Northeaster, 북동풍)는 헬라어 유로스(euros, 동풍)와 라틴어 아퀼로(aquilo, 북동풍)의 합성어로, 태풍을 말한다.

2) 가우다(Cauda)는 크레타 서남쪽에 있는 작은 섬이다.

해하는 사람의 안전을 다 네게 맡겨 주셨다.' **8** 그러므로 여러분, 안심하
십시오. 저는 하나님을 믿습니다. 하나님께서 제게 말씀하신 것은 그대
로 이뤄질 것이며, 우리는 반드시 어느 섬에 밀려가 닿을 것입니다."

333
율리오 백부장 (사도 27.27-44)

1 배가 아드리아 바다까지 떠밀려 가서, 14일째 표류하고 있었다. **2** 한
밤중에 선원들은 배가 뭍에 가까워지고 있음을 감지했다. 끈에 추를 달
아 수심을 재어 보니 20길[1]이었고, 조금 있다가 다시 재어 보니 15길이
었다. **3** 배가 암초에 걸리지나 않을까 싶어서, 고물에 닻 4개를 내리고
날이 새기를 기다렸다. **4** 그런데 선원 몇 사람이 도망칠 속셈으로, 이물
에서 닻을 내리는 척하며 거루[2]를 풀어 바다에 띄웠다. **5** 그때 바울이
백부장과 병사에게 말했다. "저 사람들이 배에 남아 있지 않으면, 당신들
도 구조되지 못합니다." **6** 그러자 병사가 밧줄을 끊어 거룻배를 떼어 버
렸다. **7** 그리고 날이 샐 무렵, 바울이 모든 사람에게 음식을 먹으라고
권했다. "여러분은 지난 14일 동안 아무것도 먹지 못하고, 마음을 졸이
며 폭풍에 시달려 왔습니다. 그러나 이제는 음식을 먹어야 합니다. 그래
야 힘을 얻어서 살아남을 수 있습니다. 여러분은 머리카락 하나도 잃지
않을 것입니다." **8** 이 말을 한 뒤, 바울이 떡을 조금 가져다가 하나님께
감사드리고, 그들 앞에서 떼어 먹기 시작했다. **9** 그러자 사람들이 다 용

1) 20길(Fathom)은 20오르귀아(Orguia)로 37m쯤 되었다. 1오르귀아는 양팔을 벌린 길이로 1.85m다.
2) 거루(Lifeboat)는 돛과 갑판이 없는 작은 배를 말한다.

기를 얻어서 음식을 먹었다. 배 안에 있던 사람은 276명이었다. **10** 모든
사람이 음식을 배불리 먹고, 남은 식량을 바다에 던져서 배를 가볍게 하
였다. **11** 그리고 날이 새자, 어느 땅인지 알 수는 없었으나, 모래밭이 있
는 항만이 보였다. 선원들은 어떻게 해서라도, 그 해변에 배를 대려고 하
였다. **12** 그래서 닻을 끊어 바다에 버리고, 키를 묶은 밧줄을 풀어 늦추
고, 앞 돛을 올리고, 바람을 타고 해안으로 배를 몰았다. **13** 그런데 배
가 합수머리에 끼어들어 모래톱에 걸리고 말았다. 이물은 박혀서 옴짝달
싹하지 않았고, 고물은 거센 파도에 부딪혀서 깨어지기 시작했다. **14** 그
러자 병사들이, 죄수가 헤엄쳐서 도망칠까 싶어 모두 죽이려고 하였다.
15 그때 율리오 백부장이 바울을 살릴 요량으로, 그들의 의도를 제지시
키고 명령하였다. "헤엄칠 수 있는 사람은 먼저 바다로 뛰어내려 육지에
올라가고, 나머지 사람은 널빤지나 부서진 배 조각에 매달려 나가시오!"
16 그래서 모든 사람이 무사히 육지에 올라서게 되었다.

334
보블리오 추장 (사도 28.1-10)

1 모든 사람이 무사히 구조되고 나서, 그곳이 몰타[1] 섬이라는 사실을
알았다. **2** 원주민이 각별한 친절을 베풀어, 비를 맞고 떨고 있는 사람들
에게 모닥불을 지펴 주었다. **3** 바울이 마른 나뭇가지를 한 아름 모아다
가 불속에 넣자, 그 안에 있던 독사가 뜨거운 열기로 튀어나와 바울의 손
에 달라붙었다. **4** 독사가 바울의 손에 매달려 있는 것을 보고, 원주민이

1) 몰타/멜리데(Malta/Melita, 꿀이 흐름)는 시칠리아에서 남쪽으로 95km쯤 떨어진 섬이다.

서로 수군거렸다. "저 사람은 틀림없이 살인자다. 바다에서는 용케 살아
났으나, '정의의 여신'[1]이 살려 두지 않나 보다." **5** 그러나 바울은 그 뱀을
불속에 떨쳐 버리고, 아무 해도 입지 않았다.(293) **6** 그들은 바울의 몸이
부어오르거나 갑자기 쓰러져 죽을 줄로 알았다가, 아무리 기다려도 아무
렇지 않자 생각을 바꿔서 신이라 하였다. **7** 그 부근에 보블리오 추장의
농장이 있었다. 그가 농장으로 초대하여 3일간 극진히 대접해 주었다.
8 그때 추장의 부친이 열병과 이질에 걸려 병석에 누워 있었다. 바울이
들어가 기도하고, 그에게 손을 얹어 고쳐 주었다. **9** 그러자 그 섬에 사
는 다른 병자도 모두 찾아와 고침을 받았다. **10** 원주민은 여러모로 깍듯
이 대접해 주었고, 그들이 떠날 때 필요한 물건까지 배에 실어 주었다.

335
로마 입성 (사도 28.11-16)

1 몰타 섬에서 3개월이 지난 뒤, 거기서 겨울을 난 알렉산드리아 배를
타고 떠났다. 그 뱃머리에 디오스구로[2] 쌍둥이 신상이 새겨져 있었다.
2 수라구사[3]에 입항해 3일간 있다가, 다시 항해를 계속하여 레기온[4]에
닿았다. **3** 레기온에서 하루를 보낸 뒤, 때마침 불어오는 남풍을 타고

1) '정의의 여신'은 네메시스(Nemesis, 천벌/응보)를 말하며, 그리스 신화에 나오는 복수의 여신이다.
2) 디오스구로(Dioscuroi, 쌍둥이 형제)는 제우스(Zeus)와 레다(Leda) 사이에서 태어난 쌍둥이 아들, 카스토르(Castor)와 폴룩스(Pollux)를 말한다. 폭풍을 다스리는 항해의 수호신으로 여겼다.
3) 수라구사(Syracuse, 비밀)는 시칠리아 섬 동해안에 있는 항구도시다.
4) 레기온(Rhegium, 파괴)은 이탈리아 서남단에 있는 항구도시다.

다음날 보디올[1]에 닿았다. **4** 보디올에서 형제를 만나게 되었고, 그들의
초청을 받아 1주일을 머물렀다. **5** 그리고 로마로 갔다. 바울의 일행이 온
다는 소식을 듣고, 로마의 형제가 아피온 광장과 세 여관이라는 트레스
마을까지 맞으러 나왔다. 바울이 그들을 보고, 하나님께 감사하며 용기
를 얻었다. **6** 로마에 도착한 바울은 경비병 1명의 감시를 받으며, 민가에
서 따로 지내도 좋다는 허락을 받았다.

336
로마 전도 (사도 28.17-31)

1 로마에서 3일이 지난 뒤, 바울이 유대인 지도자를 초청했다. 그들이
오자 바울이 말했다. "형제 여러분, 저는 우리 민족과 조상의 관습을 거
스른 적이 없습니다. 그런데 예루살렘에서 죄수로 체포되어 로마인에게
넘겨졌습니다. **2** 그리고 로마인이 저를 심문했으나, 죽일 만한 죄가 없어
놓아주려고 했습니다. 그런데 유대인이 반대하여, 부득이 황제에게 상소
한 것입니다. 제가 우리 민족을 고발할 생각은 결코 없었습니다. **3** 그래서
제가 여러분을 뵙고, 이 말씀을 드리고자 오시라 했습니다. 제가 이렇게
쇠사슬에 묶인 것은, 오로지 이스라엘의 소망 때문입니다." **4** 그들이 대
답했다. "우리는 아직 유대에서 그대에 대한 편지를 받은 적도 없고, 또 여
기 온 형제 가운데 누가 와서, 그대를 나쁘게 평하거나 헐뜯는 사람도 없
었습니다. **5** 다만 그대의 종파[2]가 어디서나 유대인의 반대를 받고 있다는

---

1) 보디올(Puteoli, 온천)은 이탈리아 나폴리만 북안에 있는 항구다.
2) 종파(宗派, Sect)는 교리나 의식 등의 차이로 갈라진 분파를 말한다. 그리스도교는 유대교의 한 종파로 시작했으나, 주후 313년 밀라노 칙령에 의해 독립 종교가 되었다.

것입니다. 그에 대해서 그대의 생각은 어떠한지, 직접 한번 들어 보고 싶
을 뿐입니다.” **6** 그래서 그들은 다시 만날 날짜를 정하고 돌아갔다. 그리
고 정한 때가 되자, 더 많은 유대인이 바울의 숙소로 찾아왔다. **7** 바울
은 아침부터 저녁까지 하나님 나라를 강론하며 엄숙히 증언했고, 모세의
율법과 예언자의 글을 인용하여 예수님의 복음을 그들에게 설득하고자,
자기 마음을 다 털어놓으며 애를 썼다. **8** 그러나 그 말을 듣고 믿는 사
람도 있었으나, 끝내 믿지 않는 사람도 있었다. **9** 그들의 의견이 서로 엇
갈린 채 떠나려고 하자, 바울이 한마디 덧붙였다. “성령이 이사야 예언자
를 통해 여러분의 조상에게 하신 말씀이 옳습니다. **10** ‘너는 이 백성에
게 가서 말하라. 너희가 듣기는 들어도 깨닫지 못하고, 보기는 보아도 알
지 못할 것이다. 이 백성이 마음의 문을 닫고, 귀를 막고, 눈을 감은 탓이
다. 그렇지 않으면, 그들이 눈으로 보고 귀로 듣고 마음으로 깨닫고 돌아
와서, 마침내 내게 온전히 고침을 받을 것이다.’ 그분이 말씀하셨다. “너는 가
서 이 백성에게 전하라. ‘듣기는 들어도 너희가 깨닫지 못할 것이다. 보기는 보아도 너희가 알
지 못할 것이다.’ 이 백성의 마음을 둔하게 하고, 귀를 어둡게 하고, 눈을 감기게 하라. 그들이
눈으로 보고 귀로 듣고 마음으로 깨닫고 돌아와서, 치료를 받을까 걱정이다.”(이사야 6.9-10)
11 그러므로 여러분은, 이 구원의 소식이 이방인에게 전파되고 있음을
아셔야 합니다. 그들은 이 말씀을 듣고 받아들일 것입니다.” **12** 바울의
이 말을 듣고, 그들은 서로 격렬한 논쟁을 벌이다가 돌아갔다. **13** 바울
은 만 2년 동안 자기 셋집에 머물면서, 찾아오는 사람을 따뜻하게 맞아
들였다. **14** 그리고 아무 방해도 받지 않고, 담대하게 하나님의 나라를
전하며, 주 예수 그리스도의 복음을 거침없이 가르쳤다. (이후 바울은 잠시
석방되었다가, 다시 투옥되어 참수형을 받았다.)

부 록

1. 도마복음

제1장 (**001** 말씀의 성육신, **106** 영생의 말씀)
"이 말씀의 참뜻을 깨닫는 사람은, 죽음을 맛보지 않을 것이다."

제2장 (**137** 진리와 자유)
"이 진리를 구하는 사람은, 발견할 때까지 멈추지 마라. 발견하면 혼란하고, 혼란하면 놀랄 것이나, 이후에는 만사를 다스릴 것이다."

제3장 (**175** 하나님의 나라)
1 "만일 너희를 인도하는 자들이 '보라, 하나님의 나라가 하늘에 있다!'고 하면, 하늘의 새들이 너희보다 먼저 거기 이를 것이다.
2 만일 너희를 인도하는 자들이 '보라, 하나님의 나라가 바다에 있다!'고 하면, 바다의 물고기들이 너희보다 먼저 거기 이를 것이다.
3 그러나 하나님의 나라는 너희 안에도 있고, 너희 밖에도 있으니, 없는 곳이 없다.
4 너희가 너희 자신을 스스로 알게 되면, 너희가 알려지게 될 것이고, 너희가 살아 계신 하나님의 자녀라는 사실도 알게 될 것이다.
5 하지만 너희가 너희 자신을 스스로 알지 못하면, 너희가 빈곤에 머물게 될 것이고, 너희 자신이 곧 빈곤일 것이다."

제4장 (**026** 니고데모 방문, **181** 부자 젊은이, **182** 포도원 일꾼)
1 "나이가 많은 사람이 생후 7일 된 아기에게 삶의 자리에 대하여 묻기를 주저하지 않을 것이다. 그 덕에 그가 살리라.
2 그러나 처음 태어난 것이 나중 되고, 나중 태어난 것이 유일하게 될 것이다."

제5장 (**099** 핍박 각오, **149** 위선자 경고)
"너희 바로 앞에 있는 것을 알면, 숨겨진 게 드러날 것이다. 숨겨진 것은 반드시 드러나기 마련이다."

제6장 (**201** 위선자 책망)
1 제자들이 물었다. "우리가 금식을 해야 합니까?" "기도는 어떻게 해야 합니까?" "우리가 자선을 베풀어야 합니까?" "음식에 대한 어떤 규정을 지켜야 합니까?"
2 예수님이 대답하셨다. "너희 자신에게 거짓말하지 마라. 너희가 싫어하거든, 아무것도 하지 마라. 모든 것이 하나님 앞에 드러나기 때문이다.
3 드러나지 않게 숨겨진 것은 없고, 밝혀지지 않게 감춰진 것은 없다. 아무도 모르게 덮어둔 것이라도 벗겨지기 마련이다.

제7장 (**091** 거라사 광인, **145** 돌아온 악령)
"사람이 잡아먹을 사자는 복이 있다. 그 사자는 사람이 된다. 사자에게 먹힐 사람은 저주를 받았다. 그 사자가 사람이 된다."

제8장 (**088** 그물 비유)
1 "현명한 사람은 바다에 그물을 던져, 온갖 고기를 잡아 올리는 어부와 같다.
2 그는 가장 튼실하고 커다란 고기만 취하고,

나머지는 도로 바다에 던진다. **3** 이렇게
그는 쉽사리 큰 고기를 취한다. 들을 귀가
있는 사람은 들어라."

제9장 (080 씨 뿌리는 비유)

1 "보라, 씨 뿌리는 사람이 밭으로 나가, 씨
를 한 움큼 쥐고 뿌렸다. **2** 더러는 길가에
떨어져, 새들이 와서 쪼아 먹었다. **3** 더러
는 흙이 얇은 돌밭에 떨어져, 뿌리를 내리
지 못하고 싹을 틔우지 못했다. **4** 더러는
가시덤불 속에 떨어져, 싹이 질식해 시들었
다가 벌레에 먹혀 버렸다. **5** 그러나 더러
는 좋은 땅에 떨어져, 60배, 100배, 200배
의 열매를 거두었다."

제10장 (152 세상의 불)

"보라, 내가 와서 세상에 불을 던졌다. 그
불이 타오를 때까지 지켜보고 있다."

제11장 (207 인자의 표징)

1 "이 하늘도 지나가고, 그 위에 있는 하늘
도 지나갈 것이다. **2** 죽은 건 살아나지 못
하고, 살아 있는 건 죽지 않을 것이다. **3**
그날 너희는 죽은 걸 먹다가 그걸 살릴 것
이다. 너희가 빛으로 나올 때, 무얼 하겠
느냐? **4** 너희가 하나였던 그날 둘이 되었
으니, 무엇을 하겠느냐?"

제12장 (121 가장 큰 사람)

1 제자들이 물었다. "우리는 주님이 떠나
실 것을 알고 있습니다. 누가 우리의 지도
자가 되겠습니까?" **2** 예수님이 대답하셨
다. "너희가 어디에 있든지, 의인 야고보
를 찾아가라. 그를 위해 하늘과 땅이 만
들어졌다."

제13장 (115 베드로의 고백)

1 예수님이 이르셨다. "내가 누구와 같은
지, 다른 사람에 빗대어 말해 보라." **2** 시
몬 베드로가 대답하였다. "선생님은 하나
님의 의로운 사자(使者) 같습니다." **3** 마
태가 대답하였다. "선생님은 이해심 많고
슬기로운 철학자 같습니다." **4** 도마가 대
답하였다. "선생님, 선생님이 누구와 같으
신지, 제 입으로 말할 수 없는 어리석음
으로 인해 괴롭습니다." **5** 예수님이 말씀
하셨다. "나는 네 선생이 아니다. 너는 내
가 나눠준 지혜의 샘물을 마시고 취하였
다." **6** 그리고 예수님이 도마를 따로 데리
고 가서, 3가지 말씀을 들려주셨다. **7** 잠
시 후 도마가 돌아오자, 제자들이 물었다.
"예수님이 무슨 말씀을 하셨습니까?" **8** 도
마가 대답하였다. "내가 만일, 그분이 말
씀하신 3가지 가운데 하나라도 말한다면,
여러분은 즉시 돌을 들어서 내게 던질 것
이며, 그 돌은 불을 뿜어 여러분을 사를
것입니다."

제14장 (058 자선과 상급, 059 기도와 응답, 061 금식과 외식, 107 장로들의 전통, 138 72제자 파송)

1 "너희가 금식을 잘못하면, 너희 자신에게
죄를 지을 것이다. **2** 너희가 바르지 못하게
기도하면, 너희 스스로 비난을 받을 것이
다. **3** 너희가 위선으로 자선을 베풀면, 너
희 자신의 영을 상하게 할 것이다. **4** 너희
가 어느 나라나 지방으로 가서 일을 하든
지, 그들이 너희를 영접하면, 그들이 주는
음식을 먹고, 그들 가운데 있는 병자를 고
쳐 주어라. **5** 너희 입으로 들어가는 것이
너희를 더럽히는 것이 아니라, 너희 입에서

나오는 것이 너희를 더럽히는 것이다."

제15장 (**160** 아들과 아버지)
"여인이 낳지 않은 분을 보거든, 그에게 엎드려 경배하라. 그가 너희 아버지시다."

제16장 (**100** 일사 각오, **152** 세상의 불)
1 "사람들은 내가 세상에 평화를 주러 온 것으로 생각한다. **2** 그들은 내가 세상에 분열과 불과 칼과 전쟁을 주러 온 것을 모른다. **3** 한 집안에 5식구가 있으면, 3명이 2명을 대적하고, 2명이 3명을 대적할 것이며, 아버지가 아들과 다투고, 아들이 아버지와 다툴 것이다. **4** 그래서 그들은 쓸쓸히 지낼 것이나, 결국은 일어나 하나가 될 것이다."

제17장 (**139** 72제자 보고)
"이제까지 어떤 눈도 보지 못하고, 어떤 귀도 듣지 못하고, 어떤 손도 만지지 못하고, 어떤 마음도 생각지 못한 것을, 내가 너희에게 줄 것이다."

제18장 (**105** 생명의 양식, **203** 예견된 불신)
1 제자들이 말했다. "우리의 마지막이 어떻게 될지 말씀하여 주십시오." **2** 예수님이 말씀하셨다. "너희가 말하는 마지막의 시작을 발견하고 마지막을 묻느냐? 하지만 시작이 있는 곳에 마지막이 있다. **3** 그러므로 시작의 자리에 서 있는 사람은 복이 있다. 그는 마지막을 알고, 죽음을 맛보지 않을 것이다."

제19장 (**137** 진리와 자유)
1 "그가 태어나기 전에 존재한 사람은 복이 있다. 너희가 내 제자가 되어 내 말에 귀를 기울이면, 이 돌들이 너희를 섬길 것이다. **2** 천국에 너희를 섬기는 5그루의 나무가 있다. 여름이나 겨울에도 변하지 않고, 잎사귀도 떨어지지 않는다. 이를 아는 사람은 죽음을 맛보지 않을 것이다."

제20장 (**084** 겨자씨 비유)
1 제자들이 말했다. "천국은 무엇과 같은지 말씀하여 주십시오." **2** 예수님이 대답하셨다. "천국은 겨자씨 한 알과 같다. 겨자씨는 모든 씨앗 가운데 가장 작으나, 준비된 땅에 떨어지면 큰 나무로 자라서, 공중의 새들을 위한 쉼터가 된다."

제21장 (**082** 씨앗 비유, **128** 제자의 자세, **207.** 인자의 표징)
1 마리아가 여쭤 보았다. "선생님의 제자들은 누구와 같습니까?" **2** 예수님이 대답하셨다. "그들은 남의 들판에서 살아가는 어린아이와 같다. **3** 주인이 와서 들판을 돌려 달라고 하면, 벌거벗은 상태로 그 들판을 되돌려준다. **4** 내가 분명히 말한다. 도둑이 들 줄을 알면, 도둑이 들기 전에 집주인은 미리 경계하고 깨어 있을 것이다. 도둑이 들어 물건을 훔쳐가지 못하게 말이다. **5** 그러므로 너희는 세상에 대해 깨어 있어라. 도둑이 너희에게 이르지 못하도록 강하게 무장하고 있어라. 너희가 염려하는 재난이 다가올 것이기 때문이다. **6** 너희 가운데 깨닫는 사람이 있기를 바란다. 곡식이 익으면, 추수하는 일꾼이 손에 낫을 들고 와서 재빨리 추수한다. 들을 귀가 있는 사람은 들어라."

제22장 (**121** 가장 큰 사람, **180** 어린이 축복)
1 예수님이 어머니 품에 안겨 있는 한 아
기를 보시고, 제자들에게 말씀하셨다. "어
머니 품에서 젖 먹는 아기는, 천국에 들어
간 것이나 다름이 없다." **2** 제자들이 물었
다. "그러면 우리도 젖먹이와 같은 아기가
되어야 천국에 들어갑니까?" **3** 예수님이
대답하셨다. "너희가 그 둘을 하나로 만들
어야 한다. **4** 안을 바깥처럼 바깥을 안처
럼, 위를 아래처럼 아래를 위처럼 만들고,
남성과 여성을 하나로 만들면, 남성은 남
성과 같지 않고, 여성은 여성과 같지 않게
된다. **5** 그리고 너희 눈이 있을 자리에 눈
을, 너희 손이 있을 자리에 손을, 너희 발
이 있을 자리에 발을, 너희 얼굴이 있을 자
리에 얼굴을 만들면, 너희가 하나님의 나
라에 들어갈 것이다."

제23장 (**047** 12사도 선택, **138** 72제자 파송)
"내가 천에서 하나를, 만에서 둘을 고르듯 너희를 택하여 세웠으니, 너희 모두가 하나같이 반듯하게 서리라."

제24장 (**023** 안드레와 베드로, **147** 등불의 빛)
1 제자들이 말했다. "선생님이 계신 곳을
우리에게 알려 주십시오. 우리가 그곳을
찾아야 합니다." **2** 예수님이 대답하셨다.
"빛은 빛의 사람 안에서 온 세상을 비춘
다. 만일 빛이 빛을 비추지 않는다면, 그
곳은 어둠이 있을 뿐이다. 들을 귀가 있는
사람은 들어라."

제25장 (**199** 계명 시험)
"네 형제를 네 영혼처럼 사랑하고, 네 눈 동자처럼 보호하라."

제26장 (**065** 비판과 심판)
1 "너희는 형제의 눈 속에 있는 티는 보면
서, 너희 눈 속에 있는 들보는 보지 못하
고 있다. **2** 먼저 너희 눈 속의 들보를 빼
어야 너희 눈이 밝아져, 형제의 눈 속에 있
는 티도 빼낼 수 있을 것이다."

제27장 (**044** 안식일의 주인, **118** 간질병 귀신)
1 "너희가 세상에서 물러나 금식하지 않
으면, 하나님의 나라를 찾지 못할 것이다.
2 너희가 안식일을 안식일로 제대로 지키
지 않으면, 하나님 아버지를 뵙지 못할 것
이다."

제28장 (**001** 말씀의 성육신, **151** 청지기 자세)
1 "나는 육신을 입고 와서, 세상 한가운데
자리를 잡고 서 있다. **2** 내가 그들을 보
니, 모두 술에 취해 아무도 목말라 하지
않았다. **3** 내가 그들을 보고 안타까워하
는 것은, 그들의 마음은 분별력을 잃었고,
그들의 눈은 멀어 보지 못하기 때문이다.
4 그들은 빈손으로 세상에 왔다가, 공허
한 세상을 탓하며, 벌거벗은 채 벗어나기
를 구하였다. **5** 지금도 그들은 취해 있으
니, 술을 떨쳐버리고 깨어나야 마음이 변
해 회개할 것이다."

제29장 (**106** 영생의 말씀)
1 "육신이 영혼으로 인해 존재하게 되었다
면 그것은 놀라운 일이나, 영혼이 육신으
로 인해 존재하게 되었다면 그것은 신비
중의 신비다. **2** 그러나 나는 어떻게 이 풍
요로운 존재가 이 곤궁한 존재 속에 머물
게 되었는지, 그것이 정말 신비롭다."

제30장 (**125** 형제의 범죄)
"셋으로 갈라진 곳에는 신이 없으나, 신이 셋 모인 곳에는 그들이 신이다. 둘이나 하나가 있는 곳에 나도 그와 함께 있다."

제31장 (**031** 1차 고향 방문)
1 "자기가 자라난 고향에서 존경을 받는 예언자는 없다. **2** 자신을 잘 알고 있는 친구의 병을 고치는 의사도 없다."

제32장 (**050** 빛과 소금, **070** 실천하는 사람, **115** 베드로의 고백)
"높은 산에 성채를 쌓은 도시나 요새화된 강한 나라는, 무너질 수도 없고 감춰질 수도 없다."

제33장 (**081** 등불 비유, **147** 등불의 빛, **149** 위선자 경고)
1 "너희는 너희 귀로 들은 것을 다른 사람이 알아들을 수 있도록, 지붕 위에 올라가 크게 외치라. **2** 등불을 켜서 됫박으로 덮어 두거나, 은밀한 장소에 숨겨 두는 사람은 아무도 없다. 오히려 오가는 사람이 환히 볼 수 있도록 등경 위에 올려놓는다."

제34장 (**065** 비판과 심판, **107** 장로들의 전통)
"눈먼 사람이 눈먼 사람을 인도하면, 둘 다 구덩이에 빠지게 된다."

제35장 (**077** 바알세불 논쟁)
"누구든지 강한 자의 수족을 결박하지 않으면, 그 강한 자의 물건을 빼앗아 가지 못한다. 먼저 강한 자를 묶어 놓아야, 그 강한 자의 물건을 빼앗을 수 있다"

제36장 (**063** 하나님과 맘몬, **064**. 의복과 생계)
1 "새벽부터 황혼까지, 황혼부터 새벽까지, 너희는 먹을 음식이나 입을 옷에 대해 염려하지 마라. **2** 너희는 빗질도 하지 않고, 길쌈도 하지 않는 들풀보다 훨씬 더 귀하다. **3** 누가 너희에게 먹을 것을 주며, 누가 너희에게 입을 것을 주느냐? **4** 누가 너희 키를 한 치나 더할 수 있느냐? 바로 하나님이시다."

제37장(**121** 가장 큰 사람)
1 제자들이 물었다. "우리에게 언제 오시고, 우리는 언제 뵐 수 있을까요?" **2** 예수님이 대답하셨다. "너희가 어린아이처럼 스스럼없이 옷을 훌훌 벗어던지고, 발로 밟아도 부끄러워하지 않는다면, 살아 있는 하나님의 아들을 볼 것이요, 더 이상 아무것도 두려워하지 않을 것이다."

제38장(**131** 그리스도 논쟁)
1 "너희는 여러 번 내가 너희에게 하는 말을 듣고 싶어 하였다. 하지만 아무에게도 그러한 말을 들을 수가 없었다. **2** 너희가 나를 찾아도 발견하지 못할 날이 이를 것이다."

제39장(**098** 12제자 파송, **201** 위선자 책망)
1 "바리새인과 율법학자가 지식의 열쇠를 받았으나, 그것을 숨겨 두었다. **2** 그들은 자기도 들어가지 않고, 들어가려는 사람에게도 허락하지 않았다. **3** 그러므로 너희는 뱀처럼 지혜롭고, 비둘기처럼 순결해야 한다."

제40장 (**224** 포도나무와 가지)
"아버지로부터 멀리 떨어져 심긴 포도나무는, 그로 인해 잘 자라지도 못하고, 뿌리가 썩어 뽑힐 것이다."

제41장 (**080** 씨 뿌리는 비유, **187** 10므나의 비유, **209** 달란트 비유)
"그의 손에 가진 자는 더 많이 받을 것이며, 가지지 못한 자는 그 있는 것마저 빼앗길 것이다."

제42장 (**128** 제자의 자세, **210** 양과 염소 비유)
"지나가는 나그네가 되어라. 이 세상은 지나가는 교량일 뿐, 거처가 아니다."

제43장 (**078** 말과 마음, **221** 길과 진리와 생명)
1 제자들이 물었다. "우리에게 이런 일을 해야 한다고 하시는 선생님은 누구십니까?" **2** 예수님이 대답하셨다. "이제까지 내가 너희에게 말한 것으로, 내가 누구인지 알지 못하겠느냐? **3** 너희도 유대인과 같이 되었구나. 그들은 나무는 사랑하되 열매를 싫어하였고, 열매는 사랑하되 나무를 싫어하였다."

제44장 (**077** 바알세불 논쟁, **149** 위선자 경고)
"아버지를 욕하거나 아들을 비난하는 사람은 용서받을 수 있어도, 성령을 모독하는 사람은 땅과 하늘에서 모두 용서받지 못할 것이다."

제45장 (**069** 거짓 예언자, **078** 말과 마음)
1 "가시나무에서 포도를 딸 수 없고, 엉겅퀴에서 무화과를 거둘 수 없다. 그것은 열매를 맺지 못하기 때문이다. **2** 선한 사람은 그가 쌓은 선에서 선한 것을 내고, 악한 사람은 그가 쌓은 악에서 악한 것을 낸다. 그의 마음속에 쌓인 것이 흘러나오기 때문이다."

제46장 (**073** 세례 요한의 질문)
1 "아담에서 세례 요한까지, 여인에서 태어난 사람 가운데 요한보다 더 큰 자는 없었다. 그 누구도 요한을 필적할 수 없다. **2** 그러나 너희 가운데 어린아이처럼 되는 자는 천국을 알게 될 것이고, 요한보다 더 큰 사람이 될 것이다."

제47장 (**040** 금식 논쟁, **063** 하나님과 맘몬, **168** 불의한 청지기)
1 "한 사람이 2마리의 말을 동시에 탈 수 없고, 한 사람이 2개의 활시위를 동시에 당길 수 없다. **2** 한 종이 두 주인을 동시에 섬길 수 없음은, 한 주인을 열심히 섬기다가 다른 주인을 노하게 만들기 때문이다. **3** 묵은 포도주를 마신 뒤, 바로 새 포도주를 마시고 싶어 하는 사람은 아무도 없다. **4** 새 포도주를 낡은 부대에 담으면 부대가 터지게 되고, 묵은 포도주를 새 부대에 담으면 부대를 못 쓰게 된다. **5** 낡은 천 조각을 새 옷에 대고 깁는 사람도 없고, 새 옷 조각을 낡은 옷에 대고 깁는 사람도 없다. 둘 다 찢어져 못쓰게 되기 때문이다."

제48장 (**118** 간질병 귀신, **123** 걸림돌 사람)
"한 집에 사는 두 사람이 서로 화평하면, 그들이 산에게 명하여 '여기서 저기로 옮겨져라'고 해도 그대로 될 것이다."

제49장 (**179** 결혼과 이혼, **225** 주님의 계명)
"홀로 된 자와 선택된 자는 복이 있다. 그들이 천국을 발견할 것이다. 너희는 거기서 나와, 그리로 다시 돌아갈 것이다."

제50장 (**190** 하나의 밀알)
1 "그들이 너희에게 '너희는 어디서 왔느냐?'고 묻거든, '우리는 빛에서 왔다. 빛은 스스로 생겨나 자리를 잡고 존재하며, 스스로 자신의 모습을 드러내고 있다'고 대답하라. **2** 그들이 너희에게 '너희는 누구냐?'고 묻거든, '우리는 빛의 자녀요, 살아 계신 아버지께서 우리를 선택하셨다'고 대답하라. **3** 그들이 너희에게 '너희 안에 계시는 아버지의 증거가 무엇이냐?'고 묻거든, '그것은 동(動)과 정(靜), 곧 활동과 휴식이다'고 대답하라."

제51장 (**175** 하나님의 나라, **261** 증인의 길)
1 제자들이 물었다. "죽은 사람은 언제 부활하며, 언제 새로운 세상이 옵니까?" **2** 예수님이 대답하셨다. "너희가 기다리는 것이 이미 왔으나, 깨닫지 못하고 있다."

제52장 (**115** 베드로의 고백)
1 제자들이 말했다. "이스라엘에 나타난 예언자 24명이 모두 선생님에 대하여 말했습니다." **2** 예수님이 말씀하셨다. "너희는 너희 앞에 살아 있는 예언자는 무시하고, 죽은 자에 대해서만 말하느냐?"

제53장 (**130** 공정한 판단)
1 제자들이 물었다. "할례는 유익합니까, 유익하지 않습니까?" **2** 예수님이 대답하셨다. "할례는 유익하다. 그들의 아버지가 할례를 받음으로써, 그들의 어머니가 그들을 낳았다. 그러나 육신의 할례보다 영혼의 할례가 모든 면에서 더 유익하다."

제54장 (**048** 행복한 사람)
"가난한 사람이 행복하다. 하나님의 나라가 그들의 것이다."

제55장 (**100** 일사 각오, **164** 제자의 길)
1 "아버지나 어머니를 나보다 더 사랑하는 사람은 내 제자가 될 수 없다. **2** 형제나 자매를 미워하지 않거나, 자기 십자가를 지지 않는 사람도 내게 합당치 않다."

제56장 (**176** 인자의 날, **206** 무서운 환란)
"세상을 알게 되면 시체를 발견하고, 시체를 알게 되면 세상은 그에게 어울리지 않는다."

제57장 (**083** 가라지 비유)
1 "하나님의 나라는 좋은 씨를 뿌린 사람의 경우와 같다. **2** 밤에 원수가 와서, 좋은 씨가 뿌려진 밭에 가라지를 덧뿌리고 갔더니, 밀과 가라지가 함께 자랐다. **3** 그가 일꾼에게, '가라지를 뽑지 마라. 가라지를 뽑다가 밀까지 뽑을까 염려된다. 추수 때까지 기다렸다가, 가라지를 가려내어 먼저 불에 사를 것이다'고 일러 주었다."

제58장 (**074** 주님의 명에, **221** 길과 진리와 생명)
"수고를 아끼지 않고, 생명을 찾은 자는 복이 있다."

제59장 (**198** 부활 시험)
"너희는 살아 있는 동안, 살아 계신 분을 바라보라. 너희는 죽을 것이고, 죽은 뒤에 찾으면 소용이 없다."

제60장 (145 돌아온 악령)

1 한 사마리아인이 양 1마리를 끌고, 유대로 들어가는 모습이 보였다. **2** 예수님이 제자들에게 물으셨다. "저 사람이 왜 양을 끌고 가느냐?" **3** 제자들이 대답하였다. "그가 양을 잡아먹기 위해서 그럴 겁니다." **4** 예수님이 말씀하셨다. "그는 양이 살아 있는 동안은 먹지 않을 것이나, 양을 죽여 양이 시체가 되면 먹을 것이다." **5** 제자들이 말했다. "그렇게 양을 죽이지 않으면, 그가 양을 먹지 못할 겁니다." **6** 예수님이 말씀하셨다. "너희도 시체가 되어 먹히지 않도록, 미리 안식할 곳을 찾아라."

제61장 (115 베드로의 고백, 173 베다니 나사로, 181 부자 젊은이)

1 예수님이 말씀하셨다. "두 사람이 한 침상에서 쉬다가, 한 사람은 죽고 한 사람은 살았다." **2** 살로메가 말하였다. "선생님은 누구시며, 누구의 아들이십니까? 선생님도 제 침상에 기대셨고, 제 식탁에서 잡수셨습니다." **3** 예수님이 말씀하셨다. "나는 분리되지 않는 하나에서 왔으며, 내 아버지의 모든 것이 나에게 허락되었다." **4** 살로메가 말하였다. "저는 선생님의 제자입니다." **5** 예수님이 말씀하셨다. "그러므로 내가 말한다. 그게 분리되지 않고 하나일 때는 빛으로 충만할 것이나, 그게 분리되어 나누어지면 어둠으로 가득 찰 것이다."

제62장 (058 자선과 상급)

"나는 내 신비를 그에 합당한 사람에게 밝힌다. 너희 오른손이 하는 일을 왼손이 모르게 하라."

제63장 (150 어리석은 부자)

1 "큰 부자가 마음속으로 생각하였다. '내가 씨를 뿌리고 심는 데 이 재산을 사용하여, 많은 열매를 거둬들이자. 그리고 내 창고를 가득 채워서 부족한 것이 없도록 하자.' **2** 그러나 그날 밤, 그 부자는 죽었다. 들을 귀가 있는 사람은 들어라."

제64장 (163 큰 잔치 비유)

1 예수님이 비유를 들어 말씀하셨다. "어떤 사람이 만찬을 준비하고, 손님을 초청하였다. **2** 종이 첫째 사람에게 가서 말했다. '우리 주인님이 당신을 초대하셨습니다.' 그러자 그가 말하였다. '내게 빚진 상인들이 돈을 가지고 오늘 밤 오기로 되어 있소. 내가 그들에게 지시할 것이 있으니, 부디 양해해 주시오.' **3** 종이 둘째 사람에게 가서 말했다. '우리 주인님이 당신을 초대하셨습니다.' 그러자 그가 말하였다. '내가 집을 사서 그들에게 하루 다녀와야 하오. 시간이 없으니 양해를 구하오.' **4** 종이 셋째 사람에게 가서 말했다. '우리 주인님이 당신을 초대하셨습니다.' 그러자 그가 말하였다. '내 친구가 방금 결혼하여 나를 초대하였소. 나를 양해하시오.' **5** 종이 넷째 사람에게 가서 말했다. '우리 주인님이 당신을 초대하셨습니다.' 그러자 그가 말하였다. '내가 땅을 산 것이 있어 세를 받으러 가야 하오. 만찬은 양해를 구하오.' **6** 종이 주인에게 돌아와 그대로 보고하였다. '주인님이 초청한 사람들 모두가 피치 못할 사정이 있어 양해를 구했습니다.' **7** 그러자 주인이 종에게 이르

기를, '너는 거리로 나가서, 사람을 만나는 대로 데려오너라. 그들을 만찬에 초대하겠다. 장사꾼이나 상인들은 사고파는 일에 얽매여, 내 아버지의 나라에 들어오지 못할 것이다'고 하였다."

제65장 (195 악한 농부 비유)

1 "한 선한 사람이 포도원을 소유하고 있었다. 그가 포도원을 잘 다듬어, 농부들에게 세를 주었다. 2 추수가 끝나자, 주인이 소출의 얼마를 받아오라고 종을 보냈다. 그런데 농부들은 서로 짜고, 그 종을 잡아 몹시 때려 거반 죽게 만들었다. 3 종이 돌아와 자초지종을 말했다. 그러나 주인은, '그들이 내 종을 알아보지 못했을 수도 있겠지'라고 하면서, 다른 종을 보냈다.
4 농부들은 그 종도 때리고 빈손으로 돌려보냈다. 그러자 주인이 자기 아들을 보내며, '그들이 내 아들은 존중하겠지'하고 생각하였다. 5 그러나 농부들은 그가 포도원을 물려받을 상속자라는 것을 알고, 아예 그를 죽여 버렸다. 들을 귀가 있는 사람은 들어라."

제66장 (195 악한 농부 비유)

"집을 짓는 자가 버린 저 돌이, 바로 건축물의 머릿돌이다."

제67장 (021 세례 요한의 증언)

"모든 것을 알더라도 자신을 알지 못하면, 모든 것에서 부족한 사람이다."

제68장 (048 행복한 사람, 099 핍박 각오)

1 "그들이 너희를 미워하고 핍박하면 너희에게 복이 있다. 그들이 너희를 핍박하는 곳 외에 다른 곳을 찾지 마라. 2 그들은 너희를 핍박한 곳에서 아무것도 얻지 못할 것이다. 아무도 찾을 수 없고, 핍박할 수 없는 그런 곳이 있다."

제69장 (048 행복한 사람)

1 "마음속으로 핍박을 받는 사람은 복이 있다. 그들이 참으로 아버지를 아는 사람이다. 2 배고픈 사람은 복이 있다. 배고픈 사람의 배가 채워질 것이다."

제70장 (100 일사 각오, 116 1차 수난 예고, 176 인자의 날)

"너희가 너희 안에 있는 자신을 드러내면, 너희가 드러내는 자신이 너희를 구원할 것이요, 너희가 너희 안에 있는 자신을 드러내지 않으면, 너희가 드러내지 아니한 자신이 너희를 멸할 것이다."

제71장 (205 말세의 징조)

"내가 이 집을 무너뜨리면, 아무도 다시 세우지 못할 것이다."

제72장 (150 어리석은 부자)

1 어떤 사람이 말했다. "선생님, 제 아버지의 유산을 저와 나누라고, 제 형에게 말씀하여 주십시오." 2 예수님이 대답하셨다. "이 사람아, 누가 나를 재산 나누는 자로 삼았느냐?" 3 그리고 제자들을 돌아보시며 반문하셨다. "내가 재산을 나누는 자가 아니지 않느냐?"

제73장 (097 목자 없는 양, 138 72제자 파송)

"추수할 것은 많은데 일꾼이 적구나. 추수할 일꾼을 보내 달라고 주인에게 청하라."

제74장 (**201** 위선자 책망, **206** 무서운 환란)
"주님, 물통 옆에는 사람이 둘러싸고 있으나, 정작 우물 속에는 물이 없습니다."

제75장 (**181** 부자 젊은이, **196** 혼인 잔치 비유)
"문 앞에 서 있는 사람은 많으나, 신부의 침실에 들어가는 사람은 한 사람뿐이다."

제76장 (**087** 진주 비유)
1 "아버지의 나라는 진주에 대해 알고 있는 지혜로운 상인과 같다. **2** 그는 영민하여 자기가 가지고 있는 재산을 다 팔아, 그 진주를 산다. **3** 그러므로 너희도 좀나방이 들지 않고, 벌레가 먹지 않으며, 닳지 않고 영원히 보존되는 그분의 보물을 구하라."

제77장 (**001** 말씀의 성육신, **050** 빛과 소금, **135** 세상의 빛, **141** 실로암 맹인)
1 "나는 빛이다. 빛은 모든 것 위에서 모든 것을 비춘다. 그러므로 나는 모든 것의 모든 것이다. **2** 모든 것이 나로 말미암아 생겨났고, 모든 것이 나로 인해 이어진다. **3** 저기 있는 저 나무를 쪼개 보아라. 거기에도 내가 있다. 저기 있는 저 돌을 들어 보아라. 거기서도 나를 발견할 것이다."

제78장 (**73.** 세례 요한의 질문)
1 "너희가 무엇을 보려고 들판에 나갔더냐? 바람에 흔들리는 갈대냐? 아니면, 너희 통치자나 지도자처럼 화려한 옷을 입은 사람이냐? **2** 보라, 너희 왕과 지도자는 화려한 옷을 입었다. 그러나 그들은 진리를 알지 못한다."

제79장 (**145** 돌아온 악령, **242** 골고다의 길)
1 무리 중에서 한 여인이 소리쳤다. "선생님을 낳은 배와, 선생님께 젖을 먹인 가슴이 복이 있습니다!" **2** 예수님이 말씀하셨다. "오히려 아버지의 말씀을 듣고, 진리 안에서 온전히 지키는 사람이 복이 있습니다. **3** 여러분이 '아이를 낳지 않은 배와 젖을 먹이지 않은 가슴이 복이 있다!'고 할 날이 올 것입니다."

제80장 (**176** 인자의 날, **206** 무서운 환란)
"세상을 알게 된 사람은 누구나 주검을 발견하고, 주검을 발견한 사람은 누구나 세상이 그에게 합당치 않음을 알게 된다."

제81장 (**039** 세리 마태, **116** 1차 수난 예고)
"재물이 많은 사람은 남을 다스릴 것이나, 남을 다스리는 사람은 자기를 부정하고 재물을 버려야 한다."

제82장 (**152** 세상의 불)
"내 가까이 있는 사람은 불에 가까이 있고, 내 멀리 있는 사람은 천국에서 멀리 있다."

제83장 (**043** 아들의 증거, **221** 길과 진리와 생명)
"형상은 사람에게 나타나지만, 그 안에 있는 빛은 보이지 않는 아버지의 형상 속에 감춰져 있고, 빛도 사람에게 드러나지만, 그 안에 있는 형상은 보이지 않는 아버지의 빛 속에 감춰져 있다."

제84장 (**160** 아들과 아버지, **221** 길과 진리와 생명, **222** 보혜사 약속, **230** 주님의 기도)

"너희는 거울에 비친 것처럼 너희와 비슷한 외형을 보고 즐거워 하지만, 너희보다 먼저 생겨나 소멸하지도 않고 확연히 드러나지도 않는 참 형상을 보면, 그 기쁨을 어찌 감당하겠느냐?"

제85장 (**019** 예수님의 족보)
"아담은 큰 권능과 풍요에서 생겨났으나, 너희에게 합당치 않았다. 그가 합당했다면, 죽음을 맛보지 않았을 것이다."

제86장 (**128** 제자의 자세)
"여우도 굴이 있고 새도 둥지가 있지만, 나는 몸을 눕혀 쉴만한 곳이 없다."

제87장 (**179** 결혼과 이혼)
"한 몸에 의지하는 육신도 불행하고, 두 몸에 의지하는 영혼도 불행하다."

제88장 (**124** 하찮은 사람)
"천사와 예언자가 와서, 너희에게 속한 것을 너희에게 줄 것이다. 그리고 너희는 너희 손에 가진 것을 그들에게 주면서, '그들이 언제 와서 그들의 것을 가져갈 것인가?' 라고 너희 자신에게 물을 것이다."

제89장 (**148** 6가지 화, **201** 위선자 책망)
"너희는 어찌하여 잔의 바깥을 닦느냐? 안을 만든 사람이 바깥도 만들었지 않았느냐?"

제90장 (**074** 주님의 멍에)
"다 내게 오라. 내 멍에는 쉽고, 내 다스림은 온유하니, 너희가 쉼을 얻을 것이다."

제91장 (**153** 시대의 징조)
1 제자들이 말했다. "선생님은 누구십니까? 우리가 믿을 수 있도록 가르쳐 주십시오." **2** 예수님이 말씀하셨다. "너희가 하늘과 땅의 기상은 분별하면서, 너희 앞에 있는 나를 인식하지 못하고, 이 시대를 식별하지 못하느냐?"

제92장 (**144** 기도의 교훈)
"찾아라! 그러면 찾을 것이다. 너희가 물은 것을 전에는 내가 말하지 않았으나, 이제는 말하려고 한다. 하지만 너희가 구하지 않는다."

제93장 (**066** 율법과 복음)
"거룩한 것을 개에게 주면 거름더미에 던질 것이요, 진주를 돼지에게 던지면 발로 짓밟아 흙투성이로 만들 것이다. 그러므로 거룩한 것을 개에게 주지 말고, 진주를 돼지에게 던지지 마라."

제94장 (**144** 기도의 교훈)
"구하는 자가 발견할 것이요, 두드리는 자에게 문이 열릴 것이다."

제95장 (**056** 양보와 보복, **098** 12제자 파송)
"너희가 돈이 있거든 이자를 받기 위해 꾸어 주지 말고, 돌려받지 못할 사람에게 나눠 주어라."

제96장 (**085** 누룩 비유)
"하나님의 나라는 작은 누룩을 반죽 속에 섞어, 커다란 빵을 만든 여인과 같다. 들을 귀가 있는 사람은 들어라."

제97장 (**026** 니고데모 방문, **164** 제자의 길,

175 하나님의 나라)
"하나님의 나라는 곡물이 가득 담긴 항아리를 머리에 이고 가는 여인과 같다. 먼 길을 가는 동안 항아리의 한쪽 손잡이가 떨어져 곡물이 흘렀으나, 알지 못하고 갔다. 여인이 집에 도착하여 항아리를 내려놓고 보니, 비로소 항아리가 비었음을 알게 되었다."

제98장 (**077** 바알세불 논쟁)
"하나님의 나라는 힘센 자를 죽이는 어떤 사람과 같다. 그는 자기 집에서 칼을 뽑아 벽을 찔러 보고, 자기 손이 강하다는 것을 확인한 뒤 힘센 자를 죽였다."

제99장 (**079** 예수님의 가족)
1 어떤 사람이 말했다. "선생님의 모친과 형제분이 밖에 서서 기다리고 있습니다." **2** 예수님이 말씀하셨다. "내 아버지의 뜻을 행하는 이 사람들이 내 형제요, 내 어머니시다. 이들이 바로 아버지의 나라에 들어갈 사람들이다."

제100장 (**197** 납세 시험)
1 제자들이 금화 1닢을 예수님께 보여 주며 말했다. "로마 황제의 부하들이 우리에게 세금을 바치라고 합니다." **2** 예수님이 말씀하셨다. "황제에게 속한 것은 황제에게 주고, 하나님께 속한 것은 하나님께 드리고, 나의 것은 나에게 주어라."

제101장 (**164** 제자의 길)
1 "나와 같이, 아버지와 어머니를 미워하지 않는 사람은, 내 제자가 될 수 없다. 또 나와 같이, 아버지와 어머니를 사랑하지 않는 사람도, 내 제자가 될 수 없다. **2** 내 어머니는 내게 죽음을 주었으나, 내 진정한 어머니는 내게 생명을 주었다."

제102장 (**201** 위선자 책망)
"바리새인에게 화가 있다. 그들은 소 여물통 속에서 잠자는 개와 같이, 자기도 먹지 않으면서 소도 먹지 못하게 한다."

제103장 (**207** 인자의 표징)
"도둑이 언제 들지 아는 사람은 복이 있다. 그는 도둑이 들기 전, 미리 일어나 사람들을 모으고 단단히 무장을 한다."

제104장 (**040** 금식 논쟁)
1 제자들이 말했다. "오늘 금식하며 기도합시다." **2** 예수님이 말씀하셨다. "내가 무슨 죄라도 지었느냐? 어디 정복당하기라도 하였느냐? 신랑이 신부를 떠날 때, 너희는 금식하고 기도하라."

제105장 (**079** 예수님의 가족)
"아버지와 어머니만 아는 사람은, 창녀의 자식이라 불릴 것이다."

제106장 (**118** 간질병 귀신)
"너희 둘이 하나가 되면 사람의 아들이 될 것이며, '산아, 여기서 저기로 옮겨져라'고 해도 그대로 될 것이다."

제107장 (**124** 하찮은 사람, **165** 잃은 양 비유)
1 "하나님의 나라는 양 100마리를 기르는 목자와 같다. **2** 양 100마리 가운데 1마리가 길을 잃으면, 99마리를 들에 남겨 두고, 1마리를 찾을 때까지 두루 돌아다닌

다. 3 힘쓰고 애쓴 끝에 그 양을 찾으
면, '내가 다른 양 99마리보다, 잃은 양 1
마리를 더 사랑하지 않느냐?'고 말한다."

제108장 (132 생수의 강)

"내 입에서 나오는 생명수를 마시는 사람은, 누구나 나와 같이 될 것이요, 나 또한 그와 같이 되어, 숨겨진 것이 확연히 드러날 것이다."

제109장 (086 보물 비유)

1 "하나님의 나라는 자기 밭에 숨겨진 보
물을 모르는 사람과 같다. 2 그가 죽고
아들이 상속하였으나, 그 아들 또한 자기
밭에 숨겨진 보물을 발견하지 못하고 다
른 사람에게 팔았다. 3 그러나 그 밭을
산 사람은, 밭을 갈다가 보물을 발견하여
큰 부자가 되었다. 4 그래서 그는 자기가
원하는 대로 돈도 빌려주고, 이자도 받기
시작했다."

제110장 (150 어리석은 부자)

"세상을 발견하여 부자가 된 사람은, 누구나 세상을 부정하고 버려야 한다. 세상은 세상을 발견한 사람에게 합당치 않다."

제111장 (137 진리와 자유, 173 베다니 나사로)

"너희가 보는 앞에서 하늘과 땅이 둥글게 말려 올라갈 것이나, 살아 계신 분으로 살아가는 사람은, 누구나 죽음도 맛보지 않고 두려움도 없을 것이다."

제112장 (100 일사 각오)

"영혼에 의지하는 육체도 화가 있고, 육체에 의지하는 영혼도 화가 있을 것이다."

제113장 (175 하나님의 나라)

1 제자들이 물었다. "하나님의 나라는 언
제 옵니까?" 2 예수님이 대답하셨다. "하
나님의 나라는 멀리 바라보며 기다린다고
오는 것이 아니다. 사람의 눈으로 볼 수 있
게 오는 것도 아니다. 여기 있다, 저기 있
다고 말할 수도 없다. 3 하나님의 나라는
온 땅에 펼쳐져 있으나, 사람들이 보지 못
할 뿐이다."

제114장 (108 수로보니게 여인)

1 시몬 베드로가 말했다. "여성이 남성과
똑같은 인생을 살 수는 없지 않습니까? 우
리 가운데 있는 마리아를 떠나게 합시다."
2 예수님이 말씀하셨다. "보라, 내가 직접
마리아를 너희 남성과 똑같이, 살아 있는
영의 존재로 만들 것이다. 자기 영을 남성
들 못지않게 살아 있는 영의 존재로 만드
는 여성은, 누구나 하나님의 나라에 들어
갈 수 있다."

/ 이 복음은, 예수님의 살아생전 말씀을 디두모 유다 도마가 기록한, 예수님의 숨은 어록이다. /

2. 찾아보기

가

나

다

라

마

바

사

자

차

하

1

3. 주해 목록

바

사

아

자

차

카

타

파

하

1

4. 성서 지도

<구약 - 출애굽 경로>

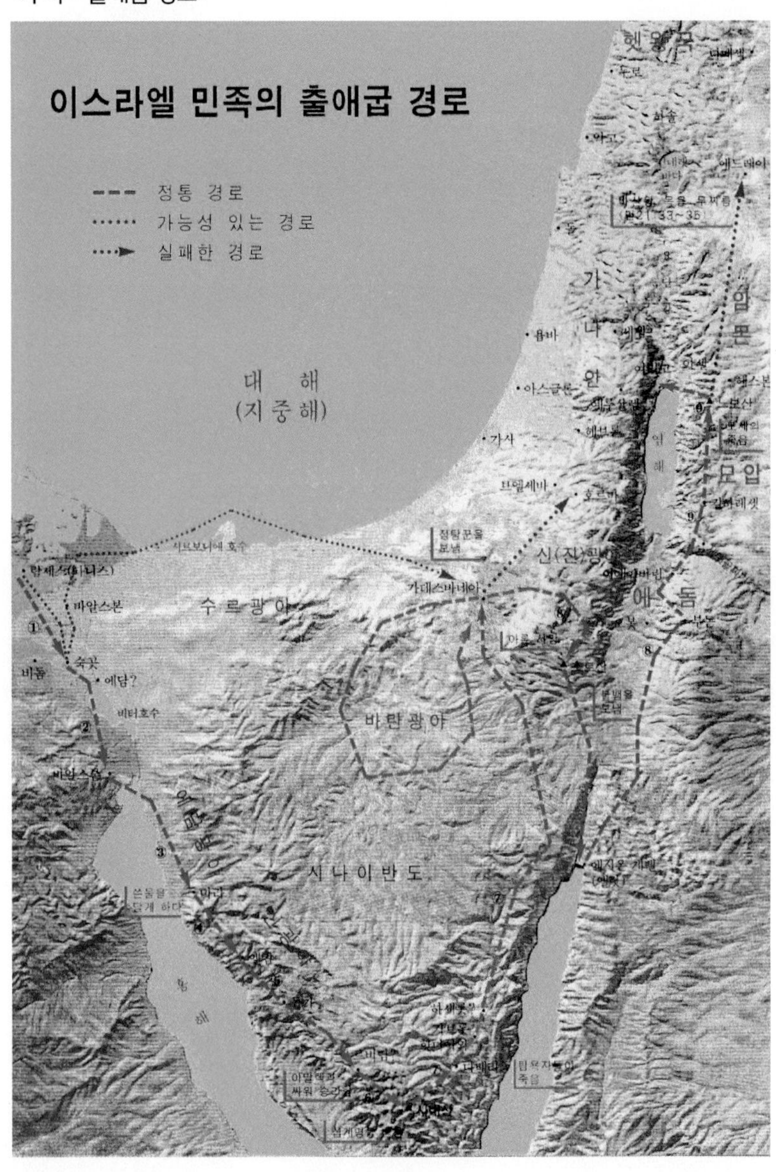

<이스라엘과 유다 왕국>

이스라엘과 유다 왕국
국경선
시돈
다메섹
헤르몬산
두로
단
단에 금송아지를 만듦
게데스
앗시리아
메롬호수
하솔
메론산
카르나임
악고
아스다롯
갈릴리 바다
아벡
갈멜산
다볼산
에드레이
돌
므깃도
이스르엘
다아낙
벧산
가이사랴
길르앗라못
길보아산
아벨므홀라
도단
소고
디셉
이스라엘
대해 (지중해)
사마리아
에발산
길
브누엘
마하나임
세겜
숙곳
그리심산
아벡
실로
욥바
라마다임
벧엘에 금송아지를 만듦
벧엘
암몬
랍바
가드
기브온
여리고
얍느엘
길갈
헤스본
에그론
예루살렘
아스돗
벧세메스
베들레헴
느보산
메드바
이스글론
마레사
드고아
유다
헤브론
가사
염해
디본
아로엘
그랄
시글락?
모압
라피아
아랏
브엘세바
길하레셋
소알
다말
아말렉족
에돔

<신약 성서 시대의 팔레스타인>

<바울의 1, 2차 선교>

<바울의 3차 선교, 로마 여행>

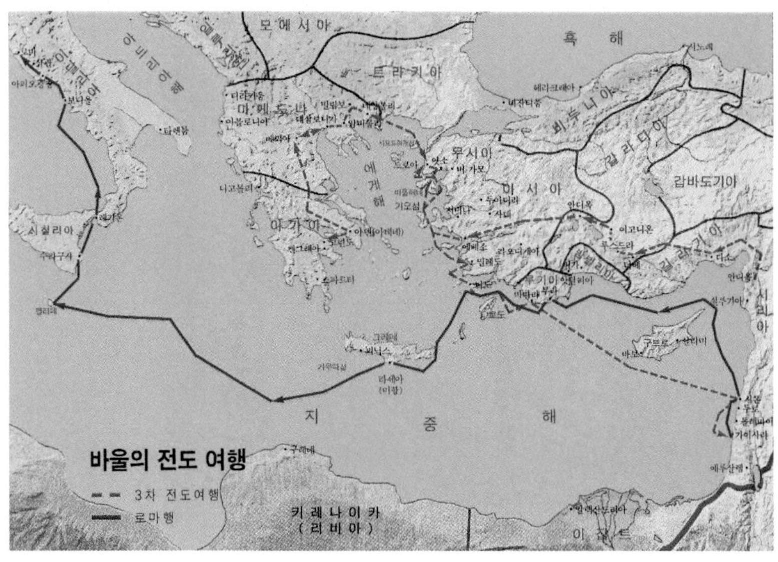

출처 : 에스라 하우스